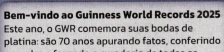

Bem-vindo ao Guinness World Records 2025
Este ano, o GWR comemora suas bodas de platina: são 70 anos apurando fatos, conferindo recordes e fazendo a curadoria de todas as coisas extremas. Nossa visão especial do mundo – através da lente do superlativo – permitiu que honrássemos o mais vasto e diversificado grupo de pessoas. Aqui estão retratados alguns dos detentores de recordes que alcançaram o status de ÍCONE do GWR, dentre eles algumas das pessoas mais reconhecidas e célebres do mundo. Nesta edição, em homenagem ao nosso jubileu de platina, saudamos mais algumas dessas figuras.

Quantos desses ÍCONES você reconhece? Descubra quem é quem e os recordes que possuem no nosso site, acessando o QR code!

EDIÇÃO DE PLATINA
Conteúdo

Para comemorar o 70º aniversário do GWR, fizemos uma festa com um banquete de novidades no nosso capítulo de abertura, que faz uma retrospectiva das nossas últimas 7 décadas. Destacamos também o melhor do mundo dos recordes dos últimos 12 meses...

Para as nossas bodas de platina, fizemos uma transformação completa, começando com um divertido design de capa que segue pelas páginas do livro. O novo visual está repleto de fatos, estatísticas, curiosidades e infográficos, além de mais de 1.000 imagens.

ÍCONES
O GWR celebra uma seleção de recordistas que personificam o significado de ser Oficialmente Incrível. Conheça a boneca famosa por trás do filme *Barbie*, a recordista em série Taylor Swift e Diana Armstrong (*acima*), que conquistou o seu status icônico no GWR.

Sumário	2
Introdução: Platina	4
Carta do editor	6

HISTÓRIA DO GWR
1955: Primeira edição	10
1965: Edição de estanho	12
1975: Edição de porcelana	14
1985: Edição de pérola	16
1995: Edição de esmeralda	18
2005: Edição de ouro	20
2015: Edição de diamante	22

Dia GWR — 24

ÍCONE: Robert Wadlow — 26

Caro GWR...
Como parte das comemorações do nosso 70º aniversário, os editores do GWR mergulharam nos arquivos para selecionar algumas inscrições de recordes que não se enquadraram nos nossos critérios rigorosos. Elas estão repletas de entusiasmo e ideias inovadoras, qualidades que apreciamos. Por isso, um grande obrigado por terem nos contatado ao longo dos anos – continuem se inscrevendo!

NATUREZA
Cronologia:	
Maiores animais	30
Mamíferos	32
Pássaros	34
Peixes	36
Répteis	38
Anfíbios	40
Invertebrados	42
Galeria: Animais em ação	44
Bichinhos amigos	46
Cactos	48
Fungos	50
Terra dinâmica	52
Climas extremos	54
Variedades	56

ÍCONE: Zeus — 58

SERES HUMANOS
Cronologia:	
Pessoa mais alta	62
Tamanho importa	64
Senhores recordistas	66
Galeria: Tatuagens	68
Cabelo	70
Irmãos superlativos	72
Anatomia alucinante	74
Fisiculturistas	76
Variedades	78

ÍCONE: Diana Armstrong — 80

LOUCOS POR RECORDES
Cronologia:	
Resolução de cubo 3x3x3	84
Pipas	86
Numismática	88
Galeria: Mestres das peças	90
3, 2, 1...cozinhando!	92
Queijo	94
Hobbies radicais	96
Desafios de quebrar a cabeça	98
Galeria: Dia das bruxas	100
Galeria: Coleções	102
Feitos fantásticos	104
Galeria: Campeonatos mundiais malucos	106
Controle de bola	108
Galeria: Habilidades superlativas	110
Acrobacias pirotécnicas	112
Galeria: Força abdominal	114
Arte em papel	116
Variedades	118

ÍCONE: Dave Walsh — 120

Cronologia
Nova na GWR 2025, esta categoria com páginas em forma de poster acompanha a progressão de alguns recordes populares. Junte-se a nós nas histórias de recordes que vão desde o **edifício mais alto e o jogador de futebol mais caro** até a **resolução mais rápida de um cubo 3x3x3**.

Área das crianças
Para continuar com nossa missão de inspirar recordistas de todas as idades, apresentamos uma sessão dedicada apenas aos juniores, com 5 títulos para menores de 16 anos e os mais recentes prodígios, incluindo uma skatista pioneira, um mágico e uma trupe de hoopers com mais de 30 recordes.

Continue a história online em guinnessworldrecords.com
Sempre que vir este símbolo, acesse **guinnessworldrecords.com/2025** para ver um conteúdo de vídeo adicional. Nossa equipe de vídeo selecionou clipes dos recordistas mais impressionantes do mundo. Não perca a oportunidade de ver os recordes ganharem vida!

CLUBE DA AVENTURA

Cronologia: Humano na maior altitude	124
Everest	126
Balonismo	128
Acrobacias	130
Correndo pelo mundo	132
Nados extremos	134
Todos ao mar	136
Galeria: Pioneiros	138
Proezas polares	140
Variedades	142

ÍCONE: Preet Chandi   144

CIÊNCIA E TECNOLOGIA

Cronologia: Construções mais altas	148
Inteligência artificial	150
Horologia	152
Astronomia	154
No laboratório	156
Galeria: Rodas malucas	158
Ferrovias	160
Energia renovável	162
Resgate marítimo	164
Recordes de arromba!	166
Controle remoto	168
Variedades	170

ÍCONE: MrBeast   172

KIDS

Recordes sub-16	176
Galeria: Feitos em família	178
Hora da brincadeira!	180
Jovens prodígios	182
O grande quiz do GWR	190

ÍCONE: Barbie   192

ARTE E ENTRETENIMENTO

Cronologia: Pinturas mais caras	196
Galeria: Influenciadores	198
Galeria: Jogos	200
Música	202
Breakdance	204
TV	206
Sucessos de bilheteria	208
Fazendo filmes	210
Figurinos de cinema	212
Variedades	214

ÍCONE: Taylor Swift   216

ESPORTES

Cronologia: Jogador de futebol mais caro	220
Esportes dos EUA	222
Esportes com bola	224
Esportes de raquete	226
Automobilismo	228
Esportes de combate	230
Esportes aquáticos	232
Atletismo	234
Esportes de resistência	236
Futebol	238
Críquete	240
Variedades	242

ÍCONE: LeBron James   244

Parem as máquinas	246
Índice	248
Consultores	252
Agradecimentos e crédito de fotos	254
Edição Gamer 2025	256

INTRODUÇÃO
Platina

A platina é um elemento químico, um metal de transição com o símbolo Pt e número atômico 78. Por conta de seu brilho, recebeu o nome da palavra espanhola "platina", que significa "pequena prata". Sua escassez na superfície terrestre (0,005 partes por mi), combinada com sua densidade, maleabilidade, ductilidade e estabilidade química, faz dela um dos metais mais preciosos e úteis, usado, dentre outros, em joias, equipamentos médicos, sensores elétricos e discos rígidos para armazenamento. Sua raridade também simboliza bodas de 70 anos.

Maior pepita de platina
Uma pedra de platina de 7.860,5g, mais pesada que uma bola de boliche, foi encontrada em 1904 na mina de Ivov, em Ecaterimburgo, RUS. Foi batizada de "O Gigante dos Urais". Atualmente, acredita-se que esteja guardada no fundo de diamantes no Kremlin, em Moscou.

Mais troféus platina do PlayStation
Prêmios virtuais são conquistados pelos jogadores, recebendo troféus platina quando desbloqueiam todos os outros troféus em um jogo. Até 8/12/2023, o jogador dav1d_123 (CAN) detinha o recorde de 9.190 troféus platina, jogando mais de 10.761 jogos.

Maior atlas
O *Earth Platinum* é um livro de mapas publicado pela Millennium House (AUS) que mede 1,854m de altura, 1,45m de largura (fechado) e 6cm de espessura. Foi apresentado ao público pela primeira vez na Biblioteca Britânica, RU, em 13/7/2012. Platina apenas no nome, contém 61 páginas e pesa cerca de 200kg. Apenas 31 cópias foram impressas, com um preço de compra de US$100.000.

Garrafa mais cara
Um colecionador no México gastou US$225.000 em uma garrafa de Tequila Platinum & White Gold vendida pela Tequila Ley .925 em 20/7/2006. A bebida, uma tequila de agave-azul, valia "apenas" US$2.500; os 2,26kg de platina e 4.100 diamantes brancos usados para fazer a garrafa representavam 98,8% do preço.

Discos de platina
De acordo com a Recording Industry Association of America (RIAA), um single ou álbum "vira platina" quando registra vendas auditadas de 1mi de cópias físicas, ou alcança 150mi de streamings para singles e 1,5bi para álbuns. Vendas/streamings com o dobro desses montantes são reconhecidas como "multiplatina". O **maior número de certificados de platina** é 82, para o Rei do Rock 'n' Roll, Elvis Presley (EUA) (57 de platina e 25 multiplatina). Barbra Streisand (EUA) detém o recorde **feminino**, com 42 (30 de platina e 12 multi), e o recorde de **grupo** pertence aos Beatles (RU), com 68 (42 de platina e 26 multi).

Os mais caros...
Sári: um sári de seda adornado com diamantes, esmeraldas, safiras e topázios - e costurado com ouro, prata e platina - foi vendido por 3.931.627 rúpias (US$99.990) em 5/1/2008. Foi confeccionado pela Chennai Silks (IND) e tem reproduções de pinturas do aclamado artista indiano Raja Ravi Varma.
Abotoaduras: em nov/1996, o "Rei do Pop" Michael Jackson pagou US$39.750 por um par de abotoaduras feitas pelo designer Arfaq Hussain, de Batley, West Yorkshire, RU. As peças, chamadas "V2", eram feitas de diamantes e safiras montadas em platina e ouro 18 quilates.
Carteira: uma criação com pele de crocodilo, bordas de platina e cravejada de diamantes, feita pela Louis Quatorze de Paris, FRA, e pela Mikimoto de Tóquio, JPN, foi vendida em set/1984 por US$69.895.

Menor jogo de xadrez feito à mão
Em 22/8/2020, o artista armênio-americano Ara Davidi Ghazaryan revelou um jogo de xadrez jogável que media minúsculos 8x8mm. O tabuleiro é feito de ouro amarelo e branco com madeira de damasco armênio, apoiado em uma base feita de platina, ouro amarelo, rubis e diamantes.

MATERIAIS MAIS CAROS UTILIZADOS EM UMA OBRA DE ARTE CONTEMPORÂNEA

For the Love of God é um crânio incrustado com joias criado em 2007 por Damien Hirst (RU, *abaixo*) e fabricado pela joalheria britânica Bentley & Skinner, usando matérias-primas que custaram US$23,7mi. O crânio – que acredita-se ter pertencido a um homem europeu que morreu por volta dos 30 anos – foi moldado em 2.156g de platina e decorado com 8.601 diamantes impecáveis de origens éticas. A obra de arte foi revelada na galeria White Cube em Londres, RU, em 1/7/2007, e descrita como um *memento mori*, ou lembrete da inevitabilidade da morte, com o preço de US$98,8mi.

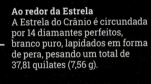

Diamantes impecáveis
O crânio é coberto com 8.601 brilhantes com lapidação impecável, totalizando 1.106,18 quilates (221,236g).

Estrela do Crânio
Na testa do crânio há um diamante impecável lapidado em forma de pera, com coloração rosada pesando 52,4 quilates (10,48 g). Segundo Hirst, representa o "terceiro olho".

Ao redor da Estrela
A Estrela do Crânio é circundada por 14 diamantes perfeitos, branco puro, lapidados em forma de pera, pesando um total de 37,81 quilates (7,56 g).

Dentes originais
O crânio humano foi comprado em 2007, de uma loja de taxidermia e artefatos de história natural, em Londres. Foi datado por radiocarbono de um período entre 1720 e 1810. Os dentes originais foram extraídos e inseridos no molde de platina.

Textura suave
A platina é muito lisa e tem poucos grãos em sua composição, sendo perfeita para exibir detalhes em microscopia eletrônica. O **menor cartão de felicitações**, por exemplo, foi feito no Laboratório Nacional de Física do RU usando nitreto de silício revestido de platina e media apenas 15x20 micrômetros. O **menor boneco de neve**, feito por Todd Simpson (CAN) na área de Nanofabricação da Universidade Western em Ontário, tem apenas 3 micrômetros de altura e hastes de platina como braços.

Bolinho de caranguejo mais caro
Entre diversos ingredientes de luxo no bolo de caranguejo de US$310 servido pelo chef Lazarius Leysath Walker (EUA) no The Twist, na Carolina do Sul, em 2019, havia um banho de platina. Como o metal é inerte biologicamente, viaja pelo nosso tubo digestivo sem causar danos.

EDIÇÃO DE PLATINA
Carta do editor

Este ano, o Guinness World Records celebra seu jubileu de platina. São 7 décadas documentando os Oficialmente Incríveis! Mas mal tivemos tempo de soprar nossas velinhas de aniversário, afinal foram mais de 29 mil inscrições para analisar só este ano...

Há 70 anos, os gêmeos Ross e Norris McWhirter, ambos dotados de memória fotográfica, montaram um pequeno escritório numa academia desativada na rua Fleet, em Londres. Sua missão era "transformar o calor da discussão na luz do conhecimento" e produzir um livro de referência que pudesse ser usado para resolver discussões em pubs britânicos (e promover a famosa cerveja stout, é claro!). Acabaram criando nada mais e nada menos do que um fenômeno editorial.

The Guinness Book of Records, nome que deram ao pequeno livro verde de capa dura, foi encadernado com um material à prova de cerveja e distribuído de graça aos frequentadores dos pubs. Fez sucesso entre os clientes e, após muito clamor do público, foi disponibilizado nas livrarias. Naquele ano, tornou-se um best-seller no Natal e deu origem a uma editora que cresceu até virar uma empresa de mídia global, com recordes de vendas anuais em mais de 40 línguas, redes sociais com milhões de seguidores e uma empresa de consultoria que abre o mundo dos recordes a audiências novas.

SUCESSO SUPERLATIVO

Com esta edição especial de aniversário de 70 anos, queremos celebrar essa herança incrível e contar como nossos horizontes se expandiram, em especial quando usamos as lentes superlativas. Esta forma de ver o mundo, através dos "mais" — mais longos, mais altos, mais fortes, mais baixos — nos dá uma visão única de como o mundo gira e a oportunidade de deixar nossa marca e celebrar nossas conquistas, grandes ou pequenas.

Mas também queremos vislumbrar os próximos 70 anos. As milhares de inscrições

Fileira mais longa de sanduíches a metro
Em 25/1/2023, a indústria de alimentos Perdigão enfileirou 1.180 sanduíches a metro, cobrindo 368,5m, no Parque do Ibirapuera, em São Paulo. Mais de 40 pessoas trabalharam por 5h para preparar os sanduíches, recheados com mel e a mortadela mais vendida do Brasil.

Mais lutas de UFC (fem.)
Entre 27/7/2013 e 13/4/2024, Jéssica Andrade (*ver abaixo, à esq.*) competiu em 27 lutas de UFC e venceu 17 delas (outro recorde **feminino**). Entrou no Octógono pela 27ª vez no UFC 300, ganhando de Marina Rodriguez por decisão dividida dos juízes e batendo o recorde anterior de 16 vitórias estabelecido por sua compatriota Amanda Nunes (*à esq.*), que se aposentou do MMA em jun/2023.

que ainda recebemos todos os anos são prova do poder dos recordes mundiais como forma de descrever e classificar feitos incríveis. Enquanto pessoas continuarem a perseguir objetivos cada vez mais desafiadores, estaremos lá com nossos cronômetros e fitas métricas, preparados para documentar tudinho.

EM RETROSPECTO...

Uma forma de registrar a história dos recordes é fazer uma linha do tempo de algumas categorias. Em cada capítulo, você vai encontrar a sessão "Cronologia", que documenta os recordes ao longo dos anos. Selecionamos uma ampla gama de tópicos — desde o tamanho de animais (p.30-31) e a estatura humana (p.62-63) até a altitude alcançada (p.124-25) e aos maiores valores de transferências no futebol (p.220-21). E, com a ajuda da 55Design, apresentamos tudo isso numa série visualmente impressionante de infográficos.

Falando em design, outra referência ao histórico dos recordes pode ser encontrada no capítulo 1. Nele, recriamos 7 páginas duplas inspiradas no layout do *Guinness World Records* em intervalos de 10 anos. É fascinante ver como os estilos — e os recordes — evoluíram ao longo das décadas!

>>> Continua na p.9

Menor tempo para remover 5 blocos de Jenga com a língua
Renato Bayma Gaia levou 7,38s para remover 5 blocos de Jenga com a língua em São José dos Campos, em 2/6/2023. Ele acredita ter a "língua mais rápida do mundo". Renato é um recordista eclético: *veja outro de seus títulos na p.79.*

Mais churrasco servido em 8h
Impressionantes 52.300 porções de carne assada foram servidas no Estádio Serra Dourada em Goiânia, Goiás, em 3/7/2022. Os 40 mil frequentadores podiam escolher o prato numa seleção de 8 cortes de carne.

Mais vitórias na 1ª divisão brasileira
A Sociedade Esportiva Palmeiras conquistou 12x o troféu da Série A: em 1960, 1967 (2x), 1969, 1972–73, 1993–94, 2016, 2018 e 2022–23. A coleção também inclui 2 troféus da Taça Brasil (1960 e 1967) e 2 do Torneio Roberto Gomes Pedrosa (1967 e 1969).

Mais tempo contínuo controlando uma bola de futebol (fem.)
Após treinar todos os dias por 7 meses, Raquel T. Benetti fez embaixadinhas ao longo de 10h22min8s, em São Paulo, em 2/7/2022. A modelo e freestyler sonhava com o recorde desde os 6 anos, e disse ao GWR: "O futebol mudou minha vida, e amo embaixadinhas". *Confira mais diversão do futebol freestyle nas p.108–09.*

Pista de skate mais alta num prédio
Para comemorar o aniversário de 470 anos de São Paulo em 25/1/2024, a Track 21 foi aberta no Farol Santander, com frequência chamado de Empire State Building brasileiro. A pista indoor fica a 83,14m acima do nível da rua, no 21º andar do arranha-céu de 35 andares, então usuários podem curtir a vista de Sampa enquanto saltam por rampas e corrimãos.

7

Marta Vieira da Silva

BREVE BIOGRAFIA	
Nome	Marta Vieira da Silva
Local de nasc.	Dois Riachos, Alagoas, BRA
Data de nasc.	19/2/1986
Títulos atuais do GRW	Vários, incluindo: • Mais títulos FIFA de Melhor Jogadora do Ano (6)
Honras Internacionais	• 3x vencedora da Copa América Feminina (2003, 2010, 2018) e 2x medalhista de prata olímpica (2004, 2008)

Marta, que cresceu num dos estados mais pobres do Brasil, foi de jogar com bolas feitas de sacolas plásticas a ser a maior goleadora da história em Copas do Mundo. Descoberta por um olheiro aos 14 anos, Marta empreendeu a jornada do Alagoas até o Rio para jogar pelo Vasco da Gama. Estreou na seleção em 2002, e jogou na 1ª Copa do Mundo em 2003. No torneio de 2007, provou sua ascensão de melhor jogadora feminina. Liderando o Brasil até a final, venceu a Bola de Ouro de melhor jogadora e terminou como artilheira, com 7 gols.

Marta jogou 6 Copas do Mundo, conquistando o recorde geral de **mais gols em finais da Copa do Mundo da FIFA** em 2019 (*ver abaixo*). Anunciou a aposentadoria internacional em abr/2024 como maior artilheira da história do Brasil, com 116 gols. Seu legado, dentro e fora das quadras, vai perdurar por gerações.

Em 18/6/2019, Marta converteu um pênalti aos 74min do jogo contra a Itália, batendo o recorde de **mais gols em finais da Copa do Mundo** (17, uma a mais que o recorde **masculino** do alemão Miroslav Klose).

Em jan/2024, Marta ganhou o prêmio The Best FIFA em 2023 no Apollo Theatre, em Londres, RU. Ela é a 3ª pessoa do Brasil a receber os louros, seguindo os passos de Falcão em 2016 e Pelé, postumamente, em 2022. A viúva de Pelé, Marcia Aoki (*à dir.*), estava na cerimônia para parabenizar Marta.

Em 2018, Marta foi nomeada Embaixadora da Boa Vontade da ONU entre mulheres e garotas no esporte. Afirmou: "Estou comprometida a trabalhar com a ONU para garantir que mulheres e garotas pelo mundo tenham as mesmas oportunidades que homens e garotos de alcançar seu potencial".

Marta e Christine Sinclair (CAN) compartilham o recorde de **mais finais da Copa do Mundo Feminina da FIFA marcando gol** (5, entre 2003-2019). Ambas tiveram a chance de aumentar o recorde na Copa de 2023, mas não conseguiram balançar a rede.

 Descubra mais ÍCONES do GWR em www.guinnessworldrecords.com/2025

Menor sapo
O sapinho-pulga brasileiro (*Brachycephalus pulex*) é também o **menor tetrápode**. É nativo das montanhas de Serra Bonita, na Bahia, costa atlântica do Brasil. Machos e fêmeas adultos têm em média 7,1mm e 8,15mm, conforme revelado no periódico *Zoologica Scripta* em fev/2024.

Menor instrumento de percussão impresso em 3D
Desde 1921, a banda marcial da Universidade Purdue em indiana, EUA, ama exibir o Purdue Big Brass Drum — autobatizado "maior bumbo do mundo", embora suas dimensões sejam segredo. Inspirados nisso, em 22/9/2023, os engenheiros mecânicos de Purdue Georges Adam (BRA) e Aaron Davis (EUA), com o professor David Cappelleri (EUA), apresentaram o oposto. O minúsculo bumbo impresso em 3D (detalhe) tem meros 47 micrômetros de diâmetro.

Saiba mais...

Todos os recordes não couberam no *GWR 2025...* então oferecemos um baú do tesouro de conteúdo extra no nosso site (*confira no QR code acima*)!
Ao explorar o livro, fique de olho em outros QR codes; eles podem ser lidos com a câmera do celular, levando tanto a posts no Facebook e Instagram do GWR quanto a artigos na internet.
Também se atente aos símbolos de play (◐), que indica que o recorde é acompanhado por um vídeo do nosso canal do YouTube. Escaneie o código acima para acessar nossos vídeos mais queridos.
E se quiser saber mais sobre os bastidores do QG do GWR, siga nosso perfil no BeReal (gwr). Você também encontra a gente no TikTok (@guinnessworldrecords), Snapchat (Guinness World Records) e X (@GWR).

O QUE VEM PELA FRENTE
Parte do sucesso contínuo do GWR se deve à missão de refletir os últimos eventos e trends. O conteúdo é guiado pelas inscrições que recebemos — e, com cerca de 30 mil envios por ano, o que não falta é ideia nova. Então, agradecemos a todos que entraram em contato — mesmo aqueles cujas inscrições não foram validadas (*veja o "Caro GWR"... na p.2*).
Eu gostaria de agradecer especialmente a todos os menores de 16 anos que conseguiram um certificado oficial do GWR. Morremos de orgulho dos nossos Jovens Prodígios e, pela 1ª vez na história, dedicamos um capítulo inteiro a nossas estrelas superlativas júnior (*ver p.174-91*).

ÍCONES RECORDISTAS
Por fim, estamos usando esta edição de aniversário para apresentar nossos ÍCONES. São referências como a sensação do YouTube MrBeast, a lenda do basquete LeBron James, a pioneira dos polos Preet Chandi e até mesmo o fenômeno cultural que é a Barbie! Recordistas que simbolizam e encarnam o espírito do Guinness World Records, e cujos valores são compatíveis com aqueles celebrados por nossos editores fundadores tantos anos atrás. Quero agradecer esse pessoal, além de todos os leitores e colaboradores especialistas, por serem parte da história contínua do GWR.

Craig Glenday
Editor-Chefe

Mais pessoas a percorrer 5km de kitesurf em 1 mês
Entre 26/ago e 24/9/2023, 711 kitesurfers de todo o mundo pairaram por um total de 81.197km (alguns percorreram mais do que 5km!) em nome do Winds for Future. A ONG se juntou a empresas de sustentabilidade para garantir que, a cada 1km voado, 1kg de lixo fosse removido de praias, oceanos e estuários.

No gás final para estabelecer o recorde em 24/9/2023, a Winds for Future organizou um voo coletivo em Cumbuco.

9

HISTÓRIA DO GWR: 1955

É aqui que tudo começa. O primeiro *Guinness World of Records* foi um item promocional oferecido gratuitamente nos bares britânicos para resolver os debates dos embriagados. Rupert Guinness atribuiu seu grande sucesso e status de best-seller ao "brilhantismo dos editores", Norris e Ross McWhirter, cujo livro ajudou a "transformar o calor das discussões na luz do conhecimento".

1. Mundo Artístico

OSCAR
MAIS INDICAÇÕES PÓSTUMAS

Nos meses que antecederam sua morte precoce em set/1955, o ator americano James Dean fez 2 filmes, *Vidas amargas*, no qual interpretou o rebelde Caleb Trask, e *O gigante*, no qual era Jett Rink, um rancheiro do Texas. Estes papéis valeram-lhe indicações póstumas de Melhor Ator nos 28° e 29° prêmios do Oscar.

MÚSICA
PRIMEIRO SINGLE COM 1MI DE VENDAS (RU)

"Rock Around the Clock", dos compositores de hits Bill Haley & His Comets (EUA), passou cinco semanas em 1° lugar na lista de singles do Reino Unido, depois de ter sido o 1° disco a vender mais de 1mi de cópias no país. O recorde *mundial* era uma gravação de 1902 de "Vesti la giubba" da ópera *I Pagliacci* de Ruggero Leoncavallo, por Enrico Caruso (ITA).

ESCULTURA
MAIOR ESCULTURA DE OURO MACIÇO

Em 29/5/1955, a estátua de Buda conhecida como "Phra Phuttha Maha Suwan Patimakon" caiu durante as obras do templo de Wat Traimit, em Bangkok, Tailândia. Os danos revelaram que havia uma fina camada de gesso por cima de uma escultura de ouro há muito escondida, com 3m de altura e 5.450kg de ouro maciço.

2. Mundo Tecnológico

TELEVISÃO
PRIMEIRO CONTROLE REMOTO SEM FIO

Lançada em 22/1/1955, a série de receptores de televisão "Bismarck", fabricada pela Zenith Radio Company de Chicago, Illinois, EUA, apresentava 4 foto-resistências no canto da tela. Um dispositivo chamado "Zenith Flash-Matic" permitia aos usuários silenciar os autofalantes ou trocar de canal à distância, sem fios.

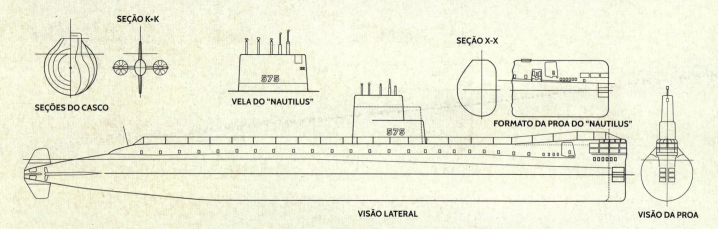

SUBMARINOS
PRIMEIRO ATÔMICO

O submarino da Marinha dos EUA "Nautilus" (SS-571) fez a 1ª viagem oceânica com propulsão atômica em 17/1/1955, partindo de New London, Connecticut, e percorrendo as 1.200 milhas náuticas (2.200km) até San Juan, Porto Rico, em apenas 90h -- um feito que também o tornou o submarino *mais rápido* em serviço. Ver desenho acima.

BARCOS VOADORES
MAIS RÁPIDOS

O XP6M-1 "Seamaster", fabricado pela Glenn L Martin Company de Santa Ana, Califórnia, EUA, atingiu uma velocidade de 1.040km/h durante testes no sul de Maryland em ago/1955. No entanto, ambos os protótipos foram perdidos em acidentes fatais logo depois, e o bombardeiro não entrou em serviço por vários anos.

O detentor do recorde britânico nesta categoria, e anterior detentor do recorde mundial, era o barco voador experimental Saunders-Roe SR.A/1, que voou a 824km/h sobre o estreito de Solent em jul/1947.

3. Mundo Esportivo

CORRIDA DE CARRO
PILOTO MAIS VELHO DE GRAND PRIX

O piloto monegasco Louis Chiron terminou o Grand Prix de Mônaco de Fórmula 1, disputado em 22/5/1955, em 6° lugar, aos 55 anos e 292 dias de idade. No caminho para a bandeira xadrez, ultrapassou o piloto britânico mais bem classificado, Stirling Moss, que tinha menos da metade da sua idade.

BOXE
MAIS COMBATES INVICTOS DE PESOS PESADOS

O pugilista americano Rocco Francis Marchegiano, conhecido como "Rocky Marciano", defendeu com êxito o seu título de pesos pesados pela 6ª vez em 21/9/1955, sua 49ª vitória consecutiva desde sua estreia profissional. Marciano se recuperou de um knockdown no 2° assalto e venceu o oponente Archie Moore com um nocaute no 9° assalto. Entre os desafiantes anteriores ao título de Marciano que não obtiveram sucesso estavam Ezzard Charles, conhecido como "The Cincinnati Cobra", e o campeão britânico de pesos pesados Don Cockell.

SINUCA (SNOOKER)
PRIMEIRO RECORDE DE 147 PONTOS

Na sinuca (snooker), é possível obter uma pontuação de 147 pontos numa única jogada, desde que o jogador consiga encaçapar todas as bolas da mesa na seguinte ordem: as 15 vermelhas (15 pontos cada), seguidas da preta (105 pontos) e depois todas as seis cores (27 pontos). O 15x campeão Joe Davis (RU) realizou esta proeza pela 1ª vez num jogo contra Willie Smith no Leicester Square Hall em Londres, RU, em 22/1/1955.

Placa 1

Em cima, à esq.: O campeão de sinuca (snooker) Joe Davis em seu recorde de 147 pontos.

Em cima, à dir.: O ícone da juventude James Dean como o rancheiro Jett Rink em O gigante (1956).

Meio, à esq.: O controle remoto Zenith Flash-Matic.

Meio, à dir.: O campeão de pesos pesados Rocky Marciano desfere um golpe violento contra Joe Louis no Madison Square Garden, em Nova York.

Em baixo, à esq.: O "Buda Dourado" em Wat Traimit, Tailândia, antes e depois de sua descoberta.

Em baixo, à dir.: O grupo americano de "rock and roll" Bill Haley & His Comets.

HISTÓRIA DO GWR: 1965

Na década de 1960, a equipe editorial da Guinness Superlatives Ltd encontrava-se no coração de Londres. As grandes rivalidades da época – fosse a União Soviética contra os EUA ou os Rolling Stones contra os Beatles – competiam nas páginas do *Guinness Book of Records*. A publicação havia se tornado um fenômeno mundial, com mais de um milhão de exemplares vendidos e edições traduzidas em francês, alemão, japonês e espanhol.

1. Reino animal

ARANHAS
Maior espécie

Nativa das florestas tropicais costeiras do norte da América do Sul, a tarântula-golias ou aranha-comedora-de-pássaros (*Theraphosa blondi*) atinge normalmente um peso de 175g e uma envergadura de cerca de 23cm na idade adulta. Este peso é parecido com o de uma bola de bilhar ou de um baralho de cartas de alta qualidade.

Maior espécime

Em abr/1965, naturalistas da Expedição Pablo San Martin capturaram uma tarântula-golias com uma envergadura de 28cm perto do Rio Cavro, na Venezuela.

COBRAS
Maior ordenha

Bernard Keyter, supervisor do South African Institute for Medical Research em Joanesburgo, ordenhou pessoalmente 780.000 cobras venenosas e obteve 3.960 litros de veneno durante um período de 14 anos, que terminou em dez/1965. Nunca foi mordido.

2. Feitos humanos

JEJUM
Maior tempo sem comer sólidos

Angus Barbieri (n. 1940) de Tayport, em Fife, Reino Unido, viveu à base de chá, café, água, água com gás e vitaminas no Hospital de Maryfield, Dundee, Reino Unido, de jun/1965 a jul/1966. Durante este período, o seu peso diminuiu de 214kg para saudáveis 80,74kg. Barbieri manteve a sua perda de peso e morreu em set/1990.

JUDICIÁRIO
Juiz mais velho em serviço

O juiz Albert Alexander (n. 8/11/1859), de Plattsburg, Missouri, EUA, se aposentou do tribunal em 9/7/1965, tendo presidido audiências até os 105 anos e 243 dias de idade. Alexander foi eleito para o cargo em 1950, quando já tinha 90 anos, e foi reeleito mais três vezes antes de problemas de saúde o obrigarem a se aposentar.

3. Mecanismos e estruturas

VEÍCULOS TERRESTRES
1º a atingir 965,6km/h

Em 15/11/1965, o piloto de corridas americano Craig Breedlove tornou-se a 1ª pessoa a ultrapassar os 965,6 km/h em um automóvel de 4 rodas em Bonneville Salt Flats, no Utah, EUA. Ele atingiu a velocidade média de 966,573km/h no *Spirit of America Sonic I*, equipado com um motor J79 de 15.000hp retirado de um caça supersônico F-4 Phantom.

Sobrevivente de acidente em maior velocidade

Com este recorde, Breedlove obteve uma vitória decisiva na sua rivalidade de anos com Art Arfons (EUA). Nos 2 anos anteriores, eles tinham alternado o recorde de velocidade terrestre entre si 7 vezes. Poucos meses depois da corrida de 965,6km/h de Breedlove, Arfons bateu o seu carro a jato *Green Monster* a 981km/h e saiu ileso. Breedlove viria a bater o recorde em 1977, sobrevivendo a um acidente registado a 1.086km/h.

Veículo autônomo mais pesado

Cada um dos 2 veículos Crawler-Transporter, construídos para a NASA pela Marion Power Shovel Company de Ohio, EUA, pesava 2.700t. Estas plataformas móveis do tamanho de um campo de beisebol são acionadas por um par de motores de locomotivas ALCO de 2.750hp. Foram originalmente concebidas para mover o foguete *Saturno V* no Centro Espacial Kennedy, na Flórida; atualizações posteriores aumentaram o seu peso para 3.016t.

MONUMENTOS
Mais alto, comemorativo

Concluído em 28/10/1965, o Gateway Arch em St Louis, Missouri, foi erguido 192m acima das margens do rio Mississippi. O impressionante arco de aço inoxidável foi concebido pelo arquiteto modernista finlandês Eero Saarinen para celebrar a expansão dos Estados Unidos e o papel fundamental da cidade como "porta de entrada para o oeste".

4. Arte e cultura

PRÊMIOS DO OSCAR
Mais vitórias como atriz coadjuvante

Na 38ª edição do Oscar, Shelley Winters (EUA) tornou-se a 1ª artista a ganhar duas vezes o Oscar de Melhor Atriz Coadjuvante, pelos papéis em *O Diário de Anne Frank* (1959) e *Quando só o coração vê* (1965). Este recorde foi equiparado por Dianne Wiest (EUA) pelos seus papéis em *Hannah e suas irmãs* (1986) e *Tiros na Broadway* (1994).

Primeiro ator com nanismo a ser indicado

A nau dos insensatos (EUA), filme da Columbia de 1965 repleto de estrelas, recebeu 8 indicações para o Oscar, incluindo a de Melhor Ator Coadjuvante para Michael Dunn (EUA). Ator e músico talentoso, Dunn, com 1,17m de altura, interpretou Glocken, um passageiro da 1ª classe de um transatlântico com destino à Alemanha nazista pré-Segunda Guerra Mundial. Indicado a um Tony e vencedor do prêmio do Círculo de Críticos de Cinema de Nova York pelo seu trabalho no palco, foi considerado o responsável por trazer visibilidade a atores com nanismo que, antes disso, eram escolhidos para papéis menores.

Em cima, à esq.: O monumental Gateway Arch de Eero Saarinen quase concluído em St Louis, Missouri, no verão de 1965.

Em cima, ao centro: A tarântula-golias ou comedora-de-pássaros pode crescer até o tamanho de um prato de jantar. Apesar do que seu nome sugere, alimenta-se principalmente de minhocas, insetos e rãs.

Em cima, à dir.: Shelley Winters segura a sua 2ª estatueta do Oscar, atribuída pelo seu papel no grande drama Quando só o coração vê.

Meio: Angus Barbieri, que suportou o período mais longo sem alimentos sólidos, antes e depois do seu recorde de jejum supervisionado por um médico.

Em baixo, à esq.: Craig Breedlove com o seu carro a jato Spirit of America Sonic I, que bateu o recorde de velocidade terrestre. Este veículo de 4 rodas foi fabricado para cumprir as regras da FIA, depois do Spirit of America original de 3 rodas não ter conseguido o recorde.

Em baixo, à dir.: O Crawler-Transporter da NASA antes de ser equipado com a enorme plataforma de lançamento móvel que transportaria o Saturn V (o maior foguete já lançado).

HISTÓRIA DO GWR: 1975

Nos anos 1970, a fundação da Microsoft e da Apple deram início a uma nova era na computação doméstica; filmes alcançaram o status de "blockbuster" graças a sucessos como *Tubarão* e *Star Wars*; e o lançamento das sondas espaciais *Voyager* expandiu ainda mais nossos horizontes. De volta à Terra, incontáveis pessoas acabaram frustradas após a invenção do cubo mágico...

Arte do capítulo "Natureza" da edição de 1975.

1. NATUREZA

Canário mais velho
Em 8/4/1975, um canário macho *(Serinus canaria)* chamado Joey morreu aos 34 anos na casa de sua dona, Kathleen Ross, em Hull, East Yorkshire, RU. Joey foi comprado em Calabar, Nigéria, em 1941 pelo pai da sra. Ross, que estava na Marinha Mercante.

Esponja mais profunda
O navio de pesquisa soviético *Vityaz* descobriu esponjas da família Cladorhizidae a uma profundidade de 9.990m em 1975 na Fossa das Filipinas. Em mais de 30 anos de serviço, o *Vityaz* e sua equipe de cientistas descobriram 1.176 novas espécies de animais e plantas do fundo do mar.

2. CIÊNCIA & TECNOLOGIA

Primeira câmera digital
Em dezembro de 1975, o engenheiro da Kodak Steven Sasson (EUA) tirou uma foto digital usando um protótipo que combinava um deck de fita cassete, várias camadas de placas de circuito e uma lente de câmera de filme volumosa. No centro desta câmera do tamanho de uma torradeira havia um sensor eletrônico de 100x100 pixels registrando imagens que eram salvas na fita cassete magnética.

Console de videogame mais vendido
O Magnavox Odyssey fez sua última aparição nas listas de Natal em 1975. Nos três anos desde seu lançamento em 14/9/1972, o console de madeira vendeu mais de 330 mil cópias, um recorde que duraria até o lançamento do Atari VCS, em 1977.

Primeiro alimento cultivado no espaço
Em 8/7/1975, o cosmonauta soviético Vitaly Sevastyanov celebrou seu 40º aniversário a bordo da estação espacial *Salyut 4*. Para comemorar, seu colega de tripulação Pyotr Klimuk preparou uma refeição com uma cebolinha cultivada na estufa da estação com uma lâmpada Oasis 1M.

3. ENTRETENIMENTO

Primeiro álbum a estrear em 1º lugar na Billboard
O 9º álbum de estúdio de Elton John, *Captain Fantastic and the Brown Dirt Cowboy*, alcançou o 1º lugar nas paradas dos EUA logo na 1ª semana de seu lançamento em 7/6/1975. Todos os 4 álbuns anteriores de Elton John tinham chegado ao topo da lista, e *Captain Fantastic* era muito esperado, apesar de ainda não ter um single ("Someone Saved My Life Tonight" foi lançado posteriormente no mesmo mês).

Álbum mais vendido por um grupo
Their Greatest Hits (1971–1975), que reúne material dos 4 1ºs álbuns da banda de country-rock americana Eagles, foi lançado logo após a saída do guitarrista Bernie Leadon em dez/1975. O álbum vendeu 38mi de cópias apenas nos EUA e trazia o som influenciado pelo country dos 3 primeiros discos da banda.

Mais ossos quebrados
Em 26/5/1975, o aventureiro americano Evel Knievel tentou saltar sobre 13 ônibus em uma motocicleta no Estádio de Wembley, em Londres, RU. Ele passou pelos veículos, mas perdeu o controle da moto ao aterrissar, quebrando o osso da bacia. Foi a 433ª vez que ele quebrou ou fraturou um osso.

Maior público em uma apresentação de circo
Para sua apresentação na cidade de Nova Orleans, Louisiana, EUA, o Ringling Bros. and Barnum & Bailey Circus abandonou sua tenda em favor do recém-inaugurado Louisiana Superdome. Em 14/9/1975, uma multidão de 52.385 pessoas foi atraída para ver um show que incluía acrobatas, trapezistas e o equilibrista Philippe Petit, que tinha atravessado o vão entre as torres gêmeas do World Trade Center, em Nova York, no ano anterior.

4. ESPORTES & JOGOS

Primeiro century na Copa do Mundo de Críquete (masculino)
O batedor inglês Dennis Amiss marcou 137 corridas em 147 bolas contra a Índia durante o jogo de abertura da 1ª Copa do Mundo de Críquete em 7/6/1975. Sua entrada incluiu 18 limites. O torneio foi vencido pelas Índias Ocidentais, lideradas por Clive Lloyd, que derrotou a Austrália por 17 corridas na final.

Campeão de damas pelo maior período
Em jul/1975, Walter Hellman (EUA, n. SWE), Campeão Mundial de Damas, se aposentou devido à sua saúde debilitada. O operário siderúrgico de Gary, Indiana, dominou o jogo desde que conquistou o título pela 1ª vez em 1948. Ele perdeu apenas uma partida de título nos 27 anos seguintes para Marion Tinsley em 1955, e permaneceu invicto de 1958 até se aposentar.

Um canário amarelo similar a Joey (ver acima à esquerda). A expectativa de vida média desses pequenos pássaros cantores é de 10 a 15 anos.

GUINNESS WORLD RECORDS 1975

Em cima, à esq.: O Magnavox Odyssey foi vendido com cartões de circuito que permitiam jogar diferentes jogos na TV. Overlays de tela adicionavam detalhes aos gráficos rudimentares do sistema.

Em cima, à dir.: A primeira câmera digital autônoma, montada por Steven Sasson na Kodak. Seus chefes não achavam que a ideia tinha potencial.

Meio, à esq.: O artista britânico Elton John em 1975. *Captain Fantastic and the Brown Dirt Cowboy* foi seu 7º álbum seguido a alcançar disco de platina *(para mais informações sobre platina, ver p. 2)*.

Meio, à dir.: Eagles em uma coletiva de imprensa organizada para lançar *Their Greatest Hits*.

Em baixo, à esq.: Evel Knievel salta sobre uma linha de carros em sua Harley-Davidson personalizada durante uma de suas performances arriscadas.

Em baixo, à dir.: O batedor inglês Dennis Amiss acerta outro lançamento para a linha durante seu century contra a Índia na Copa do Mundo de Críquete de 1975.

16 HISTÓRIA DO GWR: 1985

Ciência e Tecnologia, Natureza

O empresário, fazendeiro e alpinista Richard Bass (EUA) se tornou a **primeira pessoa a escalar a montanha mais alta de cada um dos continentes** — um feito que ele batizou de "sete cumes" — quando chegou ao topo do Everest, em 30/4/1985. Na época, Bass também foi a pessoa mais velha a escalar a montanha mais alta, com 55 anos e 130 dias.

Nos anos 1980, o GWR se expandiu para monitorar a ascensão da MTV e dos clipes de alto orçamento, o surgimento dos filmes com CGI e do videogame que distraiu todo mundo: Tetris. A queda do Muro de Berlin simbolizou o fim da Guerra Fria — e também foi o fim da era McWhirter, pois o editor-fundador do GWR Norris se afastou depois de um reinado de 30 anos.

CIÊNCIA E TECNOLOGIA

Primeiro dinossauro no espaço

Em 29/7/1985, cerca de 76mi de anos depois de sua morte, ossos de um maiassaura foram levados num voo orbital a bordo da missão STS-51-F do ônibus espacial *Challenger*. O hadrossauro com bico de pato, *Maiasaura peeblesorum*, viveu no que hoje é o estado de Montana, EUA, durante o período Cretáceo Superior, e alguns ossos e cascas de ovos fossilizados encontrados numa área de desova foram levados para o espaço por Loren Acton, astronauta de Montana.

1º monarca no espaço

O príncipe Sultan bin Salman bin Abdulaziz Al Saud (SAU) pagou por sua passagem e voou como Especialista de Missão a bordo do ônibus espacial *Discovery* em 17–24/6/1985. Foi o 1º árabe e o 1º muçulmano no espaço.

O cavaleiro de vitral de *O Enigma da Pirâmide* (EUA, 1985) foi o primeiro personagem de filme totalmente gerado por computador. Foi animado por John Lasseter, que depois seria coautor e diretor de *Toy Story*, da Pixar (EUA, 1995).

O sucesso de *Super Mario Bros.* transformou a Nintendo de produtora japonesa de brinquedos a gigante global do entretenimento. Lançado em 1985, vendeu 40mi de cópias para Famicom e NES, sendo o jogo de plataforma mais vendido da história.

O apresentador britânico e longevo âncora do programa *Record Breakers*, Roy Castle, demorou apenas 23h44min para completar 1mi de passos de sapateado. A maratona de dança ocorreu no evento do GWR em Londres, RU, em 31/10–1/11/1985.

1º simulador de "pessoa"

Little Computer People, lançado em várias plataformas de computador pela Activision (EUA) em 1985, dava ao jogador a missão de cuidar de um homem e seu cão que viviam numa casa de três andares. Um dos aspectos mais inovadores do jogo foi que todos os discos tinham um número de série a ser digitado antes da primeira partida, que garantia um pequeno avatar digital com aparência e personalidade únicas.

1º domínio

De acordo com a NetNames Ltd, o 1º domínio registrado foi Symbolics.com em 15/3/1985.

NATUREZA

Cabeça de alho mais pesada

Uma cabeça de alho cultivada por Robert Kirkpatrick de Eureka, Califórnia, EUA, em 1985, pesava 1,19kg.

Ruibarbo mais pesado

Um ruibarbo com 2,67kg foi cultivado por Eric Stones em East Woodyates, Dorset, (RU), em 1985. Stone atribuiu o sucesso aos 30 anos que passou fertilizando seu jardim com esterco de cavalo.

Voo mais longo de uma ave doméstica

Galinhas não voam muito bem, devido às asas pequenas e aos músculos peitorais avantajados. No entanto, Sheena, uma garnisé dos gêmeos Bill e Bob Knox (ambos dos EUA), voou 192,07m em Parkesburg, Pennsylvania, EUA, em 31/5/1985. Bob, um antigo instrutor de patinação artística, se tornou especialista em aves domésticas depois de fundar uma empresa que aluga cisnes e limpa esterco de ganso.

Em 1985, Lynette Woodard (EUA) se tornou a primeira mulher a jogar pelos Harlem Globetrotters (EUA). A armadora de 1,83m, uma das melhores jogadoras do mundo, foi capitã do time que venceu a medalha de ouro nas Olimpíadas de 1984, nos EUA. Posteriormente, ela entraria nos prestigiados halls da fama Naismith Memorial Basketball Hall of Fame e Women's Basketball Hall of Fame.

Entretenimento, Esportes

HISTÓRIA DO GWR: 1985

ENTRETENIMENTO

1º filme baseado num jogo de tabuleiro
A comédia de investigação *Os sete suspeitos* (EUA, 1985) foi baseada no jogo *Cluedo (Detetive)*. Tim Curry interpreta o mordomo Wadsworth, que quer descobrir o assassino de seu patrão, sr. Boddy. Os 6 suspeitos são: sra. Peacock (Eileen Brennan), sra. White (Madeline Kahn), professor Plum (Christopher Lloyd), sr. Green (Michael McKean), coronel Mostarda (Martin Mull) e srta. Scarlet (Lesley Ann Warren). Três finais diferentes foram filmados, e cada rede de cinemas exibiu um.

Maior tempo entre um filme e sua sequência
Um total de 46 anos se passaram até o lançamento de *O Mundo Fantástico de Oz*, da Walt Disney Productions (EUA, 1985), que continua a história de *O Mágico de Oz* da MGM (EUA, 1939) após 6 meses do fim da trama. O papel da protagonista Dorothy Gale passou de Judy Garland para Fairuza Balk.

ESPORTES

Vencedor mais jovem do masculino simples no Torneio de Wimbledon
Em 7/7/1985, Doris Becker (DEU, n. 22/11/1967) aos 17 anos e 277 dias foi o **primeiro jogador não cabeça de chave** a alcançar este feito. Em 1984, com 16 anos e 216 dias, foi o **homem mais novo a vencer uma partida de Wimbledon**, derrotando Blaine Willenborg (EUA) na 1ª rodada.

Mais pontos marcados numa Copa Stanley
A lenda do hóquei no gelo Wayne Gretzky (CAN) marcou 47 pontos para os Edmonton Oilers na pré-temporada de 1985. Fez 17 gols e deu 30 assistências — ambos recordes na época.

Mais rebatidas em jogos da Major League
Em 11/7/1985, Pete Rose (EUA) superou Ty Cobb ao atingir 4.192 rebatidas (chegando ou ultrapassando a 1ª base). O total de sua carreira chegaria a imbatíveis 4.256 até se aposentar em 11/1986.

Tetris estreou em 1985, graças ao engenheiro da computação soviético Alexey Pajitnov. Os blocos começaram como simples caracteres de texto num laboratório de computação, mas sua viciante simplicidade inspirou uma franquia que se tornaria o jogo de quebra-cabeças mais vendido do mundo (com 520mi de unidades) e o jogo mais adaptado da história (para pelo menos 70 plataformas diferentes).

Lahar mais mortal
Em 13/11/1985, o vulcão Nevado del Ruiz, na Colômbia, entrou em erupção, fazendo fluxos piroclásticos descerem pela encosta. As cinzas e rochas derretidas se misturaram ao gelo e à neve e criaram quatro "lahars" (avalanches de lama vulcânica) que desceram pelos flancos do vulcão a 60km/h, acumulando mais barro e terra ao erodir o solo por onde passavam. Quatro horas depois, os lahars tinham viajado 100km, matando cerca de 23.000 pessoas. A cidade mais afetada foi Armero, atingida por várias avalanches de até 5m de profundidade cada. Três quartos dos 28.700 habitantes morreram.

No Super Bowl XIX em 20/1/1985, o running back Roger Craig fez três touchdowns na vitória dos San Francisco 49ers sobre os Miami Dolphins. É o recorde do Super Bowl — repetido seis vezes, mas nunca batido.

Durante as eleições para prefeito de Boise, Idaho, EUA, em 1985, um candidato um tanto "pé no chão" apareceu: sr. Cabeça de Batata. Com o slogan "um homem da terra", o brinquedo da Hasbro foi indicado por alunos da Universidade Estadual de Boise. O tubérculo de plástico acabou recebendo apenas 4 votos, pelo correio — que, apesar de pífio, configura o recorde de mais votos recebidos por um brinquedo numa campanha política!

História do GWR: 1995

Introdução

Os anos 1990 viram o fim da Guerra Fria, o surgimento da Rede Mundial de Computadores, o lançamento do Google (ou BackRub, como era conhecido), a clonagem da ovelha Dolly e uma explosão de videogames, graças aos consoles PlayStation®, Nintendo®64 e Sega®Saturn. A população mundial atingiu 6bi de pessoas...

Reino animal

Lesma mais rápida O Campeonato Mundial de Corrida de Lesmas (criado em 1967) acontece todo mês de julho em Congham, Norfolk, RU: um percurso circular de 33cm de largura. O recordista é uma lesma chamada Archie, treinada por Carl Bramham (RU). Em 1995, Archie foi do centro até a borda em exatos 2min.

> Os "corredores" da competição de lesmas de Congham geralmente são colocados para pastar após as corridas. Já na corrida de lesmas anual de Lagardère, França, os perdedores vão direto para a panela!

Primeira esponja predatória Em jan/1995, ao explorar as águas rasas de uma caverna mediterrânea em La Ciotat, França, pesquisadores do Centre d'Océanologie de Marseille encontraram uma esponja que predava pequenos crustáceos. A *Asbestopluma hypogea* usa estruturas similares a tentáculos para capturar presas nadando por perto, que são arrastadas para dentro do seu corpo e digeridas. Até então, acreditava-se que esponjas eram criaturas passivas que se alimentavam por filtragem.

Cão-guia com maior tempo de serviço Donna, cão-guia de John Hogan de Pyrmont Point, New South Wales, Austrália, completou 18 anos de serviço antes de falecer em 6/5/1995, aos 20 anos e 2 meses.

Salto, pulo e pinote!

O atleta britânico Jonathan Edwards deu o **salto tripo mais longo** no Campeonato Mundial de Atletismo em Gotemburgo, Suécia, em 7/8/1995 — uma distância ainda não superada de 18,29m. Edward quebrou o recorde mundial nas primeiras 2 tentativas que fez na final, marcando 18,16m antes de ir ainda mais longe no salto seguinte. Naquele mesmo ano, Edwards — que na escola era chamado de "Nanico" devido à sua baixa estatura — tinha feito um salto auxiliado pelo vento de 18,43m no Campeonato Europeu que foi inelegível ao recorde mundial.

Canto de galo mais longo Um galo (*Gallus domesticus*) chamado Tugaru-Ono-94 foi gravado cantando por 23,6s em Ueda, Nagano, Japão, em 8/5/1995. Um decibelímetro colocado ao lado de um galo pode chegar a registrar até 142db (uma serra elétrica tem cerca de 120db).

Feitos humanos

Semente de melancia cuspida mais longe Jason Schayot (EUA) cuspiu uma semente a uma distância de 22,91m — quase um quarto de um campo de futebol americano — no Festival Anual dos Pêssegos e Melões de De Leon (criado em 1914) no Texas, EUA, em 12/8/1995. Devido à hibridização do *Citrullus lanatus*, só uma pequena porcentagem de melancias vendidas nos mercados dos EUA tem sementes; ou seja, os dias dos campeonatos de cuspida de semente podem estar contados.

ANTES & AGORA

A **1ª transação no eBay** aconteceu em set/1995, quando Pierre Omidyar (FRA) vendeu um laser quebrado para Mark Fraser (EUA) — "colecionador de lasers quebrados" assumido — por US$14,83. O programador iraniano-americano nascido na França havia lançado seu site de venda entre consumidores nos EUA em 3/9/1995 como projeto pessoal, sob o nome de AuctionWeb. O site foi renomeado eBay em 1997 e disponibilizou ações na bolsa pouco depois, surfando no sucesso devido à febre pelas pelúcias Beanie Babies.

Eileen Marie Collins foi uma piloto de teste da Força Aérea dos EUA escolhida para pilotar o ônibus espacial *Discovery* entre 3-11/2/1995, em sua primeira missão espacial. Quatro anos depois, Collins foi a primeira mulher a comandar uma missão de ônibus espacial (STS-93).

Pioneiros espaciais

A missão STS-63 do *Discovery* — revolucionário voo de ônibus espacial até a estação *Mir* em fev/1995 — inaugurou uma nova era de exploração. Além de ser o 1º acoplamento de uma espaçonave dos EUA com uma estação espacial russa, Eileen Collins (EUA) se tornou a **1ª pilota de um ônibus espacial**. E, em 9/2, o especialista de missão Bernard Harris Jr. (EUA) se tornou o **1º astronauta negro a caminhar no espaço**.

Reino animal, Feitos humanos, Ciência, Esportes

Maior objeto a ser movido: Apesar de pesar 683.600t, a Plataforma de Gás Troll A de 472m de altura foi rebocada por 200km de Vats, em Rogaland, Noruega, até o campo da Troll no Mar do Norte entre 10–17/5/1995. A plataforma — quase 3,5 vezes maior do que a Grande Pirâmide de Gizé (*ver p.148*) — começou a produzir para a Statoil (agora Equinor, NOR) em 1996.

Maior piquenique de ursinhos de pelúcia Em 24/7/1995, o Zoológico de Dublin (IRL) recebeu 33.573 bichos de pelúcia — e seus proprietários — para uma festa a céu aberto cheia de bolo, batatinhas e, em celebração ao centenário da marca, biscoitos da Jacob's Mikado.

Lança atirada mais longe A maior distância alcançada por uma lança arremessada foi 258,63m por David Engvall em Aurora, Colorado, EUA, em 15/7/1995. Em competições de arremesso de lança, um *atlatl* (do asteca "vara de atirar") é utilizado: um pedaço de madeira encaixado entre a mão e a base da lança, dando potência adicional ao lançamento — suficiente para perfurar armaduras espanholas do século XVI.

Entre 17–21/2/1995, o corretor da bolsa e aventureiro Steve Fossett (EUA) foi a 1ª pessoa a atravessar sozinha o Oceano Pacífico num balão. Ele decolou no Estádio Olímpico em Seul, Coreia do Sul, e pousou em Mendham, Saskatchewan, no Canadá. Viajou por 8.738km no *Espírito da Liberdade* — uma gôndola suspensa sob um balão de hélio de 45m de altura.

Ciência

Temperatura mais baixa a ocorrer naturalmente A Nebulosa do Bumerangue — uma nuvem de poeira e gás que fica a 5.000 anos-luz da Terra — tem temperatura inferior a -272°C. A baixa temperatura é resultado da rápida expansão de gás e poeira se afastando da antiga estrela no centro da nebulosa. A descoberta foi feita em 1995 por astrônomos utilizando dados obtidos pelo radiotelescópio do Telescópio Submilimétrico Sueco-ESO em La Silla, Chile.

Equação que mais demorou a ser resolvida Em 1995, Andrew Wiles (RU) provou o Último Teorema de Fermat, demonstrando que $x^n+y^n=z^n$ não tem soluções entre números inteiros para $n = 3$ ou $n > 3$. O teorema foi proposto por Pierre de Fermat em 1637, e perdurou por 358 anos.

Esportes

Primeiro medalhista de ouro dos X Games O esquiador aquático Justin Seers (AUS) venceu a competição de Salto de Esqui Descalço no Extreme Games inaugural em 25/6/1995 em Providence, Rhode Island, EUA. O evento de esportes radicais foi renomeado X Games no ano seguinte.

Super Bowl com maior pontuação Em 29/1/1995, o San Francisco 49ers venceu o San Diego Chargers por 49–26 no Super Bowl XXIX — a maior pontuação total na história do jogo mais importante no futebol americano.

ADIVINHA?
P: Quais são os 3 filmes que venceram 11 Oscars cada?
R: Ver p.208.

Primeiro jogo de PlayStation a vender 1mi de cópias
O jogo de luta *Tekken* (Namco, 1995) vendeu 1.728.556 cópias até o Natal de 1995, só no Japão e nos EUA. Também foi o mais vendido do Natal no RU.

Mais Oscars consecutivos de Melhor Ator: No Oscar de 1995, Tom Hanks (USA) levou para casa sua 2ª estatueta de Melhor Ator pela atuação em *Forrest Gump – O contador de histórias* (EUA, 1994). Por ter vencido o prêmio no ano anterior por *Filadélfia* (EUA, 1993), ele se tornou o 2ª ator a vencer 2 Oscars de Melhor Ator seguidos, um recorde que compartilha com Spencer Tracy (EUA) por *Marujo intrépido* (EUA, 1937) e *Com os braços abertos* (EUA, 1938).

19

História do GWR: 2005
As bodas de ouro do Guinness World Records

1955-2005

« Primeiro vídeo no YouTube
Em 24/4/2005, um vídeo do cofundador do YouTube Jawed Karim (EUA, n. DEU) e dois elefantes no zoológico de San Diego tornou-se o primeiro conteúdo da plataforma. "Me at the Zoo" recebeu mais de 296mi de visualizações e 15mi de likes (em 5/12/2023).

⬆ Maçã mais pesada
Em 2005, o agricultor Chisato Iwasaki (JPN) cultivou uma maçã capaz de satisfazer o Godzilla.
Da espécie "Stark Jambo", a fruta pesava 1,849kg – quase o mesmo que 3 bolas de basquete. Foi colhida em 24/10. A fazenda de Chisato está localizada na cidade de Hirosaki, em Aomori, Honshu, famosa no Japão por suas maçãs.

Maior batedor de ovos »
O utensílio de 4,36m foi criado pelo artista folk canadense Kerras Jeffery.
Ele usou peças recicladas: um eixo traseiro de caminhão era responsável pelo principal mecanismo do objeto, enquanto uma peça de cabideiro foi reaproveitada como alça. Verificado em 1/4/2005.

Kerras, falecido em 2017 aos 51 anos, foi um artista folk conhecido pelo espírito criativo e lúdico. Ele costumava reaproveitar materiais que encontrava, modificando-os em seu estúdio na Ilha do Príncipe Eduardo. Certa vez, converteu um Fusca num galinheiro e, a partir de uma pá escavadeira, produziu um aparador.

★ **Linha ferroviária mais elevada**
Concluída em out/2005, o maior trecho da ferrovia Qinghai-Tibete, na China, com 1.956km de extensão, fica 4.000m acima do nível do mar. Seu ponto mais alto, a 5.072m, é mais da metade da altura do monte Everest. Os vagões de passageiros são pressurizados e possuem máscaras de oxigênio.

★ **Montanha-russa mais alta**
Kingda Ka, no parque Six Flags de Nova Jersey, EUA, alcança a altura de 139m. Quando foi inaugurada, em 21/5/2005, era a **montanha-russa mais rápida**, chegando a 206km/h.

★ **Primeiro cachorro clonado**
Snuppy, o galgo afegão, deve sua vida a uma equipe de cientistas da Universidade Nacional de Seul, na Coreia do Sul. (Também é responsável pelo nome.) Seu crescimento foi estimulado quando o óvulo de um doador foi fecundado com o DNA da orelha de um galgo afegão macho de 3 anos chamado Tie. Este óvulo foi, então, inserido em uma labradora dourada aos 60 dias completos, até nascer em 25/4/2005. Snuppy, que viveu até os 10 anos, foi considerado pela revista TIME a "Invenção do Ano".

★ **Maior focaccia**
Pietro Catucci e Antonio Latte (ambos ITA) assaram um pão italiano fermentado que pesava 2,8t – o mesmo que 5 pianos de cauda – em Mottola, Taranto, Itália, em 6/8/2005.

★ **Maior barra de ouro**
Em 11/7/2005, a Mitsubishi Materials (JPN) produziu uma barra de ouro puro de 250kg. O lingote – do tamanho de uma impressora – valeria cerca de US$15,8mi, no preço do metal em 5/12/2023.

★ **100m mais rápidos por um cavalo de pantomima (feminino)**
Em 18/8/2005, Samantha Kavanagh e Melissa Archer (ambas RU, frente e trás, respectivamente) completaram o percurso de 100m dentro de sua fantasia de 4 pernas em 18,13s. Elas correram na Harrow School em Middlesex, RU.

★ **Maior barulho de almofada de pum**
Em 6/10/2005, 5.983 pessoas preencheram o ar com o som de flatulência. Os brincalhões pregaram esta peça na Catalyst Conference em Atlanta, Geórgia, EUA, onde bateram o recorde anterior por mais de 1.600 pessoas.

⇧ Mais furacões em um ano
Em 2005, 15 furacões causaram US$170bi de prejuízo e deixaram mais de 3.400 mortos no México, no Caribe e na Costa Sul dos EUA.

As áreas mais afetadas foram a costa do Mississippi e Nova Orleans, na Louisiana, 80% da qual foi inundada em apenas um dia (29/8), quando a tempestade formada pelo furacão Katrina sobrecarregou os diques (*foto*). Segundo o Centro Nacional de Furacões, 1.836 mortes podem ser atribuídas somente ao Katrina.

⇧ Primeiro filme em 3D digital
A animação da Disney *O Galinho Chicken Little* (EUA, 2005) foi exibida no "Disney Digital 3-D" em 85 cinemas pelos EUA. Foi o primeiro grande lançamento distribuído no formato 3D digital estereoscópico, que forçou os cinemas a modernizarem seu sistema de projeção. Os frequentadores continuaram obrigados a utilizar óculos polarizados.

★ **Pôster mais caro**
Um pôster original do inovador filme de ficção científica de Fritz Lang, *Metrópolis* (DEU, 1927), foi vendido pela Reel Poster Gallery, em Londres, RU, para um colecionador dos EUA por US$690.000 em 15/11/2005. A peça art déco foi feita por Heinz Schulz-Neudamm e é uma das quatro unidades conhecidas.

★ **Vencedor mais jovem do BRIT Awards**
Joss Stone (RU, n. 11/4/1987) tinha 17 anos e 304 dias quando foi agraciada pela British Phonographic Industry nesta premiação musical anual em 9/2/2005. Venceu em duas categorias: Melhor Artista Solo Feminina e Melhor Artista Urbano.

★ **Gamer contratado mais jovem**
Lil Poison, conhecido como Victor De Leon III (EUA, n. 6/5/1998), tinha apenas 6 anos quando assinou seu 1° contrato profissional de eSports da Major League Gaming. O talento precoce pegou um controle pela 1ª vez aos 2 anos para jogar *NBA 2K*.

★ **Primeira mulher a liderar as 500 Milhas de Indianápolis**
Danica Patrick (EUA) entrou para a História na 89ª 500 Milhas de Indianápolis em 29/5/2005, assumindo a liderança na volta 56. Pela Rahal Letterman Racing, liderou a corrida por 19 voltas, terminando em 4° e vencendo o prêmio de Estreante do Ano das 500 Milhas.

★ **Mais jovem a marcar um gol na Premier League**
James Vaughan (RU, n. 14/7/1988) tinha 16 anos e 270 dias quando marcou um gol pelo Everton na vitória de 4x0 contra o Crystal Palace em 10/4/2005 no Goodison Park em Merseyside, RU.

★ **Homem mais rápido nos 400m em pista coberta**
Em 12/3/2005, Kerron Clement (EUA, n. TTO) completou duas voltas em 44,57s. Com 19 anos, competiu pela Universidade da Flórida no Campeonato de Atletismo Indoor NCAA Masculino Divisão I em Fayetteville, Arkansas, EUA.

Primeira música a vender 1mi de cópias digitais »
Em out/2005, "Hollaback Girl" alcançou 1mi de downloads pagos nos EUA. Gwen Stefani (EUA), vocalista do No Doubt, juntou-se aos produtores The Neptunes (Pharrell Williams e Chad Hugo) para o sucesso de hip-hop, que apareceu em seu álbum solo *Love. Angel. Music. Baby.*

História do GWR: 2015

Tina Ackles (EUA) teve o **maior número de madrinhas** de casamento em 18/4/2015 – um total de 168!

O Facebook celebrou seu bilionésimo usuário e o TikTok deu as boas-vindas a seu primeiro; a Amazon fez 20 anos e o patrimônio de Jeff Bezos bateu US$200bi; o astromóvel Curiosity encontrou água em Marte; e aqui na Terra, uma nova geração de ativistas ambientais encontrou uma aliada na adolescente sueca Greta Thunberg.

Mais lã numa única tosquia
Em 3/7/2015, Chris — ovelha perdida resgatada pela ONG animal RSPCA ACT (AUS) — teve 41,1kg de lã retirados por Ian Elkins em Weston Creek, Austrália.

Mais testes de impacto
W. R. Haight, ou "Rusty" (EUA), encarou mais de 1.000 testes de impacto automotivo como professor de investigação de acidentes. O "reconstrutor de acidentes" e seu veículo eram equipados com sensores para coletar dados do impacto. Apesar de ultrapassar 85km/h, seu maior ferimento até agora foi um pequeno corte causado por um airbag.

Primeiro transplante de crânio e couro cabeludo
O tratamento de um câncer raro deixou James Boysen (EUA) sem o topo do crânio. Em 22/5/2015, ele recebeu um enxerto parcial de crânio e couro cabeludo durante uma cirurgia de 15h no Hospital Metodista de Houston no Texas, EUA.

Golfista mais nova a ser nº 1 no ranking mundial
Lydia Ko (NZ, n. KOR, 24/4/1997) chegou ao topo do ranking mundial de golfe feminino com 17 anos e 284 dias em 2/2/2015. Já sendo a **mais jovem vencedora do LPGA** — aos 15 anos e 124 dias em 26/8/2012 —, Ko se tornou a **golfista mais nova a vencer um torneio principal feminino** aos 18 anos e 42 dias no Campeonato Evian em 13/9/2015.

FATO
Uma febre por bambolês na Inglaterra do séc. XIV fez pessoas terem exaustão e falência cardíaca!

Mais bambolês girados simultaneamente
Marawa the Amazing, ou Marawa Ibrahim (AUS), manteve 200 bambolês rodando por ao menos 3 voltas em Los Angeles, Califórnia, EUA, em 25/11/2015.

Filme de *Star Wars* com maior faturamento
Com bilheteria mundial de US$2.064.615.817, de acordo com o *The Numbers*, *Star Wars: O Despertar da Força* (Episódio VII) é o filme mais lucrativo na franquia de ficção científica (e o 5º filme com maior faturamento da história).

Os maiores...
• **Macaco de meia:** Em 7/2/2015, em Bridgwater, Somerset, RU, Jody Lewis (RU) apresentou ao mundo seu bicho de pelúcia com 3,19m de altura. Ela o costurou usando 66 pares de meias.

• **Controle remoto de televisão:** Os irmãos Suraj e Rajesh Kumar Meher (ambos da IND) mudaram de canal em grande estilo usando um controle de 4,5m de comprimento conforme medido em Odisha, Índia, em 21/9/2015.

• **Tapete de *Twister*:** Para promover o lançamento de seu novo álbum de country *Tangled Up*, o músico Thomas Rhett (EUA) convidou os fãs para uma partida de *Twister* usando um tapete de 2.521,01m, que ocupou metade do campo do AT&T Stadium em Arlington, Texas, EUA, em 23/9/2015.

Maior asteroide
Entre 6/3/2015 e 31/10/2018, a missão Dawn da NASA orbitou 1 Ceres no Cinturão de Asteroides entre as órbitas de Marte e Júpiter. Com um diâmetro médio de 952km, 1Ceres é tão grande que também é classificado como planeta anão.

INSETOS, MIRIÁPODES E ARACNÍDEOS IMENSOS

Maior formiga: *Dorylus fulvus* – 5cm de comprimento

Maior centopeia: centopeia-gigante-da-Amazônia (*Scolopendra gigantea*) – 26cm de comprimento

Maior inseto aquático: barata d'água (*Lethocerus maximus*) – 11,5cm de comprimento

Maior aranha: aranha-golias-comedora-de-pássaros (*Theraphosa blondi*) – 28cm de envergadura das patas (ver também p.16–17)

Maior inseto aquático (envergadura da asa): *Acanthacorydalis fruhstorferi* – 21,6cm

Inseto mais longo: bicho-pau (*Phryganistria chinensis*) – 64cm esticado

Besouro mais longo (corpo): besouro-titã (*Titanus giganteus*) – 16,7cm esticado

022   História do GWR

1º sobrevoo de Plutão
Em 14/7/2015, a sonda *New Horizons* chegou à menor distância de Plutão durante seu sobrevoo. Passou a 12.472km da superfície do planeta pequenino, a uma velocidade de 49.600km/h. Apenas 10 dias antes, a NASA perdeu contato com a sonda, mas se reconectou a tempo do sobrevoo.

Maior vencedor de Bolas de Ouro
Em 2015, o atacante argentino Lionel Messi alcançou o status de jogador com mais Bolas de Ouro ao conquistar seu 5º troféu — 2 a mais do que Cristiano Ronaldo. Messi ainda venceria de novo em 2019, 2021 e 2023.

Rainha com maior reinado
Até as 17h30 do dia 9/9/2015, Sua Majestade a Rainha Elizabeth II (RU) — que ascendeu ao trono em 6/2/1952 após a morte do pai, rei George VI — havia reinado por 23.226 dias, 16h e cerca de 30min, ultrapassando o reinado de sua tataravó rainha Victoria. Ela permaneceria no trono até sua morte, em 8/9/2022 — um recorde ininterrupto de 70 anos e 214 dias.

Mais pontos solo em um quarto de partida da NBA
Klay Thompson (EUA) do Golden State Warriors marcou 37 pontos contra o Sacramento Kings durante o terceiro quarto do confronto em 23/1/2015.

Cosplay mais alto de super-herói
O traje Hulkbuster do Homem de Ferro — visto primeiro no filme *Vingadores: Era de Ultron* (EUA, 2015) — foi trazido à vida em tamanho gigante pelo cosplayer Thomas DePetrillo (EUA). Revelado na Comic Con de Nova York em out/2015, tem impressionantes 2,44m de altura e é todo articulado.

Mais balões inflados com a boca em uma hora
Hunter Ewen (EUA) superou sua globofobia ao inflar 910 balões de festa em 60min em Allenspark, Colorado, EUA, em 4/9/2015. "Em parte, quis tentar quebrar esse recorde pelo medo de balões que eu tinha na infância", disse ele. "Fiquei 15 anos sem inflar um balão, e achei que esse podia ser um jeito divertido de superar o medo".

Artista homem solo a alcançar o 1º lugar no Hot 100
O astro pop canadense Justin Bieber (n. 1/3/1994) tinha apenas 21 anos e 202 dias quando "What Do You Mean?" — o primeiro single de seu quarto álbum de estúdio — estreou em 1º lugar na lista Hot 100 da Billboard em 19/9/2015. Bieber teve uma carreira extraordinária, sempre nas paradas de sucesso. Desde 2010, quebrou mais de 40 recordes do GWR — 18 dos quais ainda mantém.

Acertou 13 dos 13 arremessos do garrafão, 9 dos 9 arremessos de trás da linha de 3 pontos e 2 dos 2 arremessos de lance livre. Seus 9 arremessos de fora do garrafão também quebraram o recorde da NBA de **maior número de cestas de 3 pontos em um quarto**. O Warriors venceu de 126 a 101.

Velocista mais velho
Hidekichi Miyazaki (JPN, n. 22/9/1910) tinha 105 anos e 1 dia quando competiu no Torneio de Outono de Atletas Master de Kyoto, no Japão, em 23/9/2015. Conhecido como "Relâmpago de Ouro", correu 100m em 42,22s.

 ### Frutificando
Em 2/1/2015, o professor de ciências Dinesh Shivnath Upadhyaya (IND) quebrou o recorde de **mais uvas comidas em 3 minutos**, engolindo 205 seguidas. Desde então, ele foca em outras conquistas relacionadas a frutas e já conquistou títulos do GWR de **menor tempo para descascar e comer 3 laranjas** (1min7,94s) e **maior número de uvas enfiadas na boca** (94).

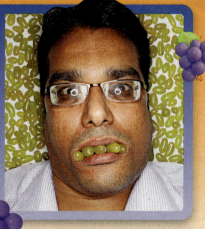

Pequenas cidades, grandes ambições
A **maior caixa de correio** (volume interno: 162,63m³) é só uma das atrações de beira de estrada recordistas possíveis de serem encontradas em Casey, Illinois, EUA (população: 2.376). Durante nossa visita em 2015, encontramos também o **maior forcado** (comprimento: 18,65m), a **maior cadeira de balanço** (altura: 17,09m) e o **maior tamanco** (comprimento: 3,5m).

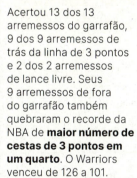

www.guinnessworldrecords.com 023

DIA GWR 2023: GALERIA

O 19º dia anual da quebra de recordes aconteceu em 16/11/2023. Na esperança de obter a glória do GWR, pessoas de todo o mundo encararam desafios com o tema "super-habilidades". Seus impressionantes (e variados!) feitos apenas mostram que, independente de qual seja sua paixão ou habilidade, há um recorde por aí esperando você.

Zhou Quan (CHN) executou **o maior número consecutivo de cambalhotas para trás com uma perna só** (11), diante do Pavilhão Wuling em sua cidade natal, Chenzhou, em Hunan, China. Zhou é campeão mundial em "tricking", que combina movimentos de artes marciais, ginástica e capoeira.

Em Abu Dhabi, UAE, Sara Spadoni (ITA) conquistou o título feminino de **chama mais longa cuspida** (5,4m). Ginasta rítmica treinada, também estabeleceu o recorde de **mais bambolês em chamas girados na posição do espacate** (4). Confira mais pirofeitos nas p.112–13.

Christian Rodríguez (ESP) bateu o **menor tempo para correr 1 milha quicando uma bola de tênis de mesa** (6min e 4,41s), em Toledo, ESP (à esq.). Seu portfólio de recordes aumentou com o **menor tempo para correr 1 milha batendo uma bola de basquete** (4min e 23,32s, à dir.).

Em Karachi, Paquistão, Muhammad Rashid (PAK) bateu o recorde de **maior número de cocos verdes quebrados com a cabeça em 1min** (43). O faixa-preta é um batedor de recordes serial que usa cabeça, mãos e cotovelos para esmagar coisas que vão de canetas e nozes a tampinhas.

O mais prolífico batedor de recordes alemão, André Ortolf (à dir.), se juntou ao conterrâneo Tobias Wittmeir para montar o **maior número de tacos em 1min (dupla)**, 17. Eles prepararam o fast food mexicano no vilarejo de Langweid am Lech, Alemanha.

Em Saitama, Japão, Masakazu Hashimoto e Nene Kaneko (ambos JPN) **pularam corda em estilo Double Dutch e plantando bananeira pelo maior número de vezes consecutivas** (32). Masakazu é o professor de Double Dutch de Nene e parte da equipe profissional de corda Capliore.

O editor-chefe do GWR Craig Glenday visitou o circuito de Silverstone no RU para testemunhar o **espaço mais estreito pelo qual uma caminhonete passou sobre 2 rodas**. Paul Swift (RU) guiou seu Ford Raptor de 2,9ton por um espaço apenas 88cm maior do que a altura do veículo. Foi de perder o fôlego!

Em 2022, Paul executou a baliza mais justa com um carro elétrico — com apenas 30cm de folga!

Em Chennai, IND, 2 ginastas precoces conquistaram recordes de 1min. Aadhav Sugumar (IND, *à esq.*) deu o **maior número de voltas de bambolê no pescoço sobre uma tábua de equilíbrio** (153). Myra Chetan Pophale (IND, *acima*) completou o **maior número de voltas de bambolê no pescoço em posição de espacate** (158).

Henry Cabelus (EUA) deu o **mortal para trás mais alto usando um pogo-stick**, voando acima de uma barra com 3,07m em Pittsburgh, Pensilvânia, EUA. Henry competiu com Michael Mena (EUA), companheiro de equipe na Xpogo, para bater o recorde de 2,82m estabelecido em 2012 por Curt Markwardt (EUA). Michael superou a marca primeiro, com um salto de 2,92m. Seu triunfo durou pouco, porém, pois Henry foi em seguida e deu um salto ainda maior, batendo o recorde de Michael por 15cm.

Em Tóquio, Japão, Yu-dama — ou Yutaro Fukushima (JPN) — alcançou 3 recordes mundiais usando tradicionais kendamas, brinquedos de copo e bola, incluindo o **maior número de acertos consecutivos** usando seu kendama modificado de 10 copos — ele acertou as 10 bolas 17 vezes.

25

ICON

Robert Wadlow

Para iniciar a seção de ÍCONES do Guinness World Records, quem melhor do que o detentor do recorde mais icônico de todos? Robert Pershing Wadlow: o ser humano mais alto que já existiu.

Para celebrar as pessoas que mais personificam o espírito do GWR – indivíduos que realizaram feitos significativos, foram pioneiros na sua área de atuação ou deixaram uma impressão inesquecível na sociedade –, o comitê de seleção foi unânime em nomear Bob Wadlow como sua 1ª escolha. Ao longo da edição deste ano, você encontrará perfis de vários ÍCONES do GWR, mas nenhum com um recorde tão conhecido quanto o do homem mais alto de todos os tempos.

Wadlow nasceu em 22/2/1918 em Alton, Illinois, EUA, com o peso normal de 3,8kg. No entanto, em apenas 8 anos Bob ultrapassou a altura do pai, 180,3cm. A causa do seu rápido crescimento foi diagnosticada como hipertrofia (aumento) da glândula pituitária – que regula a produção do hormônio do crescimento. Como a cirurgia era arriscada demais, Bob continuou crescendo, até atingir 2,72m.

Um jovem calmo, Bob fez uma breve turnê com o circo Ringling Bros. em 1936, mas recusou-se a vestir uma cartola e uma cauda, como o seu antecessor, Albert Kramer (ver *p.62–3*). Logo saiu do circo e se tornou vendedor da International Shoe Company. Foi em uma viagem a trabalho a Michigan que a cinta ortopédica que usava no pé machucou seu tornozelo, provocando uma bolha que infeccionou. Apesar dos esforços médicos, a infeção se alastrou e Bob morreu enquanto dormia, em 15/7/1940, com apenas 22 anos.

A resiliência de Wadlow perante a adversidade cativaram todos que leram a sua história. E as fotografias que documentam a sua vida tragicamente curta constituem um legado duradouro que celebra este indivíduo icônico.

BREVE BIOGRAFIA

Nome	Robert Pershing Wadlow
Local de nasc.	Alton, Illinois, EUA
Apelido	O gigante de Alton
Títulos atuais do GWR	Pessoa mais alta da história; Adolescente mais alto da história; Maiores mãos e pés
Altura	2,72m
Peso	223kg
Tamanho da mão	32,3cm do pulso à ponta do dedo do meio
Tamanho do sapato	EUA: 37AA, equivalente a 73 no Brasil

Bob era o mais velho de cinco filhos. Essa foto de família mostra Bob aos 18 anos com (*da esq. para dir.*) o irmão Eugene (14), a mãe Addie, o irmãozinho Harold Jr. (4), a irmã Betty (12), o pai Harold e a irmã Helen (15).

Em 1936, Bob ganhou o status de celebridade quando entrou para o circo. Aqui, ele está recriando uma cena das *Viagens de Gulliver* com uma trupe de artistas de baixa estatura.

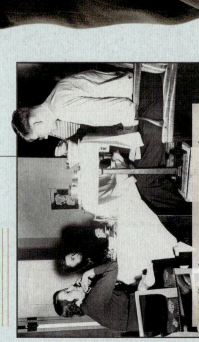

Os Wadlow adaptaram a casa para acomodar o filho de grandes dimensões. Aqui, Bob janta com a família no conforto de uma cadeira feita especialmente para ele e de uma mesa elevada.

Bob aos 13 anos, comparando o tamanho do sapato com um homem de estatura média. Fez mais de 800 aparições – e percorreu cerca de 482.800 km – como embaixador da International Shoe Company. Em troca, recebia calçados gratuitos; cada par custava cerca de 100 dólares na época, o equivalente hoje a US$2.200.

De acordo com a loja de roupa Hartmann's em Alton, foram necessários 8,22m de tecido para fazer um terno para Bob. Aqui, dois funcionários – Walter Hanlon (à esq) e o gerente da loja Carl Hartmann – seguram uma calça recém-feita para Bob.

Com apenas 10 anos de idade – e 1,981m de altura –, Bob já era mais alto do que seu pai (à dir.). O Gigante de Alton nunca parou de crescer, tornando-se a **pessoa mais alta de todos os tempos** em 1939, quando ultrapassou o também americano John Rogan, ou "Bud" (1868-1905, ver p.62-3).

Descubra mais ÍCONES do GWR em www.guinnessworldrecords.com/2025

Natureza

A raflésia é uma planta da Indonésia, assim como o jasmim branco e a orquídea da lua.

CONTEÚDO

Cronologia:	
Maiores animais	30
Mamíferos	32
Pássaros	34
Peixes	36
Répteis	38
Anfíbios	40
Invertebrados	42
Galeria: Animais em ação	44
Bichinhos amigos	46
Cactos	48
Fungos	50
Terra dinâmica	52
Climas extremos	54
Variedades	56

Chris Thorogood, do Jardim Botânico de Oxford, foi à caça de raflésias em 2022, em prol da proteção da espécie.

MAIOR FLOR

Nenhuma flor cresce mais do que as da planta parasita *Rafflesia arnoldii*, conhecida como raflésia. Um espécime na floresta da Sumatra Ocidental, na Indonésia, em jan/2020, media 111cm, o dobro da largura de uma roda de bicicleta. O tamanho não é seu único destaque: também exala um odor fétido semelhante à carne em decomposição, daí sua alcunha de "flor-cadáver". Atraídas pelo mau cheiro, as moscas entram na câmara interior (*embaixo à direita*) e transferem o pólen. As cerca de 40 espécies de raflésias são consideradas em perigo devido à degradação do seu habitat.

29

NATUREZA: CRONOLOGIA
Maiores animais

As **primeiras formas de vida** – bactérias marinhas que surgiram há c. 3,5bi de anos – tinham poucos micrometros de comprimento. Sem rivais, foram, em sua época, os maiores organismos. Lentas e estáveis, essas criaturas minúsculas evoluíram para uma megafauna colossal. Aqui, destacamos algumas das feras mais prestigiosas de suas épocas, na terra e na água, culminando com **maior animal** da atualidade.

Pneumodesmus newmani
(428mi de anos atrás)
Esse mini milípede é o **animal terrestre mais antigo**, e, por padrão, também foi o maior animal terrestre do seu tempo – apesar de ter apenas 1cm de comprimento!

Sinapsídeos basais (308-252mi de anos atrás)
Esses tetrápodes carnívoros, como o *Dimetrodon*, de 4,5m e vela nas costas, eram os maiores animais terrestres até o evento de extinção do Permiano-Triássico. Apesar da aparência reptiliana, foram os precursores dos mamíferos.

Riojasaurus
(228-208,5mi de anos atrás)
Esse sauropodomorfo herbívoro de 6,6-10m de comprimento e 1,1t foi um dos maiores dinossauros do Triássico. No período Jurássico, seus descendentes teriam se tornado saurópodes gigantes, como o *Brontossauro* e o *Diplodoco* – os próximos titanossauros (ver p. oposta).

Arthropleura armata
(345-295mi de anos atrás)
Esse inseto de 2,6m de comprimento – 10x mais pesado do que um gato – é o **maior artrópode de todos os tempos**.

Prionosuchus plummeri
(299-272 mi de anos atrás)
Essa mistura de crocodilo com peixe do Período Permiano era um temnospondyli, grupo primitivo de anfíbios tetrápodes. Com até 9m, é o **maior anfíbio de todos os tempos** – 5x seu homólogo existente (ver p.41).

Tiktaalik roseae
(375mi de anos atrás)
Entre os 1ºs vertebrados a essa espécie – o **1º peixe a caminhar na terra** – media até 2,75m.

Aegirocassis benmoulai
(480mi de anos atrás)
2x maior que o animal seguinte do Ordoviciano Inferior, com 2m, esse artrópode radiodonte foi o **1º gigante filtrador**.

Tubarões dente-de-tesoura *Edestus* (313-307mi de anos atrás) Famosos pelos dentes semelhantes a lâminas, esses tubarões de 6,7m eram os principais predadores dos mares do Carbonífero.

Dickinsonia
(558mi de anos atrás)
Com até 1,4m, esses habitantes de água rasa e de corpo mole são **os mais antigos megafósseis de animal**.

Jaekelopterus rhenaniae (460-255mi de anos atrás) Os escorpiões marinhos do Período Devoniano (euriptérides) são um dos maiores artrópodes, quase do tamanho da *Arthropleura* (acima).

Ictiossauros do Triássico (237-202mi de anos atrás) Alguns desses predadores podiam medir mais que 1 pista de boliche — os **maiores répteis marinhos de todos os tempos**. Estima-se que a espécie Ichthyotitan severnensis em abril/2024 tenha medido 25-6m.

Albertonectes vanderveldei
(83,5-70,6mi de anos atrás)
Esse réptil marinho do Cetáceo não foi o plesiossauro mais volumoso, mas ostentava uma super característica. O pescoço de 7m, com 76 vértebras, faz dele o **animal com o pescoço mais comprido** (com base na contagem de ossos do pescoço). Humanos tem apenas 7.

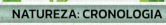

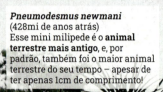

Espinossauros
(99-93,5mi de anos atrás)
Esqueça o T. rex – esse antecessor era 4m mais comprido, o que o tornava o **maior dinossauro carnívoro**. Tinha até 17m do nariz à cauda e pesava c. 9t – o equivalente a 18 ursos polares (*Ursus maritimus*), que são os **maiores carnívoros terrestres** da atualidade.

Sarcosuchus (110mi de anos atrás)
Os antepassados dos maiores crocodilos (ver p.39) tinham 2x seu tamanho médio, com c. 12m. O jacaré pré-histórico *Purussaurus* alcançou comprimento semelhante, na disputa de **maior crodiliforme de todos os tempos**.

Titanosaurias (140-66mi de anos atrás)
Apesar de não haver consenso sobre qual foi o **maior dinossauro**, especialistas concordam que foi um saurópode. Esse grupo de répteis gigantescos – os **animais terrestres mais altos, compridos e pesados** que já passaram pela Terra – é dividido entre *Argentinosaurus*, *Bruhathkayosaurus* e *Patagotitan*, embora existam outros, como o diplodoco *Maraapunisaurus*.
  Baseado em ossos fossilizados – alguns maiores do que humanos –, esses gigantes cresciam até 30-40m de comprimento e pesavam entre 55-83t, cerca de 4-6 ônibus de 2 andares. É certo que, com a integridade dos esqueletos variando, as comparações tornam-se complicadas. Novos ossos e novas maneiras de interpretá-las surgem a todo momento, mas é improvável que um animal terrestre surja para superar os descomunais saurópodes.

Em 2023, uma pesquisa admitiu que alguns "super-saurópodes" podem rivalizar, em massa, com a baleia azul!

Otodus megalodon
(23-3.6mi de anos atrás)
Com 18-20m – 3x o comprimento dos maiores tubarões brancos (*ver p.36*) – o "Meg" foi facilmente o **maior tubarão**. Poderia ser o **maior peixe** também.

Balaenoptera musculus (1,5mi de anos atrás-hoje)
Animal algum vivo chega perto, em escala, de uma baleia azul. Os adultos têm em média 25m e 176t, superando o **maior animal terrestre**: o elefante-africano (*Loxodonta Africana*), com 6t.
  O maior espécime de todos os tempos, aferido em 1909, foi uma fêmea de 33,57m – mais comprida do que uma quadra de basquete. Embora não tenha sido pesada, uma fêmea de 27,6m encontrada em 1947 tinha 209t. Esses cetáceos gigantescos há muito são considerados o **maior animal** que já viveu em nosso planeta. Recentemente, porém, surgiram alguns rivais já extintos (*ver p. oposta, acima*)...

Perucetus colossus (40-38mi de anos atrás)
Relatado em ago/2023, este cetáceo ancestral causou grande impacto, sendo considerado o **animal mais pesado de todos os tempos**, entre 94-375t. Apesar de mais curto do que uma baleia azul (*à dir.*) – detentora do título incontestável há anos – o *Perucetus* era muito mais denso. Mesmo assim, alguns duvidaram de estimativa de massa tão elevada.

NATUREZA
Mamíferos

Primeiro mamífero
O mamífero mais antigo conhecido pela ciência é o *Brasilodon quadrangularis*, que existiu há mais de 225,42mi de anos, durante o Triássico Superior, onde agora fica o Brasil. Atualmente identificado através de dentes, crânio e amostras de ossos fossilizados, acredita-se que foi uma pequena criatura similar a um musaranho com cerca de 12–20cm, que provavelmente comia insetos. Foi formalmente descrito no *Journal of Anatomy* em 5/9/2022.

Ordem de mamíferos mais numerosa
Das cerca de 6.500 espécies de mamíferos, 2.552, ou 39% delas, são de roedores (Rodentia). Destes, 834 (13%) se enquadram no subgrupo Muridae (dos ratos e camundongos), o que faz desta a **maior família de mamíferos**.

Maior língua de mamífero terrestre
A língua do tamanduá-bandeira (*Myrmecophaga tridactyla*) chega a 61cm — cerca de um terço do comprimento do animal. Coberta por saliva grudenta e protuberâncias pontudas (papilas), a língua adentra formigueiros e cupinzeiros nas Américas Central e do Sul. Num único dia, um tamanduá pode comer 30mil insetos!

Animal mais alto
Girafas (*Giraffa camelopardalis*) estão muito acima de outras criaturas vivas, alcançando 4,6–5,5m dos cascos ao topo dos chifres (ossicones). Encontradas nas savanas e matas da África Subsaariana, sua população diminuiu em 30% desde os anos 1980, principalmente graças à perda de habitat e à caça ilegal.

Mamífero com maior rotação de cabeça
Devido à morfologia de sua coluna, társios (Tarsiidae) — primatas arborícolas do sudeste da Ásia — são capazes de girar a cabeça 180° em cada direção. O társio-filipino (*Carlito syrichta*, na foto) é o **mamífero com maiores olhos em relação ao corpo**, com 16mm de largura. Seria como se humanos tivessem olhos do tamanho de laranjas!

Apenas um animal é capaz de virar a cabeça num ângulo maior do que o társio (descubra qual na p.34).

Mamífero mais leve
O musaranho-pigmeu (*Suncus etruscus*), presente no Mediterrâneo e sudeste da Ásia, é o mamífero mais leve. O roedor do tamanho de um polegar tem em média 1,8g — 20 vezes mais leve do que um rato.

Mamífero que vive em maior altitude
Um rato com orelhas de folha (*Phyllotis vaccarum*) foi coletado no topo do vulcão Llullaillaco, na fronteira entre o Chile e a Argentina, 6.739m acima do nível do mar, em fev/2020. O recorde foi registrado no *Journal of Mammalogy* em 5/4/2022.

Mergulho mais fundo por um mamífero
Em 2013, uma baleia-bicuda-de-cuvier (*Ziphius cavirostris*) atingiu 2.992m — uma profundidade quase 12 vezes maior do que a do mergulho livre humano mais fundo — na Califórnia, EUA.

Mamífero de voo mais rápido
No Texas, EUA, em 2009, morcegos-brasileiros-de-cauda-livre (*Tadarida brasiliensis*) equipados com transmissores de rádio foram registrados voando a 44,5m/s (160,2km/h). Isso significa que esses morcegos chegam a rivalizar com as aves mais velozes.

O Texas é lar da **maior colônia de morcegos**: cerca de 15mi de morcegos-brasileiros-de-cauda-livre se reúnem com frequência em Bracken Cave, perto da cidade de San Antonio.

O estado também já abrigou a **maior colônia de mamíferos**. Em 1901, o zoologista e ecologista C. H. Merriam (EUA) encontrou uma "cidade" de cães-da-pradaria que se estendia por 65.000km² — quase o tamanho da Irlanda — no oeste do Texas. Estima-se que era o lar de mais de 400mi de cães-da-pradaria-de-cauda-preta (*Cynomys ludovicianus*).

Pinípede mais rápido
O leão-marinho-da-Califórnia (*Zalophus californianus*) pode nadar a 40km/h — mais rápido do que um cavalo a galope. Contudo, não é o **mamífero marinho mais rápido**: esse título pertence à orca (*Orcinus orca*), conhecida como baleia assassina; em 12/10/1958, registrou-se um macho a 55,5km/h.

Mamífero mais curto
O morcego-zangão (*Craseonycteris thonglongyai*) tem 3cm de comprimento e pesa cerca de 2g. É nativo de cavernas na Tailândia e em Mianmar.

Maior mamífero terrestre
Um elefante-da-savana (*Loxodonta africana*) macho adulto da África Subsaariana tem em média 5,5ton e até 3,7m até o ombro.

Maior mamífero
Conhecido como o **maior animal de todos** (ver p.30-31), a baleia-azul (*Balaenoptera musculus*) tem 25m de comprimento e pesa cerca de 160ton.

32

MAIOR FELINO SELVAGEM
O leão é conhecido como "rei da selva", mas o título na verdade deveria pertencer a seu parente asiático: o tigre-siberiano (*Panthera tigris altaica*) — embora tecnicamente nenhum desses grandes felinos viva na selva. Habitante das florestas montanhosas na Rússia ocidental, no norte da China e na Coreia do Norte, os maiores tigres podem chegar a 3,3m do focinho à ponta da cauda e pesar até 300kg — cerca de 70 gatinhos domésticos!

Para suportar o frio, esta subespécie de tigre tem pelagem densa, juba e uma camada maior de gordura.

Menor felino selvagem
No outro extremo da escala felina está o gato-ferrugem (*Prionailurus rubiginosus*) do sul da Índia e do Sri Lanka. Chega a medir 50cm, incluindo a cauda. Adultos têm um terço do peso de um gato doméstico. O segundo colocado neste pequenino pódio é o gato-bravo-de-patas-negras (*Felis nigripes*) do sul da África.

Mamífero mais velho
Vários espécimes de baleia-da-Groelândia (*Balaena mysticetus*) foram considerados centenários. Calcula-se que um deles chegou a 211 anos!

Mamífero mais lento
Preguiças-de-betinho (*Bradypus tridactylus*) gostam de viver na pista da direita: a velocidade máxima que alcançam no chão é 2,4m por minuto (0,14km/h).

Mamífero terrestre mais rápido
Em distâncias curtas, a chita (*Acinonyx jubatus*) é o maior velocista entre os mamíferos, com 28,7m/s (103,5km/h) registrados em 1965.

NATUREZA
Pássaros

Primeiro pássaro
Ornitólogos concordam que todos os pássaros atuais, das majestosas águias aos humildes pardais, descendem dos dinossauros terópodas. *Quando* exatamente a divisão evolucionária aconteceu, porém, é mais debatido.
O pássaro incontestadamente mais antigo é o *Archaeopteryx lithographica*, uma ave com tamanho de corvo e 153mi de anos encontrada entre sedimentos jurássicos perto de Solnhofen, Alemanha. Há um concorrente mais antigo chamado *Protoavis texensis*, que foi encontrado em rochas de 220mi de anos no Texas, EUA — no entanto, paleontólogos não têm certeza de que os fósseis são de fato de um pássaro, ou sequer de um único animal.

Maior pássaro da história
Vorombe titan, a maior das extintas aves-elefantes de Madagascar, era imensa, com 3m de altura. Tais gigantes, que morreram cerca de 1.000 anos atrás, chegavam a pesar 860kg; 5x a massa do **maior pássaro** atual (*ver página oposta*).

Maior ordem de pássaros
De longe, o mais diverso grupo taxinômico de pássaros é o Passeriformes (passarinhos, como pardais), com mais de 6.533 espécies. Isso equivale a cerca de 58% de todos os pássaros.
O grupo inclui a **maior família de pássaros**: os tiranídeos (Tyrannidae), nativos das Américas, com 450 espécies (4% de todos os pássaros).

Pássaro que vive em maior altitude
A gralha-de-bico-amarelo (*Pyrrhocorax graculus*), um corvídeo de patas avermelhadas, geralmente se reproduz em altitudes de 6.500m nos Himalaias, mas espécimes foram avistados por montanhistas a mais de 8.235m.
Por outro lado, o **pássaro a voar mais alto** foi um grifo-de-rüppell (*Gyps rueppellii*) que colidiu com uma aeronave a 11.300m no espaço aéreo da Costa do Marfim em 29/11/1973.

Bico mais longo
O bico do pelicano-australiano (*Pelecanus conspicillatus*) chega a até 47cm, mesmo tamanho de um recém-nascido humano.

Melhor imitador entre pássaros
O felosa-palustre (*Acrocephalus palustris*) é capaz de imitar o canto de mais de 80 espécies de pássaro.

Animal com maior rotação de cabeça
Nenhum grupo de animais gira mais a cabeça do que as corujas (Strigiformes). Algumas espécies viram 270° em cada direção! Isso é possível devido a vertebras adicionais no pescoço (14, comparadas às 7 humanas) e ao tamanho, à estrutura e à posição das carótidas, que impedem que o envio de sangue seja interrompido.

Maior espécie de pombo
O goura-victoria (*Goura victoria*) da Nova Guiné pode chegar a mais de 80cm de comprimento do bico à cauda e pesa cerca de 3,5kg, quase 10x mais do que um pombo comum (*Columba livia*). Tais pássaros — assim como três espécies próximas — são conhecidos pela "coroa" de penas de aparência rendada.

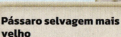

Pássaro que mergulha mais fundo
O pinguim-imperador (*Aptenodytes forsteri*) — a **maior espécie de pinguim** da atualidade, com até 1,3m — é a melhor ave mergulhadora. Pode chegar a até 564m de profundidade enquanto caça peixes na Antártica e permanecer submerso por mais de 32 minutos — o que faz dele o **pássaro com mergulhos mais longos**.

Pássaro selvagem mais velho
Uma albatroz-de-laysan (*Phoebastria immutabilis*) chamada Wisdom tinha c. 73 anos em 2024. Recebeu um anel de identificação aos c. 5 anos no Atol Midway, em 1956. Voltou até lá para se reproduzir, botou cerca de 40 ovos e criou 30 filhotes ao longo da vida.

Pássaro mais barulhento
A araponga-da-Amazônia (*Porcinas albus*) foi gravada emitindo 125,4dB durante danças do acasalamento. Vivem no norte da América do Sul.

Pássaro de voo mais rápido
Em condições ideais, durante um mergulho, o falcão-peregrino (*Falco peregrinus*) pode atingir velocidades máximas de ao menos 320km/h.

Menor pássaro
O colibri-abelha-cubano (*Mellisuga helenae*) pode medir 57mm de comprimento total — metade disso em cauda e bico. Pesam cerca de 1,6g.

PAÍS COM MAIS ESPÉCIES DE PÁSSAROS
De acordo com a BirdLife International, a Colômbia abriga cerca de 1.866 espécies de pássaro — 16,7% do total mundial de 11.118 até out/2023 —, como o tucano-de-peito-amarelo (*Ramphastos sulfuratus, acima*), beija-flores (*esquerda*), surucuás, tiês, corujas, tamnofilídeos, abutres (*abaixo*), furnarídeos, garças e pica-paus. Sua abundância de biodiversidade de aves está só um pouco à frente de dois países vizinhos: Peru (1.860 espécies) e Brasil (1.816). A América do Sul é o **continente com mais espécie de pássaros**: 3.557.

Seu bico é tão longo que ele precisou encontrar outra forma de pentear as penas: com as patas!

Bico mais longo (em relação ao corpo)
Habitante das florestas dos Andes, o beija-flor-bico-de-espada (*Ensifera ensifera*) é o único pássaro cujo bico pode exceder o comprimento do corpo! Chega a 12cm, tamanho de uma caneta esferográfica. O bico enorme permite que ele alcance o néctar em flores profundas, como a *Passiflora mixta*.

Ave de rapina mais pesada
Entre as cerca de 500 espécies de aves de rapina, o condor-dos-andes (*Vultur gryphus*) é bem maior que os demais. Machos adultos têm em média 9–12kg e uma envergadura total de mais de 3m. Voando nos ventos térmicos das montanhas, tais condores pairam por longas distâncias em busca de carniça, como carcaças de cervos, lhamas e ovelhas.

Pássaro mais velho
Cookie — uma cacatua-rosa (*Cacatua leadbeater*) no Zoológico Brookfield em Illinois, EUA — tinha 82 anos e 89 dias quando morreu em 27/8/2016.

Maior envergadura de asa
Entre espécies atuais, o albatroz-errante (*Diomedea exulans*) é o rei das asas. De ponta a ponta, as de um espécime macho em 1965 alcançou 3,63m.

Maior pássaro
O avestruz-comum (*Struthio camelus*) alcança 2,74m de altura. Seu pescoço de 0,9m e olhos com 5cm de largura também são recordes entre as aves.

NATUREZA
Peixes

Menor cavalo-marinho
Adultos, os cavalos-marinhos pigmeus de Satomi (*Hippocampus satomiae*) medem em média 13,8mm do focinho à ponta da cauda (cabem em uma unha de mão). Os cavalos-marinhos (*Syngnathidae*) são os **peixes mais lentos**. As menores espécies não excedem 0,016km/h; são 7s para se mover por 2,5cm. O **maior cavalo-marinho** é o cavalo-marinho-de-barriga-grande (H. abdominalis) das águas da Australásia, que atinge 35cm.

Primeiro peixe
Em 1999, 2 espécies de peixes fossilizados c. 530 milhões de anos foram descobertas perto de Kunming, em Yunnan, na China. *Haikouichthys ercaicunensis* e *Myllokunmingia fengjiaoa* eram cordados sem mandíbula (grupo que inclui todos os vertebrados). Foi 50 milhões de anos antes de quando se pensava o início da evolução dos peixes.

Maior ordem de peixes
Em out/2023, os Cypriniformes (semelhantes ao peixe dourado) tinham 4.825 espécies (14% de todos os peixes). Quase todos vivem em água doce, como tencas, peixinhos e botias. Essa ordem contém a **maior família de peixes**, Cyprinidae, com 1.790 espécies, como as carpas e os barbilhos.

Peixes mais venenosos
Os peixes-pedra (*Synanceia*) possuem até 15 espinhos dorsais, cada um com 2 sacos contendo 5–10mg de veneno. O peixe-pedra-estuarino (*S. horrida*) tem um veneno que pode causar o maior nível de dor dentre os peixes. Vive em baías lamacentas e recifes na China, no Sudeste Asiático e na Austrália.

Maior colônia de peixes
Em fev/2021, uma equipe de pesquisa descobriu um viveiro de peixes-gelo (*Neopagetopsis ionah*) no fundo do mar, sob uma plataforma de gelo no sul do Mar de Weddell, perto da Antártida. A colônia cobre pelo menos 240km², e estima-se que tenha mais de 60mi de ninhos ativos. Cada ninho é composto por um peixe adulto e 1.500-2.000 ovos, um total estimado de 100bi de ovos nessa única megacolônia.

Animal mais elétrico
Electrophorus voltai, uma espécie de enguia elétrica ou poraquê, nativa dos rios do norte do Brasil, pode descarregar 860v – o suficiente para atordoar um humano. Esses peixes produzem eletricidade por meio de 3 órgãos emparelhados ao longo dos corpos.

Menor área natural de um vertebrado
O peixinho-do-buraco-do-diabo (*Cyprinodon diabolis*) é endêmico do abismo de água homônimo, no deserto de Amargosa, Nevada, EUA. A superfície das águas tem apenas 3,5x22m, e eles não se aventuram para além dos 24m de profundidade.

Peixe que cospe mais longe
O peixe-arqueiro (*Toxotidae*) pode disparar uma pelota de água da boca em forma de tubo, deslocando presas incautas, como insetos, aranhas e crustáceos de plantas acima da superfície. O peixe-arqueiro-listrado (*T. jaculatrix*) é um cuspidor afiado proficiente, com um alcance de 2–3m.

Peixe mais rápido
Durante os ensaios de velocidade, um agulhão-vela (*Istiophorus platypterus*) na Flórida, EUA, nadou 91m em linha reta em 3s, o equivalente a uma velocidade de 109km/h. Em condições naturais, é muito mais difícil avaliar a velocidade dos peixes. Em estudos mais recentes, o atum-rabilho (*Thunnus thynnus*) reivindicou esse título, registrando uma aceleração da força g de 3,27g, em comparação ao pico de 1,79g do agulhão-vela. Para contextualização, os astronautas experimentam 3g no lançamento de um foguete.

Peixe de vida mais curta
O góbio pigmeu (*Eviota sigillata*) vive apenas 59 dias – cerca de 2.400 vezes menos do que o **peixe de vida mais longa** (ver p. ao lado).

Maior peixe predador
Os grandes tubarões brancos (*Carcharodon carcharias*) têm em média 4,3–4,6m de comprimento e pesam cerca de 520–770kg. Desde 2022, o maior espécime vivo conhecido é o "Deep Blue", uma fêmea que se estima ter 6,1m de comprimento e pesar mais de 2t. Foi filmada pela 1ª vez na ilha de Guadalupe, no México, em 2014.

Peixe ósseo mais pesado
Peixe-lua (*Mola*) média c. 1t. Um peixe-lua de cabeça chata (*M. alexandrini*) capturado em 2021 pesava 2.744kg.

Maior peixe
Os tubarões-baleia (*Rhincodon typus*) atingem 9-12m de comprimento. Em 2001, uma fêmea excepcional de 18,8m foi registada no Mar Arábico.

Menor peixe
Com 6,2mm de comprimento, os machos do tamboril (*Photocorynus spiniceps*) agarram-se às fêmeas (maiores) para acasalar e ficam para sempre!

A boca da lampreia-do-mar é como uma ventosa. Os dentes são substituídos conforme se desgastam.

MAIOR LAMPREIA
A lampreia-do-mar (*Petromyzon marinus*) atinge 120cm de comprimento e pesa até 2,3kg. Também são conhecidas como peixes vampiros; têm bocas circulares com filas concêntricas de dentes para se agarrarem a criaturas maiores e sugarem seu sangue. Seus antepassados primitivos sem mandíbula (agnatas) estão entre os vertebrados mais antigos, remontando ao no início do período Cambriano (há mais de 500mi de anos).
  Nos séculos XIX e XX, as lampreias-do-mar ganharam acesso aos Grandes Lagos da América do Norte através de canais provenientes do Atlântico. Ali prosperaram e continuam uma ameaça para os peixes nativos (por ex., a truta, *à dir.*). Contudo, há um esforço para eliminá-las, e a sua população nos lagos diminuiu cerca de 98% em 2022.

Maior peixe de água doce
Uma arraia gigante de água doce (*Urogymnus polylepis*) encontrada no Camboja em 2022 tinha c. 300kg e 3,98m de comprimento, incluindo a cauda.

Peixe de maior profundidade
O peixe-caracol *Pseudoliparis* vive a uma profundidade de 8.336m no Oceano Pacífico, ou seja, 94% da extensão vertical da **montanha mais alta**, o Evereste.

Peixe com maior longevidade
O tubarão-da-Groenlândia (*Somniosus microcephalus*) vive até 392 anos (ou mais) e é também o **vertebrado com maior longevidade**.

NATUREZA
Répteis

Réptil mais antigo
Rastros animais que datam do Período Carbonífero, há mais de 315mi de anos, foram descobertos nos promontórios da Baía de Fundy, CAN. Pegadas mostram cinco dedos e a presença de escamas, indicando que pertenciam a um réptil. Não há um consenso sobre a espécie, mas o rastro é amplamente atribuído a um lagarto *Hylonomus*.

Maior ordem de répteis
Até out/2023, a Squamata possuía 11.671 de um total de 12.060 espécies de répteis. Incluindo lagartos, cobras e cobras-de-duas cabeças.
A **maior família de répteis** é a Colubridae, com 2.105 espécies em 249 gêneros. Esse grupo majoritariamente não venenoso espalhado pelo mundo inclui cobras-do-milho e cobras-de-água.

Réptil mais pesado
O crocodilo-de-água-salgada (*Crocodylus porosus*, ver p. ao lado) do sudeste da Ásia e do norte da Austrália pode pesar até 1.200kg — mais do que dois pianos de cauda.

Mergulho mais fundo por um réptil
Em 16/12/2006, uma tartaruga-de-couro (*Dermochelys coriacea*) rastreada por satélite mergulhou a 1.280m — 4x mais fundo do que o recorde de um mergulhador humano — em Cabo Verde, no Oceano Atlântico.

Réptil mais rápido em terra
Em testes conduzidos numa "pista de corrida para lagartos" na Universidade da Califórnia, uma iguana (*Ctenosaura similis*) alcançou 34,9km/h.

Maior criatura a andar sobre a água
O lagarto *Hydrosaurus microlophus* pode medir até 1,07m do focinho à ponta da cauda. Vive na ilha de Celebes, geralmente em mangues. É capaz de correr por curtas distâncias sobre a água devido aos dedos logos e planos que prendem bolsões de ar na superfície e à cauda que proporciona equilíbrio.

Cobra terrestre mais venenosa
Apenas 1mg de veneno de uma taipan-do-interior (*Oxyuranus microlepidotus*) pode matar uma pessoa. Nativa de Queensland, Austrália, essa serpente caça majoritariamente ratos, então precisa de um veneno superpotente para os abater rápido e evitar ferimentos. Não há acidentes fatais documentados com humanos.

Animal de evolução mais rápida
O tuatara (*Sphenodon punctatus*), "cristas nas costas" em maori, é um réptil endêmico da Nova Zelândia. A espécie sofre cerca de 1,37 mini adaptações genéticas a cada milhão de anos; pode não parecer muito, mas é em comparação à média de 0,2 das outras criaturas.

Menor quelônio
O casco da *Chersobius signatus* tem cerca de 6cm de comprimento. Em inglês, o nome popular "padloper" significa "trilheira", e se refere às trilhas da América do Sul que o réptil costuma frequentar. Seu tamanho permite que se esconda de predadores em rachaduras nas pedras.

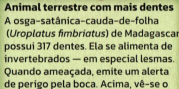

Animal terrestre com mais dentes
A osga-satânica-cauda-de-folha (*Uroplatus fimbriatus*) de Madagascar possui 317 dentes. Ela se alimenta de invertebrados — em especial lesmas. Quando ameaçada, emite um alerta de perigo pela boca. Acima, vê-se o crânio — com seus dentinhos — da parente *U. phantasticus*.

Espécie de cobra mais pesada
Fêmeas da sucuri-verde das tropicais América do Sul e Trinidad podem pesar mais de 300kg, especialmente quando prenhas ou depois de uma grande refeição, como a de um jacaré (*abaixo*)! Em fev/2024, um estudo genético revelou que há duas espécies da cobra: *Eunectes murinus* e *E. akayima*. Ambas podem alcançar mais de 7m de comprimento; *veja abaixo a espécie mais longa*.

Réptil mais longo
Pitons-reticuladas (*Malayopython reticulatus*) do sudeste da Ásia frequentemente excedem os 6,25m. Um espécime encontrado em 1912 media 10m.

Tartaruga mais rápida
A tartaruga-de-couro (*Dermochelys coriacea*) — a **maior tartaruga** — nada de 10 a 15km/h. Ao contrário de outras, não tem casco esquelético.

Cassius pode ter sido um feroz predador na natureza, mas mostrou seu lado fofinho no Marineland Melanesia. Quando uma bebê crocodilo chamada Zina (*circulado à direita*) entrou no viveiro de Cassius, ele a adotou como filhote e cuidou dela por 15 anos.

MAIOR CROCODILO EM CATIVEIRO

Cassius, o crocodilo-de-água-salgada (*Crocodylus porosus*), mede 5,48m do focinho à ponta da cauda. É o maior dos 16 residentes atuais do Marineland Melanesia, um santuário em Green Island, na Austrália, fundado por George Craig (*acima*), que abriga crocodilos que ofereceriam riscos a humanos se fossem deixados na natureza. Cassius foi levado para lá em 1987 depois de atacar barcos a motor; apesar de não ter uma pata e apresentar cicatrizes no focinho e na cauda, é descrito como um "garotão feliz e cheio de saúde".

Estima-se que Cassius tem mais de 110 anos, ou seja, deve ter nascido antes do início da 1ª Guerra Mundial!

Maior lagarto
Nas ilhas indonésias, dragões-de-komodo macho (*Varanu komodoensis*) pesam até 166kg. Em média, têm o comprimento de um carro Smart.

Menor réptil
Os camaleões *Brookesia* de Madagascar medem 21,9mm de comprimento incluindo a cauda — aproximadamente a ponta de um palito de fósforo!

Animal terrestre mais velho
Em Santa Helena, 2024, uma tartaruga-gigante-das-Seicheles (*Aldabrachelys gigantea hololissa*) chamada Jonathan (n. perto de 1832) tinha ao menos 192 anos.

39

NATUREZA
Anfíbios

Primeiro anfíbio
A transição de peixes para animais de quatro patas (tetrápodes) ocorreu pelo menos 393mi de anos atrás (MAA), com base em pegadas fossilizadas descobertas em uma pedreira em Zachełmie, POL. Há alguns candidatos a primeiro anfíbio verdadeiro, a depender dos critérios utilizados.

Um deles foi descoberto no calcário de East Kirkdon, na Escócia, RU, pelo colecionador de fósseis Stan Wood na década de 1980: é o temnospôndilo *Balanerpeton*, datado do período Carbonífero (aprox. 336 MAA).

Maior ordem de anfíbios
A ordem Anura (sapos e rãs) inclui cerca de 7.647 espécies, constituindo 88% de todos os anfíbios conhecidos até out/2023.

Dentro desse grupo, a **maior família de anfíbios** é a Hylidae (rãs arborícolas) com 1.050 espécies em 51 gêneros. Alguns dos membros mais peculiares da Hylidae são as rãs-paradoxais, como a *Pseudis paradoxa* da América do Sul. Elas são singulares porque seus girinos superam os adultos em até 10cm, uma redução de mais de 60%. Essa é a **maior redução de tamanho de girino para rã**.

Mais espécies de anfíbios (por país)
Das 8.688 espécies conhecidas de anfíbios no mundo, 1.222 residiam no Brasil, uma parcela de 14% do total, até outubro de 2023.

Maior sapo
Os sapos-cururus (*Rhinella marina*) têm entre 15–25cm de comprimento e pesam cerca de 650g. No entanto, costumam aparecer espécimes gigantes. Em jan/2023, um guarda florestal no Parque Nacional de Conway, em Queensland, AUS, se deparou com um "Toadzilla" (*à dir.*): uma fêmea de 2,7kg. Também o **anfíbio mais fecundo**, eles podem colocar 35 mil ovos (*abaixo*) por ninhada, e às vezes se reproduzem 2x por ano!

Salamandra mais venenosa
Encontradas em riachos e áreas úmidas no oeste da América do Norte, as salamandras do Pacífico (*Taricha*) contêm a poderosa neurotozina tetrodotoxina (TTX). Uma única salamandra-de-pele-áspera (*T. granulosa, acima*) pode ter até 14mg de TTX em si. Menos de 1mg pode matar um homem adulto médio, se ingerida.

Anfíbios vivendo nas maiores altitudes
Três espécies de anuros vivem 5.400m acima do nível do mar, na cordilheira Vilcanota do Peru. O *Telmatobius marmoratus*, a *Rhinella spinulosa* e a *Pleurodema marmoratum* mudaram-se para lagoas recém-formadas graças ao derretimento do gelo glacial.

Período de gestação mais longo
Em altitudes mais elevadas (>2.500m) nos Alpes suíços, as salamandras alpinas (*Salamandra atra*) podem gestar por períodos de 4 a 5 anos, até 6x mais do que os humanos. Talvez seja a gestação mais longa no reino animal.

Anfíbios mais tolerantes ao frio
Um "antigelo" natural no sangue permite que a salamandra siberiana (*Salamandrella keyserlingii*) e a salamandra *S. tridactyla* suportem temperaturas abaixo de -35°C em solos congelados no nordeste da Ásia.

Já o **anfíbio mais tolerante ao calor** é a *Buergeria japonica*, com girinos capazes de sobreviver em fontes termais com água a 46,1°C.

Com 40cm de comprimento e habitantes das cavernas, os proteus também são os maiores tetrápodes.

Anfíbio mais longevo
Original da Croácia, Itália e Bósnia e Herzegovina, o Proteus (*Proteus anguinus*) é uma salamandra cega e sem pigmento que vive em cavernas escuras e alagadas. Espécimes em zoológicos ou condições semisselvagens viveram por até 70 anos. No entanto, o ecofisiologista Yann Voituron estimou uma longevidade máxima de 102 anos, quase o dobro de qualquer outro anfíbio.

Caro GWR...

Meu filho, que tem 2 anos e 6 meses, fez um som igualzinho ao coaxar dos sapos com a boca fechada. Ficamos surpresos ao ver isso. Tentamos imitá-lo, mas não conseguimos. Alguns dias depois, quando ele estava mostrando esse som para a família, concluímos que ele é incrível e que seu talento precisa ser apreciado.

Maior genoma de anfíbio
A constituição genética do axolote do México (*Ambystoma mexicanum*) compreende 32 bilhões de pares de bases; 10x mais do que o genoma humano.

Língua mais rápida
Uma *Bolitoglossa dofleini* pode projetar completamente sua língua em apenas 7ms, 50x mais rápido do que um piscar de olhos!

Ao esticar seus membros, os enormes pés palmados do sapo-voador-de-Wallace se transformam em quatro paraquedas ajustáveis.

Amortecedores na ponta dos dedos ajudam a suavizar o pouso e também a aderir a superfícies verticais.

ANFÍBIO MAIS PLANADOR
Os sapos podem não ter sido abençoados com asas, mas isso não impede alguns de voar. O sapo-voador-de-Wallace (*Rhacophorus nigropalmatus*) é considerado o anfíbio voador mais proficiente, sendo capaz de atravessar mais de 15m horizontalmente durante saltos entre árvores nas florestas tropicais do sudeste asiático. Existem aprox. 380 espécies de sapos planadores, todos usando seus pés palmados enormes e abas de pele para criar resistência ao ar e aumentar seu tempo de voo. A planagem requer um ângulo de descida de 45° ou menos; mais do que isso é considerado paraquedismo.

Os machos guardam os girinos, já as fêmeas retornam uma vez por semana para comer os ovos não fertilizados. Hum!

Primeiro anfíbio monogâmico
Os anfíbios não são conhecidos por formar laços duradouros: a maioria se encontra brevemente apenas para se reproduzir. Mas segundo um relatório publicado em 2010, o sapo venenoso mímico (*Ranitomeya imitator*) do Peru forma parcerias para toda a vida, e machos e fêmeas compartilham os deveres parentais. Isso parece aumentar as chances de sobrevivência da prole.

Maior anfíbio
As salamandras-gigantes-da-China (*Andrias*) alcançam comprimentos de 1,75m. Elas correm alto risco de extinção.

Menor anfíbio
Com apenas 7,1 mm, os sapos-pulgas brasileiros machos (*Brachycephalus pulexis*, ver p.57) estão entre os menores vertebrados do mundo.

NATUREZA
Invertebrados

Menor estrela do mar
A *Parvulastra parvivipara* tem um diâmetro máximo de apenas 9mm. Descoberta em 1975, o minúsculo equinodermo habita poças entre rochas no sul da Austrália.

Invertebrados mais antigos
Restos fossilizados de arqueociatos — esponjas primitivas que vivam em recifes — datam do Pré-cambriano, há cerca de 252mi de anos. No entanto, há inúmeros icnofósseis de possíveis animais de corpo mole e casca mais antigos, de ao menos 560mi de anos atrás.

Inseto mais pesado
Apesar de vários besouros concorrerem pelo título, o espécime verificado mais pesado foi uma *Deinacrida heteracantha* prenha de 71g, inseto similar a um gafanhoto da Nova Zelândia. Besouros jovens podem ser ainda mais robustos, porém — a **larva de inseto mais pesada** é a do *Megasoma actaeon*: uma já chegou a 228g — peso de um rato!

Mais rápido(a)...
Invertebrado em terra: O solífugo, ou aranha-camelo (*Solpuga*), pode correr a 4,4m/s (16km/h) em breves rompantes. Este aracnídeo do deserto vive no norte da África e no Oriente Médio.
• **Aranha:** A aranha-ginasta marroquina (*Cebrennus rechenbergi*) pode se mover a 1,7m/s (6,12km/h). Ela rola por dunas de areia usando uma técnica similar à de acrobatas.
• **Inseto:** O *Cicindela* (*Rivacindela*) *hudsoni*, espécie de besouro-tigre da Austrália — atinge velocidades de 2,5m/s (9km/h).

Inseto mais longo
Um espécime de *Phryganistria chinensis* (ver p.22) alcançou 64cm com as pernas esticadas em ago/2017. O imenso bicho-pau nasceu no Museu dos Insetos da China Oriental em Chengdu, Sichuan.

Animal com mais patas
A centopeia *Eumillipes persephone*, de 95mm de comprimento, tem 1.306 pernas (653 pares). Foi encontrada em 2020 dentro de um furo de broca de 60m de profundidade no oeste da Austrália.

Animal mais voraz
Em seus primeiros 56 dias de vida, a larva da mariposa *Antheraea polyphemus* da América do Norte come uma massa de folhas igual a 86.000 vezes seu peso de nascimento. Seria o equivalente a um bebê se alimentando com 247 toneladas de comida em seus 2 primeiros meses!

Maior grupo taxonômico
A ordem Coleoptera contém cerca de 400 mil espécies de besouros e carunchos, incluindo o *Goliathus goliatus* (à esq.) — um dos maiores, com 40–50g quando adultos. Mais ou menos 1 a cada 5 espécies de animais vivos pertence ao grupo.

Maior mariposa
A mariposa-atlas (*Attacus atlas*, abaixo) do sudeste da Ásia tem asas com 30cm de envergadura. O inseto de vida curta não tem boca, então sobrevive por apenas uns 4 dias.
A **mariposa mais pesada** é a mariposa-de-madeira-gigante (*Endoxyla cinereus*), AUS. Ela pode pesar até 31,2g.

Cefalópode mais venenoso
Os polvos-de-anéis-azuis *Hapalochlaena maculosa* e *H. lunulata* possuem uma neurotoxina mortal chamada tetrodotoxina — a inoculação de apenas 0,87mg pode ser fatal a humanos. Felizmente, as criaturas não são agressivas e preferem distrair ameaças fazendo o padrão de sua pele brilhar.

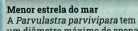

Inseto mais barulhento
O canto da cigarra africana *Brevisana brevis* pode atingir 106,7dB a uma distância de 50cm — quase tão alto quanto uma serra elétrica!

Inseto de voo mais rápido
Durante o voo, a libélula australiana *Austrophlebia costalis* é capaz de atingir 58km/h em rajadas curtas — mais rápido do que um cavalo a galope.

Maiores invertebrados
A lula-gigante (*Architeuthis dux*) pode chegar a até 13m de comprimento; a lula-colossal (*Mesonychoteuthis hamiltoni*) pesa até 495km.

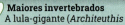

MAIOR CRUSTÁCEO TERRESTRE
O caranguejo-dos-coqueiros (*Birgus latro*) pode pesar até 4,1kg e tem patas com envergadura de 1m — o bastante para ocupar dois assentos de cinema. Este crustáceo colossal também é conhecido como caranguejo-ladrão devido ao hábito de fuçar em carniça e frutas podres, usando as pinças imensas (quelas) para quebrar cocos. Nativo de ilhas e atóis tropicais no Indo-Pacífico, essa espécie quase entrou em extinção por ser uma iguaria culinária. Os filhotes nascem no mar mas voltam à terra, onde perdem a habilidade de sobreviver sob a água.

As pinças dos caranguejo-dos-coqueiros são poderosas a ponto de cortar tacos de golfe de metal!

Menor caranguejo
Espécimes do parasítico caranguejo-ervilha (*Pinnotheres*) medem até 6,3mm. Vivem nas cavidades do manto de moluscos bivalve como mexilhões e ostras, onde se alimentam da comida coletada pelas brânquias do hospedeiro. Fêmeas são 2 vezes maiores do que machos.

Menor invertebrado
O *Myxobolus shekel* mede meros 8,5μm quando adulto. É uma espécie de Myxozoa, grupo de minúsculos parasitas parentes das águas-vivas.

Cefalópode mais profundo
O polvo-dumbo (*Grimpoteuthis*), assim chamado pelas barbatanas que lembram orelhas, foi observado coletando comida a 6.957m de profundidade, na Fossa de Java.

Animal mais velho
Estima-se que um *Arctica islandica* encontrado na Islândia em 2006 tenha vivido por 507 anos. Foi nomeado Ming, em homenagem à dinastia chinesa.

NATUREZA: GALERIA
Animais em ação

Maior salto dado por um cavalo em miniatura
Zephyr Woods Storming Treasure pulou sobre uma barra colocada a 117cm de altura em Bargemon, França, em 2/5/2020. Isso é ainda mais impressionante considerando que ele tem apenas 85cm dos cascos à cernelha. Zephyr, cuja proprietária é Célia Limon (FRA), é tricampeão na prova de saltos; como a competição de 2020 foi cancelada devido à COVID-19, Célia decidiu investir nesse recorde.

Menor tempo para um papagaio percorrer 5m de patinete
Uma cacatua triton chamada Chico, do treinador de pássaros K. Yavashev (BGR), percorreu 5m em 14,58s em 15/2/2022. Bateu o próprio recorde (de 3 dias antes) em 3s. Chico também é capaz de pedalar uma minibicicleta e jogar bolinhas numa cesta minúscula.

Maior distância saltada por um gato
Encorajado pela tutora Melissa Arleth (EUA), Sputnik cobriu 2,3m entre 2 plataformas com um salto dado em 20/2/2024. Após ter competido em programas como *America's Got Talent* e *World Pet Games*, a treinadora de animais aparece na imagem exibindo os habilidosos saltos de Sputnik como parte de sua turnê, *Cirque du Sewer*.
No mesmo dia, o roedor de Melissa — e outro astro de *Sewer* — chamado Palsy foi o **rato a dar mais saltos através de um bambolê em 30s** (12) batendo o recorde anterior em 4.

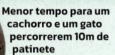

Menor tempo para um cachorro e um gato percorrerem 10m de patinete
Em 4/2/2023, o bengal Sashimi e o boston terrier Lollipop levaram 13,55s para andar 10m de patinete. A treinadora Melissa Millett (CAN) revelou que eles inventaram o truque sozinhos. "Sashimi saltou no patinete e Lollipop pulou atrás. A gente ficou em choque!". Em 19/9/2020, a dupla tinha batido o recorde equivalente para 5m (em 4,37s).

Mais pernas sob as quais um cachorro passou de skate
Em 27/2/2024, o cocker spaniel Coda, da tutora Satomi Asano (JPN), deslizou embaixo das pernas de uma fila de 40 pessoas. Superou em 7 o recorde anterior, de 7 anos antes. Satomi deu um skate a Coda quando ele tinha 2 anos, e diz que em 2 semanas o cão aprendeu sozinho.

MENOR TEMPO PARA 2 CACHORROS "PULAREM CELA" DE LADO 10 VEZES

O border collie Simba e o springer spaniel Bonnie levaram 16,78s para saltar um sobre o outro 5 vezes cada um em Reading, Berkshire, RU, em 31/8/2023. Foram guiados pela tutora Olga Jones (RU; *ver o Q&A abaixo*). Em 1 mês, Simba bateu outros 3 recordes caninos de 1min, a começar pelo de **mais garrafas colocadas numa lixeira de reciclagem** (16). Depois, levou o de **mais roupas penduradas num varal** (17 meias) seguido pelo de **mais moedas depositadas numa garrafa** (13). O cãozinho talentoso aparece abaixo com Olga e seus 4 certificados do GWR.

No início de 2023, Olga se apresentou com a dupla canina para o sucesso da TV Britain's Got Talent.

GWR conversa com...

O que a levou a ensinar truques avançados aos seus cães?
Para mim, ensinar truques é uma forma de se comunicar num nível mais profundo. Quanto mais palavras e comandos um cachorro sabe, maior o vocabulário conjunto que eu e ele temos, e mais coisas podemos dizer um ao outro.

Dos seus 4 recordes, qual foi o mais desafiador?
Acho que o mais difícil foi o de **mais meias penduradas num varal em 1min**. Mas também foi muito divertido pensar em como fazer Simba ir mais rápido e ser mais preciso. Eu tinha a esperança de que isso estimularia meus filhos a fazer o mesmo com suas próprias roupas... mas concluí que é mais fácil treinar cachorros do que eles!

Como foi se apresentar no *Britain's Got Talent*?
Foi uma experiência incrível. O ponto alto para mim foi Bonnie tocando piano e ukulele no teatro Lowry em Manchester. O público amou a performance e aplaudiu de pé no fim da apresentação, incluindo Simon [Cowell, criador do programa e um dos jurados].

Você tem alguma dica para ensinar truques complexos para cães?
O principal é dividir os truques em passos simples, em vez de treinar tudo de uma vez só. O número de passos vai depender do cachorro, de treinamentos anteriores e do truque em si.
 E outra dica é *dar ouvidos* aos cães. Eles são ótimos em dar feedback. Você só precisa aprender a interpretar e levar tudo em consideração.

* A menos que especificado, todos os recordes foram batidos no programa de TV Lo Show dei Record em Milão, ITA.

NATUREZA
Bichinhos amigos

ONG de bem-estar animal mais antiga
The Royal Society for the Prevention of Cruelty to Animals nasceu como SPCA em 16/6/1824 em Londres. A patrona rainha Vitória lhe atribuiu o status de "real" em 1840. Em 200 anos de história, a associação liderou uma nova legislação, levou os agressores de animais à justiça, além de resgatar, reabilitar e defender o bem-estar de animais de estimação, selvagens e de gado. Acima, 2 funcionários do RSPCA com cães resgatados — uma de cerca de 1940 e outra de 2024.

Mais cães numa sessão de cinema
Em 24/9/2023, 219 cachorros e seus humanos se reuniram no Griffith Park em Los Angeles para assistir a Patrulha Canina: Um filme superpoderoso (CAN, 2023). O evento foi organizado pelo estúdio Paramount dos EUA e estrelado pelo apresentador Kevin Frazier, enquanto estrelas do filme — incluindo Chase e Marshall (à dir.) — davam um toque de celebridade canina. A estreia visava promover a adoção de animais.

Boi mais alto
Romeu, um boi da raça Holstein, mede 1,94m de altura da cernelha, como verificado em 17/12/2023. Resgatado quando bezerro, ele agora vive com Misty Moore (EUA) no Santuário Animal Welcome Home em Creswell, Oregon, EUA.

Vaca mais cara
Uma vaca Nelore chamada Mara (ou "Viatina-19 FIV Mara Imóveis") foi vendida por R$21mi (US$4,38mi) em Arandu, São Paulo, Brasil, em 1/7/2023. Nelores são muito valorizados pela habilidade de suportar climas tropicais.

Cão pastoreando mais rápido um bando de patos
Sob comando de Matteo Carboni (ITA), o border collie Glen guiou um grupo de 5 patos por um percurso de agility em 2min55,55s em 5/2/2024.

O feito aconteceu no programa de TV Lo Show dei Record em Milão, ITA.

Mais truques em 1min por um(a)...
• **Vaca:** 10, por Ghost, uma vaca Charolês de 4 anos, e Megan Reimann (EUA), em Hay Springs, Nebraska, EUA, em 4/3/2023.
• **Cavalo:** 13, por Rose, uma égua miniatura, e Noeline Cassettari (AUS), em Somersby, New South Wales, (AUS), em 6/5/2023.
• **Porco:** 15, pelo miniporco Pongo e sua proprietária Iris Brun (ITA), em Fondi, ITA, em 15/4/2023. Pongo e Iris "passaram a régua" com outro recorde no Lo Show dei Record em 25/1/2024: o **menor tempo para um porco transferir 10 meias de um pé para uma máquina de lavar**, de 1min55s.

Galinha mais velha
O GWR lamenta, mas Peanut — última detentora do recorde — faleceu no dia de Natal de 2023, com 21 anos e 238 dias. Damos nossos pêsames a Marsi Darwin de Michigan, EUA, que a criou desde pintinho. As inscrições para ocupar o título estão abertas.

Mais itens identificados por um papagaio em 3min
Apollo, um papagaio-cinzento, identificou 12 objetos — incluindo um bloco (acima), uma pedra e uma meia — em São Petesburgo, na Flórida, EUA, em 18/12/2023. Treinado por Dalton e Victoria Mason (ambos EUA), o perspicaz papagaio fã de pistache é um astro da internet, com mais de 1mi de fãs só no YouTube.

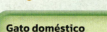

Gato doméstico ronronando mais alto
O ronronar de Bella alcançou 54,59db registrado à distância de 1m em Huntingdon, Cambridgeshire, RU, em 30/8/2023. A tutora, Nicole Spink (RU), diz que às vezes precisa aumentar o volume da TV quando Bella está de bom-humor!

Bode com chifre de maior envergadura
Albino, bode da rara raça Sempione, exibia chifres com 1,46m de envergadura de ponta a ponta conforme verificado em Naters, Suíça, em 16/10/2021. Albino morava na fazenda de Roland Fercher (CHE), onde os chifres imensos o levaram à liderança do rebanho e ao status de uma espécie de celebridade local (*à dir.*). Infelizmente, Albino faleceu em 17/4/2022, então o GWR agora está à procura de outro detentor vivo do recorde.

Iaque com maiores chifres
Jericho, um iaque nativo do Tibet, tinha chifres em espiral com comprimento somado de 3,23m em 23/12/2018, em Welch, Minnesota, EUA. Por causa do peso, os chifres cresceram cada vez mais curvados e para baixo. Os proprietários Hugh e Melodee Smith (ambos EUA) precisavam proteger a ponta deles com fita adesiva para que não machucassem o animal. Jericho faleceu de causas naturais em dez/2019.

Boi com chifre de maior envergadura
Poncho Via é um Texas Longhorn — que, em inglês, significa "chifre longo". Os dele medem 3,23m de ponta a ponta, conforme verificado em Goodwater, Alabama, EUA, em 8/5/2019. Os orgulhosos proprietários de Poncho Via são a família Pope (EUA).

Em celebração ao GWR de Jericho, os monges do Tibet (terra natal dos iaques) abençoaram o feito.

NATUREZA
Cactos

Cacto mais móvel
O diabo rastejante (*Stenocereus eruca*) pode se deslocar até 60cm pelo deserto em um ano. Esta espécie recumbente (de crescimento horizontal) é endêmica das planícies de Magdalena, no México. "Move-se" pelo solo arenoso gerando um novo crescimento em uma ponta enquanto a outra morre lentamente.

Maiores flores de cactos
As flores noturnas do gênero *Selenicereus*, ou cactos lunares, podem atingir 30cm de diâmetro – maiores do que esta página! Estas flores de vida curta, muitas vezes perfumadas, são polinizadas por traças e, ocasionalmente, morcegos. Podem ser encontradas na América Central, no norte da América do Sul e nas ilhas caribenhas.

Fósseis de cactos mais antigos
Existem poucos vestígios de cactos (família Cactaceae) nos registros fósseis, o que torna difícil determinar as suas origens. No entanto, sementes e espinhos fossilizados de opúncias (*Opuntia*) foram datados por radiocarbono em 30.800 anos, após serem encontrados nos montes de estrume de ratos em áreas desérticas e de matagal da atual América do Norte.

Maior gênero de cactos
Existem cerca de 140 espécies confirmadas de *Mammillaria* – ou cacto almofada de alfinetes – entre o total de cerca de 1.600 formalmente reconhecidas até agosto de 2023. Cerca de 99% dos *Mammillaria* podem ser encontrados no México, que se orgulha de ser o **país com maior número de espécies de cactos**: mais de 850.

Cacto mais amplamente distribuído
Pensado como originário das Américas, o cacto-macarrão (*Rhipsalis baccifera*), um tipo de cacto da selva, cresce agora em florestas tropicais em grande parte da África equatorial e meridional, e até no Sri Lanka – um alcance longitudinal de cerca de 196°. Há indicações de que esta epífita (planta que cresce em outras plantas) pode ter se estabelecido ainda mais a leste, talvez na ilha indonésia de Java.

Espinhos mais compridos em um cacto
Foram documentados espécimes de *Tephrocactus* (esq.), *Echinopsis* e *Eulychnia* com espinhos de até 30cm – equivalente a agulhas de tricô! As protuberâncias espinhosas dos cactos servem uma série de funções essenciais, como fornecer sombra, dissuadir predadores e oferecer um pouco de camuflagem.

Cacto mais invasivo
A figueira-da-Índia (*Opuntia ficus-indica*) se encontra em 22 países, além do seu nativo México, desde a Austrália até a Itália (*na imagem abaixo, na Sicília*). Esta espécie de opúncia desenvolve-se em habitats áridos e semi-áridos e não tem predadores naturais fora do México. É utilizada para fins ornamentais ou bordaduras.

Cacto mais ao norte
A pera espinhosa pigmeia (*Opuntia fragilis*), tolerante ao frio, foi encontrada no Vale do Rio Peace em Alberta e na Colúmbia Britânica, no Canadá, a uma latitude de 56,28°N. Isto a coloca mais a norte do que Moscou, na Rússia.

Já o **cacto mais ao sul** é provavelmente o *Austrocactus aonikenkensis*. Descrito pela 1ª vez no *CactusWorld* em jun/2018, o subarbusto suculento é endêmico da província patagônica de Santa Cruz, na Argentina, com uma faixa que se estende a pelo menos 50,86°S.

Maior espécie de cacto barril
Nomeados pelo formato arredondado com nervuras, os cactos barril são encontrados no sudoeste dos EUA e no México. O cacto barril dourado ou cacto barril gigante (*Echinocactus platyacanthus*) do deserto de Chihuahuan atinge até 2,5m de altura e 1m de diâmetro. Conhecida como *biznaga*, esta planta tem sido colhida e consumida pelo homem desde a pré-história. A sua medula é cozida para fazer o tradicional doce mexicano *acitrón*.

ESPÉCIES DE CACTOS MAIS ALTAS
Os cardones, ou sentinelas do deserto (*Pachycereus pringlei*), atingem mais de 10m de altura, com um espécime de 19,2m descoberto por andarilhos na Baja California, México, em abr/1995. Ele é quase tão alto quanto a Casa Branca em Washington, DC, EUA.
 O saguaro (*Carnegiea gigantea*, à dir.), um parente próximo dos cardones nativo do sul dos EUA, tem alturas semelhantes. Ambos são considerados os cactos mais longevos, capazes de crescer durante c. 300 anos; os maiores tendem a ser os mais antigos.

Os cardones podem crescer sem solo graças a bactérias nas suas raízes que extraem nutrientes da rocha!

No deserto de Sonora, onde as árvores são escassas, o saguaro é um lar acolhedor para a coruja mocho-duende (*Micrathene whitneyi*), que faz o seu ninho dentro de cavidades escavadas pelos pica-paus. Este pequeno inquilino é a **menor coruja**, com um comprimento médio de 12-14cm e o peso aproximado de um damasco.

100%

Menor espécie de cacto
O *Blossfeldia liliputana* mede apenas 10mm de diâmetro quando maduro. Seu nome deriva do pequeno povo de Lilliput no livro de 1726 *As viagens de Gulliver*. A espécie sem espinhos cresce nas montanhas dos Andes no norte da Argentina e no sul da Bolívia, sendo raras em áreas úmidas perto de cachoeiras. É monotípica – ou seja, a única espécie documentada dentro do seu gênero.

NATUREZA
Fungos

Líquen mais longo
Líquens são organismos simbióticos formados por, no mínimo, um fungo e um parceiro fotossintético (algas ou cianobactérias), inserido em um microbioma complexo. O barba-de-velho (*Usnea longissima*) pode chegar a 10m. Em geral, fica pendurado nas copas das coníferas em todo o hemisfério norte.

Mais vidas salvas por fungos
Desde sua criação, a penicilina revolucionou o tratamento de infecções bacterianas e evitou cerca de 200mi de mortes. Isolada pelo cientista Alexander Fleming (RU) em 28/9/1928, ela é derivada de fungos do gênero *Penicillium* (*P. digitatum* é aquele mofo que surge nas frutas em decomposição).

Fungo mais pesado
A Floresta Nacional de Malheur, no Oregon, EUA, é o lar de um cogumelo do *Armillaria ostoyae*, o cogumelo-do-mel, que se estima pesar entre 6.800 e 31.750 t. Apelidado de "Homongous Fungus" ("Fungo Enorme"), ocupa 9,6 km², quase 3 vezes o tamanho do Central Park de Nova York, sendo também o **maior fungo**.

Organismo de aceleração mais rápida
Muito encontrado no cocô das vacas, o *Ascobolus immersus* agrupa esporos em bolas e os coloca na ponta de um longo caule, que é bombeado com fluido para se tornar pressurizado. Uma vez que a pressão atinge seu limite ou quando o caule é agitado, os esporos são atirados pelo ar, acelerando em até 1,8mi m/s². Isso é cerca de 60 mil vezes a força G característica dos lançamentos de foguete!

Fungo mais venenoso
A cicuta verde (*Amanita phalloides*) não tem antídoto conhecido e é responsável por 90% das intoxicações fúngicas fatais. Sua toxina primária, a Alfa-amanitina, destrói o fígado e depois é reabsorvida pelos rins, levando a novos danos catastróficos. E o pior é que esse fungo é facilmente confundido com diversos cogumelos inofensivos que são comestíveis.

Fungo bioluminescente mais diverso
Das 81 espécies de fungos por criar a própria luz (bioluminescência), 84% são representadas pelo gênero *Mycena* (cogumelos-gorro). A principal teoria sobre isso é que seu brilho serve para atrair insetos que ajudam a espalhar seus esporos.

GWR conversa com...

...Giuliana Furci, fundadora da Fungi Foundation.

Por que você criou a fundação?
Para disponibilizar uma plataforma legítima para todos interessados na micologia. Nossos principais objetivos são a conservação dos fungos, de seus habitats e das pessoas que dependem deles.

Por que você acha que os fungos têm sido tão negligenciados historicamente?
O reino fungi foi catalogado apenas em 1969. Só foi possível identificar como ele é diferente das plantas e animais após o desenvolvimento técnico dos microscópios.

Que potenciais de uso para os fungos mais lhe interessam atualmente?
A possibilidade de substituírem embalagens plásticas é empolgante. Também gosto da ideia de usá-los para substituir couro de animais, algo que remonta a práticas desenvolvidas no leste europeu há centenas de anos.

Existe um campo particular de pesquisa que você considera mais urgente?
Um dos tópicos-chave em micologia hoje é entender as comunidades fúngicas subterrâneas. Com mais conhecimento sobre isso, será possível compreender melhor os principais pontos de diversidade fúngica subterrânea e adotar políticas para sua proteção. Tudo indica que eles são fundamentais no combate às mudanças climáticas.

Diga algo sobre os fungos que você gostaria que nossos leitores soubessem.
Os fungos fazem com que a morte e a decomposição, embora pareçam o fim, se tornem o início da vida.

> *Cordyceps zumbificantes inspiraram o jogo e série de TV The last of us.*

Maior animal a ser "zumbificado" por um fungo
Um bicho-pau verde (*Diapherodes gigantea*) de 20cm encontrado na Amazônia equatoriana em 2004 estava infestado com *Cordyceps diapheromeriphila*. Muitas espécies de Cordyceps são conhecidas por manipular o comportamento de seus hospedeiros, transformando-os em zumbis em prol de sua reprodução.

Em 19/6/2023, um sapo da espécie *Hylarana intermedia* foi avistado na cordilheira dos Gates Ocidentais, IND, por Lohit YT, Chimnay C Maliye e uma equipe de naturalistas. O espécime tinha o que parecia um corpo frutífero de Mycena spp. Na lateral, não parecia ser afetado pelo **1º cogumelo crescendo em tecido animal vivo** registrado.

MAIOR FILO DE FUNGOS

A *Ascomycota* é o maior dos 7 filos reconhecidos (grupos taxonômicos mais altos) de fungos, com mais de 64 mil espécies. Seus membros são conhecidos como ascomicetos, ou fungos saculares, devido a uma estrutura em forma de bolsa chamada ascus, na qual seus esporos se desenvolvem. Apesar de serem biologicamente semelhantes, os ascomicetos têm uma enorme variedade: vão desde a *Morchella* e a levedura usada para fazer pão, até fungos em forma de copo (*Cookeina*, na imagem) e os Dedos do homem morto (*Xylaria polymorpha*, acima). Também inclui os **fungos mais caros** do mundo (veja abaixo).

Fungo mais caro

Encontrado no Himalaia, o fungo de lagarta *Ophiocordyceps sinensis*, conhecido como *yartsa gunbu*, pode custar até US$63.000/450g. Como outros fungos parasitas (ver acima), precisa infectar um hospedeiro para propagar seus esporos e continuar existindo. Sua raridade, processo de colheita extenuante e a grande utilidade na medicina chinesa contribuem para o preço exorbitante.

Fungo comestível mais caro

Originário de regiões da Itália e da Península de Ístria (HRV) a trufa branca (*Tuber magnatum*) alcança até US$6.985 por kg. O preço varia com o tamanho e a abundância da colheita na temporada. Acima está a **trufa mais cara vendida em leilão**: um espécime de 1,3kg comprado pelo empresário Stanley Ho por US$330.000 em Macau, China, em 1/12/2007.

NATUREZA
Terra dinâmica

Maior deslizamento pré-histórico
Cerca de 13.000 anos atrás, ocorreu o Deslizamento do Green Lake, colapso de uma área de 27km³ das Montanhas Hunter, na Ilha Sul da Nova Zelândia. Acredita-se que a causa tenha sido um terremoto.
Com um décimo do tamanho, o **maior deslizamento dos dias modernos** aconteceu em 18/5/1980, quando 2,8km³ de rochas deslizaram do Monte St. Helens em Washington, EUA, após um terremoto de magnitude 5,1. Muitos consideram que foi o evento vulcânico mais mortal do país, com 57 vidas perdidas.

Tsunami de alcance mais alto
Em 9/7/1958, uma onda passou pela Baía Lituya, no Alaska, EUA, esmagando árvores de até 524m acima da costa — quase a altura do World Trade Center 1. A onda, que avançou a 160km/h, foi produzida por um deslizamento causado por um terremoto.

Maior erupção vulcânica registrada com equipamentos modernos
Em 15/1/2022, o vulcão submarino Hunga Tonga–Hunga Ha'apai, no Pacífico Sul, entrou em erupção com uma energia equivalente a 15–200 megatoneladas de TNT. O limite superior é 4 vezes maior do que a **mais poderosa explosão nuclear**, resultado de um teste da Tsar Bomba em 1961. O maior evento vulcânico desde o Krakatoa, em 1883, dizimou (*detalhe*) a pequena porção do cume que ficava acima da superfície (*à dir.*).
A erupção de Tonga quebrou muitos recordes, incluindo a de **nuvem de fumaça mais alta** (cerca de 57km) e **ondas atmosféricas mais rápidas**, com picos de velocidade de até 269m/s (968km/h). As ondas poderiam dar 6 voltas na Terra!

1ª cratera de impacto identificada
Localizada no Arizona, EUA, a Cratera de Barringer foi criada por um asteroide de ferro e níquel que caiu no Planalto do Colorado 50.000 anos atrás. No início, acreditava-se que o buraco de 1.265m de diâmetro tinha sido formado por uma explosão de vapor vulcânico. O primeiro a teorizar a formação por um meteoro foi o engenheiro Daniel Barringer em 1906.

Região mais sismicamente ativa da Terra
O "Círculo de Fogo" é um anel tectônico de 40.000km de comprimento que cerca boa parte do Oceano Pacífico (*detalhe*). É responsável por cerca de 90% dos terremotos e 75% das erupções vulcânicas no planeta. Tonga (*acima*) e Japão são dois países que sentem seus efeitos. Em 1/1/2024, um tremor de magnitude 7,5 atingiu a Península de Noto causando muitos danos (*à dir.*) e quase 200 mortes.

Maior iceberg
Uma massa de gelo batizada de A23A apresentava uma área de cerca de 3.900km² — 3x o tamanho da cidade de Nova York — em fev/2024. O iceberg se descolou da Plataforma de Gelo de Filchner-Ronne, na Antártica, em 1986, e ficou presa no Mar de Weddel por 30 anos. Em 2023, enfim se libertou. Correntes empurraram a A23A para além da ponta da Península Antártica (*detalhe*), onde o ar e as águas superficiais mais quentes vão derretê-la.

Terremoto mais poderoso
Em 22/5/1960, um tremor de 9,5MW na escala de magnitude de momento atingiu o Chile, matando mais de 2.000 pessoas. Também provocou tsunamis que causaram destruição e mortes em locais distantes como Japão e Havaí.

País com mais terremotos
A Indonésia vivenciou 2.212 terremotos (com magnitude 4 ou mais) em 2023. O México ficou em 2º lugar, com 1.834.

Montanha com crescimento mais rápido
Com 8.126m, a Nanga Parbat, no Paquistão, cresce 7mm por ano. Isso se deve às contínuas colisões entre as placas continentais da Eurásia e Índica.

MAIOR ILHA CRIADA POR ERUPÇÕES VULCÂNICAS

Com 103.000km², a Islândia foi formada cerca de 70mi de anos atrás a partir de atividade vulcânica na Dorsal Mesoatlântica, uma fenda sob o Oceano Atlântico Norte onde as placas tectônicas da Eurásia e da América do Norte se encontram. Lava subiu até a superfície e esfriou, criando terra — processo que ainda está em andamento. Atualmente, há 32 vulcões ativos na Islândia, que vivencia, em média, 1 erupção a cada 5 anos. A frequência aumentou notavelmente desde 2021, quando a erupção do Fagradalsfjall (*à dir.*) sinalizou o início de uma nova era de atividade geológica; ao que parece, isso continuará conforme as placas tectônicas sob a Islândia sigam se separando.

Maior inundação por derretimento de glacial
Em 5/11/1996, um lago subterrâneo irrompeu pela maior calota polar da Islândia, Vatnajökull, fazendo jorrar gelo derretido a uma taxa de até 45.000m³ — cerca de 18 piscinas olímpicas — por segundo. O lago foi formado por uma erupção do vulcão Grímsvötn, que fica sob Vatnajökull. A inundação foi a maior já registrada, embora outra em 1918 sob a calota de Mýrdalsjökull possa ter gerado até 400.000m³/s.

O vulcão Fagradalsfjall passou 6.000 anos dormente até a erupção em mar/2021.

À esquerda, a imagem mostra cientistas trabalhando ao lado de uma fissura vulcânica após uma erupção perto da cratera de Sundhnúkur, ISL, em 18/12/2023. Cerca de 320 terremotos foram registrados pelo Escritório de Meteorologia do país após a erupção, que produziu nuvens de fumaça de lava de 100m de altura visíveis da capital Reykjavík, a 42km. Residentes do vilarejo pesqueiro de Grindavík foram evacuados, com um fluxo de até 200m³/s de lava brotando da fenda (*à dir*).

NATUREZA
Climas extremos

Maior precipitação em...
- **Uma hora:** 304,8mm, em Holt, Missouri, EUA, em 22/6/1947.
- **24 horas:** 1.825mm, em Foc-Foc, na ilha de Réunion no Oceano Índico em 7–8/1/1966.

Maior temperatura na Terra
Em 10/7/1913, a temperatura de 56,7°C foi registrada em Greenland Ranch (agora Furnace Creek), em Death Valley, Califórnia, EUA. O dado foi ratificado pela WMO em 13/9/2012, depois que o último recorde foi desqualificado por um painel comandando por Randall Cerveny (ver à dir.).

Em 21/7/1983, o recorde inferior de -89,2°C foi batido na estação de pesquisa de Vostok na Antártica, a **menor temperatura na Terra**.

Mais mortal...
- **Raio (direto):** 21 fatalidades, em Manica Tribal Trust Lands na Rodésia oriental (agora Zimbábue) em 23/12/1975.
- **Raio (indireto):** 469 fatalidades em Dronka, Egito, onde 3 vagões contendo combustível incendiaram numa ferrovia em 2/11/1994. A linha férrea colapsou durante uma enchente. As águas carregaram o combustível em chamas na direção da cidade.
- **Tempestade de granizo:** 246 fatalidades, como resultado de uma chuva de gelo perto de Moradabad, Uttar Pradesh, Índia, em 30/4/1888.

Pedra de granizo mais pesada
Às vezes, granizos podem formar pedras grandes de gelo — como esta acima, que caiu em Vivian, Dakota do Sul, EUA, em 23/7/2010. Com 0,88kg e 20,3cm, é o maior granizo do país. De acordo com a Organização Meteorológica Mundial (MMO), pedras de granizo de 1,02kg caíram no distrito de Gopalganj, em Bangladesh, em 14/4/1986.

Maior floco de neve
Na noite de 27/1/1887, flocos de neve com 38cm de largura e 20cm de espessura foram registrados no vale do rio Clark Fork em Missoula, Montana, EUA.

O **maior cristal de gelo** tinha 10mm de ponta a ponta, encontrado por Kenneth Libbrecht em Cochrane, Ontário, Canadá, em 30/12/2003.

Maior número de tempestades com nome num único ano
Para facilitar a comunicação, eventos meteorológicos recebem nome após atingirem o status de tempestade tropical, ou seja, se têm ventos sustentados de 63km/h ou mais. Em 2020, um total de 104 aconteceram no mundo; 30 delas no **Oceano Atlântico**, outro recorde anual.

GWR fala com...
... Randall Cerveny, do WMO, que atua como consultor meteorológico do GWR. É autor do livro *Judging Extreme Weather*.

Quais dos muitos recordes climáticos nos quais trabalhou mais chocou você?
Boa sacada, porque os que mais me "chocaram" foram os que têm a ver com raios! O **relâmpago mais longo** (abaixo) cobriu 768km do sul dos EUA em 2020 — equivalente à distância entre Londres e Hamburgo, na Alemanha. Já o **relâmpago mais duradouro** perdurou por 17,1s.

Por que às vezes demora tanto para confirmar recordes do clima?
Precisamos confirmar que todos os procedimentos corretos foram seguidos nas observações e que os equipamentos estão calibrados. Infelizmente, tais análises detalhadas levam tempo.

A crise climática parece estar causando climas mais extremos: quão preocupado você está?
Bem preocupado. Sabemos que mudanças climáticas são causadas por inúmeros fatores, e cada um tem a própria escala de tempo. Por exemplo, erupções vulcânicas podem causar mudanças climáticas que duram de 1 a 4 anos. Flutuações orbitais da Terra podem causar mudanças climáticas que duram milhares de anos. Mudanças antropogênicas (influenciada por humanos) trabalha numa escala de tempo de décadas. Tudo isso afeta o tempo e o clima. A direção na qual estamos avançando ao longo das próximas décadas é alarmante.

Por que somos tão obcecados pelo clima?
O clima é algo que impacta a todos nós, todos os dias. É uma parte integral de quem somos e como vivemos. Em particular, adoramos falar sobre — e ouvir sobre — os extremos do clima.

Arco-íris mais duradouro
Em 30/11/2017, cientistas atmosféricos no topo da montanha da Universidade da Cultura Chinesa em Yangmingshan, Taiwan, observaram um arco-íris que durou 8h58min, entre 6h57 e 15h55. Condições incluíam nuvens espalhadas, vento leve e umidade no ar devido às monções.

Mês mais quente já registrado
Em jul/2023, a média da temperatura do ar sobre a superfície do planeta foi 16,95°C, 0,72°C acima da de 1991–2020 para o mesmo mês, de acordo com o Serviço de Monitorização das Alterações Climáticas do Copernicus. Uma consequência de temperaturas elevadas são os incêndios mais voláteis, que se espalharam durante a onda de calor — incluindo a ilha grega de Rhodes (foto), levando à evacuação de 19.000 pessoas.

TEMPESTADE TROPICAL MAIS DURADOURA
Embora a MMO precise confirmar, é provável que o ciclone tropical Freddy tenha sido o mais longevo do tipo. Estima-se que teve duração de 33 dias, entre 6/2–11/3/2023, e cruzou o sul do Oceano Índico desde seu nascimento a norte da costa da Austrália, até o fim perto da cidade de Quelimane, MOZ. O atual detentor do recorde, o furacão/tufão John, durou 31 dias e cruzou o leste do Oceano Pacífico entre 11/8–11/9/1994. A imagem de satélite no detalhe mostra Freddy sobre Moçambique em 24/2/2023.

A tempestade provocou inundações que destruíram estradas no Malawi (*imagem principal*). Também devastou comunidades em Madagascar e na província de Zambézia, MOZ (*detalhe, abaixo*).

Carece confirmação, mas o Freddy também pode ter estabelecido o recorde de energia ciclônica acumulada (ECA).

O ciclone tropical Freddy começou a noroeste da costa australiana; atingiu primeiro Madagascar e depois passou por Moçambique 2 vezes. As cores dos pontos abaixo refletem a velocidade estimada dos ventos sustentados. Em seu ápice, como ciclone tropical de Categoria 5, o Freddy provocou ventos de cerca de 270km/h. Embora a tempestade tenha abrangido uma área de mais de 11.000km, não alcançou os 13.280km percorridos pelo **ciclone tropical de maior trajetória**, o furacão/tufão John, em 1994.

LEGENDA
Escala de furacões Saffir-Simpson
- Depressão tropical: ≤ 62km/h
- Tempestade tropical: 63–118km/h
- Categoria 1: 119–153km/h
- Categoria 2: 154–177km/h
- Categoria 3: 178–208km/h
- Categoria 4: 209–251km/h
- Categoria 5: ≥ 252km/h
- Início / Fim / → Direção percorrida

11/3: volta a Moçambique, perto de Quelimane (acima)
20/2: reduzido a Categoria 4 ao passar a cerca de 140km a norte das Ilhas Maurício
6/2: classificado como ciclone tropical Categoria 1
14/2: elevado a ciclone tropical Categoria 5
21/2: atinge a terra pela 1ª vez em Mananjary, Madagascar como Categoria 2
24/2: atinge Vilankulo, Moçambique

55

NATUREZA
Variedades

Esqueleto de morcego mais antigo
O micromorcego *Icaronycteris gunnelli* é conhecido através de 2 fósseis que datam do início do Eoceno, há cerca de 52mi de anos. Os restos foram desenterrados do Fossil Lake na Formação de Green River em Wyoming, EUA, como documentado na revista *PLOS ONE* em 12/4/2023.

Animal com criobiose mais longa
Espécimes de *Panagrolaimus kolymaensis*, uma espécie até então desconhecida de nematelmintos (vermes), sobreviveram em animação suspensa por 46.000 anos. Foram coletados congelados do permafrost próximo ao rio Kolyma, na Sibéria, e reanimados em laboratório.

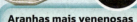
100%

Aranhas mais venenosas
Aranhas armadeiras neotropicais (*Phoneutria*) e aranhas-teia-de-funil australianas (*Atracidae*) são consideradas as mais tóxicas; uma picada pode ser fatal. Alguns dos que mais picam são machos de aranha-teias-de-funil de Sidney (*Atrax robustus*). Acima, Hercules, maior espécime documentado, com patas de envergadura de 7,9cm. Encontrado no início de 2024, foi doado a um parque que desenvolve antídotos.

Maior densidade de anéis de fadas
Padrões naturais de crescimento, colônias de insetos e toxicidade do solo foram listados como possíveis causas para as manchas incomumente uniformes que ocorrem nas pradarias do sul da África e na Austrália, mas a causa real ainda é um mistério. As proliferações mais densas de anéis de fada ficam em Pilbara na Austrália Ocidental. Um estudo de análise espacial em 2016, liderado por dr. Stephan Getzin, registrou até 78 círculos/hectare.

Crânio de Pliosaurus mais completo
Em 2022, um crânio quase intacto pertencente a um desses répteis marinhos do Jurássico foi recuperado em Dorset, RU. O caçador amador de fósseis Phil Jacobs encontrou a ponta do focinho numa praia. Limpo e restaurado pelo paleontólogo dr. Steve Etches (*à dir.*), o crânio está 95% completo e inclui 130 dentes. Com pouco menos de 2m de comprimento, data de cerca de 150mi de anos atrás.

O crânio agora está em exibição no museu Etches Collection em Kimmeridge, Dorset, perto de onde foi escavado.

Floresta fossilizada mais antiga
Os restos de uma mata de cerca de 390mi de anos foram descobertos ao acaso por cientistas que estudavam sedimentos na Formação Hangman Sandstone em Somerset, RU. Os vestígios fósseis de cladoxylopsidas (plantas extintas que cientistas creem ser parentes das samambaias), datados do Devoniano Médio, incluem uma série de troncos de árvores e galhos caídos. As descobertas foram publicadas no *Journal of the Geological Society* em 23/2/2024.

Dinossauro de pescoço mais longo
De acordo com uma pesquisa publicada em 2023, o saurópode *Mamenchisaurus sinocanadorum* era um herbívoro cujo pescoço media estimados 15,1m — cerca de 6 vezes maior do que **maior pescoço de um animal vivo**, o das girafas macho (*Giraffa camelopardalis*). O *M. sinocanadorum* viveu há cerca de 162mi de anos, durante o Jurássico Superior. Os fósseis foram encontrados primeiro na Região Autônoma chinesa de Xinjiang Uyghur, em 1987.

1º RNA recuperado de um animal extinto
Presente em todas as células vivas e similar ao DNA, o ácido ribonucleico (RNA) é essencial à maioria dos processos biológicos. Em set/2023, uma equipe de pesquisa sueca revelou ter extraído RNA de um espécime de museu de 132 anos pertencente à espécie *Thylacinus cynocephalus*. Também conhecido como tigre-da-Tasmânia, ele era um marsupial carnívoro similar aos lobos cujo último espécime morreu no Hobart Zoo na Tasmânia, Austrália, em 1936.

Maior fecaloma (em relação ao tamanho)
Uma fêmea do lagarto *Leiocephalus carinatus* encontrada em Cocoa Beach, Flórida, EUA, em 21/7/2018 continha 22g de bolo fecal em seu trato gastrointestinal. Formado pelo que se crê ser uma mistura de gordura alimentar e areia, a compactação de material semidigerido equivalia a 78,5% do peso total do réptil. Acredita-se que é a maior razão cocô-peso corporal documentada num animal vivo.

Inseto capaz de planar mais longe
Um estudo de 2023 registrou ninfas de louva-a-deus-orquídea (*Hymenopus coronatus*) planando por uma distância média de 6,09m; um espécime chegou a atingir 14,7m. O artrópode, o 1º sem asas a ser presenciado planando, alcança tal feito reorientando as patas em formato de pétalas para serem empurrados para cima enquanto caem pelo ar.

Pinguim de maior patente
Sir Nils Olav III, um pinguim-rei (*Aptenodytes patagonicus*), foi promovido a Major-General da Guarda Real de Sua Majestade o Rei da Noruega e Barão das Ilhas Bouvet em 21/8/2023 no Zoo de Edinburgh, RU. A Guarda Real norueguesa adotou um pinguim como mascote numa visita ao zoológico em 1972. Batizado em homenagem a dois guardas, a ave foi transformada em um anspeçada honorário. Desde então, o inabalável pinguim e os 2 mascotes que o sucederam (ambos chamados "Nils Olav") vêm subindo consistentemente de patente.

Menor sapo
Em fev/2024, o *Paedophryne amauensis*, com 7,7mm, perdeu a diminuta coroa — que era dele desde 2012 — para um sapo ainda menor. Segundo reportado no *Zoologica Scripta*, machos do sapinho-pulga (*Brachycephalus pulex*) têm em média 7,1mm de comprimento do focinho à cloaca (com um espécime tendo 6,5mm). Isso também faz dele o **menor anfíbio**, o **menor tetrápode** e um dos menores vertebrados.

Mamífero ovíparo mais raro
Por décadas, a equidna *Zaglossus attenboroughi* foi conhecida apenas através de um espécime morto encontrado em Papua, Indonésia, em 1961. No entanto, em nov/2023, surgiu um vídeo de um adulto vivo procurando comida nas remotas montanhas Ciclope, em Papua. A filmagem foi capturada por uma câmera acionada por armadilhas de cientistas da Universidade de Oxford (RU). Ainda não se sabe o tamanho atual da população da espécie.

Pessoa que avistou mais pássaros na vida
Em 9/2/2024, Peter Kaestner (EUA) tinha avistado mais de 10.000 espécies diferentes de pássaros. Atingiu a marca com um *Arachnothera flammifera* observado em Mindanao, Filipinas. O viajado diplomata aposentado Kaestner observa pássaros há 64 anos e usa a IOC World Bird List como guia. Até hoje, seu ponto alto foi ter uma nova espécie de pássaro que avistou na Colômbia nomeada em sua homenagem — *Grallaria kaestneri*.

Mais flores numa orquídea (monopodial)
Uma *Phalaenopsis* cultivada por Kevin Englisch (CAN) apresentava 131 flores em 30/3/2023, em Waterloo, Ontário, CAN. Orquídeas monopodiais têm apenas um "caule" vertical, com uma folha após a outra em lados alternados. Espécies de *Phalaenopsis* são conhecidas como orquídeas-borboletas e incluem as de flores que parecem ser mimetizadas pelo *H. coronatus* (acima).

Orangotango mais velho em cativeiro
Estima-se que Bella — uma orangotango-de-Sumatra (*Pongo abelii*) nascida na natureza por volta de 1961 e capturada em 1964 — tenha completado 63 anos em 2024. Ela mora no Tierpark Hagenbeck em Hamburgo, ALE, desde 15/4/1964. Esses grande símios do sudeste da Ásia geralmente vivem por 35–40 anos na natureza.

Hera venenosa mais alta
Em 12/3/2023, Robert Fedrock (CAN) descobriu um espécime de *Toxicodendron* com 20,75m de altura em Paris, Ontário, CAN. Conhecida pelas folhas que podem irritar a pele, essas trepadeiras são nativas das matas da América do Norte e da Ásia.

Espécime mais velho (em cativeiro):
- **Gorila:** uma fêmea de gorila-da-planície-ocidental (*Gorilla gorilla gorilla*) chamada Fatou vive no Zoo de Berlim, Alemanha, desde mai/1959. Deram-lhe 2 anos quando ela chegou, e Fatou celebrou o 67º aniversário em 2024 (o zoológico decidiu que seu aniversário é em 13/abril).
- **Preguiça:** Jan, um macho de preguiça-real (*Choloepus didactylus*), tinha pelo menos 53 anos em 2023. Vive no Zoo de Krefeld, ALE, desde 30/4/1986. Na natureza, a expectativa de vida das preguiças-reais é de 20 anos.
- **Vombate:** Wain, um Vombate comum (*Vombatus ursinus*), estava com pelo menos 34a86d em 31/1/2024, conforme verificado pelo Zoo de Satsukiyama em Ikeda, Osaka, JPN.

57

ÍCON

Zeus

O Dogue Alemão é famoso pelo tamanho. E alguns são grandes até entre eles. Um passo à frente, Zeus (à esq.), o cachorro mais alto já registrado pelo GWR.

Os pais deste impressionante cão eram de tamanho médio, então nada preparou seus donos – os Doorlag de Otsego, Michigan, EUA – para a estatura superlativa de Zeus, a prova de um "gigante gentil". "Zeus adorava se sentar no colo das pessoas, seu lugar favorito", contou Denise Doorlag ao GWR. "Ele era o cão de terapia no hospital onde trabalho, e os pacientes adoravam quando ele se postava na cama ao lado deles."

Cuidar de um animal desse tamanho era um desafio enorme, e os Doorlag precisavam equilibrar o apetite de Zeus e o peso devido à sua altura.

O animal está retratado ao lado de Morgan, a **cachorra mais alta**, com 98,15cm, de Dave e Cathy Payne. A fêmea tinha 10cm a mais que a média de uma Dogue Alemã e precisava de 80min diários de exercício – que incluía perseguição a esquilos!

Infelizmente, Zeus e Morgan faleceram com intervalo de um mês em 2014. Mesmo assim, continuam altos e orgulhosos no panteão dos ÍCONES do GWR.

BREVE BIOGRAFIA

Nome Zeus
Tempo de vida 26/11/2008-3/9/2014
Raça Dogue Alemão
Títulos atuais do GWR ● Cachorro mais alto de todos os tempos – 111,8cm, até os ombros
Altura quando sobre as patas traseiras 223cm
Comida favorita Frango grelhado (com queijo cottage e carne enlatada)

A família escolheu Zeus entre uma ninhada de 15 filhotes. Apesar de ser um dos maiores, foi selecionado por suas cores. "Queríamos um preto, e ele tinha a menor porção de branco", contou Denise.

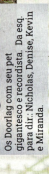

Zeus com Kevin na cidade natal da família, Otsego, Michigan. Com mais de 2m quando sobre as patas traseiras, este cão colossal era tão grande que crianças o confundiam com um cavalo!

Os Doorlag com seu pet gigantesco e recordista. Da esq. para dir: Nicholas, Denise, Kevin e Miranda.

Descubra mais ÍCONES do GWR em www.guinnessworldrecords.com/2025

Zeus pesava 81kg – c. 30x mais pesado que um Chihuahua, como o Boo Boo (ver 2004 abaixo).

"Zeus se dava bem com todos os cães", disse Denise. Na foto abaixo com os cachorros dos pais de Denise — Ox, um Labrador preto, e Bear, um Lulu da Pomerânia.

UMA HISTÓRIA DOS SUPER-HOUNDS

2022 – Zeus: Ao lado da dona Brittany Davis, esse Dogue Alemão – também chamado Zeus – foi o **cachorro vivo mais alto** mais recente, com 104,6cm.

2016 – Freddy: Criado por Claire Stoneman, o Dogue Alemão Freddy tinha 103,5cm de altura em pé. E foi o menor entre os 13 da ninhada!

2014 – Lizzy: Outra ex-cachorra mais alta, Lizzie, de 96,4cm, morou com seu dono, Greg Sample, na Flórida, EUA.

2012 – Bella: Ex-cachorra mais alta, Bella media 94,93cm. Entre suas conquistas estão 4 títulos de prova de obediência.

2004 – Gibson (e Boo Boo): No Dia GWR de 2007, o Dogue Alemão de 107cm Gibson encontrou o **menor cachorro**, Boo Boo, com 10,16cm de altura.

Seres humanos

MAIOR NÚMERO DE CRIANÇAS NASCIDAS EM UM PARTO
Em 4/5/2021, Halima Cissé e Abdelkar Arby, do Mali, tornaram-se pais orgulhosos de nônuplos quando Halima deu à luz 5 meninas e 4 meninos na Clínica Ain Borja em Casablanca, Marrocos. Os bebês nasceram prematuros de 30 semanas e de cesariana. Passaram os primeiros 19 meses de vida no Marrocos antes de voltarem para o Mali. Em mai/2023, a família festejou o 2º aniversário dos nônuplos com uma festa temática do programa de tv favorito deles, *Miraculous*. Os nomes das crianças são Adama, Bah, Elhadji, Fatouma, Hawa, Kadidia, Mohammad VI, Oumar e Oumou.

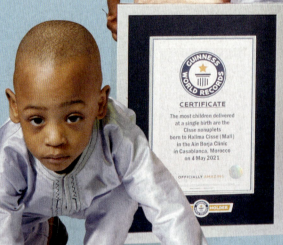

CONTEÚDO	
Cronologia:	
Pessoa mais alta	62
Tamanho importa	64
Senhores recordistas	66
Galeria: Tatuagens	68
Cabelo	70
Irmãos superlativos	72
Anatomia alucinante	74
Fisiculturistas	76
Variedades	78

Durante quase toda a gravidez, Halima achou que teria "apenas" sete bebês!

SERES HUMANOS: CRONOLOGIA
Pessoa mais alta

Poucos recordes mudam com tanta frequência quanto o de **pessoa mais alta**. Nem mesmo o GWR conseguiu filtrar 100% aqueles cujas alturas foram "distorcidas por considerações financeiras dos promotores" (como constava na edição de 1955). Para esclarecer isso, apresentamos aqui uma cronologia dos 14 homens e 2 mulheres que, de forma irrefutável, ostentaram o título desde 1900, incluindo a **pessoa mais alta de todos os tempos** reconhecida pelo GWR (ver p.26-27).

Quando adulto, não conseguia ficar de pé; sua altura foi calculada em um exame médico.
John "Bud" Rogan (EUA) · 1867–1905 · 2,67m · 1900–05

Conhecido como "Feodor Machnow" ao longo de sua carreira como atração itinerante.
Fyodor Makhnov (BLR) · 1878–1912 · 2,39m · 1905–12

Frederick Kempster (RU) · 1889–1918 · 2,37m · 1912–18

Bernard Coyne (EUA) · 1897–1921 · 2,54m · 1918–21

Durante a carreira de artista de circo, era conhecido como "Jan van Albert".
Albert Kramer (NLD) · 1897–1976 · 2,375m · 1921–33

Robert Wadlow (EUA) · 1918–40 · 2,72m · 1933–40

Também o soldado mais alto; teve o reinado mais longo como pessoa mais alta.
Väinö Myllyrinne (FIN) · 1909–63 · 2,5m · 1940–59

A altura real em pé era de 2,438m devido à coluna vertebral curvada.
John Carroll (EUA) · 1932–69 · 2,635m · 1959–69

Nascimento e morte · Altura · Reinado como **pessoa viva mais alta**

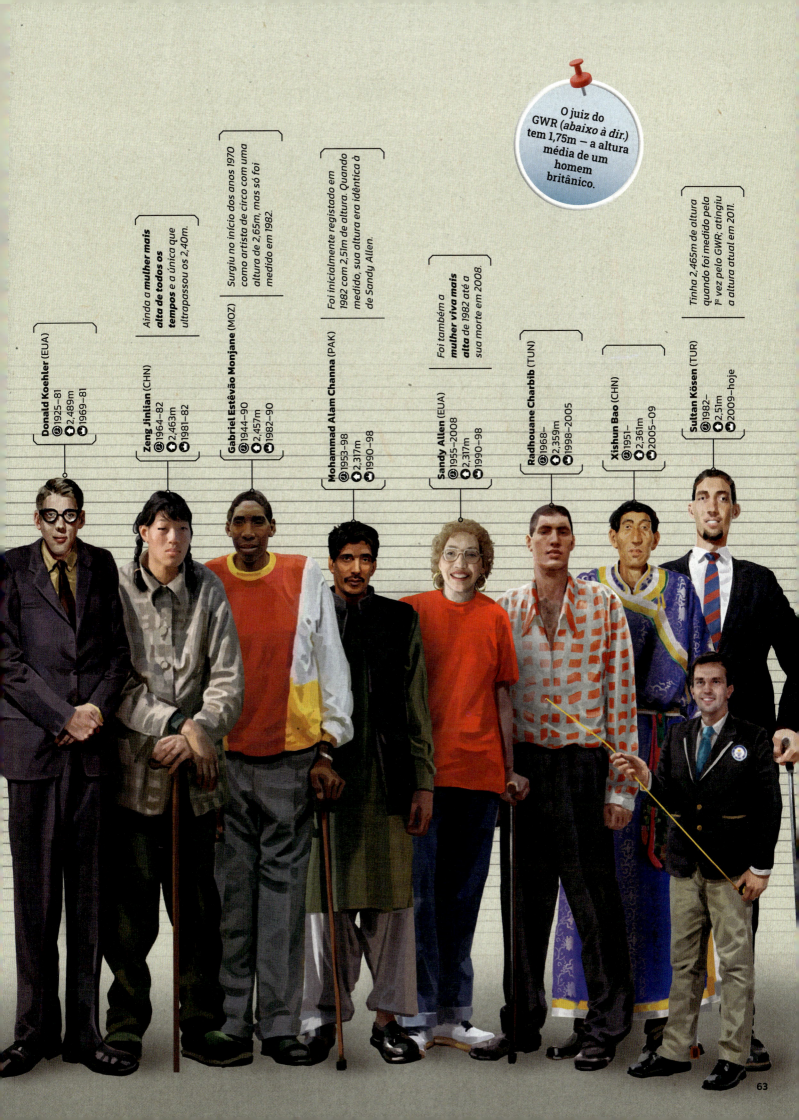

SERES HUMANOS

Tamanho importa

O Guinness World Records tem um grande interesse nos extremos do corpo humano desde a 1ª edição, em 1955 (que abria a seção SERES HUMANOS com um capítulo com os "gigantes" e as "gigantas"). Ao longo de 70 anos, rastreamos a altura das pessoas mais altas e baixas e tivemos a sorte de conhecer, medir e fazer amizade com indivíduos incríveis. Seis deles apresentados aqui.

Todos esses recordistas alcançaram o status de ÍCONE do GWR. É uma honra concedida pelos recordes e porque demonstram determinação sobrenatural e força de caráter.

Mulher mais alta
Rumeysa Gelgi media 2,151 m em 23/5/2021. Assim como o colega Sultan, também é da Turquia. A altura incrível é decorrente de uma rara condição chamada síndrome de Weaver, que causa um crescimento acelerado. Apesar das dificuldades, Rumeysa ama viajar e conhecer pessoas. O documentário *Rumeysa: Walking Tall* (à esq.) a apresenta conhecendo outros recordistas notáveis ao redor do planeta.

Homem mais alto
Em 2011, o ex-agricultor Sultan Kösen (TUR), com 2,51m, tornou-se o 1º homem de 2,43m ou mais a ser medido pelo GWR em 20 anos. (Acompanhe a progressão do recorde dos gigantes da vida real no cronologia da Pessoa mais alta – ver p.62) Também possui as **maiores mãos** – 28,5cm, do pulso ao fim do dedo médio.

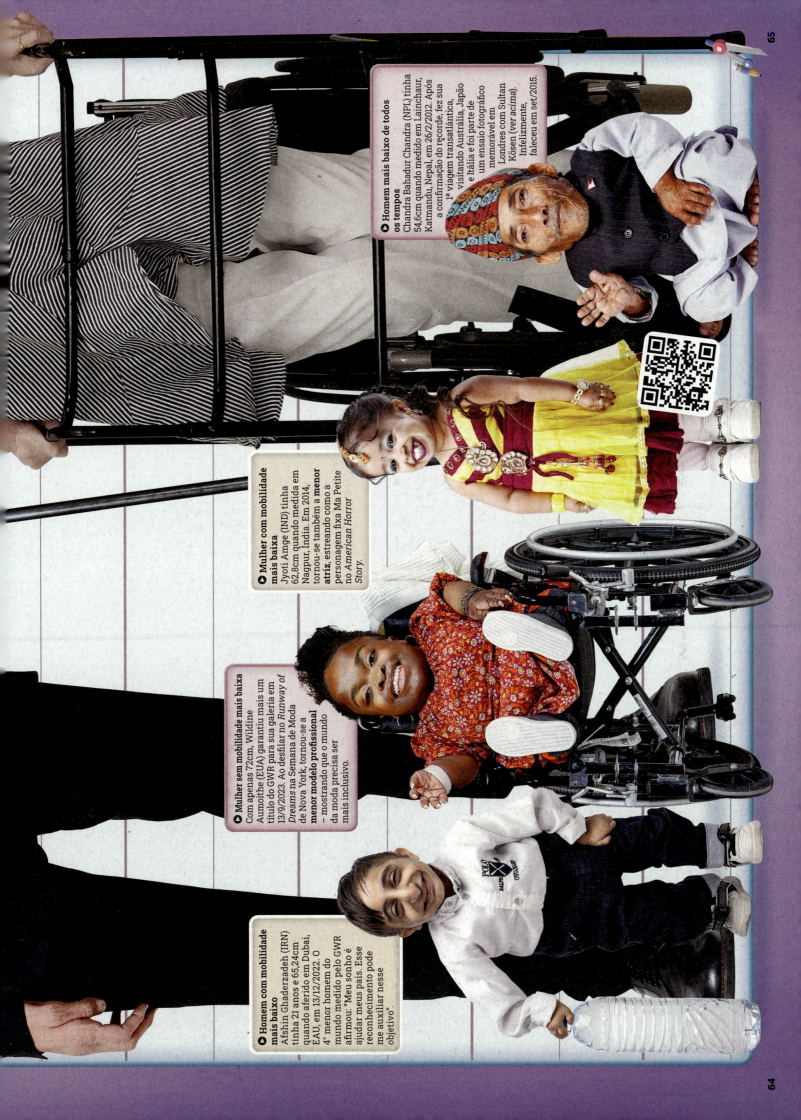

● **Homem mais baixo de todos os tempos**
Chandra Bahadur Chandra (NPL) tinha 54,6cm quando medido em Lainchaur, Katmandu, Nepal, em 26/2/2012. Após a confirmação do recorde, fez sua 1ª viagem transatlântica, visitando Austrália, Japão e Itália e foi parte de um ensaio fotográfico memorável em Londres com Sultan Kösen (ver acima). Infelizmente, faleceu em set/2015.

● **Mulher com mobilidade mais baixa**
Jyoti Amge (IND) tinha 62,8cm quando medida em Nagpur, Índia. Em 2014, tornou-se também a **menor atriz**, estreando como a personagem fixa Ma Petite no American Horror Story.

● **Mulher sem mobilidade mais baixa**
Com apenas 72cm, Wildine Aumoithe (EUA) garantiu mais um título do GWR para sua galeria em 13/9/2023. Ao desfilar no Runway of Dreams na Semana de Moda de Nova York, tornou-se a **menor modelo profissional** do mundo – mostrando que o mundo da moda precisa ser mais inclusivo.

● **Homem com mobilidade mais baixo**
Afshin Ghaderzadeh (IRN) tinha 21 anos e 65,24cm quando aferido em Dubai, EAU, em 13/12/2022. O 4º menor homem do mundo medido pelo GWR afirmou: "Meu sonho é ajudar meus pais. Esse reconhecimento pode me auxiliar nesse objetivo".

SERES HUMANOS
Senhores recordistas

Streamer de games mais velho (masc.)
"Vovô gamer" Yang Binglin (CHN, n. 10/12/1935) compartilhava suas aventuras nos games aos 88a15d, como verificado em 25/12/2023, em Luzhou, Sichuan, CHN. Criador de conteúdo ativo na plataforma *Bilibili*, Binglin tem uma página, que conta com mais de 273 mil inscritos.

Pianista profissional mais velho (geral)
Em 1/7/2023, Colette Maze (FRA, 16/5/1914–19/11/2023) lançou um álbum de música clássica aos 109a15d, o que também a tornou a **pessoa mais velha a lançar um álbum**. Esse foi o 7º e último lançamento de sua carreira, que começou em 2004, quando ela tinha 90 anos. Em abr/2023, ela ganhou destaque nas redes sociais depois de uma entrevista sobre seu trabalho.

OS MAIS VELHOS...

Gêmeos sobreviventes do holocausto
Peter Somogyi e Thomas Simon (HUN, n. 14/4/1933) tinham 90a179d em 10/10/2023. Ficaram no campo de concentração de Auschwitz-Birkenau, POL, de 9/7/1944 até jan/1945. Hoje, Peter e Thomas vivem no CAN e nos EUA, respectivamente. A gêmea mais velha a ter sobrevivido ao Holocausto é Annetta Able (YUG, n. 4/2/1924), que completou 100 anos em 2024. Sua irmã, Stephanie, faleceu aos 96, em 2019.

Trigêmeos (masc.)
Em 2/11/2023, Larry A. Brown, Lon B. Brown e Gene C. Brown (todos EUA, n. 1/12/1930) tiveram a idade de 92a36d verificada em Raymore, Missouri, EUA. *Para mais irmãos seniores, ver pp.72*.

Paraquedista Tandem
Rut L. I. Larsson (SWE, n. 12/9/1918) tinha 103a259d quando saltou de um avião sobre Motala, Ostergotland, SWE, em 29/5/2022. Descobriu o paraquedismo mais velha e saltou pela 1ª vez em seu aniversário de 90 anos. A **pessoa mais velha a praticar paraquedismo indoor** é Ivar Kristoffersen (NOR, n. 8/1/1921), que tinha 102a171d em 28/6/2023 em Voss, Vestland, NOR.

Wing walker
Com 95a138d, John Symmonds (RU, n. 2/2/1928) subiu aos céus nas asas de um avião sobre Cirencester, Gloucestershire, RU, em 20/6/2023. Realizou a façanha com o objetivo de arrecadar fundos para um hospital.

Motociclista competitivo
Leslie Harris (NZ, n. 26/2/1925) tinha 97a344d quando participou do 43º Festival de Motociclismo Clássico de Pukekohe, em Auckland, NZ, em 5/2/2023. Pilotou sua *BSA Bantam 175cc* contra vários competidores, inclusive seu filho e sua neta.

Dentista
Etsuro Watanabe (JPN, n. 31/10/1924) ainda trabalhava 99a133d, conforme verificado em Minamitsuru, Yamanashi, JPN, em 12/3/2024.

Maquinista de trem
Em 20/2/2024, com 81a233d, Helen Antenucci (EUA, n. 2/7/1942) ainda trabalhava para o Departamento de transporte em Boston, Massachusetts, EUA.

Esquiadora aquática (fem.)
Em 8/8/2023, Dwan J. Young (EUA, n. 1/5/1931) esquiou por 1km no Bear Lake em Idaho, EUA, com 92a99d. Começou no esporte em 1961, aos 29 anos, e pratica todo verão. Hoje, esquia com os bisnetos: "Não tenha medo de tentar um novo esporte quando for mais velho. Você pode mais do que pensa", afirma.

Jogadores de footbag competem para manter um saco ("hacky sack") longe do chão pelo maior tempo possível.

Jogador competitivo de footbag mais velho
Ken Moller (EUA, n. 14/7/1947) tinha 75a331d quando jogou no Aberto Americano de Footbag de 2023. Participou da rotina de freestyle intermediário em 10/6 em Erie, Pensilvânia, EUA, e ficou em 1º lugar! O campeão pretende competir até os 80 anos.

OS 10 MAIS VELHOS DE TODOS OS TEMPOS	
Nome	Idade
Jeanne Calment (FRA, 21/2/1875–4/8/1997)	122a164d
Kane Tanaka (JPN, 2/1/1903–19/4/2022)	119a107d
Sarah Knauss (EUA, 24/9/1880–30/12/1999)	119a97d
Lucile Randon (FRA, 11/2/1904–17/1/2023)	118a340d
Marie-Louise Meilleur (CAN, 29/8/1880–16/4/1998)	117a230d
Violet Brown (JAM, 10/3/1900–15/9/2017)	117a189d
Emma Morano (ITA, 29/11/1899–15/4/2017)	117a137d
Chiyo Miyako (JPN, 2/5/1901–22/7/2018)	117a81d
Delphia Welford (EUA, 9/9/1875–14/11/1992)	117a66d
María Branyas Morera (ESP, n. EUA, 4/3/1907)	117a51d

*Todas as idades confirmadas pelo Grupo de pesquisa em gerontologia e corretas até 24/4/2024.

PESSOA MAIS VELHA DE TODOS OS TEMPOS
Jeanne Calment (FRA, 21/2/1875–4/8/1997) viveu até os 122a164d, a maior idade totalmente autenticada que qualquer ser humano já alcançou. Nascida 14 anos antes da conclusão da Torre Eiffel (v. p.149), conheceu o artista Vincent van Gogh na adolescência e andou de bicicleta até os 100 anos. Atribuía sua longevidade, em parte, a uma dieta rica em azeite de oliva. O **homem mais velho de todos os tempos** foi Jiroemon Kimura (JPN, n. 19/4/1897), falecido em 12/6/2013 aos 116a54d. Ele deixou 25 bisnetos e 15 trinetos.

María atribui sua idade a uma visão equilibrada e positiva sobre a vida e "ficar longe de pessoas tóxicas".

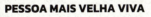

OS 10 MAIS VELHOS VIVOS	
Nome	Idade
María Branyas Morera (ESP, n. EUA, 4/3/1907)	117a51d
Tomiko Itooka (JPN, n. 23/5/1908)	115a337d
Inah Canabarro Lucas (BRA, n. 8/6/1908)	115a321d
Elizabeth Francis (EUA, n. 25/7/1909)	114a274d
Ethel Caterham (UK, n. 21/8/1909)	114a247d
Okagi Hayashi (JPN, n. 2/9/1909)	114a235d
Masa Matsumoto (JPN, n. 29/11/1909)	114a147d
Charlotte Kretschmann (DEU, n. 3/12/1909)	114a143d
Ina Okazawa (JPN, n. 10/3/1910)	114a45d
Hisako Shiroishi (JPN, n. 19/5/1910)	113a341d

*Todas as idades confirmadas pelo Grupo de pesquisa em gerontologia e corretas até 24/4/2024.

PESSOA MAIS VELHA VIVA
María Branyas Morera (ESP, n. EUA, 4/3/1907) tinha 117a51d em 24/4/2024 e se tornou a pessoa mais velha do mundo em jan/2023. Ela vive na mesma casa de repouso há 23 anos, tem uma saúde física notável e se lembra de eventos desde quando tinha 4 anos! Tem até uma conta no X. Sua bio diz: "Sou velha, muito velha, mas não idiota".

No GWR deste ano, ficamos tristes ao saber que Juan V. P. Mora (VEN, n. 27/5/1909, *na foto*) faleceu aos 114a311d em 2/4/2024, sendo o 4º homem mais velho. Com a morte de Juan, o título de **homem mais velho vivo** passou para um cidadão britânico (*à dir.*).

HOMEM MAIS VELHO VIVO
John Tinniswood (RU, n. 26/8/1912) tinha 111a242d em 24/4/2024. O veterano da 2ª Guerra Mundial, que vive em uma casa de repouso em Southport, Merseyside, RU, diz que o segredo de sua longevidade é "pura sorte". Come peixe com batata frita toda sexta-feira e é torcedor do Liverpool FC, fundado 20 anos antes de seu nascimento. O conselho de John para as gerações mais jovens? "Dê sempre seu melhor!".

67

SERES HUMANOS: GALERIA
Tatuagens

Mais tatuagens da mesma banda
Tom M. Engelbrecht (NOR) é fã inveterado de Metallica — e tem 43 tatuagens da banda para provar. Entre elas, retratos dos lendários guitarristas Kirk Hammett (*detalhe à dir.*) e James Hetfield (*detalhe abaixo*) mandando ver na guitarra. As tatuagens do Metallica de Tom foram contadas em Bergen, Vestland, Noruega, em 5/12/2023.

Mais tatuagens de coelho
Craig Evans (RU) fez a 69ª tatuagem diferente de coelho em Cardiff, RU, em 20/11/2023 — criação de Ash Davies, autor de várias das artes de longas orelhas. Craig, que começou a esbórnia coelhística em jul/2009, gosta de dar a diferentes tatuadores a liberdade de interpretar o pedido dele usando o estilo que bem entenderem.

Caro GWR...
Aposto que posso bater o recorde de mais tatuagens cobertas. Por que será que achei que seria uma boa ideia tatuar o nome da minha ex-namorada?

Homem mais tatuado
Lucky Diamond Rich (AUS, n. NZ) passou mais de 1.000h sendo perfurado. Depois de preencher o corpo com desenhos coloridos, optou por uma cobertura 100% preta. Com novas tattoos brancas e coloridas em andamento, agora sua cobertura é estimada em mais 200%. Em 2024, GWR encontrou Max Max, que tem uma cobertura corporal similar, mas toda feita por ele mesmo. Será que vale um recorde? Aguarde e descubra.

Maior arte de tatuagem
Atlanta Ink, Irom Palm Tattoos e Pèse Noir (todos EUA) fizeram uma homenagem de 7,39m² ao falecido rapper Takeoff (Kirsnick Ball), como confirmado em Atlanta, Georgia, EUA, em 5/7/2023. O retrato do músico — um dos fundadores do grupo de hip-hop Migos — foi feita numa pele de silicone.

68

▶ **MULHER MAIS TATUADA DA HISTÓRIA**
Esperance Fuerzina (EUA) tem 99,98% do corpo tatuado conforme verificado em Tijuana, México, em 22/9/2023. Ela levou uma década para obter uma cobertura quase completa, que vai do couro cabeludo à sola dos pés, incluindo áreas sensíveis como pálpebras, gengivas e língua. Até suas escleras (parte branca do olho) foram coloridas com tinta preta.

Até fev/2024, Esperance também era a **mulher com mais modificações corporais** (89). São 40 a mais do que a antiga recordista, cuja marca não era quebrada havia mais de uma década. As de Esperance incluem 5 implantes faciais, punches (para esticar o tecido) e uma variedade de piercings. Tais alterações podem ser dolorosas e arriscadas, mas para ela são parte de uma evolução em progresso. "Eu queria ver do que o corpo humano é capaz ao alterar minha forma", contou ela ao Guinness World Records.

Ai! As axilas são altamente sensíveis, e estão entre as áreas mais doloridas para se tatuar.

Sua barriga é decorada com um padrão de peônias.

Esperance tem 13 implantes subcutâneos — e planeja outros.

Para Esperance, sua arte corporal é uma "coleção de memórias que posso levar para onde quiser".

Até a membrana entre os dedos dos pés é tatuada. O pé é outra área dolorida para se tatuar... além disso, Esperance sente cócegas!

69

SERES HUMANOS
Cabelo

Barba de mulher mais longa
Erin Honeycutt (EUA) tinha 30cm de pelos faciais em Caro, Michigan, EUA, em 8/2/2023. Ela tem síndrome do ovário policístico, cujos sintomas incluem crescimento excessivo de pelos.
Sarwan Singh (CAN) detém o recorde **masculino** (2,54), como verificado em Surrey, Colúmbia Britânica, CAN, em 15/10/2022.

Peruca artesanal mais longa
Helen Williams (NGA), fabricante de perucas há 8 anos, criou uma que media 351,28m – quase 3 campos de futebol – em Abule Egba, Lagos, NGA, em 7/7/2023. A peça levou 11 dias para ser feita e exigiu mil mechas de cabelo, 6.250 grampos, 35 tubos de cola e 12 latas de spray.

Penteado mais alto
Dani Hiswani (SYR) criou um penteado em forma de árvore de Natal de 2,9m de altura em Dubai, EAU, em 16/9/2022, e até acrescentou acessórios.

Moicano espigado mais alto
Em 16/4/2021, Joseph Grisamore (EUA) revelou um moicano espigado de 1,29m em Park Rapids, Minnesota, EUA. Dois anos antes, já havia conseguido o recorde de **moicano completo mais alto** (1,08m). O segredo que desafiou a gravidade foi a meia lata de spray got2b Glued Blasting Freeze.

Maior penteado afro
Aevin Dugas (EUA) ostentava um afro volumoso de 26cm do couro cabeludo às pontas e 1,65m de circunferência, conforme verificado em Gonzales, Louisiana, EUA, em 11/9/2022. Sua intenção era encorajar todos a abraçarem seus cabelos naturais.

Peruca mais larga
O artista Dani Reynolds (AUS) apresentou uma peruca de 2,58m de largura em Adelaide, Austrália Meridional, em 12/11/2022. A armação inclui um capacete de bicicleta e macarrão de piscina, e a cor e a textura são baseadas no cabelo dele.

Mais minibengalas doces em uma barba
Joel Strasser (EUA) colocou 187 doces na barba em Meridian, Idaho, EUA, em 9/12/2023. Detentor de vários recordes, já ornou sua penugem facial com **mais espetos de churrasquinho** (600), **bolas de Natal para barba** (710), **limpadores de cachimbo** (1.150), **cotonetes** (2.470), entre outros objetos.

Maior doação individual de cabelo
Em 26/8/2021, Zahab Kamal Khan (EUA) doou 1,55m de cabelo para a instituição Children with Hair Loss. Deixara suas mechas crescerem por 17 anos.
O recorde **masculino** (83cm) é de Kodai Fukushima (JPN), em Bunkyō, Tóquio, JPN, em 17/4/2023.

Campeonato Nacional dos EUA de Barba e Bigode
Em 3/11/2023, pessoas com rostos peludos garantiram 3 recordes em Daytona Beach, Flórida, onde 86 competidores formaram a **corrente de barba mais longa**, com 59,51m (*abaixo*). Outras marcas:
• **Corrente de bigode mais longa** (à *dir.*): 6,19m (27 competidores).
• **Corrente de barbas parciais** (cavanhaques, costeletas, bigodes imperiais, handlebars etc.) **mais longa**: 13m (24 competidores).

Lavar o cabelo de Aliia leva 4h e ela gasta mais de 2,2 litros de xampu e conficionador.

CABELO MAIS LONGO
O cabelo de Aliia Nasyrova (UKR) tem 2,57 metros de comprimento, como verificado em Milão, ITA, em 25/2/2024. Para a surpresa de ninguém, ela adorava a princesa Rapunzel quando criança. Aliia não corta o cabelo há 20 anos. Uma das desvantagens é o peso, que ela compara ao gato da família, e o fato de que leva um dia inteiro para secar. Por outro lado, ela ganha muitos produtos de empresas orgulhosas de se associarem à recordista.

O recorde de **cabelo mais longo** não muda de mãos – ou cabeças?! – com frequência, mas, no ano passado, foi quebrado 2x. Antes o título pertencia a Smita Srivastava (IND), com madeixas de 2,36m, medidas em Prayagraje, Utar Pradexe, em 20/8/2023. Smita amava o cinema hindi de 1980, no qual muitas atrizes tinham cabelos longos. Diz que, em sua cultura, "As deusas tinham cabelos muito longos, então é desfavorável cortá-lo".

Aliia conquistou quase 1,4mi de inscritos no YouTube e 219.000 seguidores no Instagram.

SERES HUMANOS
Irmãos superlativos

Mais familiares nascidos no mesmo dia
Como verificado em 2019, 9 pessoas da família Mangi, de Larkana, Paquistão, celebram o aniversário na mesma data: 1/8. São eles o pai Ameer (1968), a mãe Khudeja (1973) e os 7 filhos: Sindhoo (1992), as gêmeas Sasui e Sapna (1998), Aamir (2001), Ambar (2002) e os gêmeos Ammar e Ahmar (2003). A família também tem **mais gêmeos nascidos no mesmo dia**.

1os gêmeos nascidos em décadas diferentes
Joslyn G. G. Tello nasceu às 23h37 de 31/12/2019 em Indiana, EUA. O irmão, Jaxon D. M. Tello, chegou 30min depois, à 00h07, mas já em 2020.

Os **1os gêmeos nascidos em países diferentes** foram Katherine e Heidi Roberts (ambas RU). Heidi chegou às 9h05 de 23/9/1976 no País de Gales, e a irmã, às 10h45, após sua mãe ser transferida para outro hospital na Inglaterra devido a complicações.

Mais prematuros...
• ▶ **Gêmeos:** Adiah Laelynn e Adrial Luka Nadarajah (ambos CAN) nasceram em 4/3/2022, 126 dias antes da data esperada.
• ▶ **Trigêmeos:** Rubi-Rose, Payton-Jane e Porscha-Mae Hopkins (todos RU) nasceram com idade gestacional de 159 dias – tornando-os prematuros de 121 dias – em 14/2/2021.
• ▶ **Mais crianças nascidas em um único parto**
Em 6/5/2021, a Associated Press anunciou o nascimento dos 9 bebês de Halima Cissé e Abdelkader Arby (ambos MLI), em Casablanca, Marrocos. É a 1ª ocorrência conhecida de 9 crianças sobreviventes de um mesmo parto.

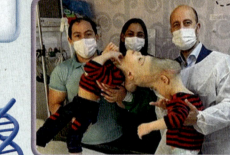

Gêmeos separados há mais tempo
Depois de 77a289d, Elizabeth Hamel (n. Lamb, EUA) e Ann Hunt (n. Wilson, RU) foram reunidos nos EUA, em 1/5/2014. Nasceram em 28/2/1936 no RU, e foram colocados para adoção. Em fev/2024, houve relatos de uma reunião mais atrasada: Maurilia Chavez e Andrea Lopez (ambas EUA), de 90 anos, se encontraram em dez/2023, após 81 anos. O GWR examinava o caso quando o livro foi para a impressão.

Gêmeos craniópagos mais velhos separados
Em 8–9/6/2022, Arthur e Bernardo Lima (ambos BRA, n. 29/8/2018) foram separados aos 3 anos e 284 dias. Eles nasceram com um cérebro fundido; craniópagos são o tipo mais raro de gêmeos siameses, com 2–6% dos casos. O procedimento de 27h ocorreu no Instituto Estadual do Cérebro Paulo Niemeyer no Rio de Janeiro. Cerca de 100 profissionais estiveram envolvidos, liderados pelo neurocirurgião pediátrico Noor ul Owase Jeelani (à esq., com os pais Adriely and Antonio) e pelo dr. Gabriel Mufarrej.

Maior taxa de nascimento de gêmeos (país)
A Costa do Marfim registrou uma taxa de 24,9 a cada 1.000 partos entre 2010-15, de acordo com um estudo de 2020 feito em 135 países.

Gêmeos siameses mais velhos
Ronnie e Donnie Galyon (ambos EUA, n. 25/10/1951) faleceram por insuficiência cardíaca aos 68a253d em 4/7/2020. Os **gêmeos siameses mais velhos nascidos do sexo feminino** foram os craniópagos Lori Lynn e George (n. Dori) Schappell (EUA, n. 18/9/1961). Tinham 62a202d em 7/4/2024, quando faleceram. Em 2007, Dori se declarou trans.

Quádruplos mais velhos
Ann, Ernest, Paul e Michael Miles (todos RU, n. 28/11/1935) tinham 87 anos e 316 dias em 10/10/2023. Apelidados de "Quádruplos de St Neots", chegaram ao mundo pelas mãos do dr. Ernest Harrison (homenageado no nome de um dos filhos) com cerca de 7 semanas prematuros. Devido ao enorme cuidado necessário, o médico levou-os para sua casa para administrar melhor o atendimento com a ajuda de enfermeiras. Os primeiros quádruplos a sobreviverem chamaram a atenção da mídia e apareceram em anúncios, como os do leite Cow & Gate.

Gêmeos não idênticos de sexos diferentes mais velhos
Elsie Parkinson e George Bradley (ambos RU, n. 9/4/1927) tinham 96 anos e 112 dias quando verificado em 30/7/2023. Nasceram em casa em Weeton, Lancashire, RU. George era fazendeiro e Elsie, professora em uma creche.

▶ **MAIOR DIFERENCIAL DE ALTURA ENTRE GÊMEAS NÃO IDÊNTICAS**
Yoshie Kikuchi é 75cm mais alta do que a irmã Michie (ambas JPN), como aferido em Okayama, Japão, em 23/2/2023. A menor tem Displasia Espondiloepifisária Congênita, doença genética rara. Muito introvertida, ganhou confiança após as duas serem convidadas para carregar a tocha nos Jogos Olímpicos de 2020. Michie resolveu entrar para o GWR após ler sobre o **homem mais baixo** – Chandra Bahadur Dangi, do Nepal, com 54,6cm.

▶ **Maior diferencial de altura entre gêmeas idênticas**
Uma disparidade de 38cm separa as gêmeas dos EUA Sienna "Sinny" Bernal (132cm) e Sierra (170 cm), como verificado em Tomball, Texas, EUA, em 2018. Ambas tinham 20 anos na época. A estatura diminuta de Sinny é resultado de um tipo de nanismo tão incomum que não é oficialmente classificado.

O pai das jovens é o sacerdote principal de um templo, onde a família vive. Michie gosta de ajudá-lo.

SERES HUMANOS
Anatomia alucinante

▶ **Pernas mais longas (fem.)**
Em 21/2/2020, Maci Currin, de Cedar Park, Texas, EUA, foi medida e tinha uma perna esquerda de 135,2cm e uma perna direita de 134,3cm. "Espero que mulheres altas percebam que isso é um presente", diz Maci, que tem 205,7cm de altura. "Ninguém deveria se envergonhar por ser alto!"

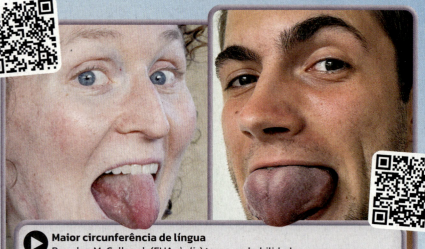

▶ **Maior circunferência de língua**
Braydon McCullough (EUA, *à dir.*) tem uma habilidade rara: consegue "inflar" a língua, fazendo-a crescer até 16cm, maior que uma bola de golfe. O órgão enorme foi medido em Grafton, West Virginia, EUA, em 23/5/2023.
O recorde feminino é de 13,25cm, por Jenny DuVander (EUA). Ela estava lendo o GWR 2023 com seu filho quando viram o detentor anterior e decidiram se inscrever. Seu recorde foi ratificado em Portland, Oregon, EUA, em 17/5/2023.

Caro GWR...

Maior tempo fazendo barulho de pum com os joelhos
Após anos de prática, consigo fazer o 1º verso de "Star-Spangled Banner" soltando pum com os joelhos. Essa canção é muito desafiadora para um flatulista. Notas agudas requerem controle e uma dieta especial. Ofereci fazer uma apresentação no jogo de abertura da temporada do meu time de beisebol, o ~~Kansas City Royals~~. Talvez vocês possam enviar um juiz oficial.

Maior nariz já registrado
Relatos históricos descrevem que Thomas Wedders (RU), um artista de circo que viajou pela Inglaterra no século XVIII, tinha um nariz de 19cm de comprimento. O detentor **vivo** mais recente do recorde (8,80cm), Mehmet Özyürek, faleceu, deixando a categoria vaga. Candidatos com narizes grandes devem se inscrever em guinnessworldrecords.com.

Cintura mais fina já registrada
Entre 1929 e 1939, Ethel Granger (RU) reduziu sua cintura para 33cm. Pioneira em modificação corporal, Granger alcançou seu objetivo usando corpetes cada vez mais apertados. A atriz francesa Polaire (também conhecida como Émilie Marie Bouchaud; 1874-1939) também afirmou ter alcançado uma "cintura de vespa" de 33cm.
Cathie Jung (EUA) detém o recorde **vivo**, com uma cintura de 38,1 cm.

Mãos mais largas já registradas (fem.)
As mãos de Zeng Jinlian (CHN) tinham um comprimento do pulso à ponta dos dedos de 25,4cm. Para o recorde **masculino**, ver p.26. E para descobrir mais sobre Zeng, que também foi **a mulher mais alta já registrada**, ver p.63.

Boca mais larga (fem.)
Samantha Ramsdell (EUA) tem uma boca com 10,33cm de largura, o suficiente para acomodar uma porção inteira de batatas fritas grandes do McDonald's. Sua boca foi medida em Norwalk, Connecticut, EUA, em 29/11/2022.
Samantha também tem a maior **abertura de boca (fem.)**: 6,52cm separam seus incisivos superiores dos inferiores, feito confirmado em 15/7/2021.

Dente de leite mais antigo
Em 14/3/2023, aos 90a192d, Leonard Murray (n. 3/9/1932) de Chattanooga, Tennessee, EUA, provou ainda ter um dente de leite saudável na parte inferior direita da boca.

Maior exoftalmia (olhos para fora da órbita)
Tio Chico Brasil (também conhecido como Sidney de Carvalho Mesquita, BRA) consegue protrair seus olhos por 18,2mm, conforme medido em São Paulo, BRA, em 10/1/2022.
O recorde **feminino**, 12 mm, é mantido por Kim Goodman (EUA) desde 2/11/2007.

Maior cálculo renal
Em 1/6/2023, uma pedra renal de 13,37cm de comprimento foi removida de Canistus Coonghe (LKA) em Colombo, Sri Lanka. Pesando 800g também é o cálculo renal **mais pesado**. Pedras nos rins são comuns, afetando 1 em cada 10 pessoas; essas formações surgem dentro do órgão e normalmente têm o tamanho entre um grão de areia ou de uma ervilha.

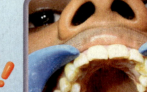
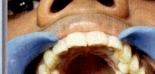

▶ **Mais dentes (fem.)**
Kalpana Balan (IND) tem 38 dentes, seis a mais do que a maioria dos adultos, fato verificado em Thanjavur, Tamil Nadu, IND, em 24/6/2023. Os dentes extra formam uma fileira parcial dentro de sua boca. O recorde **geral** (41) é mantido por Evano Mellone (CAN), como registrado em Montreal, Quebec, CAN, em 11/11/2021.

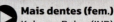

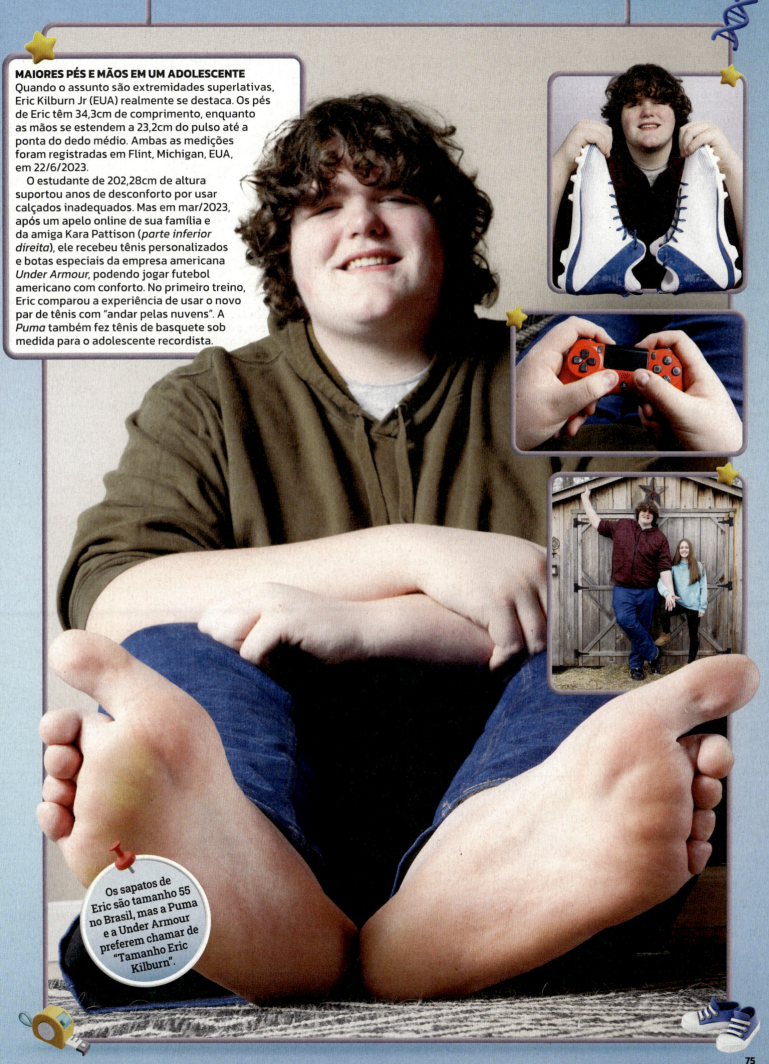

MAIORES PÉS E MÃOS EM UM ADOLESCENTE

Quando o assunto são extremidades superlativas, Eric Kilburn Jr (EUA) realmente se destaca. Os pés de Eric têm 34,3cm de comprimento, enquanto as mãos se estendem a 23,2cm do pulso até a ponta do dedo médio. Ambas as medições foram registradas em Flint, Michigan, EUA, em 22/6/2023.

O estudante de 202,28cm de altura suportou anos de desconforto por usar calçados inadequados. Mas em mar/2023, após um apelo online de sua família e da amiga Kara Pattison (*parte inferior direita*), ele recebeu tênis personalizados e botas especiais da empresa americana *Under Armour*, podendo jogar futebol americano com conforto. No primeiro treino, Eric comparou a experiência de usar o novo par de tênis com "andar pelas nuvens". A *Puma* também fez tênis de basquete sob medida para o adolescente recordista.

Os sapatos de Eric são tamanho 55 no Brasil, mas a Puma e a Under Armour preferem chamar de "Tamanho Eric Kilburn".

75

SERES HUMANOS
Fisiculturistas

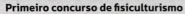

Primeiro concurso de fisiculturismo
"A Grande Competição" foi realizada no Royal Albert Hall em Londres, RU, em 14/9/1901. Os competidores posaram com um tapa-sexo de pele de leopardo e collants para exibir o físico para os juízes, que incluíam o autor de Sherlock Holmes, Arthur Conan Doyle, e o famoso Eugen Sandow (DEU, à esq.), considerado o pai do fisiculturismo moderno. Cerca de 15 mil pessoas competiram e muitas outras foram recusadas na inscrição. O vencedor foi um corredor e jogador de futebol profissional chamado William Murray. Ele recebeu uma estatueta de ouro de Sandow e um prêmio em dinheiro equivalente a cerca de US$136.000 em 2024.

Maior prêmio em dinheiro para fisiculturismo
Realizado anualmente nos EUA desde 1965, o Mr. Olympia é considerado o prêmio mais importante no fisiculturismo profissional masculino. A edição de 2023 aconteceu de 2 a 5/11 e ofereceu US$400.000 para Derek Lunsford (EUA), o vencedor do aberto masculino. Lunsford levou a categoria "212" em 2021, se tornando o 1º vencedor de 2 divisões do concurso.

Mais títulos do Mr. Olympia
Dois homens ganharam 8 títulos abertos, ambos consecutivamente: Lee Haney (EUA), de 1984 a 1991; e Ronnie Coleman (EUA), entre 1998 e 2005. Coleman também venceu o Arnold Classic em 2001, tornando-se o primeiro fisiculturista a conquistar ambos os títulos no mesmo ano.

Mais títulos do Ms. Olympia
Entre 2004 e 2014, Iris Kyle (EUA) venceu 10 edições do principal evento feminino de fisiculturismo. Jogadora de basquete universitário, Iris descobriu o esporte quando a família se mudou para Orange County, Califórnia. Também conquistou 7 títulos do Ms. International no Arnold Sports Festival.

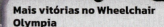

Mais vitórias no Wheelchair Olympia
Harold Kelley (EUA) venceu as 5 primeiras edições entre 2018 e 2022. Fisiculturista profissional, Harold ficou paraplégico depois de um acidente de carro em 2007. Depois de concluir sua reabilitação médica, retornou ao esporte que amava e começou uma rotina adaptada de treinamento.

Fisiculturista competitivo mais baixo
O levantador de peso indiano Pratik Mohite tem apenas 102cm de altura. Nascido com estatura baixa, mãos e pés pequenos, os médicos temiam que ele não fosse capaz de andar. Mas Pratik começou a treinar com pesos aos 18 anos e competiu em mais de 40 eventos.
Em 30/7/2023, Pratik conquistou o recorde de **mais flexões em um minuto (masc.)**, em Raigad, Maharashtra, IND, na categoria de estatura baixa do GWR: (84).

Competidor mais baixo do Mr. Olympia
Flavio Baccianini (ITA) media 147cm no evento de 1993 em Atlanta, Geórgia, EUA. Ele ficou em 13º lugar entre 22 competidores.

Fisiculturista profissional mais alto (masc.)
Olivier Richters (NLD) media 218,3cm em 27/4/2021. O "Gigante Holandês" também é ator e apareceu em *Indiana Jones e a relíquia do destino* (EUA, 2023).
O recorde **feminino** é de Maria Wattel (NLD), que tinha 182,7cm de altura em 15/1/2021.

Fisiculturista mais velha
Edith Wilma Conner (EUA, 5/9/1935–28/11/2020) já era bisavó e tinha 75a349d quando competiu no *Armbrust Pro Gym Warrior Classic* em 20/8/2011. Começou a praticar fisiculturismo em seus 60 anos e teve sucesso com 1º evento, o *Grand Masters*, em seu 65º aniversário.

Mr. Olympia mais jovem
Arnold Schwarzenegger (EUA, n. AUT; 30/7/1947) tinha 23a65d quando ganhou seu 1º título Mr. Olympia em 3/10/1970. Ele acabou vencendo 7 edições, saindo da aposentadoria para recuperar a coroa em 1980. O documentário *O Homem dos músculos de aço* (EUA, 1977), ajudou a alçá-lo para Hollywood, em filmes como *O Exterminador do futuro* (RU/EUA, 1984).

Em mar-2024, uma escultura de Arnie foi imortalizada como o maior action figure (v. p.206).

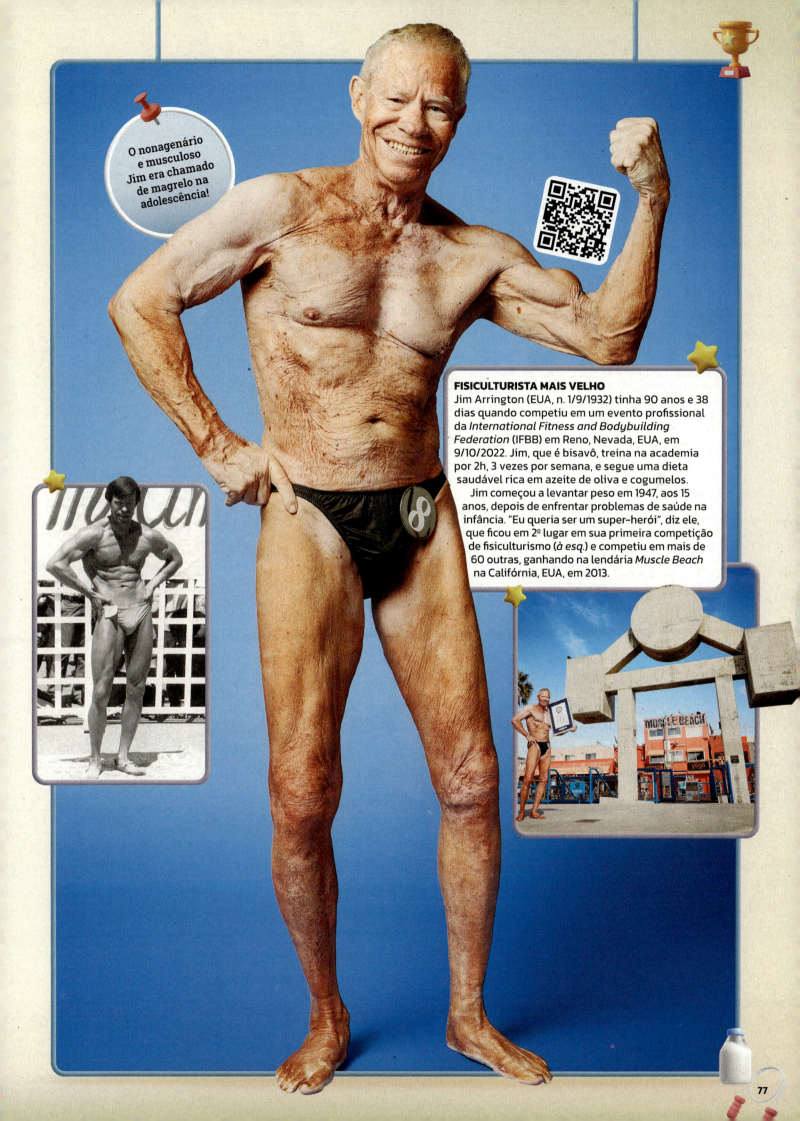

O nonagenário e musculoso Jim era chamado de magrelo na adolescência!

FISICULTURISTA MAIS VELHO
Jim Arrington (EUA, n. 1/9/1932) tinha 90 anos e 38 dias quando competiu em um evento profissional da *International Fitness and Bodybuilding Federation* (IFBB) em Reno, Nevada, EUA, em 9/10/2022. Jim, que é bisavô, treina na academia por 2h, 3 vezes por semana, e segue uma dieta saudável rica em azeite de oliva e cogumelos.

Jim começou a levantar peso em 1947, aos 15 anos, depois de enfrentar problemas de saúde na infância. "Eu queria ser um super-herói", diz ele, que ficou em 2º lugar em sua primeira competição de fisiculturismo (*à esq.*) e competiu em mais de 60 outras, ganhando na lendária *Muscle Beach* na Califórnia, EUA, em 2013.

SERES HUMANOS
Variedades

Maior coleção de moldes dentários humanos
Em 30 anos de carreira como dentista, Rosemeire Aparecida Marques (BRA) acumulou 3.659 réplicas em gesso de arcadas de pacientes. A coleção foi validada em Santos, São Paulo, BRA, em 8/10/2023.

Maior imagem de um órgão formada por pessoas
Em 16/3/2024, 5.596 pessoas vestidas de vermelho e verde criaram um par de pulmões em Manila, PHL. O feito foi organizado pelo Ministério de Saúde do país para destacar a necessidade de ações coletivas para combater a tuberculose (TB) antes do Dia Mundial da TB em 24/3.

1º transplante bem-sucedido de olho humano
Depois de se ferir num acidente de alta voltagem, Aaron James (EUA) passou por uma cirurgia de 21h para receber um olho novo em mai/2023 na cidade de Nova York, EUA. Médicos observaram sangue fluindo diretamente para a retina do olho transplantado, embora Aaron ainda não tenha recuperado a visão.

Paciente de um transplante de coração com maior sobrevida
Em 14/9/2023, foi verificado que Bert Janssen (NLD), de 57 anos, tinha vivido 39 anos e 100 dias com um coração doado. A cirurgia aconteceu no Harefield Hospital em Londres, RU, em 6/6/1984.

Modelo mais velha
Daphne Selfe (RU, n. 1/7/1928), que assinou com a agência Models 1, tinha 95 anos e 158 dias em 6/12/2023. Ao longo da carreira de mais de 70 anos, ela modelou para marcas como Dolce & Gabbana, apareceu na Vogue e foi clicada por fotógrafos renomados como Mario Testino e David Bailey.

Casal com maior diferença de altura (gêneros diferentes, mulher mais alta)
Uma diferença de 86,36cm separa Larry McDonnell e Jessica Burns-McDonnell (ambos EUA) conforme verificado em South Charleston, West Virginia, EUA, 5/12/2023. Eles se conheceram na escola fundamental e depois viraram vizinhos. Estão casados há quase 15 anos e têm 4 filhos.

Receptor de transplante de rim mais velho
Em 11/6/2023, Walter Tauro (IND, n. 22/9/1935) recebeu um novo rim com 87 anos e 262 dias. A cirurgia foi feita no St Michael's Hospital em Toronto, Ontário, Canadá. Apesar dos riscos da cirurgia decorrentes da idade, Walter insistiu que não queria continuar a fazer diálise todos os dias.

Sétuplos mais velhos
Nascidos de Kenny e Bobbi McCaughey em Des Moines, Iowa, EUA, em 19/11/1997, Kenneth (Kenny), Alexis, Natalie, Kelsey, Nathan, Brandon e Joel celebraram 26 anos em 2023.

Maior quantidade total de sangue doado
Até 11/11/2023, Josephine Michaluk (CAN) tinha doado sangue 208 vezes, conforme confirmado em Red Deer, Alberta, Canadá. A 1ª doação foi em 25/3/1987, e desde então ela disponibilizou mais de 99 litros.

◐ Arroto mais alto
Neville Sharp (AUS) soltou um arrotão que bateu os 112,4dB em Darwin, Território do Norte, Austrália, em 29/7/2021. Isso é mais alto do que uma serra elétrica a distância de 1m. O arroto recordista entre **mulheres** (107,3dB) foi dado por Kimberly Winter (EUA) em Rockville, Maryland, EUA, em 28/4/2023. Para se preparar, ela regou a refeição da manhã a muito café e cerveja.

◐ Assovio pelo nariz mais alto
LuLu Lotus (CAN) deu um assovio de 44,1dB pelo nariz em Mississauga, Ontário, CAN, em 3/6/2022. Ela criou o som usando os músculos da garganta; com a boca fechada, o assovio saiu pelas narinas. Sonha que um de seus filhos, que tem a mesma habilidade, quebre seu recorde um dia.

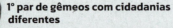

1º par de gêmeos com cidadanias diferentes
Em 16/9/2016, Andrew (EUA/CAN, à esq.) e Elad Dvash-Banks (ISR, à dir.), casados, tiveram gêmeos não idênticos usando uma barriga de aluguel. Apesar de os garotos terem nascidos com minutos de diferença no Canadá, apenas Aiden (criança à esq.) obteve cidadania dos EUA. O pedido para Ethan (criança à dir.) foi negado em 2017, pois os bebês foram gerados com espermatozoides de pais diferentes. Depois de anos na justiça, os pais enfim conseguiram a cidadania dos EUA para ambos os filhos em fev/2021.

Maior idade somada de 13 irmãos vivos

Os irmãos Beer (todos NLD) tinham uma idade somada de 1.106 anos e 105 dias em 25/2/2023. São eles: Riek (n. 26/2/1928), Nick (n. 26/2/1928), Gré (b. 5/4/1930), Ali (n. 24/7/1931), Riet (n. 5/12/1932), Truus (n. 25/8/1935), Wout (n. 3/1/1938), Siem (n. 5/8/1940), Cor (n. 30/3/1942), Harm (n. 18/1/1944), Wil (n. 7/11/1945), Nel (n. 2/9/1947) e Jos (n. 27/7/1949). Para manter todos atualizados uns sobre a vida dos outros, a família produz um jornal chamado *Beersenkrant*. Na imagem abaixo, eles aparecem com os pais Beers e Aaltje Mooij e os dois irmãos já falecidos.

Mais casamentos em 12h

Num casamento em massa, 2.143 casais juntaram as escovas de dente em Baran, Rajasthan, Índia em 26/5/2023, numa cerimônia liderada pela organização Shri Mahaveer Gaushala Kalyan Sansthan (IND). Uniões hindus e muçulmanas foram conduzidas durante o evento, que atraiu uma audiência de 1mi de pessoas.

Mais tatuagens de hena em 1h

Em 15/7/2021, a professora Samina Hussain (RU) fez 600 braceletes temporários na Wensley Fold CE Primary Academy em Blackburn, Lancashire, RU. Samina foi auxiliada por duas aprendizes e patrocinada pelo grupo comunitário One Voice Blackburn.

Banda de menor estatura

Os membros do MINIKISS (EUA) têm uma altura média de 138,55cm, conforme confirmado em 4/2/2023. Atualmente formada por Arturo Knight, Zach Morris, Andrew Jacobs e Leif Manson, o conjunto é um tributo à banda KISS, à qual o MINIKISS se juntou para um comercial durante o Super Bowl XLIV em 2010.

Pelos do braço mais longos
- **Mulher:** 18,4cm por Macie Davis Southerland (EUA) em Tracy, Califórnia, EUA, em 5/12/2023.
- **Homem:** 21,7cm por David Reed (EUA) em Los Angeles, Califórnia, EUA, em 26/8/2017.

Maior rotação de pé (homem)

Renato Bayma Gaia (BRA) torceu o pé direito em 210,66º em relação à posição natural em São José dos Campos, São Paulo, BRA, em 21/1/2024.

Maior idade somada de 5 irmãos vivos

Os franceses Paulette (n. 3/2/1921), Ginette (n. 30/7/1923), Mireille (n. 20/12/1924), Christiane (n. 3/6/1926) e Philippe (n. 17/10/1927) Toutée somavam 495a352d em 18/12/2023.

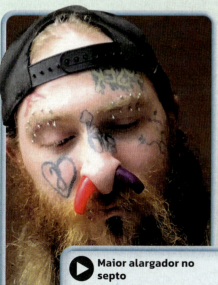

Maior alargador no septo

Colton Pifer (EUA) tem um acessório de 2,6cm de grossura entre as narinas. O feito foi confirmado em Monroe, Michigan, EUA, em 17/8/2023. Ele adora realizar truques em público com o septo modificado, como tirar o alargador e passar uma salsicha pelo buraco!

Maior número de alargadores faciais

James Goss (RU) tem 17 furos no rosto criado por alargadores, conforme verificado em Londres, RU, em 28/3/2023. Ele já era o recordista, mas aumentou o feito com mais 2 alargadores de 4,5mm nas narinas. Ele fez o primeiríssimo piercing — no lóbulo da orelha — com 13 anos.

ICON

Diana Armstrong

Por trás de cada recorde mundial existe uma história – muitas vezes, uma história pessoal que responde a mais crucial das perguntas: Por quê? No entanto, poucos recordistas têm trajetórias tão envolventes quanto aqueles com as unhas mais longas.

A atual detentora deste título icônico – e dona das **unhas mais longas nas duas mãos de todos os tempos** – é Diana Armstrong, que mora em Mineápolis, Minnesota, EUA. Uma tragédia familiar levou esta avó de fala mansa a nunca mais cortar as unhas – o que, hoje, 25 anos depois, valeu a ela um lugar no livro dos recordes.

Na época em que pensava em cortá-las, Diana gostava de tê-las pintadas por sua filha de 16 anos, Latisha. Até que, numa noite de 1997, a jovem foi vítima fatal de uma crise de asma enquanto dormia. Desde então, Diana jurou nunca mais cortar as unhas, preservando-as como uma lembrança da filha.

"Toda vez que pensava em cortá-las, eu sentia arrepios", diz ela, "como se eu estivesse passando pela perda de novo. Então, deixei crescer. É uma forma de mantê-la perto de mim."

Quando o GWR conheceu Diana, em mar/2022, suas unhas tinham um comprimento, somado, de 1.306,58cm – o mais longo já aferido. "Quando comecei a deixá-las crescer, não era para estar no livro", afirma. "Hoje que estou aqui, peço às pessoas que não julguem, pois não sabem o que os outros enfrentaram."

BREVE BIOGRAFIA

Nome	Diana Armstrong
Local nasc.	Charleston, Missouri, EUA
Profissão	Cabeleireira (aposentada)
Títulos atuais do GWR	Unhas mais longas nas duas mãos / Unhas mais longas nas duas mãos de todos os tempos
Unha mais longa	Polegar: 138,94cm
Unha mais curta	Mindinho: 109,2cm

Topo: Diana nos anos 1990 com seus 4 filhos. *Acima:* Latisha, cuja morte trágica aos 16 anos inspirou a dedicação da mãe ao crescimento das unhas. "Toda vez que olho para minhas unhas, eu penso na minha filha... Ela é meu anjo da guarda."

Diana mora com a família, que a ajuda com as tarefas mais desafiadoras do dia a dia, como dobrar as mangas e abrir e fechar zíperes. Surpreendentemente, só há pouco tempo esta avó determinada parou de dirigir. "Eu conduzia o carro, mas tinha que colocar a mão para fora da janela."

Diana com a filha Rania (topo) e a neta Dafyiness (acima). Na década seguinte à morte de Latisha, Diana lutou contra uma depressão e manteve em segredo o motivo para não cortar mais as unhas. "Cuide de sua vida", dizia quando questionada. "Quando ela nos contou a verdade, meus sentimentos pelas unhas não que mudaram" revelou Rania. "Se é a maneira dela permanecer ligada à Tisha, eu aceito."

Descubra mais ÍCONES do GWR em www.guinnessworldrecords.com/2025

Diana descobriu maneiras de realizar tarefas cotidianas, como pegar coisas do chão (com os dedos dos pés), comer (com utensílios de churrasco) e digitar (com um lápis comprido).

Cada unha demora de 4 a 5 horas para ser pintada, assim, ela só as faz de anos em anos. Precisa de 15 a 20 frascos de esmalte – e de uma ferramenta de marcenaria para lixar.

Apesar do tamanho extraordinário de suas unhas, Diana ficou surpresa quando o GWR entrou em contato. "Pensei que fosse uma piada" inicialmente, rejeitou o recorde por medo de críticas ou chacotas, mas depois passou a se sentir confiante. "Acho que minhas unhas são bonitas. Para os outros podem não ser, mas, para mim, são."

Loucos por recordes

MAIOR COLEÇÃO DE SQUISHMALLOWS
Sabrina Dausman (EUA) tinha 1.523 pelúcias em 17/12/2023. Viu seu 1º Squishmallow em 2018, antes do Dia dos Namorados, e foi amor à primeira vista. Ela dirige por horas e espera à porta das lojas para achar um certo Squishmallow, embora ainda não tenha as edições ultrarraras de Connor e Cliff. Seu favorito é o cão Sam, porque a lembra de um animal de estimação de infância. "O que mais gosto nos Squishmallows é o fato de serem reconfortantes", disse Sabrina ao GWR. Ela coleciona brinquedos desde muito nova, incluindo bonecas e bichinhos como Bratz e Webkinz.

O criador dos Squishmallows, Jonathan Kelly, inspirou-se nos brinquedos kawaii do Japão.

CONTEÚDO

Cronologia: Resolução de cubo 3x3x3	84
Pipas	86
Numismática	88
Galeria: Mestres das peças	90
3, 2, 1... cozinhando!	92
Queijo	94
Hobbies radicais	96
Desafios de quebrar a cabeça	98
Galeria: Dia das bruxas	100
Galeria: Coleções	102
Feitos fantásticos	104
Galeria: Campeonatos mundiais malucos	106
Controle de bola	108
Galeria: Habilidades superlativas	110
Acrobacias pirotécnicas	112
Galeria: Força abdominal	114
Arte em papel	116
Variedades	118

Sabrina tem dois "Quartos de Squish" em casa, que encheu com as pelúcias.

LOUCOS POR RECORDES: CRONOLOGIA
Resolução de cubo 3x3x3

Desde o surgimento do cubo de Rubik em 1974, cubistas foram reduzindo segundos — e agora, milissegundos — do tempo necessário para resolver o cubo. E desde o primeiro evento oficial em 1982, o recorde caiu por um fator de 7!

O inventor húngaro Ernö Rubik demorou um mês inteiro para resolver o próprio quebra-cabeças pela primeira vez. Mas agora entusiastas registram tempos não oficiais de menos de 3s! (Por ex., Patrick Ponce — ver nº 6 abaixo — registrou um 2,99s em 2019, e outro cubista alegou 2,47s em jun/2023!)

O que importa, porém, é o tempo registrado em competições. Aqui, vemos os recordes históricos de solução, em que 1 cubo = 1 seg (e, nos 20 mais rápidos, 1 cubo não resolvido = frações).

Cubistas são influenciados por muitos fatores: os limites físicos, a tolerância do cubo de acordo com a fabricação e pura sorte, já que o padrão gerado por computador do embaralhamento pode dar vantagens ou não. E aí, será que alguém vai quebrar oficialmente a barreira de 3s?

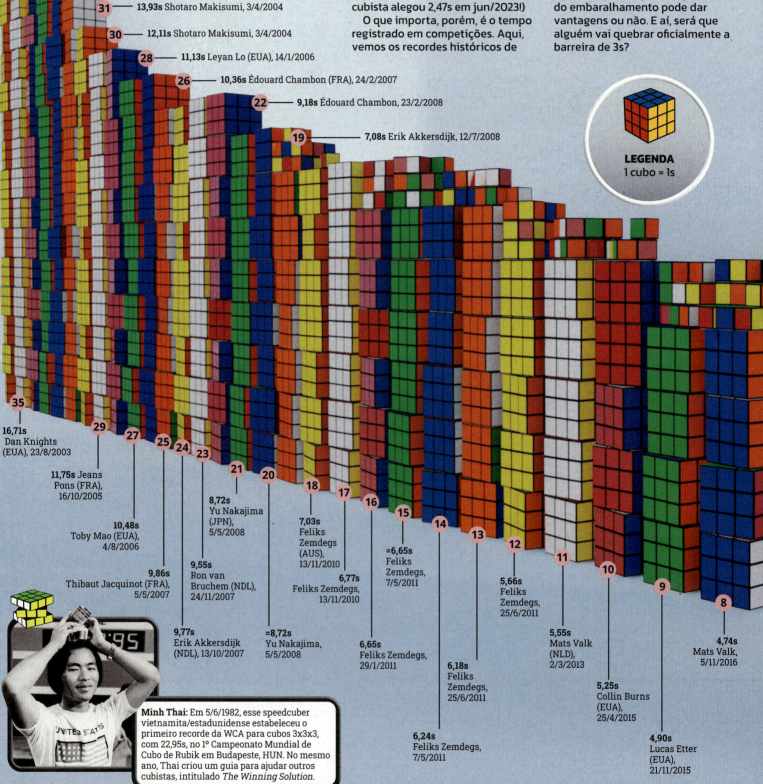

LEGENDA
1 cubo = 1s

36 — 22,95s Minh Thai (EUA, n. VNM), 5/6/1982 (ver abaixo)
34 — 16,53s Jess Bonde (DNK), 23/8/2003
33 — 15,07s Shotaro Makisumi (JPN), 24/1/2004
32 — 14,76s Shotaro Makisumi, 24/1/2004
31 — 13,93s Shotaro Makisumi, 3/4/2004
30 — 12,11s Shotaro Makisumi, 3/4/2004
28 — 11,13s Leyan Lo (EUA), 14/1/2006
26 — 10,36s Édouard Chambon (FRA), 24/2/2007
22 — 9,18s Édouard Chambon, 23/2/2008
19 — 7,08s Erik Akkersdijk, 12/7/2008
35 16,71s Dan Knights (EUA), 23/8/2003
29 11,75s Jeans Pons (FRA), 16/10/2005
27 10,48s Toby Mao (EUA), 4/8/2006
25 9,86s Thibaut Jacquinot (FRA), 5/5/2007
24 9,55s Ron van Bruchem (NDL), 24/11/2007
23 8,72s Yu Nakajima (JPN), 5/5/2008
21 9,77s Erik Akkersdijk (NDL), 13/10/2007
20 =8,72s Yu Nakajima, 5/5/2008
18 7,03s Feliks Zemdegs (AUS), 13/11/2010
17 6,77s Feliks Zemdegs, 13/11/2010
16 6,65s Feliks Zemdegs, 29/1/2011
15 =6,65s Feliks Zemdegs, 7/5/2011
14 6,24s Feliks Zemdegs, 7/5/2011
13 6,18s Feliks Zemdegs, 25/6/2011
12 5,66s Feliks Zemdegs, 25/6/2011
11 5,55s Mats Valk (NLD), 2/3/2013
10 5,25s Collin Burns (EUA), 25/4/2015
9 4,90s Lucas Etter (EUA), 21/11/2015
8 4,74s Mats Valk, 5/11/2016

Minh Thai: Em 5/6/1982, esse speedcuber vietnamita/estadunidense estabeleceu o primeiro recorde da WCA para cubos 3x3x3, com 22,95s, no 1º Campeonato Mundial de Cubo de Rubik em Budapeste, HUN. No mesmo ano, Thai criou um guia para ajudar outros cubistas, intitulado *The Winning Solution*.

84

Mais vitórias num campeonato mundial da WCA

A resolução competitiva de cubos é regida pela World Cube Association (WCA), e 2 speedcubers venceram o campeonato mundial 2x — os amigos próximos Feliks Zemdegs (AUS, *à esq.*, em 2013 e 2015) e Max Park (EUA, *à dir.*, em 2017 e 2023). Zemdegs é uma lenda: estabeleceu 10 recordes de resolução única de cubos 3x3x3 e bateu o **menor tempo médio para resolver cubos de 3x3x3** em várias ocasiões. Atualmente o recorde pertence a Yiheng Wang (*abaixo*).

Max tinha apenas 10 anos quando venceu sua 2ª competição ao derrotar 2 diplomados universitários.

Resolução de cubos de 3x3x3 mais rápida (média)

Em 20/6/2023, Yiheng Wang (CHN) registrou uma média de 4,48s para resolver cubos de 3x3x3. O tempo veio depois de 5 tentativas: 4,72s, 4,72s, 3,99s, 3,95s e 5,99s, com o menor e o maior tempo descontados segundo as regras da WCA. Aos 9 anos, Yiheng realizou a façanha durante a final do Mofunland Cruise Open, em Singapura.

Resolução de cubos de 3x3x3 mais rápida (única)

Max Park (USA) levou apenas 3,13s para resolver um cubo de 3x3x3 no evento Pride em Long Beach na Califórnia, EUA, em 2023. Mas ele não é homem de um recorde só: embaixador oficial do cubo de Rubik, detém os recordes de **resolução única** de cubos de **4x4x4**, **5x5x5** e **7x7x7** (*ver p.99*).

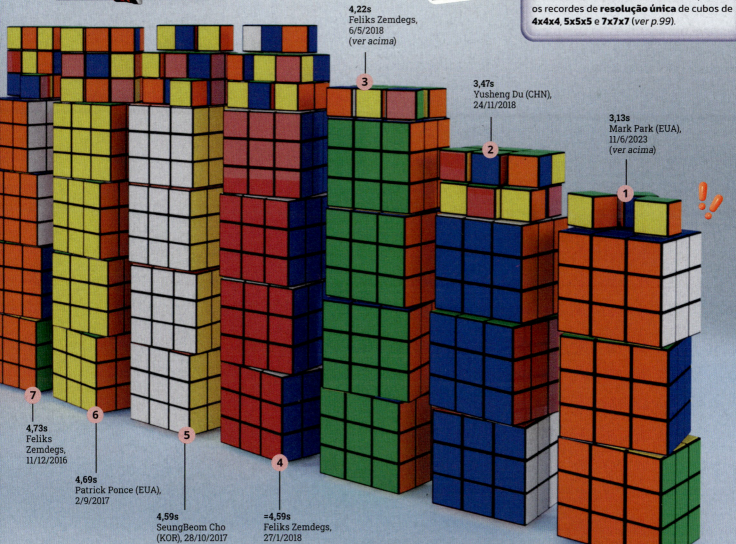

1 3,13s Mark Park (EUA), 11/6/2023 (*ver acima*)

2 3,47s Yusheng Du (CHN), 24/11/2018

3 4,22s Feliks Zemdegs, 6/5/2018 (*ver acima*)

4 =4,59s Feliks Zemdegs, 27/1/2018

5 4,59s SeungBeom Cho (KOR), 28/10/2017

6 4,69s Patrick Ponce (EUA), 2/9/2017

7 4,73s Feliks Zemdegs, 11/12/2016

85

LOUCOS POR RECORDES
Pipas

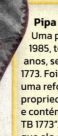

Pipa mais antiga
Uma pipa descoberta em 1985, tem pelo menos 250 anos, sendo de cerca de 1773. Foi encontrada durante uma reforma em uma propriedade em Leiden, NLD, e contém a inscrição "RB e TB 1773". Ainda se considera que ela consiga voar. Hoje, ela faz parte de uma coleção na Nova Zelândia, sendo mantida por Peter Lynn (ver ao lado).

Maior pipa de folha a voar
Pipas feitas de folhas entrelaçadas podem ter sido as primeiras que voaram e são fabricadas na Indonésia até hoje. Em 7/10/2016, a Yayasan Masyarakat Layang (IDN) exibiu uma pipa com área de 10,75m² no Jakarta Garden City. A pipa de folha levou 2 semanas para ser feita e tinha 5mx4,3m.

Primeiras pipas
Estudiosos há muito atribuem a invenção das pipas à China no século V a.C. O filósofo Mozi (c. 470–c. 391 a.C.) e o engenheiro Lu Ban (c. 507–444 a.C.) são creditados como alguns dos 1ºs a criar "pássaros voadores", inicialmente de madeira, depois de bambu e então de seda. Uma outra teoria argumenta que uma pintura rupestre mesolítica (c. 9000–9500 a.C.) na ilha indonésia de Muna retrata uma figura soltando uma pipa. No entanto, embora as pipas tenham desempenhado um papel na cultura indonésia e das ilhas do Pacífico por séculos (até como ferramentas para pesca), sua origem ainda hoje é disputada.

Primeiro veículo movido a pipas
O inventor britânico George Pocock patenteou a 1ª "carruagem sem cavalos" na forma de uma carroça puxada por pipas em 1826. O veículo chegava a 40 km/h em avanços curtos. Seu "charvolant" atraiu atenção, mas nunca se popularizou como transporte cotidiano.

Maior museu de pipas
O Museu Mundial de Pipas de Weifang, em Shandong, CHN, tem área de 8.100m². Abriga cerca de 1.300 exposições dedicadas à arte e cultura da fabricação e voo de pipas, incluindo mais de mil pipas únicas.
 A cidade tem uma longa e ilustre história nesse campo, porque acredita-se que as primeiras pipas (à esq.) tenham surgido na região há mais ou menos 2.500 anos. Ela também sedia anualmente o Festival Internacional de Pipas de Weifang, que comemorou sua 40ª edição em 2023 (abaixo).

Maior altitude para uma pipa
Robert Moore (AUS) soltou uma pipa DT Delta de 12,3m² a uma altura de 4.879,54m acima de uma fazenda em New South Wales, AUS, em 23/9/2014. Cerca de 12,4km de linha foram usados.
 A **maior altitude para um grupo de pipas** é de 9.740m, estabelecida por uma equipe do Instituto Meteorológico Prussiano em 1/8/1919 em Lindenberg, DEU. O "Schirmdrachen" era composto por 8 pipas do tipo caixa. Designs de pipas múltiplas podem alcançar alturas maiores, porque o peso melhor distribuído aumenta a estabilidade.

Maior velocidade de uma pipa no ar
Uma *Flexifoil Super 10* modificada, pilotada por Pete DiGiacomo (EUA), atingiu 193 km/h em Ocean City, Maryland, EUA, em 22/9/1989.

Mais pipas soltas em uma linha (equipe)
Ma Qinghua (CHN), designer de pipas, soltou 43 pipas na mesma linha em Weifang, Shandong, em 7/11/2006. Teve seu recorde registrado pela TV chinesa.
 O recorde de **mais pipas soltas em uma linha** é de 15.585, por alunos da Escola Secundária Municipal Inami em Toyohashi, Aichi, JPN, em 14/11/1998.

As pipas do festival de Weifang têm muitos formatos, desde dragões até estações espaciais!

MAIOR PIPA A SER SOLTA

Uma pipa de 43,6 x 27,77m chamada *The Hope* tem uma área plana de 1.210m², equivalente a quase 5 quadras de tênis. Quando totalmente inflada em voo, seu tamanho reduz em cerca de 7%. Criada em 2018 por Peter Lynn Kites (*acima*; ver *P&R*) da NZ, ela alçou voo pela 1ª vez em público no festival de Berck-sur-Mer, na França (*abaixo*). A pipa gigante foi encomendada e é exibida em eventos pela equipe de exibição de pipas Al-Farsi do KWT, liderada por Abdulrahman Al-Farsi.

Três gigantes de Peter Lynn Kites pairam no Festival Internacional de Pipas Al-Farsi realizado no KWT em fev/2019 (*da esq. para a dir.*): *The Hope*; *The Pearl*; e um antigo detentor de recorde, uma bandeira kuwaitiana de 950m².

Com um comprimento de 64m e uma área de 680m², a monstruosa *MegaBite* foi reconhecida como a maior pipa a ser solta em 1997. Ela também foi produzida por Peter Lynn e sua equipe.

The Hope aborda a temática ecológica, carregando a mensagem "Ame o planeta" em 9 idiomas.

GWR conversa com...

Peter Lynn, pioneiro do kitesurf e extraordinário fabricante de pipas.

Por que as pipas capturam tanto a imaginação das pessoas?
Parte por conta das cores e do movimento. Mas também pela forma como desafiam a gravidade. Tudo que conhecemos cai no chão em algum momento, mas as pipas caem para o céu!

Quando construiu sua 1ª pipa?
Por volta de 3 ou 4 anos, com a ajuda da minha mãe. Ela apoiava muito minha fabricação de pipas, deixando que eu bagunçasse a cozinha fazendo cola com farinha e água. E meu pai tinha uma marcenaria, uma fonte perfeita de varetas de pipa.

Você ainda solta pipa?
O tempo todo! Continuo desenvolvendo novos estilos. Atualmente, pipas de uma linha e uma única camada.

Quando começou a trabalhar em pipas grandes?
Fiz a *MegaBite* (*acima*) nos anos 1990. Desde então, aumentamos de tamanho, dando a cada nova pipa seu momento para brilhar.

Quais são os desafios em fazer megapipas?
Pipas grandes se comportam de forma diferente, mesmo que a relação peso-área permaneça constante. Isso afeta a estabilidade. Materiais e linhas sintéticas permitiram pipas maiores do que seriam possíveis com matéria-prima orgânica.

Existe um limite para o quão grande uma pipa pode ser?
Não até cerca de 5.000m². Mas tensões diagonais nos painéis de tecido já começam a ser um problema em 1.250m².

87

LOUCOS POR RECORDES
Numismática

Menor dinheiro de papel
Em 1917, em meio ao caos da 1ª Guerra Mundial, a Romênia produziu cédulas de emergência para substituir moedas. A menor, de 10 bani, tinha uma área impressa de apenas 27,5 x 38mm.

1º dinheiro de papel
Durante a Dinastia Chinesa de Song (960-1279), mercadores em Sichuan emitiam notas promissórias chamadas "Jiaozi", que incluíam cifras secretas e marcas para a evidenciar falsificações.
As **cédulas sobreviventes mais antigas** são exemplares da "Cédula em Circulação do Grande Ming", de cerca de 1375. Os governantes locais não tinham restrições para imprimi-las, e elas logo perderam 99% do valor devido à oferta. Quando a moeda colapsou, sacos de cédulas foram descartadas, por isso são tão comuns em coleções hoje.

Maior cédula legal
Em 2017, o banco Negara Malaysia emitiu uma nota de 814cm² para marcar o 60º aniversário do Ato de Independência da Malásia de 1957. Todos os 15 líderes do país até tal data aparecem na cédula, que tem um valor nominal de 600 ringgits malaios (aproximadamente US$127).

Cédula com impressão errada mais cara
A "Nota Del Monte" é uma cédula de US$20 vendida por US$396.000 na Heritage Auctions (EUA) em 22/1/2021. A nota recebeu o nome depois que um adesivo das frutas da Del Monte grudou nela entre passagens pela prensa. Especialistas acreditam que algum funcionário fez isso de propósito.

Maior operação de falsificação
Durante a 2ª Guerra Mundial, o 3º Reich alemão criou a "Operação Bernhard", com o intuito de arruinar a economia britânica através de uma inundação de dinheiro falso, o que envolveu mais de 9mi de cédulas adulteradas, totalizando £130mi (US$520mi). No fim da guerra, os equipamentos e o dinheiro remanescentes foram jogados no lago Toplitz, AUT.
A **maior operação de falsificação por uma única pessoa** foi de Frank Bourassa (EUA), que forjou cerca de US$250mi em moedas dos EUA entre 2008-2010. Utilizando uma prensa ilegal numa fazenda em Quebec, CAN, ele imprimiu 12,5mi notas de US$20 e as vendeu por 30% do valor nominal.

Moeda leiloada mais cara
Uma Double Eagle de 1933 foi arrematada a US$18.872.250 na Sotheby's, Nova York, EUA, em 8/6/2021. Foi a última moeda de ouro a circular no país antes de o presidente Franklin Roosevelt remover os EUA do padrão-ouro — separando o valor do dólar e do ouro — e ordenar que todos os exemplares da moeda fossem destruídos.

Cédula de maior valor nominal
A nota de um milhão de bilhões de pengös húngaros começou a ser impressa em 3/6/1946, quando o país se encontrava em crise econômica. Durante a 2ª Guerra Mundial, 40% dos bens do país foram tomados; a Hungria precisou pagar US$300mi em reparações de guerra. Tudo isso fez a inflação disparar. Em jul/1946, o país registrou a **maior taxa de inflação da história**, um índice repassado ao consumidor de 41.900.000.000.000.000%. Com uma inflação diária de 207%, o preço de itens corriqueiros duplicava a cada 15h. A nota de um milhão de bilhões de pengös saiu de circulação em 31/7. Mais tarde, no mesmo ano, a Hungria mudou de moeda para o forint, cujo câmbio era de 1 para 400 octilhões de pengös. Reformas fiscais e bancárias posteriores ajudaram a estabilizar a situação.

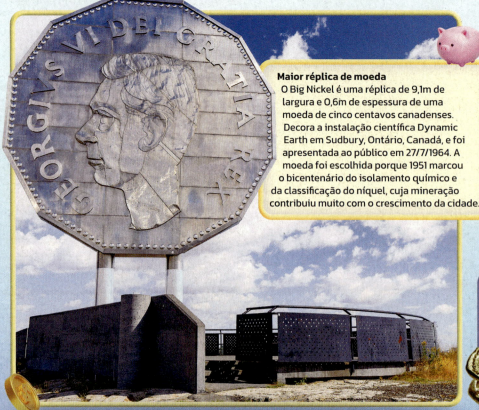

Maior réplica de moeda
O Big Nickel é uma réplica de 9,1m de largura e 0,6m de espessura de uma moeda de cinco centavos canadenses. Decora a instalação científica Dynamic Earth em Sudbury, Ontário, Canadá, e foi apresentada ao público em 27/7/1964. A moeda foi escolhida porque 1951 marcou o bicentenário do isolamento químico e da classificação do níquel, cuja mineração contribuiu muito com o crescimento da cidade.

Moedas mais antigas
As 1ªˢ moedas de que se tem registro foram emitidas cerca de 620 AEC, no reinado do rei Giges da Lídia (atual oeste da Turquia). Eram feitas de eletro, uma liga natural de ouro e prata. A localização da Lídia em rotas comerciais foi um fator primordial para o desenvolvimento de sua cunhagem.

O cobre das moedas suecas vinha da mina de Falun, que atendeu 2 terços da demanda da Europa por séculos.

MOEDA MAIS PESADA
Uma placa de cobre de 10 dalers suecos datada de 1644 pesa 19,7kg e mede 30 x 70cm — equivalente a três livros do GWR lado a lado. Conhecida como *plåtmynt*, essas moedas grandes e retangulares eram comuns na Suécia até 1776. Cerca de 25.500 peças de 10 dalers como esta foram cunhadas entre 1644 e 1655, das quais apenas 7 ainda existem.

A **moeda mais leve** foi a tara de prata, com 0,06g. Essa moedinha minúscula era cunhada durante o reinado do rei Harihara II (r. 1377–1404), no Reino de Bisnaga, que abrangia a maior parte do sul da Índia atual.

A **maior moeda (de curso legal)** é a moeda da Austrália de 1mi de A$, conhecida como "Canguru de Iton". Pesa 1.012kg, mede 80cm de diâmetro e 13cm de espessura e é feita com lingotes de 99,99% de pureza. Na foto, o item aparece com Ed Harbuz, antigo CEO da Perth Mint, que apresentou a moeda em 9/2/2012. Em 2023, o valor intrínseco da peça era de A$99,6mi (US$67,7mi). Ao contrário da **moeda mais pesada** (*ver acima*), esta é feita para colecionadores e investidores, e não para circulação.

89

LOUCOS POR RECORDES: GALERIA
Mestres das peças

Maior recriação de uma pintura em peças de LEGO®

Water Lilies #1, uma releitura de 41,31m² da obra de arte de Claude Monet de 1914–26 feita pelo artista chinês Ai Weiwei, é formada por 650.000 peças de 22 cores. Foi revelada ao público numa exposição no Design Museum em Londres, RU, em abr/2023. Weiwei usa LEGO® desde 2007, criando obras como retratos dos animais do zodíaco, mas essa é de longe a maior obra feita com essa técnica até hoje.

Maior LEGO® com tema de videogame

O Poderoso Bowser é uma homenagem de 2.807 peças ao vilanesco Rei Koopa da franquia *Super Mario Bros*. Lançado em 1/10/2022, Bowser tem pouco mais de 32cm de altura e vem com mandíbula articulada e um lançador de bolas de fogo. Ao seu lado, há duas tochas flamejantes; uma esconde um bloco de "POW" secreto.

Maior carta de baralho de peças de LEGO®

Em 5/9/2023, Faith Howe (CAN) revelou uma Rainha de Copas composta por quase 50.000 peças e medindo 3,69 por 2,59m. A jovem de 21 anos, que deseja se tornar uma artista profissional de LEGO®, passou 9 dias construindo a carta na biblioteca de Fredericton, New Brunswick, Canadá.

Cooper também fez a montagem mais rápida do Mapa Mundi de LEGO® – maior conjunto 2D de LEGO® (11.695 peças).

Montagem mais rápida da Torre Eiffel de LEGO®

Com 10.001 peças, esse modelo do famoso ponto turístico parisiense é atualmente o **maior conjunto de LEGO® 3D**. Em 29/4/2023, Cooper Wright (EUA) construiu a estrutura de 1,49m — mesma altura dele! — em 9h14min35s. Agora, pretende montar de forma acelerada o Coliseu de 9.036 peças da LEGO®.

Montagem mais rápida do *Titanic* de LEGO®

Sebastian Haworth (EUA) montou um modelo do malfadado transatlântico em 8h, 42min e 12seg em 22/5/2022 em Springfield, Virginia, EUA. O rapaz de 15 anos bateu o recorde anterior em 2h. Com 9.090 peças e 1,35m de comprimento, o *Titanic* era o **maior conjunto de LEGO® 3D** quando foi lançado, em 2021, até ser ultrapassado pela Torre Eiffel (*à esq.*).

> Ben precisou passar uma noite na cama de LEGO® de seu trailer depois de se trancar sem querer na própria oficina!

Maior trailer de peças de LEGO®

O artista australiano Ben Craig (*acima*) encontrou uma forma diferente de canalizar seu amor por LEGO®. Como "Brick Builder", criou modelos em escala de tudo, de aeroportos a faróis. Mas, em 2018, elevou o nível da brincadeira: passou 5 dias construindo um trailer Viscount Royal 1973 em tamanho real usando 288.630 peças. O veículo foi equipado com fogão (*abaixo*), geladeira, pia (com água encanada!), gavetas cheias de utensílios e até mesmo um clássico australiano: um pote de Vegemite. O projeto teve apoio de Caravanning Queensland, Top Parks (agora G'day Parks) e John Cochrane Advertising (todos AUS).

Maior caminhão de peças de LEGO®

Em mai/2023, Ben saiu da terceira marcha do sucesso anterior com réplicas de LEGO® e engatou logo a quinta. Seu caminhão Mack tamanho real tem 7,03m de comprimento e 3,54m de altura. O veículo imenso foi construído com cerca de 1mi de peças e levou 2 meses para ser terminado em Brisbane, Austrália.

LOUCOS POR RECORDES
3, 2, 1... cozinhando!

Em 2016, Joël Robuchon (FRA, 1945–2018) detinha o recorde de mais estrelas Michelin por 1 pessoa (31).

Batatas fritas mais caras
Uma porção da Crème de la Crème Pommes Frites custará a você US$ 200. São servidas com trufas negras e molho Mornay e polvilhadas com ouro 23 quilates no nova iorquino Serendipity 3. O diretor criativo do restaurante, Joe Calderone, já preparou diversos pratos luxuosos recordistas.

Livro de receitas mais antigo
O *De honesta voluptate et valetudine* (*Do prazer certo e da boa saúde*) apareceu pela 1ª vez em 1774. Compilado por Bartolomeo Platina (ITA), o guia contém receitas como "Caldo de Grão de Bico Vermelho" e "Torta de Tâmara com Amêndoas e Outras Coisas".

Primeiro programa de culinária na TV
Cook's Night Out estreou nas telas britânicas em 21/1/1937. A transmissão ao vivo de 15min era apresentada pelo chefe francês Marcel Boulestin, que preparou uma omelete. Uma refeição de 5 pratos foi preparada em 5 partes.

Mais restaurantes com estrelas Michelin em um país
A França se mantém como um bastião da alta gastronomia, com 630 restaurantes listados no *Guia MICHELIN 2023*, a prestigiosa publicação. O Japão foi o 2°, com 414; desses, 200 estavam na capital Tóquio – a **cidade com mais restaurantes com mais estrelas Michelin**.

Mais estrelas Michelin para um chefe vivo
Os restaurantes de Alain Ducasse (FRA) receberam 21 estrelas Michelin. Até 2023, tinha comandado 34 cozinhas de estabelecimentos refinados da culinária, incluindo o 3 estrelas Le Louis XV em Mônaco.
Anne-Sophie Pic (FRA, *detalhe*) detém o recorde *feminino* com 10. Nesses, está o 3 estrelas Maison Pic, em Valence, FRA.

Mais restaurantes Michelin visitados em 24h
Entre 25-26/5/2023, o apreciador gourmet Joshua Fyksen (EUA) foi a 22 dos mais chiques restaurantes da cidade de Nova York, EUA. Gastava até 15min em cada estabelecimento (incluindo a locomoção) e escolhia apenas pratos do menu à la carte. Visitou 16 locais na noite de 25/5, antes de descansar e retornar para mais 6 no almoço seguinte.
Seu prato favorito do tour gastronômico? Polvo assado com camarão e porco ibérico no Le Pavillon.

Maior bife wellington
Em 11/5/2023, o chefe TikToker Nick DiGiovanni (EUA, *detalhe, à esq; ver p.111*) se uniu a Gordon Ramsay (RU, *detalhe, à dir., v. p.111*) para produzir um folhado de carne superdimensionado de 25,76kg. Cinco cortes de lombo bovino foram unidos com cola de carne, cozidos em máquina sous vide por 10h e finalizados com maçarico.

GASTRONOMIA COLOSSAL DE NICK

O maior...	Recorde	Data
Cake pop*	44,24kg	23/11/2021
Nugget de frango*	20,96kg	25/5/2022
Bolo de donut*	102,50kg	3/4/2023
Biscoito da sorte†	1,47kg	12/11/2022
Sushi (largura)*	2,16m	7/10/2022

*com Lynn Davis (JPN); †com Uncle Roger (MYS)

Chefe com mais seguidores no TikTok
CZN Burak (TUR, n. Burak Özdemir) tinha 74,6mi de seguidores em 17/1/2024, o 8° maior TikToker do mundo. Especializado na culinária Anatólia, alcançou a fama após aparecer no vídeo de um amigo.

Lata Tondon (IND) – 87h45min; Rewa, Índia, 3-7/9/2019

Hilda Baci (NGA) – 93h11min; Lagos, Nigéria, 11-15/5/2023

Rob Smink (NLD) – 36h58min; Nieuwleusen, Países Baixos, 29-30/9/2012

Desde 2010, o título do GWR de culinária de resistência foi alcançado por 16 chefes (3 fotos acima). Em mai/2023, o feito de Hilda Baci (centro) foi uma sensação em seu país, Nigéria, inspirando outros a tentarem os próprios recordes.

Maratona culinária mais longa

Em 28/9/2023, Alan Fisher (IRL) embarcou em um turno cansativo de 119h57min16s. Cozinhava no Kyojin Stewhouse, seu próprio restaurante, dedicado a promover a culinária irlandesa em Matsue, Japão. Durante 5 dias, produziu sopas, ensopados e outras receitas gaélicas, descascando cerca de 300kg de batatas. Apesar do cansaço e até de alucinações, serviu a última porção – a 3.360ª – em 3/10.

Inacreditavelmente, Alan começou a culitona apenas 1 dia depois de completar a maratona panificadora mais longa: 47h21min21s (detalhe). Produziu 487 pães de soda em 3 dias (25-27/9).

LOUCOS POR RECORDES
Queijo

Maior escultura de queijo
Sarah Kaufmann (EUA), conhecida como Senhora Queijo, esculpiu em um único bloco de cheddar de Wisconsin um crocodilo com um chapéu de chef fritando um peru. A escultura – de 1.415,6kg, cerca de 5x mais pesada que um crocodilo médio – foi encomendada por Erik Acquistapace para a delicatessen de sua família em Covington, Louisiana, EUA, em nov/2018. O mestre queijeiro Kerry Henning forneceu o cheddar. Sarah, a "Michelangelo dos Queijos", desde 1981 vem esculpindo de tudo, de guitarras a vacas.

Sarah esculpiu tantas coisas em queijo que já perdeu a conta. "São mais de 4.000 esculturas."

Queijo mais antigo
O queijo é o resultado sólido ou semissólido da coagulação da proteína do leite. Em seguida, é maturado para realçar o sabor. O resíduo mais antigo de queijo sólido data do século XIII a.C. Foi encontrado na tumba de Ptahmes, prefeito de Mênfis, no Egito. Estava num frasco quebrado, descrito como uma "massa esbranquiçada solidificada". Alguns miligramas da amostra de 3.200 anos foram analisados por espectrometria de massa, ajudando os químicos a identificar um produto lácteo sólido obtido pela mistura do leite de vaca com o de ovelha e cabra.

Caro GWR...

Gostaria de me inscrever para o recorde mundial de ralador de queijo mais rápido... Meus amigos e familiares perceberam como sou veloz ralando queijo... poderia fazer até uma live para as pessoas se divertirem. Espero que isso possa ser considerado um novo recorde. Aguardo resposta. ▓▓▓▓▓▓▓▓, RU.

Maior variedade de queijo em uma pizza
Um recorde que pode ser considerado recheado é o de pizza com mais queijos. Em 8/10/2023, Fabien Montellanico, Sophie Hatat Richart-Luna, Florian OnAir e Benoît Bruel (todos FRA) colocaram 1.001 tipos de queijo de todos os cantos do mundo em uma pizza, no Déliss' Pizza em Lyon, França. Tiveram que usar um mínimo de 2g de cada tipo numa pizza de, no máximo, 30,5cm.

Maior queijo (leite de vaca)
A Agropur (CAN) fez um único cheddar pesando 26,09t para o supermercado Loblaws em Granby, Quebec, Canadá, em 7/9/1995. Com o peso de 17 carros grandes, o queijo utilizou 245t métricas de leite – equivalente à produção de 5.000 vacas trabalhando por 24 horas.

O **maior queijo de cabra** foi um Petroto de 939kg, feito pela Ioannis Stathoris Ltd (GRC) em Ierissos, Halkidiki, Grécia, em 29/12/2010.

A **maior fatia de queijo** tinha o tamanho de uma toalha de banho – embora com 15cm de espessura – e pesava 135,5kg. Foi produzida pela Halayeb Katilo Co (EGY) no Cairo, Egito, em 13/7/2012.

Queijo mais fedorento
Segundo pesquisa da Universidade de Cranfield (RU) em nov/2004, Vieux Boulogne – um queijo macio de leite de vaca maturado por 9 semanas – revelou-se mais fedorento do que os 14 concorrentes quando analisado por 19 narizes humanos e 1 eletrônico; que media a liberação de moléculas gasosas.

Sanduíche mais caro
O "queijo-quente perfeito" foi posto à venda por US$214 no restaurante Serendipity 3 em Nova York, EUA, em 29/10/2014. Entre os ingredientes luxuosos está um queijo Caciocavallo Podólico muito raro.

O **maior queijo-quente** tinha 3,32m de comprimento e foi feito em Milwaukee, Wisconsin, EUA, em 21/10/2023 pelos YouTubers Exodus e Iggy Chaudhry (ambos EUA). Maior do que uma cama king, pesava 189kg – o mesmo que 900 sanduíches comuns!

Maior cortador de queijo
Para celebrar a vida e o trabalho de Thor Bjørklund (1889–1975) – inventor do cortador de queijo –, este utensílio de 7,79m foi erguido na estação de esqui Kvitfjell, na Noruega, em 7/3/2015. O projeto foi coordenado por Kristen Gunstad para a Gudbrandsdal Industrier (NOR), empresa que ainda produz cortadores com o design original de Bjørklund.

Os queijos são fornecidos pelo produtor local Smart's Farm desde os anos 1980.

Cheese Rolling on Cooper's Hill, Gloucestershire, Charles March Gere (1869-1957). Há categorias para homens, mulheres e crianças, e esta pintura de 1948 mostra os pequenos. O objetivo é o mesmo: pegar (e ganhar) o queijo de 3,6kg enquanto ele desce a ladeira, ou, pelo menos, ser o 1° a chegar à base da Cooper's Hill.

CORRIDA DE QUEIJO MAIS ANTIGA

A tradição de perseguir um queijo Double Gloucester pela descida de 180m de Cooper's Hill em Brockworth, Gloucestershire, RU, remonta a um escrito de 1826, apesar de historiadores acreditarem que começou séculos antes. Pode até ter raízes em rituais pagãos de fertilidade anteriores à Era Romana.

O **perseguidor de queijos mais vitorioso** de que se tem registro é Chris Anderson (RU, *acima*), cuja 23ª vitória foi na 1ª corrida de 2022, antes de anunciar sua aposentadoria.

O **maior número de vitórias na corrida feminina** é 4, compartilhado por Ilse Koeppler (RU; 1941–44) e Florence Early, ou "Flo" (RU, *acima esq.*; 2008, 2016, 2018–19), que também anunciou a aposentadoria, após torcer o tornozelo em sua última corrida.

95

LOUCOS POR RECORDES
Hobbies radicais

Arremesso de basquete mais distante para trás
Em 11/1/2024, Joshua Walker (EUA) acertou a cesta a 26,21m e de costas! No mesmo dia, em Monroe, Louisiana, EUA, Joshua conquistou mais 4 títulos do GWR, incluindo o **arremesso em gancho mais distante vendado de 18,28m** e o arremesso mais distante de costas de 17,22m.

Mais cruzamentos duplos de corda em 30s
Dunsin Dubem (*centro*) completou 78 cruzamentos em 18/8/2023 em Akure, NGA. Dunsin é um dos talentosos jovens saltadores nigerianos, ao lado de Gbenga Ezekiel (*à esq.*) – **mais saltos duplos em um pé em 1min** (144) – e Philip Solomon (*à dir.*) – **mais cruzamentos de corda saltando em um pé em 30s** (69).

Mais pulos de corda em um minuto
Zhou Qi (CHN) pulou 374x em 60seg em 30/4/2023 em Ningbo, Zhejiang, CHN, superando o recorde de Daisuke Mimura, em 2013, de 348 pulos.

Mais rápida maratona quicando uma bola de basquete entre as mãos (feminino)
A professora do ensino fundamental Maria Babineau (CAN) correu a Maratona de Toronto Waterfront TCS em 3h57min40s em 15/10/2023 — sua 1ª competição, após 7 semanas de treinamento!

Maior distância vertical de escalada de rocha em 1h
Justin Valli (EUA) escalou 390m de um penhasco em 8/10/2022 em Red Rock Canyon, Nevada, EUA. Completou 100 repetições de um trecho de 1,65m e 225 repetições outro com 1m. No mesmo dia, conquistou o recorde de **3min** de 37,95m.

Mais saltos consecutivos pendurado em uma barra (masculino)
Em 21/2/2023, o campeão do programa *Ninja Warrior*, Joel Mattli (CHE), saltou 27x, pendurado em uma barra de metal a 2,4m do chão. Usou a força do corpo para se impulsionar entre plataformas com distância de 1,2m uma da outra.

Mais giros em 30s (II2)
Em 8/12/2023, a ginasta Chelsea Werner (EUA) executou 10 extensões corporais completas em uma barra em Dublin, Califórnia, EUA. Chelsea, que tem síndrome de Down, conquistou 3 títulos de 30s na categoria de Déficit Intelectual do GWR, incluindo **mais passos de costas** (14) e **mais cambalhotas de costas** (16). Em 31/1/2024, fez **mais flexões em 30s** (11). é uma campeã mundial dupla e já apareceu na capa das revistas *Teen Vogue* e *Dazed*.

Mais flexões de dedos carregando um pacote de 36,29kg em 1h (masculino)
Alejandro Soler Tarí (ESP) é um quebrador de recordes em série e usou apenas os dedos para fazer 175 flexões por 60min em La Marina, Alicante, ESP, em 21/3/2024. Também conquistou o recorde de **mais flexões acima do queixo pendurado em um helicóptero** (26, em 19/11/2023).

Mais giros de 360° em prancha de stand-up paddle em 1min
Em 3/9/2023, Vincenzo Manobianco (ITA) girou sua prancha de stand-up paddle 20x em uma piscina em Bari, ITA. Vincenzo é um atleta nacional de SUP que esteve no Campeonato Mundial de Stand Up Paddling da Federação Internacional de Paddling.

Mais mortais para trás de bicicleta em 3min
Em 8/12/2023, Ben Gilbertson (NOR) deu 15 mortais de bicicleta por 180s em Vanse, Agder, NOR.

Mais socos com extensão total em 1min (feminino)
Atefeh Safaei (IRN) golpeou um protetor de boxe 385x em Teerã, IRN, em 5/8/2023. Em média, foram mais de 6 socos por segundo.
O recorde equivalente **usando luvas de boxe** (298) foi estabelecido em 8/12/2023, pelo amador Ioan Croft (RU) em Cardigan, RU, que competiu contra o irmão gêmeo, Garan, pelo título.

96

MAIS GIROS INVERSOS DE 540 EM UM SKATE EM 1MIN

Em 22/5/2024, Ema Kawakami (JPN) completou 13 giros em uma halfpipe em Kobe, Hyogo, JPN, batendo seu recorde anterior de 8. Cada salto precisou girar em 540 graus, com Ema segurando o skate com uma mão nas costas. O garoto de 9 anos começou a andar de skate aos 5. Em 2022, viralizou em um vídeo girando em 900 graus, feito realizado pela 1ª vez por Tony Hawk, em 1999. *Para mais jovens talentos seguindo os passos de Tony Hawk, ver p.187.*

GWR conversa com...

Quem são suas maiores inspirações no skate e por quê?
Tony Hawk, Shaun White, Gui Khury [ver p.243] e Pierre-Luc Gagnon, os primeiros em manobras difíceis. Quero fazer o tipo de coisas que eles conseguiram.

Como se sente sabendo que Tony Hawk te segue no Instagram?
Quando meu pai contou, fiquei muito animado! Eu admiro muito o Tony Hawk e fiquei sem palavras quando ele compartilhou meu vídeo, afinal ele tinha me visto andar de skate!

Como foi ficar em 1º lugar na Copa WINGRAM de 2023?
Foi a 1ª vez que entrei em uma competição vertical, então não esperava ganhar. Como eu sabia que Gui Khury estaria lá, incluí o 900 na minha rotina só para realizar na frente dele. Fiquei feliz por ter funcionado.

Como foi sua experiência no *Lo show dei record*?
Foi muito legal porque eu nunca tinha viajado para o exterior. Fiquei nervoso na frente das câmeras, mas todos foram legais e fiz novos amigos.

Que desafios você enfrentou durante o treinamento?
Quando eu estava fazendo os 540 na rampa vertical, fiquei mais preocupado em não ficar tonto!

Com que frequência você anda de skate?
Umas 4 ou 5x por semana, durante períodos de 3 a 4h.

Que outros hobbies você tem?
Gosto de ver vídeos de skate e batalhas de rap on-line. Eu e meu irmão mais novo fazemos batalhas de rap às vezes.

Ema participou do seu 1º torneio aos 5 anos, 6 meses depois de começar no esporte.

LOUCOS POR RECORDES
Desafios de quebrar a cabeça

Menor tempo para completar um quebra-cabeças de 200 peças (DI)
Em 20/6/2023, Noura H. A. Aidarous (EAU) estabeleceu um recorde na categoria de Deficiências Intelectuais ao montar um quebra-cabeças em 2h16min em Abu Dhabi, EAU. Ela começou em 2011, com o apoio da Zayed Higher Organization for People of Determination dos EAU.

Competidora mais velha a participar de um Campeonato Mundial de Quebra-Cabeças
Antonia M. G. de Soria (ESP, n. 26/1/1930) tinha 92a149d quando se juntou aos melhores montadores de quebra-cabeças do mundo em Valladolid, ESP, em 24/6/2022, na categoria de duplas com Juan Antonio Álvarez-Ossorio. A dupla teve 1h30min para montar uma imagem de 500 peças e encaixou 401 peças no período definido, terminando em 73º de 87 duplas.

Mais vitórias no Torneio Americano de Palavras Cruzadas
Inaugurado em 1978, esse campeonato é o maior e mais longevo dos EUA. Em 2/4/2023, Dan Feyer (EUA) conquistou o 9º título, vencendo 774 competidores presenciais no Hotel Stamford Marriott em Connecticut, EUA.

O **maior número de vitórias no Campeonato de Palavras Cruzadas do** *The Times* é 12, por Mark Goodliffe (RU) em 1999, 2008–2017 e 2019. Ele também venceu 2x o campeonato de sudoku do jornal.

Mais vitórias no Campeonato Mundial de Sudoku
Kota Morinishi (JPN) é tetracampeão do torneio mundial do jogo de lógica, triunfando em 2014–15 e 2017–18. Organizado com a anuência da World Puzzle Federation, a competição ocorre todo ano desde 2006.

Maior sequência de números de 3 dígitos memorizada
Em 28/3/2023, Syed N. H. Rizvi (PAK) lembrou de 40 conjuntos de 3 dígitos gerados aleatoriamente depois de olhar para cada um por 1s, em Karachi, PAK. Syed, Campeão Juvenil de Memória do RU de 2019, é um competidor de esportes mentais.

Mais animais identificados pelo nome científico em 1min
Sudarsanam Sivakumar (IND) reconheceu o nome em latim de 48 animais em 60s em 7/1/2023 em Chennai, Tamil Nadu, IND.

Menor tempo para contar mentalmente o número de letras em 10 frases
Em 4/10/2023, Mohammad Sayaheen (JOR) levou 35,5s para contar 267 caracteres em 10 frases em árabe geradas aleatoriamente. O antigo participante do *Arabs Got Talent* é conhecido como Abo AlHorof ("Pai das Letras").

Maior campeonato de soletrar
Em 18/6/2023, um total de 2 mil estudantes participaram de um campeonato de soletrar em Al Basra, IRQ, organizado pela Al Bushra for Education and Sciences e a Basra International Schools (ambas IRQ).

Menor tempo para resolver um Klotski 4x4
Em 26/1/2023, Lim Kai Yi (MYS) resolveu o clássico quebra-cabeças de blocos deslizantes em 5,18s em Butterworth, Malásia. Lim é um mestre do Klotski, e também alcançou os seguintes recordes:
- **4x4, com uma mão**: 8,27s
- **4x5**: 5,20s
- **4x5, vendado**: 6,35s
- **4x5, com uma mão**: 9,24s
- **4x5, com os pés**: 14,20s

Menor tempo para somar mentalmente números de 50 dígitos
No palco de *Lo Show dei Record* em Milão, Itália, o matleta Aaryan Shukla (IND) somou 50 números e chegou ao total de 2.676.355 em 25,19s em 29/2/2024.

Maior sequência de números binários memorizados em 1min
Em 20/6/2023, Mustafa Alam (PAK) se lembrou de uma sequência de 342 dígitos 0 ou 1 em Karachi, Sindh, Paquistão. Ele teve apenas 60s para memorizar os números — uma média de 5/s.

Bora de desafio!
Coloque sua massa cinzenta à prova com esta compilação de desafios baseados em imagens. Você seria capaz de emular o sucesso dos recordistas relâmpago abaixo? *As respostas estão na p.253.*

Menor tempo para identificar todas as bandeiras nacionais
Em 5/8/2023, o vexilogista Adam Saeed (BHR) identificou as 197 bandeiras nacionais em 2min e 55s em Manama, Bahrein. Como você se sairia com as 3 ao lado?

Mais personagens de *Star Wars* identificados em 1min
A Força estava com Adhav Rajaprabhu (IND) em 10/1/2021. Ele reconheceu 34 baluartes da ficção científica em Tamil Nadu, IND. Você consegue identificar estes?

Mais brasões de time de futebol identificados em 1min
Em 3/10/2023, Alexandre Mairano (BRA) identificou 95 brasões de time de futebol em Esteio, Rio Grande do Sul, BRA. Você sabe de quem são os brasões ao lado?

Mais cubos mágicos resolvidos durante a corrida de uma maratona
Kei Suga (JPN) resolveu o cubo mágico 420x na Maratona do Campus de Kashiwanoha em Chiba, JPN, em 15/10/2022. Terminou o percurso de 42km em 4h34min23s, com uma média de 1 resolução a cada 100m, superando o recorde anterior em 166. Kei disse que o feito admirável exigiu 10 anos de treinamento.

Caro GWR...

Meu nome é ▓▓▓▓▓▓▓▓▓▓ e tenho 14 anos. Estou tentando quebrar o recorde mundial de menor tempo para resolver um cubo mágico com o pulso quebrado. Decidi fazer isso porque achei que seria uma experiência divertida e desafiadora para quem quebrou o pulso e quer bater um recorde. Eu adoraria que vocês criassem essa categoria o quanto antes porque pulsos não ficam quebrados para sempre. Muito obrigado.

Menor tempo para resolver um cubo mágico em queda livre
Em 22/4/2023, Sam Sieracki (AUS) resolveu calmamente um cubo de Rubik em 28,25s enquanto despencava do céu sobre Jurien Bay, na Austrália Ocidental, a 200km/h. O jovem de 17 anos, paraquedista treinado e cubista competitivo, precisou de apenas 5 tentativas para quebrar o recorde anterior de 30,14s.

Mais tetraedros mágicos resolvidos debaixo d'água
Em 18/4/2021, o singapuriano Daryl T. H. An resolveu 15 dos quebra-cabeças em formato de pirâmide sem respirar. Foi um dos 4 recordes que ele estabeleceu no dia, todos embaixo d'água: **maior número de resoluções de cubos 2x2x2** (26), **cubos 3x3x3** (16) e **cubos 3x3x3 com 1 mão** (8). Ele passou 2 meses treinando a respiração.

RECORDE OFICIAL DE SPEEDCUBING

Tipo		Tempo	Detentor do recorde	Data
3x3x3	único	3,13s	Max Park (EUA, ver p.85)	11/6/2023
	média	4,48s	Yiheng Wang (CHN, ver p.85)	20/6/2023
2x2x2	único	0,43s	Teodor Zajder (POL)	5/11/2023
	média	0,92s	Zayn Khanani (EUA)	9/3/2024
4x4x4	único	16,79s	Max Park	3/4/2022
	média	19,38s	Max Park	19/3/2023
5x5x5	único	32,52s	Max Park	16/12/2023
	média	35,94s	Max Park	16/12/2023
6x6x6	único	59,74s	Max Park	31/7/2022
	média	1min6,46s	Nahm Seung-hyuk (KOR)	4/2/2024
7x7x7	único	1min35,68s	Max Park	24/9/2022
	média	1min41,78s	Max Park	27/1/2024
Clock	único	2,54s	Neil Gour (IND)	6/1/2024
Megaminx	único	23,18s	Leandro Martín López (ARG)	13/4/2024
Pyraminx	único	0,73s	Simon Kellum (EUA)	21/12/2023
Square-1	único	3,41s	Ryan Pilat (EUA)	2/3/2024

Resultados ratificados pela World Cube Association; corrigidos em 16/4/2024

Mais cubos mágicos resolvidos com 1 mão enquanto gira bambolês
Em 20/2/2021, Josiah Plett (CAN) resolveu o cubo mágico 531x com a mão esquerda em Vitória, Colúmbia Britânica, Canadá. Ele destruiu o recorde anterior, que vira na TV, superando-o em 501 resoluções. Josiah também detém a versão de **duas mãos** do recorde — 1.015, 815 a mais que a marca anterior.

LOUCOS POR RECORDES: GALERIA
Dia das bruxas

Mais pessoas vestidas de vampiros
Para marcar o 125º aniversário do romance gótico de Bram Stoker, *Drácula* (1897), a English Heritage (RU) reuniu 1.369 fãs na Abadia de Whitby em 26/5/2022, todos de conde morto-vivo. A cidade litorânea em North Yorkshire, RU, marcou a memória de Stoker após uma visita em 1890, com uma igreja e um cemitério sombrios. *Saiba mais sobre reuniões soturnas na tabela abaixo.*

Maior vassoura de bruxa
"Kreteam 2006" (NLD) construiu uma vassoura de 32,65m de comprimento – completa, com uma bruxa pilotando – em Sint-Annaland, Zelândia, província dos Países Baixos, em 12/9/2006.

COVENS, HORDAS E ASSOMBRAÇÕES

Mais...	Pessoas	Organizador / ano
Catrinas/Catrines	865	Instituto de la Juventud Guanajuatense (MEX), 2016
Fantasmas	1.024	Fischer's and fans (JPN), 2023
Bruxas	1.607	La Bruixa d'Or (ESP), 2013
Esqueletos	2.018	Jokers' Masquerade (UK, *à dir.*), 2011
Zumbis	15.458	Zombie Pub Crawl (EUA), 2014

Maior tabuleiro ouija
Sob o comando de Blair Murphy (EUA), uma versão de 121m² do artefato de comunicação espiritual foi criada no telhado do Grand Midway Hotel em Windber, Pensilvânia, EUA, em 28/10/2016. O antigo hotel tem um histórico de avistamentos assombrosos, como espíritos femininos no meio da noite e até o fantasma de uma criança.

Maior coleção de memorabília de *Gasparzinho, o fantasminha camarada*
Vanessa Irino (EUA) tem 1.153 itens relacionados ao personagem, conforme verificado em out/2023. Espera que o recorde promova a positividade e a inclusão que Gasparzinho "encarna", inspirando as pessoas a celebrar suas paixões.

Filme de terror mais lucrativo
It: a coisa (EUA, 2017), adaptação do livro de 1986 de Stephen King sobre Pennywise, uma entidade transdimensional que se alimenta dos medos das crianças – arrecadou US$701.012.746 em todo o mundo até 27/2/2024, de acordo com o *The Numbers*. A **série de filmes de terror mais lucrativa** é o universo de *Invocação do mal* (EUA). Os oito lançamentos, sendo *A freira 2* (2023) o mais recente, arrecadaram um arrepiante montante de US$2.250.924.388 até a mesma data.

La Catrina mais alta
O Día de los Muertos, um feriado mexicano que celebra entes queridos falecidos, tradicionalmente ocorre em 2 de novembro. Em 2023, Puerto Vallarta em Jalisco, MEX, alcançou os níveis mais altos do festival com uma escultura de esqueleto feminina de 28,15m de altura. O artista José Guadalupe Posada concebeu a primeira figura elegante "La Catrina" no início do século XX, para lembrar às pessoas que todos somos mortais.

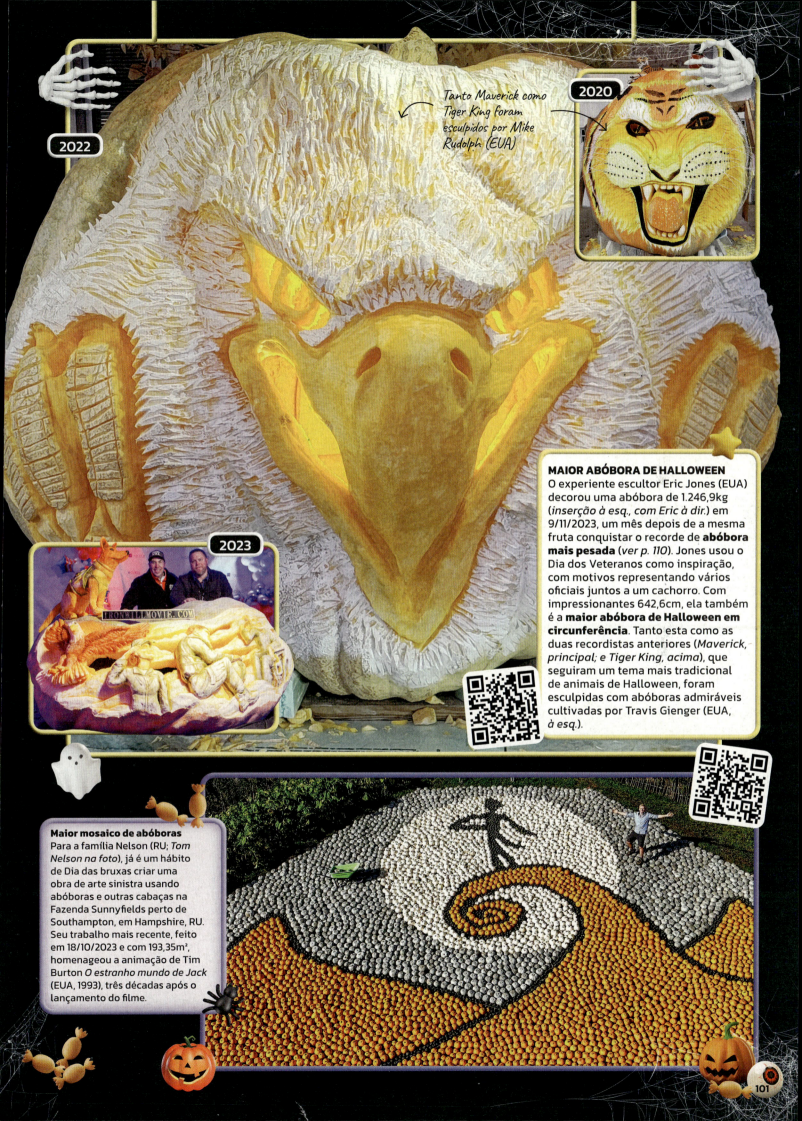

2022

2020

Tanto Maverick como Tiger King foram esculpidos por Mike Rudolph (EUA)

2023

MAIOR ABÓBORA DE HALLOWEEN
O experiente escultor Eric Jones (EUA) decorou uma abóbora de 1.246,9kg (*inserção à esq., com Eric à dir.*) em 9/11/2023, um mês depois de a mesma fruta conquistar o recorde de **abóbora mais pesada** (*ver p. 110*). Jones usou o Dia dos Veteranos como inspiração, com motivos representando vários oficiais juntos a um cachorro. Com impressionantes 642,6cm, ela também é a **maior abóbora de Halloween em circunferência**. Tanto esta como as duas recordistas anteriores (*Maverick, principal; e Tiger King, acima*), que seguiram um tema mais tradicional de animais de Halloween, foram esculpidas com abóboras admiráveis cultivadas por Travis Gienger (EUA, *à esq.*).

Maior mosaico de abóboras
Para a família Nelson (RU; *Tom Nelson na foto*), já é um hábito de Dia das bruxas criar uma obra de arte sinistra usando abóboras e outras cabaças na Fazenda Sunnyfields perto de Southampton, em Hampshire, RU. Seu trabalho mais recente, feito em 18/10/2023 e com 193,35m², homenageou a animação de Tim Burton *O estranho mundo de Jack* (EUA, 1993), três décadas após o lançamento do filme.

LOUCOS POR RECODES: GALERIA
Coleções

Avatar: a lenda de Aang
Jessica Carey (EUA) possui 2.026 itens de merchandising, incluindo pelúcias, roupas e cards, da animação da Nickelodeon, conforme verificado em Owasso, Oklahoma, EUA, em 13/2/2023. Ela afirmou que "uma das melhores sensações ao entrar no meu escritório é me sentir inspirada por todos os itens ao redor. Isso me incentiva a trabalhar com arte e no meu próprio *storytelling*."

Crayon Shin-chan
Até 12/5/2022, a TikToker japonesa Nonohara Sayane (Sayaka Suzuki) tinha acumulado 2.854 colecionáveis relacionados a esse mangá de sucesso. Fã desde os 13 anos, sua peça favorita é um conjunto de broches que comemorou o 30º aniversário da série em 2020.

Presilhas de cabelo
Aos 9 anos, Alina Gupta (IND) tinha 1.124 presilhas de cabelo, conforme confirmado em Déli, IND, em 3/8/2023. Alina, que começou sua coleção com apenas 4 anos disse: "É como se um dos meus sonhos tivesse se tornado realidade. Com certeza vou continuar colecionando presilhas únicas!".

Camisas de times de futebol
Até 17/3/2023, Santiago Hank Guerreiro (MEX) tinha 1.077 camisas de times, que coleciona na Cidade do México. Começou a coleção depois que seu pai lhe comprou camisas da seleção mexicana da Copa de 2018. Uma de suas peças mais valiosas foi autografada pela lenda do futebol, Pelé.

COLEÇÕES COLOSSAIS

 Lápis 69.255, por A. Bartholmey em Colfax, Iowa, EUA

 Tijolos 8.882, por Clem Reinkemeyer em Tulsa, Oklahoma, EUA

 Celulares 3.456, por Andrei Bilbie Argentis de Cluj, ROM

 Bolas de Natal 3.101, por Karen Torp em Folde Oriental, NOR

 Presépios 2.324, por M. Zahs em Washington, Iowa, EUA

Guinness World Records
Em 1/2/2024, Martyn Tovey (RU) tinha 3.089 itens exclusivos relacionados ao GWR, incluindo brinquedos, jogos, publicações, artigos e itens promocionais. Martyn também acumulou a **maior coleção de livros anuais do Guinness World Records**, com 816 edições únicas. Ele se orgulha principalmente de um livro de 1960, com correções manuscritas por Norris McWhirter, coeditor do GWR na época.

Itens relacionados a coelhos
Candace Frazee e Steve Lubanski (ambos EUA) acumularam 40.550 objetos ligados a coelhos, que exibem no próprio museu, o Bunny Museum em Altadena, Califórnia, EUA. O casal bateu este recorde pela 1ª vez em 1999 com 8.437 itens e ficaram felizes em atualizá-lo em 2023, ano que, adequadamente, foi o Ano do Coelho no calendário chinês.

O amor do casal por coelhos começou quando Steve deu a Candace um de pelúcia no Dia dos Namorados de 1993.

 Macacos de meia 2.098, por Arlene Okun em Illinois, EUA

 Quebra-cabeças 2.022, by J. Walczak (EUA), em Indiana, EUA

 Machados 1.023, por Kadri Prekaj de Peja, KOS

 Embalagens de Pringles 629, por Salacnib Molina (PHL) em Illinois, EUA

 Dardos 501, por Patrick Hopkins em Clacton-on-Sea, Essex, RU

LOUCOS POR RECORDES
Feitos fantásticos

Homem mais velho a voar em um wingsuit
Vidar Sie (NOR, n. 13/7/1961) tinha 62a55d quando saltou de um avião a 3.810m e planou em um wingsuit por mais de 2min. Abriu o paraquedas a 1.219m. O feito ocorreu acima do aeroporto de Jarlsbert em Vestfold, NOR, em 6/9/2023.

Mais degraus descidos em uma cadeira de rodas em 12h
Em 24/9/2023, Haki Doku (ITA) desceu 12 mil degraus em Frankfurt, ALE, quebrando o próprio recorde por 500. Dividiu a façanha em 3 locais: a sede do Deutsche Bank, o Westend Gate e o Messeturm e seus 63 andares – fazendo 10, 4 e 1 descidas respectivamente.

Lançamento de machado mais distante
Simone Freddi (ITA) arremessou um machado a 40,1m, atingindo um alvo de 91cm (13m a mais do que a marca anterior) em Gradisca d'Isonzo, Gorizia, ITA, em 10/6/2023. Usou uma réplica de um franquisque.

Mais giros aéreos pelo bambolê em 1min (feminino)
Em 8/2/2023, Yammel Rodriguez (MEX) passou por um bambolê suspenso 47x em 60s em Las Vegas, Nevada, EUA. Aprendeu o básico por meio de tutoriais do YouTube e então se matriculou na famosa École de Cirque de Quebec.

Maior tempo girando uma tora de madeira em chamas sobre os ombros
Battulga Battogtokh (MNG) manteve uma viga de madeira em chamas girando sobre os ombros por 1min19,11s no *Lo Show dei Record* em Monza, ITA, em 13/12/2023.
No mesmo dia, quebrou o próprio recorde para **maior tempo girando uma tora de madeira em chamas pelos dentes** (38,27s).

Maior tempo de contato direto de corpo inteiro com gelo
O nadador de gelo Krzysztof Gajewski (POL; à *dir., ver p.134*) submergiu o corpo (fora a cabeça) em cubos de gelo por 3h11min27s em Inowrocław, POL, em 29/7/2023. A marca foi batida pelo compatriota Łukasz Szpunar, com 4h2min, em Tarnobrzeg, POL, em 4/11/2023.
▶ O recorde **feminino** é de 3h6min45s, pela polonesa Katarzyna Jakubowska (*acima*) em Międzyzdroje, POL, em 30/12/2023.

Caminhada mais longa *en pointe*
A professora de dança Yoana Tsekova (BGR) andou 400m em 21min na Academia Nacional de Esportes em Sofia, BGR, em 23/9/2023.

Mais pimentas Carolina Reaper ingeridas em 1min
Fredy Rubio (EUA) devorou 122g das pimentas superpicantes no Portland Hot Sauce Expo no Oregon, EUA, em 13/8/2023.
Antiga **pimenta mais picante**, o título é hoje da "Pepper X", cultivada por Ed Currie, fundador da PuckerButt Pepper Company (EUA), com picância média de 2.693.000 na Escala de Scoville (SHU). O molho tabasco mede cerca de 400 SHU.

Maior peso sustentado pelo corpo
Em 15/7/2023, o kosovar Muli Bujar suportou, no tórax, sacas de cimento com 1.531kg em sua cidade natal, Vushtrri. É quase o mesmo peso de um Mini Cooper.

▶ Maior salto de moto com passageiro
O casal Jake Bennett e Mel Eckert (AUS), ambos dublês, completou um salto de 37,1m numa Honda CRF450 em Picton, Nova Gales do Sul, AUS, em 16/7/2023, batendo o recorde anterior, de quase 23 anos, por mais de 7m.

104

MAIS GIROS DE BALA DE CANHÃO SOBRE A CABEÇA EM 30S

Daniel Teplitski (RU) girou 26x um par de bolas de canhão sobre a cabeça em Birmingham, RU, em 6/12/2023. Presas a uma corrente, cada uma pesava por volta de 20kg – cerca de 3x mais do que uma bola de boliche tradicional. Hoje no fim da adolescência, começou a treinar aos 7 anos, apresentando-se na academia acrobática dos pais. Aos 10, tornou-se a única criança "malabarista forte" do RU. "Sou apaixonado por ser o melhor que posso. Tem jeito melhor de fazer isso do que quebrando um recorde?", disse ao GWR.

Daniel é a 4ª geração de malabaristas da família. O pai se apresentava no Circo Estatal de Moscou.

LOUCOS POR RECORDES: GALERIA
Campeonatos mundiais malucos

Campeonato anual mais longevo de futebol de lama
O primeiro campeonato da modalidade (2020) aconteceu em Hyrynsalmi, Fi. Essa versão enlameada surgiu como treinamento para esquiadores de cross-country durante o verão. Equipes de 6 jogam num atoleiro de 30 x 60m.

Mais vitórias no Campeonato Mundial de Caretas
Competições de caretas acontecem na Egremont Crab Fair em Cúmbria, RU, por mais de 150 anos. Em 2023, Tommy Mattinson (RU) venceu o 18º título masculino, atribuindo o sucesso a "Wolf", seu alter ego rosnador.
 O recorde **feminino** de vitórias é 28, pela lenda Anne Woods (RU, 1947–2015; *acima*), conquistados entre 1977 e 2014.

Campeonato mais longevo de xadrez com boxe
Nesse esporte híbrido, há rodadas alternadas de xadrez blitz e boxe. O primeiro campeonato da Organização Mundial de Xadrez com Boxe aconteceu em 14/11/2003. O vencedor foi o criador do esporte, Iepe Rubingh (NDL, 1974–2020), contra Jean-Louis Veenstra.

Mais vitórias no Campeonato Mundial de Luta no Molho
Joel Hicks (RU, *à direita*) foi 6x campeão **masculino** no campeonato, que acontece anualmente em Stacksteads, Lancashire, RU. O recorde **feminino** de 2 vitórias é compartilhado por Emma Slater e Roxy Afzal (*abaixo*, ambas RU). Em turnos de 2 minutos, competidores são julgados por: aparência, entretenimento oferecido e habilidades em combate.

Maior corrida de cavalinho de pau
Em 18/6/2022, um total de 2.000 competidores montaram para uma competição em Sienäjoki Areena organizada pela Associação Finlandesa de Cavalinho de Pau. O **salto mais alto de cavalinho de pau** — 1,41m — foi de Marie Kärkkäinen (FIN), em 15/6/2019.

106

Nados como o crawl são banidos; naturalmente, nado "sapinho" é a escolha da maioria.

CAMPEONATO MUNDIAL MAIS LONGEVO DE SNORKELING NO PÂNTANO

Desde 1985, o pântano de Waen Rhydd no vilarejo galês de Llanwrtyd Wells é palco de um desafio anual para aqueles dispostos a mergulhar de cabeça. Competidores nadam dois trechos de 55m em valas alagadas abertas no meio do pântano. É obrigatório usar snorkel, pés de pato e máscaras; roupas chiques são opcionais — embora, em 2023, até a Barbie tenha arriscado um look pantanoso (*abaixo*). O **maior número de competidores** foi 200, em 2009.

Menor tempo no Campeonato Mundial de Snorkeling no Pântano
Em 27/8/2023, Neil Rutter (RU) nadou para a vitória em 1min12,35s. Alcançando também o recorde de **maior número de vitórias** (5, todas seguidas), quebrou ainda o próprio tempo recordista de 2018; Para Neil, o verão chuvoso criou "condições pantanosas perfeitas".
O recorde **feminino** é 1min22,56s, por Kirsty Johnson (RU), em 24/8/2014.

As valas cheias de água têm 55m de comprimento e cerca de 1m de profundidade.

107

LOUCOS POR RECORDES
Controle de bola

Mais degraus escalados com uma bola na cabeça
Em 10/8/2023, Tonye Solomon (NGA) provou seu talento para alturas ao subir 150 degraus em uma antena de rádio em Yenagoa, Nigéria. Levou um pouco mais de 12min para escalar 76m, mantendo a bola grudada à cabeça. É membro da Academia Freestyle de Chukwuebuka, que já produziu muitas estrelas quebradoras de recorde.

Mais embaixadinhas com bola de futebol e pés alternados em 1h
Este título do GWR foi quebrado 2x em 2023 – por chineses freestyles com grande diferença de idade. Em 26/2, aos 10 anos, Tang Jinfan (*acima*) bateu na bola 8.147x por 60min em Shenzhen, Guangdong. Seu recorde durou 14 semanas, quando o professor aposentado Zhou Daohua (*detalhe*), de 60 anos, tocou na esfera 8.407x em Xuzhou, Jiangsu, em 4/jun.

Os 100m mais rápidos fazendo malabarismo com bola de futebol
Abraham Muñoz (MEX) correu 100m com uma bola em 17,53s na pista de atletismo da York College em Queens, Nova York, EUA, em 9/8/2009. Detém também o recorde equivalente na **milha** (8min17,28s) e na **maratona** (5h41min52s).

Maior distância para trás enquanto fazendo malabarismo com bola de futebol na cabeça em 1h
Em 11/6/2022, Dariusz Kołodziejczyk (POL) andou para trás por 2,4km em pista de atletismo em Rosóvia, Polônia, com uma bola na cabeça. O freestyle professional polonês usou seu feito para promover a vida saudável.

Mais títulos mundiais de futebol freestyle (fem.)
Mélody Donchet (FRA) e Aguśka Mnich (POL) são 6x campeãs mundiais. A 1ª venceu 4x o Red Bull Street Style e 1x o Sugar Ball e o World Tour. Já a 2ª, ganhou 4x o Sugar Ball e 1x o Red Bull Street Style e o Campeonato Mundial de Futebol Freestyle em Nairóbi, Quênia.

Maior tempo controlando uma bola de futebol com os pés (masc.)
Saeid Momivand (IRN) manteve o controle da bola por 12h em 2/12/2022 em Parand, Irã. Bateu o recorde anterior por quase 2h.

Mais toques com os pés numa bola de futebol numa esteira em 1min (fem.)
Em 13/3/2023, Mohadeseh Goudasiaei (IRN) completou 178 movimentos em 60s enquanto corria numa esteira em Teerã, Irã. Ex-jogadora da seleção iraniana sub19, bateu por 8 a marca de outra lenda do freestyle: Laura Biondo.

Mais voltas pelos braços com bola de futebol em 1min
Em 14/7/2023, Konok Karmakar (BGD) executou 147 voltas pelos braços com bola de futebol em 60s em Chatigão, Bangladesh. Seu primo, Antar, conseguiu **mais voltas pela testa com bola de futebol em 30s** (52).

Maior tempo controlando uma bola de futebol (fem.)
Em 2/7/2023, Raquel Tateishi Benetti (BRA) manteve uma bola acima do chão por 10h22min8s em São Paulo, BRA. A freestyler e modelo de 33 anos se inspirou em Cláudia Martini, antiga detentora da marca, ao assisti-la na TV, aos 6 anos, bater o recorde com 7h5min25s.

Mais passes de pescoço com bola de futebol em 30s
Daniel Ali (PAK) e Ammar Alkhudhairi (YEM) se uniram em Dubai, EAU, para trocarem 27 passes usando apenas o pescoço em 9/8/2023.
O recorde de **1min** é 52, dos irmãos Erlend (*ver esq.*) e Brynjar Fagerli (ambos NOR) em Stavanger, Noruega, em 12/11/2022.

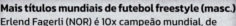

Mais títulos mundiais de futebol freestyle (masc.)
Erlend Fagerli (NOR) é 10x campeão mundial, de acordo com a Associação Mundial de Futebol Freestyle. Em 2016, aos 19 anos, conquistou o 1º, e, em nov/2023, em Nairóbi, Quênia, o 10º, quando se aposentou. Conquistou diversos títulos do GWR, incluindo truques de 1min para **mais passadas seguidas sobre a bola** (92) e **mais passadas de um lado para outro da cabeça** (131).

Mais toques numa bola de futebol com pés alternados saltando
Em 14/8/2023, Yi Bingsheng (CHN) tocou na bola 125x em Pequim, China. Começou a praticar em 2020, aos 8 anos, e ficou famoso após mostrar suas habilidades freestyle na rede social chinesa Douvin.

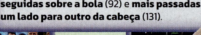

▶ MAIS JOVEM CAMPEÃ DE FUTEBOL FREESTYLE

Isabel Wilkins (RU, n. 29/8/2007) tinha 15 anos e 347 dias quando alcançou a glória no Super Ball em Praga, Tchéquia, em 11/8/2023, derrotando a campeã mundial Caitlyn Schrepfe na final. Isabel começou durante a pandemia da COVID-19, praticando algumas horas após a escola; no inverno, na garagem adaptada da família.

Em 8/1/2024, o GWR foi à sua casa para assistir a 4 recordes: **mais passadas seguidas sobre a bola em 30s** (47), **mais embaixadinhas com a lateral do pé em 1min** (12) e **mais passadas Abbas sobre a bola em 30s** (18).

Mesmo aos 2 anos, a futura campeã mundial freestyle nunca esteve longe de uma bola.

Isabel foi um dos 211 freestylers a irem ao Parque Gutovka, em Praga, para o Super Ball 2023. Os competidores se enfrentaram diretamente, exibindo suas melhores habilidades e sendo avaliados por 10 juízes. Nas semifinais, a jovem de 15 anos superou Aguśka Mnich (*foto abaixo, ao fundo*), umas das maiores freestyles do mundo (*ver p. ao lado*).

LOUCOS POR RECORDES: GALERIA
Habilidades superlativas

Pernas de pau mais altas
Em 17/10/2023, o performista Doug the Great (Doug Hunt, CAN) caminhou com um par de pernas de pau de 16,76m em Bratford, Ontário, Canadá. Aos 67 anos, desafiou ventos fortes para dar 14 passos – 4 a mais do que o mínimo exigido. Recuperou o recorde após a última conquista em 2002.

Abóbora com maior circunferência
Houve uma colheita abundante de recordes em 2023. Em 9/out, Travis Gienger (EUA) apresentou uma abóbora com 6,42m de diâmetro no Campeonato Mundial de Pesagem de Abóbora em Half Moon Bay, Califórnia, EUA. Com 1.246,9kg, ela também é a **abóbora mais pesada**. Depois que o recorde foi verificado, ela foi transformada em uma abóbora de Halloween! (*ver p.101*)

Gareth Griffin (RU) cultivou a **cebola mais pesada**, com 8,97kg. Apresentou-a no Harrogate Autumn Flower Show em North Yorkshire, RU, em 15/9/2023.

Mais objetos equilibrados enquanto num monociclo
Em 7/5/2023, James Cozens (RU) manteve 7 bolas no ar por 10s no Selwyn College em Cambridge, RU. Igualou a marca de Jasper Moens (BEL) de 30/4/2022. Aluno da Universidade de Cambridge, desenvolveu um software para analisar seu padrão de malabarismo e aperfeiçoar sua técnica.

Maior estrutura de cartas de baralho
O indiano Arnav Daga usou cerca de 143 mil cartas para recriar 4 construções icônicas de sua cidade natal, Calcutá: Edifício dos Escritores, Shaheed Minar, Estádio Salt Lake e Catedral de São Paulo. Aos 15 anos, passou 6 semanas no projeto, com área total de 62m² e 3,47m no ponto mais alto, quando verificado em 23/1/2023. Assim que o recorde foi confirmado, Arnav celebrou derrubando tudo.

Maior tempo equilibrando 3 tochas
Em 14/7/2023, Aidan Webster (EUA) manteve 3 tochas no ar por 5min2,31s numa praia de São Petersburgo, Flórida, EUA. Um dos 3 recordes do estudante de Oceanografia conquistados naquele dia, com **mais cambalhotas para trás em 1min (11)** e **mais capturas em 1min com uma mão enquanto suspenso em barra com pegada pronada (2 objetos)**: 162.

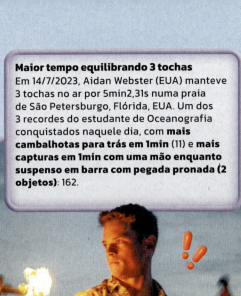

Esta enormidade foi criada para celebrar a parceria do "Chefe Nick" com a Dunkin' num projeto futuro.

Os poderosos Mercúrios
O detentor de vários títulos do GWR Rocco Mercurio (ITA) conseguiu mais 2 para sua coleção – com os filhos! Juntou-se a Christian (*à esq.*) em 10/2/2023 para garantir o **tempo mais rápido para virar 6 garrafas d'água (dupla)** em 3,78s. Michael (*à dir.*) igualou o recorde do pai de **mais bolas de tênis na palma da mão (8)** em 15/5/2023.

MAIOR CAFÉ GELADO
Nick DiGiovanni e Dunkin' (ambos EUA) serviram um geladão de 1.044,9L em Canton, Massachusetts, EUA, em 20/3/2024. Os ingredientes foram os mesmos da receita tradicional da loja. Vinte pessoas levaram 24 horas para criar a bebida com 94,6l de café espresso e 378l de leite. *Para mais delícias descomunais de Nick, ver a p.92.*

111

LOUCOS POR RECORDES

Acrobacias pirotécnicas

Mais tochas engolidas em 1 minuto (duas hastes)
Em 22/4/2023, o artista circense japonês Hirokuni Miyagi (conhecido como Hero) apagou 94 tochas flamejantes com a boca em Niigata, Japão. Este foi seu 2º título do GWR: em 11/6/2022, ele bateu o recorde de **30s**, com 57 tochas – quase duas por minuto.

Mais espadas de fogo capturadas em 1 minuto
O recordista contumaz David Rush (EUA) lançou e pegou uma lâmina em chamas 136 vezes em 60s em 27/2/2023. Esta não foi a 1ª vez que Rush brincou com fogo: são mais de 100 títulos GWR. Em out/2022, ele acomodou a **maior quantidade de velas acesas na boca**: 150, de torrar as sobrancelhas.

Revezamento 4x25m em chamas mais rápido
Em 29/1/2022, os dublês italianos Ivan Forlani e Marco Lascari se uniram a Raffael Armbruster (DEU) e o veterano do GWR Josef Tödtling (ver ao lado) para percorrerem 100m em 1min8,74s como revezamento de um quarteto em chamas. Cada corredor precisava usar o corpo para incendiar o participante seguinte.

Caro GWR...
Oi, sou ▇▇▇▇▇▇▇ e escrevo direto do ▇▇▇ & ▇▇▇▇ Show na ▇▇▇▇▇▇ ▇▇▇▇ FM Radio em ▇▇▇▇▇▇▇, Nova York. Vamos colocar fogo no pum de um homem de 230kg e estamos interessados em saber se existe um recorde de distância de chama de pum. Poderíamos ter um juiz oficial para fazer as medições?

Travessia mais rápida na corda bamba de 20m
Numa noite gelada de inverno em fev/2022, o funâmbulo italiano Maurizio Zavatta se aqueceu andando por uma corda de 20m em apenas 14,34s enquanto ele e sua barra de equilíbrio estavam em chamas.

⚠️ As atividades nestas páginas são para especialistas — **não tente realizá-las em casa!**

Malabarismo mais longo com 3 bolas de fogo
Michael Francis (CAN), com luvas resistentes ao fogo, jogou 3 bolas em chamas encharcadas de óleo em Kitchener, Ontário, em 5/6/2021. O recordista múltiplo (ver p.181) as manteve no ar por 2min25,2s. Ele tomou cuidado para não machucar as mãos, pois é especialista em truques de prestidigitação, incluindo **lançamentos consecutivos de moedas** (353).

Salto de bungee jump mais alto em chamas
Em 14/9/2022, o francês audacioso Yoni Roch foi incendiado antes de saltar do viaduto de Souleuvre na Normandia, França. As chamas foram extintas rapidamente, quando a corda elástica chegou ao seu limite e ele mergulhou no gelado rio Souleuvre.

Maior chama soprada
Há mais de uma década, este recorde é de Antonio Restivo (EUA), que queimou o teto de um armazém em Las Vegas, Nevada, de 8,05m de altura, com a fumaça ardente de um bocado de parafina flamejante.

Primeira pessoa a surfar em chamas
O surfista profissional Jamie O'Brien (EUA) foi desafiado no Instagram a pegar uma onda com o corpo em chamas e achou a ideia divertida. Depois de aulas com dublês, foi ao Taiti, na Polinésia Francesa, e surfou, como tocha humana, uma das ondas mais difíceis do mundo em 22/7/2015.

Corrida mais longa em chamas sem oxigênio
Em 10/9/2022, o bombeiro Jonathan Vero (FRA) percorreu 272,2m em chamas. A tentativa de recorde, que ocorreu numa pista em Haubourdin, França, exigiu ajudantes posicionados ao redor do percurso para borrifar álcool nele para que as chamas não se apagassem!

Maior corrida de quadriciclo em um túnel de fogo
Os audaciosos Enrico Schoeman e André de Kock (ambos ZAF) passaram por uma manopla de fogo de 36,5m em Meyerton, Gauteng, África do Sul, em 14/9/2019. Schoeman, o motorista, teve que confiar no instinto, pois sua visão estava quase toda obscurecida pela fumaça e pelas chamas.

HOMEM EM CHAMAS: JOSEF TÖDTLING
Desde que entrou no livro dos recordes, em 2013, o dublê austríaco Josef Tödtling se tornou um dos piromaníacos mais prolíficos. Ele estreou com o **corpo mais em chamas sem oxigênio**, somente com o rosto de fora, com 5min41s. Como se isso não fosse suficientemente perigoso, acrescentou um pouco mais de perigo ao dirigir por 582m, a **maior distância percorrida por um veículo em chamas**.

Suas façanhas incendiárias mais recentes incluem os **200m mais rápidos de bicicleta em chamas** (em 49,5s no set do *Lo Show dei Record* em jan/2022) e a **distância mais longa em uma tirolesa em chamas** – impressionantes 61,45m – durante o show de dublês Black Rose em Jidá, Arábia Saudita, em mai/2023.

Para reduzir o risco, ele usa combustível que queima em baixa temperatura, roupas à prova de fogo e gel.

113

LOUCOS POR RECORDES: GALERIA
Força abdominal

Mais puxadas altas consecutivas em uma barra entre dois caminhões em movimento
Em 23/6/2023, Grigor Manukyan (ARM) completou 44 flexões preso entre 2 caminhões HGV em Talin, Armênia. Grigor quebrou este recorde algumas semanas após completar 18 anos. Em 2022, o atleta de extremos havia conseguido **mais puxadas altas em um minuto de um helicóptero** (36).

Mais tempo se equilibrando com as mãos
Valeriia Davydenko (UKR) se manteve arguida por 1h10min3seg em Haut Rhin, FRA, em 4/5/2023. A circense permaneceu equilibrada sobre uma bengala usando 1 das mãos (embora fosse permitido alterná-las) e bateu o recorde por quase 11min.

Mais posturas de ioga consecutivas debaixo d'água
Kamal Kaloi, IND, executou 21 asanas submerso em uma piscina em Nam Định City, VNM, em 3/7/2020. Provando ter uma capacidade pulmonar fenomenal e membros flexíveis, o iogue completou a rotina em apenas um fôlego. A exibição durou quase 4min, com cada posição mantida por pelo menos 5seg.

Maior aula de ioga em pranchas de paddle
Em 11/9/2022, 305 pessoas desfrutaram de uma sessão de ioga no Lago Constança em Überlingen, Baden-Württemberg, DEU, lideradas por Raphaela Schäufele (DEU, *fotografada em pé usando camiseta rosa*), que organiza um festival de ioga local.

TOP 10 POSTURAS DE IOGA MAIS LONGAS (*todos IND, exceto indicado*)

1	2	3	4	5
Útero 8h34min11seg Yash Moradiya 25/10/2022	Tartaruga 7h55min45seg Yash Moradiya 23/10/2022	Árvore 7h53min Yash Moradiya 24/10/2022	Divisão central 3h10min12seg Smita Kumari 17/12/2022	Cachorro olhando para baixo 1h30min38seg S. R. K. Kumar – 25/6/2023

Instrutora de ioga mais jovem
Praanvi Gupta (IND, n. 15/6/2015) tinha 7a165d quando foi diplomada professora de ioga em 27/11/2022, conforme verificado em Dubai, EAU. Ela havia concluído um curso de treinamento de 200h licenciado pela Yoga Alliance.
O recorde **masculino** é de Reyansh Surani (IND, n. 20/12/2011), com 9a219d, em 27/7/2021.

Mais tempo na posição de bandeira humana (fem.)
Miki Nakamasu (JPN), única mulher da equipe Street Workout Okinawa, sustentou esse exigente trabalho braçal por 36,80seg em Nakagami, Okinawa, em 15/5/2021.
Mais tarde, ela conquistou o recorde de **maior número de flexões consecutivas em anel (fem.)**, com 11, em 9/4/2023 e, com o compatriota T. Wakinaguni, conseguiu o **maior número de flexões em tandem consecutivas (geral)**, com 34, em 26/8/2023.

Mais flexões em uma cadeira de rodas em 1min
Adnan Almousa Alfermli (SYR) fez 10 flexões na sua cadeira de rodas em 60seg em Tenerife, ESP, em 23/11/2023.
No dia seguinte, Alfermli alcançou o **maior peso de uma única repetição em flexão em uma cadeira de rodas** (32,6kg), levantando sua cadeira e um conjunto de pesos. Agora, seu objetivo é se qualificar para os Jogos Paralímpicos como ciclista de mão, enquanto arrecada fundos para crianças que, assim como ele, ficaram deficientes por morarem em zonas de guerra.

Mais tempo na posição de prancha isométrica
Josef Šálek (CZE) permaneceu em isometria por incríveis 9h38min47seg em Plzeň, CZE, em 20/5/2023. Quando não está quebrando recordes (ver p.142), Josef é terapeuta e treinador de desenvolvimento pessoal.
Dana Glowacka (CAN) tem o recorde **feminino**, mantendo-se prancha isométrica por 4h19min55seg em Naperville, Illinois, EUA, em 18/5/2019. Seu filho sugeriu que ela tentasse o recorde depois de ler sobre isso em uma edição do GWR.

6	7	8	9	10
Sereia 1h15min5seg Rooba Ganesan 1/1/2023	Roda 55min16seg Yash Moradiya 21/6/2022	 Águia 33min12seg Monika Kumawat 13/12/2021	Pavão 30min53seg Yash Moradiya 21/6/2022	Dimbasana 30min3seg Stefanie Millinger (AUT) 14/7/2022

115

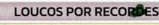

LOUCOS POR RECORDES
Arte em papel

Maior exposição de flores em filigrana
Filigrana envolve enrolar, moldar e colar tiras finas de papel em formas intricadas, que depois são combinadas para criar obras de arte maiores. Nomeada por conta das penas antes utilizadas para manipular o papel, tornou-se popular na arte religiosa no séc. XV. Brid Mc Cann (IRL) conseguiu unir sua paixão pela filigrana com quebrar recordes, apresentando 14.072 flores de papel (*exemplos acima*) em Gort, Galway, IRL, em 30/6/2019. Desde então, Brid produziu exposições recordistas de **anjos** em filigrana (3.239, em 14/11/2019; *à esq.*) e **flocos de neve** (1.736, em 23/12/2021).

Maior exposição de bonecas em filigrana
39 membros do grupo do Facebook "Enthusiasts of Doll Making" (Entusiastas da fabricação de bonecas) exibiram 3.441 bonecas de papel em Chennai, Tamil Nadu, IND, em 18/9/2022, superando o recorde anterior em mais de 1.200 unidades.

Maior rinoceronte de origami
O artista Liu Tong (CHN) leva a arte em papel a uma escala nova. Seu 1º recorde foi um rinoceronte com 7,83m de comprimento e 4m de altura. Tong e sua equipe passaram mais de 3h moldando o paquiderme de papel de 100kg, exibido em um shopping em Zhengzhou, Henan, CHN, em 19/4/2017. Em 19/12 /2017, Tong criou outros 3 origamis gigantes: uma pomba com 4,64m de altura, uma baleia com 5,15m de comprimento e uma onça com 3,7m de comprimento.

Maior caracol de origami
Pei Haozheng (CHN) e sua equipe revelaram um gastrópode com 4,1m de comprimento e 1,3m de altura em Nanquim, Jiangsu, CHN, em 11/3/2023. Foi feito a partir de uma folha de papel de ouro de 9,2m que pesava cerca de 50kg. Haozheng já tinha o recorde de **mais flores de origami a partir de uma única folha de papel** (100) em 9/9/2022.

Mil tsurus de origami feitos em menos tempo
Para arrecadar fundos para os profissionais de saúde britânicos, Evelyne Chia, de Colchester, Essex, RU, dobrou mil aves de papel em 9h31m13s em 22/6/2021. Os tsurus simbolizam paz, fidelidade e sorte, e segundo o folclore japonês, viver mil anos, daí a importância do número.

Maior exposição de corações de origami
Com 10 mil voluntários, a União das Federações Juvenis do Camboja criou um mar multicolorido de 3.917.805 corações de papel no Angkor Wat (a maior estrutura religiosa do mundo) em Siem Reap, KHM, em 11/4/2023. Foi a maneira deles de mostrar apoio aos 32º Jogos do Sudeste Asiático e aos 12º Jogos Para-ASEAN sediados pelo país.

Maior cisne de origami
Paul Frasco e Ryan Dong (ambos EUA) transformaram uma folha de 5,5 x 5,5m em um pássaro com 4,69 m de comprimento na Convenção OrigamiUSA na cidade de Nova York, EUA, em 23/6/2023. Esta não foi a primeira vez de Paul na arte de papel gigante. Juntamente com o designer de origami Shrikant Iyer (EUA), ele passou 2 dias criando o **maior dragão de origami**, um filhote que media 3,87m de comprimento e 1,99m de altura em 9/8/2020.

Maior coração de origami
Para marcar o 50º Dia Nacional dos Emirados Árabes Unidos em 29/1/2022, Arshia Shahriari (IRN) e Amra Mahmood (PHL) dobraram um coração de 4,01m em Dubai, EAU.

ORIGANIMAIS: TOP 10 MAIORES EXIBIÇÕES FEROZES

1	2	3	4	5
Tsuru: 2.331.631, por GP43 Ltda. (CHN) em 31/7/2022	**Pombas:** 33.206, pela Escola Shindori Tsubasa (JPN) em 3/11/2021	**Borboletas:** 29.416, por Juanne-Pierre De Abreu (ZAF) em 5/12/2019	**Cavalos:** 22.500, pela Fundação Bridle Up Hope (EUA) em 26/7/2022	 **Girafas:** 18.490, pelo Zoológico Tiergarten Schönbrunn (AUT) em 6/5/2015

116

Organizados de ponta a ponta, as tiras de papel usadas nesta vasta obra de Van Gogh cobririam uma distância de 58km!

MAIOR MOSAICO DE FILIGRANA (IMAGEM)
Em 8/4/2022, o fabricante de cartões de felicitações Quilling Card (VNM) revelou uma recriação de 26,73m² da famosa obra de arte de Vincent van Gogh, *Noite estrelada*, na cidade de Ho Chi Minh, VNM. O trabalho, feito para celebrar o 10º aniversário da empresa, levou 3.399 horas para ser concluído, com quase 12kg de cola e 191.948 tiras de papel. A obra final é 39 vezes maior que a pintura original e hoje pode ser exibida em todo o mundo.

No mesmo dia, a empresa reuniu 300 de seus artesãos (*acima*) para produzir cartões de aniversário em filigrana, estabelecendo o recorde de **mais pessoas fazendo filigrana simultaneamente**.

6 **Peixes:** 18.303, pela Prefeitura de Miyagi (JPN) em 25/2/2021

7 **Cisnes:** 10.593, por Jamila Navagharwala (IND) em 15/1/2023

8 **Baleias:** 9.210, pela Escola Elementar Seirin (JPN) em 10/6/2023

9 **Morcegos:** 6.239, pelo museu Conner Prairie (EUA) em 3/11/2015

10 **Coelhos:** 3.988, pela Empresa Murata (JPN) em 4 de abril de 2023

117

LOUCOS POR RECORDES
Variedades

Mais cobertores tricotados com os braços em 24h
Dan Soar (RU) tricotou 19 cobertores usando os braços como agulhas, em Alfreton, Derbyshire, RU, em 5/4/2024. O evento arrecadou US$ 2.910 para uma instituição de pacientes com problemas mentais. Dan aprendeu o ofício em 2021, quando sua conta no TikTok chegou a mais de 300 mil seguidores.

Maior fileira de pessoas em pernas de pau
Em 21/1/2024, 721 pessoas em pernas de pau de bambu – tradição local chamada de Kang Dong Dang – formaram uma fileira de 2,4km em in Karbi Anglong, Assam, IND, no 50º Festival da Juventude de Karbi, supervisionado pelo Conselho Autônomo de Karbi Anglong (IND).

Tempo mais rápido para visitar os locais do Banco Mobiliário de Londres de bicicleta
Barclay Bram (RU) levou 1h12min43s para pedalar por todos os locais reais do Banco Mobiliário em 20/8/2023, começando na Old Kent Road e terminando em Angel Islington.

Tempo mais rápido para completar o quebra-cabeça GWR Ravensburger (equipe)
Oito finalistas do Campeonato Mundial de Quebra-Cabeças completaram o desafio de 2 mil peças em 1h24min4s em 24/9/2023 em Valladolid, ESP. A imagem formada exibe as capas do Guinness World Records de 2021, 2022 e 2023, criada pelo artista Rod Hunt.

Maior chuteira de futebol
Em 1/10/2022, Muhammed D. (IND) revelou a maior chuteira, com 5,35m de comprimento, 2,05 de altura e 1,70m de largura em Doha, QAT. O sapato foi criado em um concurso que antecedeu a Copa do Mundo da FIFA de 2022.

Esquis aquáticos mais longos
Julian Macias Lizaola (MEX) e Erick Julian Macias-Sedano (EUA) fizeram um par de esquis de madeira de 6,07m, como verificado em Rancho Avándaro, MEX, em 18/3/2023.

Maior bobblehead
A rede Ollie's ergueu uma estatueta de 5,04m na frente de sua maior loja, em Harrisburg, Pensilvânia, EUA, como verificado em 28/9/2022. O brinquedo levou 4 meses para ficar pronto a fim de marcar o 40º aniversário da rede e foi baseado no mascote da loja, que homenageia o cofundador Ollie Rosenberg.

Maior cordão para controle de estresse
Durante 4 anos, Angelos Iosif (CYP) produziu à mão 317,9m de komboloi de argila e sementes de frutas, recorde verificado em Strovolos, Distrito de Nicósia, CYP, em 17/5/2023.

Mais wasabi ingerido em 1min
Takamasa Suzuki (JPN) engoliu 391g de raiz forte no Lo Show dei Record em Milão, ITA, em 29/2/2024.
Alaina Ballantyne (CAN) alcançou a **maior quantidade de mel ingerida em 1min** (238g) em Mississauga, Ontário, CAN, em 29/4/2023.

Corda de cabo de força mais longa
Dois lados puxaram uma corda de 516,85m em Cefn Sidan Beach, Carmarthenshire, RU, em 1/3/2024. A competição, organizada por Coleg Sir Gâr, Pembrey Country Park e Wales YFC (todos RU), durou 1min15s e teve 100 participantes.

Mais pessoas pulando pelo mesmo bambolê
Em 16/8/2023, 4 performistas do Hoops Désolé Circus saltaram através de um aro lançado para trás pela 1ª pessoa da fila. O quarteto, formado em 2007, é composto por (da esq. para dir.) Theddy Nardin, Augustin Thériault, Jacob Grégoire (todos CAN) e Santiago Esviza (ARG) A autodenominada "companhia de circo maluca" foi formada em 2007.

118

Maior escova de dentes elétrica
Os YouTubers Ruth Amos e Shawn Brown (ambos RU) criaram uma escova de dentes elétrica de 2m, como verificado em Sheffield, South Yorkshire, RU, em 22/11/2023. A ideia foi sugerida por George, de 8 anos, assinante do canal "Kids Invent Stuff" da dupla.

Maior escultura de chocolate de um animal de balão
Em 18/1/2024, Amaury Guichon (FRA) montou um cachorro de 1,60m em sua cozinha em Las Vegas, Nevada, EUA. Chef confeiteiro e chocolateiro por excelência, angariou mais de 24mi seguidores no TikTok.

Abraço coletivo mais longo
Para arrecadar fundos para instituições filantrópicas, Stephen Rattigan, Brian Cawley, Nicky Kearney e Robert Tuomey (todos IRL) se abraçaram por 30h1min em Castlebar, County Mayo, IRL, entre 4-5/5/2019.

Maratona mais longa de um mestre de quiz
Entre 1-2/4/2023, Zsolt Kovács (ROM), mestre de quizzes e apresentador do Transylvanian Quis Championship, comandou uma competição gerais por 34h35min45s em Satu Mare, ROM. Realizou 2 mil perguntas para 2 equipes.

MAIS...
Giros em um carro após explosão
O dublê Logan Holladay (EUA) controlou um Jeep Grand Cherokee por 8 giros e meio em Sydney, Novas Gales do Sul, AUS, em 1/12/2022. Encenado durante as filmagens de *O dublê* (2024), o evento foi organizado pela Universal Pictures e 87North Productions (ambos EUA).

Colheres equilibradas no corpo
Em 17/11/2023, Abolfazl Saber Mokhtari (IRN) segurou 88 colheres de aço inoxidável no corpo por 5s em Caraje, IRN. Melhorou o próprio recorde, de set/2021, por 3.

Participantes em um amistoso de pickleball
No Pickleball National Championships de 2023, 264 pessoas jogaram um amistoso em Farmers Branch, Texas, EUA, em 5/11/2023. A modalidade mistura tênis, tênis de mesa e badminton.

Saltos consecutivos em pogo stick
James Roumeliotis (EUA) pulou 115.170x em seu pogo stick por 11h38min9s em 9/9/2023. A maratona ocorreu no Pogopalooza em Boston, Massachusetts, EUA, e ajudou a Hopping for Heroes.

Parada de mão mais longa sobre um skate (LA3)
Kanya Sesser (EUA) ficou apoiada nas mãos por 19,65s em seu skate em Los Angeles, Califórnia, EUA, em 9/12/2023. Nasceu sem as pernas e foi abandonada ainda bebê, mas Kanya triunfou em múltiplas frentes. Skatista e snowboarder talentosa, atuou na TV e no cinema e foi modelo para marcas como Adidas e Abercrombie & Fitch.

Cosplay de Gundam mais alto
Em 24/2/2024, Thomas DePetrillo (EUA) apresentou um modelo de 3,12m do RX-78-2 Gundam em Rhode Island, EUA. O robô é do anime *Mobile Suit Gundam* (1979). Retratado aqui ao lado do cosplayer Halie Pfefferkorn – que ajudou Thomas na construção – vestido como o piloto vilão Char Aznable.

ICON

Dave Walsh

BREVE BIOGRAFIA

Nome	Dave Walsh
Local de nasc.	Brighton, East Sussex, RU
Data de nasc.	13/12/1986
Títulos atuais do GWR	Puxada de veículo mais pesada em cadeira de rodas
Títulos recentes de homem mais forte	• Homem Adaptado Mais Forte do Mundo (2022) • Atleta Adaptado Mais Forte do Mundo Magnús Ver Magnússon (2023) • Homem Adaptado Mais Forte da Grã-Bretanha (2023)

"Eu era forte de pé. Hoje sou forte sentado. Sempre forte!", disse Dave.

A foto acima mostra Dave em 2012 após erguer sua 1ª pedra de elevação no Pro Strength & Fitness em Swindon, Wiltshire, RU. "Percebi que queria levar minha jornada a outro patamar", contou ao GWR. Em 2014, esteve no Trojans Strongest Man em Bristol, RU (à dir). "Foi minha 2ª competição 'peso-pesado', e cerca de 2 semanas depois fui diagnosticado com EM."

Dave Walsh (RU) usou seus músculos conquistados a duras penas para superar desafios que mudam vidas. Vencedor de competições de força, quebrou um recorde mundial fazendo algo que alguns disseram que ele nunca seria capaz.

Dave começou a competir em 2012 e, já em 2014, um de seus braços ficou dormente durante um treino, o que o levou a um diagnóstico chocante: esclerose múltipla (EM). Acabou paralisado da cintura para baixo e dependente de uma cadeira de rodas. Levou 2 anos para que Dave aceitasse a doença, até que, em 2016, encontrou vídeos de competições de homens fortes com deficiência. Exultante, redirecionou seus objetivos, e, em 2017, começou a competir como paratleta.

Desde então, a sala de troféus encheu, com vitórias consecutivas no Homem com Deficiência Mais Forte do Mundo (o mais recentemente em 2023, quando voltou a ser o Homem Adaptado Mais Forte do Mundo) e 2 triunfos como Homem com Deficiência Mais Forte da Grã-Bretanha. Em 28/5/2023, Dave fez história no GWR com a **puxada de veículo mais pesada em cadeira de rodas**, arrastando um caminhão de 9.360kg por 17,5m em Gloucester, RU.

A reconexão com o esporte "teve me impactou e mudou minha visão de vida. Competir com homens fortes adaptados me fez transformar o negativo em positivo", contou ele, que, inclusive, já fala em quebrar o próprio recorde do caminhão. Com força muscular e muita vontade, é difícil não imaginar esse ÍCONE atingindo seu objetivo.

Dave teve algumas dores depois de quebrar seu recorde, afinal o peso que moveu foi cerca de 2x e meia maior do que os que qualquer um de seus rivais tentaram. Mesmo assim, no dia seguinte, Dave estava de volta aos treinos.

CERTIFICATE
The heaviest wheelchair vehicle pull is 9,360 kg (20,635 lb) and was achieved by David Walsh (UK) in Gloucester, Gloucestershire, UK, on 28 May 2023

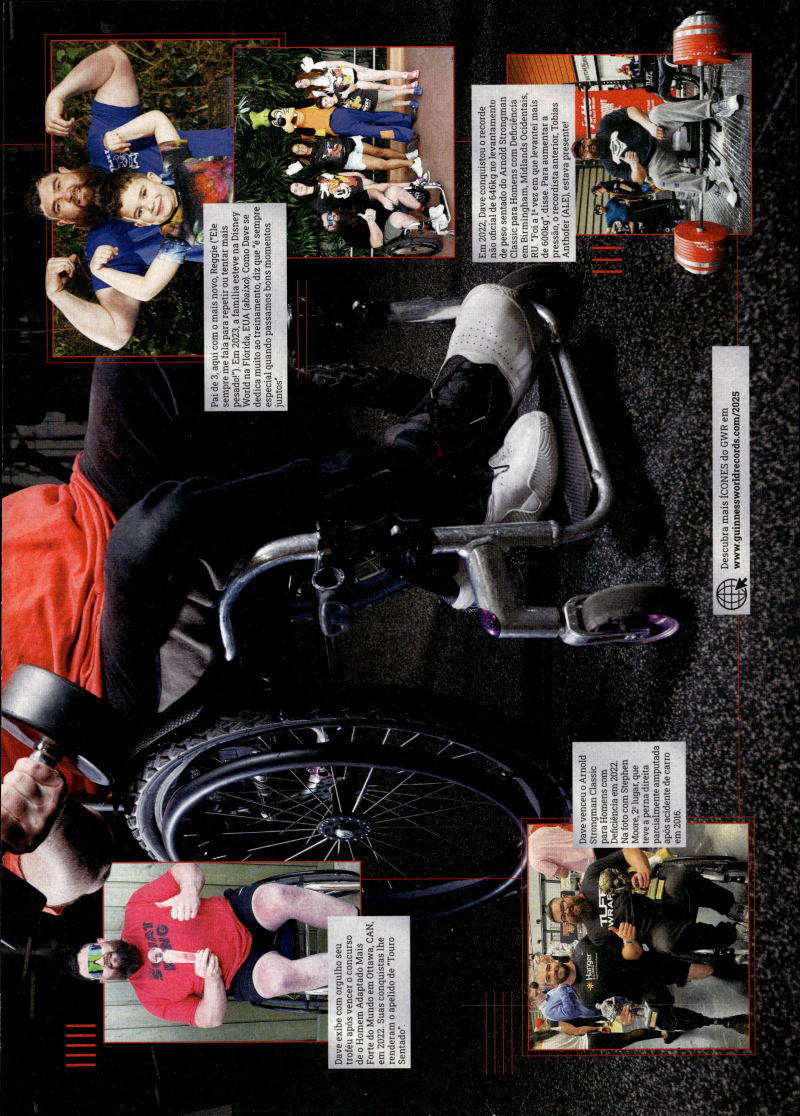

Pai de 3, aqui com o mais novo, Reggie ("Ele sempre me fala para repetir ou tentar mais pesado!"). Em 2023, a família esteve na Disney World na Flórida, EUA (abaixo). Como Dave se dedica muito ao treinamento, diz que "é sempre especial quando passamos bons momentos juntos".

Em 2022, Dave conquistou o recorde não oficial de 646kg no levantamento de peso sentado do Arnold Strongman Classic para Homens com Deficiência em Birmingham, Midlands Ocidentais, RU. "Foi a 1ª vez em que levantei mais de 600kg", disse. Para aumentar a pressão, o recordista anterior, Tobias Anthofer (ALE), estava presente!

Dave venceu o Arnold Strongman Classic para Homens com Deficiência em 2022. Na foto com Stephen Moore, 2º lugar, que teve a perna direita parcialmente amputada após acidente de carro em 2016.

Dave exibe com orgulho seu troféu após vencer o concurso de o Homem Adaptado Mais Forte do Mundo em Ottawa, CAN, em 2022. Suas conquistas lhe renderam o apelido de "Touro Sentado".

Descubra mais ÍCONES do GWR em www.guinnessworldrecords.com/2025

Clube da aventura

CORRIDA DE UMA MILHA MAIS RÁPIDA EM GRANDE ALTITUDE (LA4)
Em 1/4/2022, Andrea Lanfri (ITA) correu uma milha ao redor do Acampamento Base do Evereste, NPL, a 5.364m acima do nível do mar, em 9min48s, (LA4 — a classificação do GWR para amputados bilaterais abaixo do joelho).

Em 2015, aos 29 anos, Andrea contraiu meningite e, ao acordar de um coma de 1 mês, descobriu que tinha perdido 7 dedos das mãos e ambas as pernas. Andrea decidiu regressar à sua grande paixão: o alpinismo. Depois de um período como para-atleta, adquiriu com crowdfunding uma prótese de escalada e começou a subir picos. Em 13/5/2022, 6 semanas após a corrida recorde, escalou a **montanha mais alta** do mundo, cumprindo seu desejo de "tocar o céu com 3 dedos".

Até hoje, Andrea escalou 4 dos *Seven Summits* — a montanha mais alta de cada continente (7).

CONTEÚDO

Cronologia:	
Humano na maior altitude	124
Everest	126
Balonismo	128
Acrobacias	130
Correndo pelo mundo	132
Nados extremos	134
Todos ao mar	136
Galeria: Pioneiros	138
Proezas polares	140
Variedades	142

Andrea levou duas próteses na sua aventura no Everest — uma feita para trekking (*esq.*) e outra para escalada (*em cima*).

CLUBE DA AVENTURA
Humano na maior altitude

Vamos contar a história progressiva do recorde de humanos em grandes altitudes. A história da ambição humana de vencer a gravidade e voar pelos céus... e além!

A maior altitude em que humanos podem viver por longos períodos é 5.000m acima do nível do mar. Assentamentos humanos antigos foram encontrados no Planalto Tibetano e nos Andes em alturas próximas a essa. A cidade de La Rinconada, no Peru, atualmente, o **mais alto assentamento humano permanente**, está a 5.100m de altitude.

Embora saibamos que as almas mais destemidas já escalavam grande alturas desde a pré-história, a maioria não deixou vestígios de suas aventuras. A maior altitude confirmada alcançada por humanos antes da invenção de veículos voadores (ver p.130) é de 6.739m. Essa é a altura do cume do Vulcão Llullaillaco, na fronteira entre Argentina e Chile, onde uma equipe trabalhando no **sítio arqueológico mais alto** descobriu um altar cerimonial Inca datado de cerca de 1500 d.C.

Uma vez que o voo se tornou possível, nem mesmo o céu era o limite. Aqui, traçamos 220 anos da ascensão da humanidade aos céus.

1923 O piloto de teste Joseph Sadi-Lecointe (FRA) foi o **primeiro piloto de avião a quebrar o recorde de altitude**, voando para 11.145m em um caça biplano *Nieuport-Delage NiD.29* bastante modificado.

1804 Joseph-Louis Gay-Lussac (FRA) alcançou 7.016m acima de Paris em um balão de hidrogênio de 160m³. Dalões de gás similares com cestos de vime abertos seriam usados para cada voo que quebrasse o recorde por mais de um século.

1931 O físico Auguste Piccard e seu assistente Paul Kipfer (ambos CHE) alcançaram 15.781m em um balão *FNRS* ("Fonds National de la Recherche Scientifique"), com uma cabine pressurizada. Uma série de balões similares veio em seguida, combinando o design revolucionário da cabine de Piccard com envelopes cada vez maiores, culminando no gigantesco balão *Explorer II* de 100.000m³ (ver 1935).

1951 O piloto de testes da Douglas Aircraft Company, Bill Bridgeman (EUA), voou no *D-558-2 Skyrocket* até 24.230m, na Base da Força Aérea de Edwards na Califórnia, EUA. Foi o primeiro de muitos recordes de altitude quebrados por aviões-foguetes experimentais sobrevoando o Deserto de Mojave.

1953 Marion Carl (EUA) no *Douglas Skyrocket*: 25.37m

1935 Albert Stevens e Orvil Anderson (ambos dos EUA) no *Explorer II*: 22.066m

1933 Georgy Prokofiev, Konstantin Godunov e Ernst Birnbaum (todos da URSS) no *CCCP-1*: 19.000m

1932 Auguste Piccard e Max Cosyns (BEL) no *FNRS*: 16.201m

1927 Hawthorne Gray (EUA): 12.874m

1901 Arthur Berson e Reinhard Süring (ambos da DEU) no *Preussen*: 10.800m

1862 Henry Coxwell e James Glaisher (ambos do RU) no *Mammoth*: 9.144m

1838 Charles Green e George Rush (ambos do RU) no *Nassau*: 8.274m

1954 Kit Murray (EUA) no *Bell X-1A*: 27.566m

1956 Iven Kincheloe (EUA) no *Bell X-2*: 38.465m

Nas missões Gemini, espaçonaves foram acopladas a foguetes propulsores em órbita para alcançarem altitudes mais elevadas.

1968 Os tripulantes da *Apollo 8* - Frank Borman, Jim Lovell e William Anders (todos EUA) - foram os **primeiros humanos a deixar a órbita da Terra** durante uma missão que voou ao redor do lado distante da Lua. Em seu ponto mais distante, estavam a 377.349km da Terra.

Set/1966 Pete Conrad e Richard Gordon (ambos EUA) no *Gemini XI*: 1.368,9km

Jul/1966 John Young e Michael Collins (ambos EUA) no *Gemini X*: 763,4km

Abr/1961 O cosmonauta soviético Yuri Gagarin tornou-se o primeiro humano no espaço em 12/4, batendo o recorde de altitude no processo.

1969 Tom Stafford, John Young e Eugene Cernan (todos EUA) na *Apollo 10*: 399.820km

1964 Konstantin Feoktistov, Vladimir Komarov e Boris Yegorov (todos da URSS) no *Voskhod 1*: 336km

1965 Durante a segunda missão do programa Voskhod, o cosmonauta Alexei Leonov realizou a **primeira caminhada espacial**, com o apoio de seu colega Pavel Belayev. Apesar de seu sucesso histórico, a missão enfrentou problemas técnicos. O foguete propulsor queimou por tempo demais, enviando a espaçonave para uma órbita com um apogeu de 475km – cerca de 100km mais alto do que o planejado.

1960 Robert White (EUA) no *North American X-15*: 41.605m

Mar/1961 Joe Walker (EUA) voou em uma versão atualizada do *X-15*, equipada com um motor de foguete XLR99 muito mais poderoso, até 51.694m em 30/3.

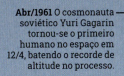
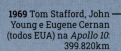
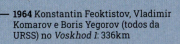

Maior altitude alcançada por humanos
A *Apollo 13*, lançada em 11/4/1970, deveria realizar o 3º pouso da humanidade na superfície da Lua. Dois dias após o início da missão, no entanto, uma explosão nos tanques de oxigênio fez com que a espaçonave mal conseguisse suportar a tripulação. Os astronautas Fred Haise, Jim Lovell e Jack Swigert (EUA, *da esq. para a dir.*) conduziram a nave em uma trajetória de "retorno livre", que os fez contornar o lado distante da Lua a uma altitude maior do que qualquer missão anterior. No ponto mais distante, a *Apollo 13* estava a 400.041km da Terra. Contra todas as probabilidades, a tripulação retornou em segurança, pousando em 17/4, e mantiveram o recorde por mais de 50 anos.

CLUBE DA AVENTURA
Everest

Primeira mulher a subir o Everest
Junko Tabei (JPN) escalou o Everest em 16/5/1975 – mesmo depois de uma avalanche a deixar desacordada.
Em 28/7/1992, tornou-se a 1ª mulher a completar os Sete Cumes (picos mais altos de cada continente) ao alcançar o topo do Elbrus. Escalou as 70 montanhas mais altas antes de falecer em 2016.

Mais subidas sem oxigênio auxiliar
Entre 7/5/1983–23/5/1996, Ang Rita Sherpa (NPL) escalou 10x o Everest sem cilindro de oxigênio. Em 22/12/1987, fez sua **primeira** (e até hoje, única) **subida no inverno sem oxigênio auxiliar**. Também completou o Kangchenjunga – 3º pico mais alto, a 8.586m, e considerado mais duro que o Everest – no inverno, sem cilindro de oxigênio.

PRIMEIRA SUBIDA...
No inverno
Krzysztof Wielicki e Leszek Cichy (ambos POL) escalaram o Everest em 17/2/1980 com cilindro de oxigênio. Aventuras no frio extremo apresentam desafios adicionais, com condições mais traiçoeiras e menos oxigênio (devido à pressão mais baixa), tornando o trajeto mais exaustivo.

Sozinho
Reinhold Messner (ITA) escalou o Everest a 1ª vez sozinho em 20/8/1980. Levou 3 dias para alcançar o cume desde o campo base a 6.500m. A subida foi mais difícil por ele não estar com cilindro de oxigênio.

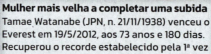

Mulher mais velha a completar uma subida
Tamae Watanabe (JPN, n. 21/11/1938) venceu o Everest em 19/5/2012, aos 73 anos e 180 dias. Recuperou o recorde estabelecido pela 1ª vez 10 anos antes.
Yuichiro Miura (JPN, n. 12/10/1932) detém o **masculino** – e geral – alcançando o topo em 23/5/2013, aos 80 anos e 223 dias.

A partir do nível do mar
Em 11/5/1990, Tim Macartney-Snape (AUS) alcançou o ponto mais alto do planeta depois de caminhar 1.200km desde Gangasagar na costa indiana. Completou sem ajuda de xerpas e cilindro de oxigênio.

Por pessoa amputada
Tom Whittaker (RU) escalou o Everest em 27/5/1998. Um de seus pés foi removido após acidente de carro em 1979.
O recorde **feminino** é de Arunima Sinha (IND), que chegou ao cume em 21/5/2013. Teve uma das pernas amputadas em 2001 devido a ferimentos sofridos em um assalto.

Por pessoa cega
Em 25/5/2001, Erik Weihenmayer (EUA) alcançou o cume do Everest. Nasceu com retinosquise, condição que o deixou cego aos 13 anos.

Três vezes numa mesma temporada
Quatro xerpas nepaleses alcançaram 3x o cume do Everest na primavera de 2007, sempre pelo campo base no lado norte. Subiram a 1ª vez em 30/4 e a última em 14/6: Phurba Tashi (fez a 2ª em 15/5), Son Dorje e Lhakpa Nuru (ambos em 21/5) e Dorje Sonam Gyalzen (22/5). Dorje Sonam Gyalzen (22 May).

A pessoa mais jovem a escalar o Everest, Jordan Romero, tinha 13 anos em 2010, embora o GWR não aceite escaladas realizadas por alpinistas menores de 16 anos.

Primeira subida por amputado duplo acima dos joelhos
Hari Budha Magar (NPL) completou o Everest em 19/5/2023. Aceitou o desafio como inspiração para outros, e para mudar suposições clichês sobre deficiências. Ex-integrante das unidades gurcas, perdeu as pernas ao pisar em uma mina no Afeganistão em 2010.
No geral, o primeiro amputado duplo a escalar o Everest foi Mark Inglis (NZ) em 15/5/2006. Em 1982, teve as pernas congeladas e amputadas abaixo dos joelhos.

Mais subidas
Às 9h20 de 23/5/2023, enquanto guiava pessoas nas trilhas dos Sete Cumes, Kami Rita Sherpa (NPL) completou o Everest pela 28ª vez. Sua marca de **mais subidas das 14 montanhas com mais de 8.000m** está em 39.
O recorde **feminino** é de Lhakpa Sherpa (NPL), que chegou ao topo do Everest pela 10ª vez em 12/5/2022.

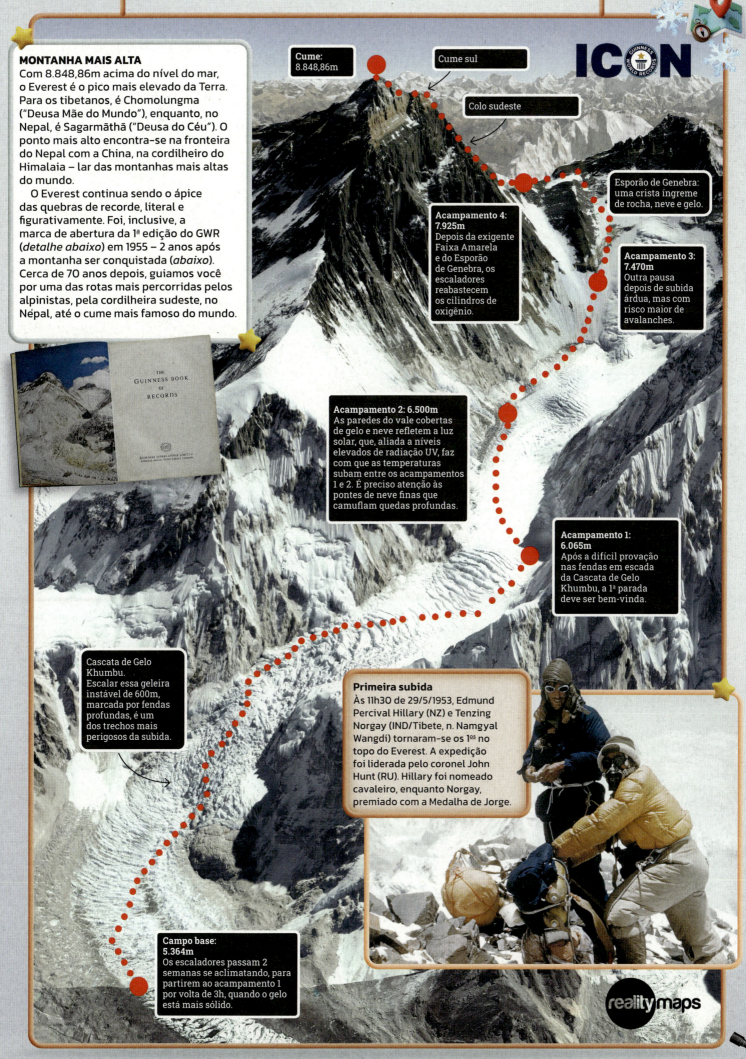

ICON

MONTANHA MAIS ALTA

Com 8.848,86m acima do nível do mar, o Everest é o pico mais elevado da Terra. Para os tibetanos, é Chomolungma ("Deusa Mãe do Mundo"), enquanto, no Nepal, é Sagarmāthā ("Deusa do Céu"). O ponto mais alto encontra-se na fronteira do Nepal com a China, na cordilheiro do Himalaia – lar das montanhas mais altas do mundo.

O Everest continua sendo o ápice das quebras de recorde, literal e figurativamente. Foi, inclusive, a marca de abertura da 1ª edição do GWR (*detalhe abaixo*) em 1955 – 2 anos após a montanha ser conquistada (*abaixo*). Cerca de 70 anos depois, guiamos você por uma das rotas mais percorridas pelos alpinistas, pela cordilheira sudeste, no Nepal, até o cume mais famoso do mundo.

Cume: 8.848,86m

Cume sul

Colo sudeste

Esporão de Genebra: uma crista ingreme de rocha, neve e gelo.

Acampamento 4: 7.925m — Depois da exigente Faixa Amarela e do Esporão de Genebra, os escaladores reabastecem os cilindros de oxigênio.

Acampamento 3: 7.470m — Outra pausa depois de subida árdua, mas com risco maior de avalanches.

Acampamento 2: 6.500m — As paredes do vale cobertas de gelo e neve refletem a luz solar, que, aliada a níveis elevados de radiação UV, faz com que as temperaturas subam entre os acampamentos 1 e 2. É preciso atenção às pontes de neve finas que camuflam quedas profundas.

Acampamento 1: 6.065m — Após a difícil provação nas fendas em escada da Cascata de Gelo Khumbu, a 1ª parada deve ser bem-vinda.

Cascata de Gelo Khumbu. Escalar essa geleira instável de 600m, marcada por fendas profundas, é um dos trechos mais perigosos da subida.

Primeira subida
Às 11h30 de 29/5/1953, Edmund Percival Hillary (NZ) e Tenzing Norgay (IND/Tibete, n. Namgyal Wangdi) tornaram-se os 1ºˢ no topo do Everest. A expedição foi liderada pelo coronel John Hunt (RU). Hillary foi nomeado cavaleiro, enquanto Norgay, premiado com a Medalha de Jorge.

Campo base: 5.364m — Os escaladores passam 2 semanas se aclimatando, para partirem ao acampamento 1 por volta de 3h, quando o gelo está mais sólido.

realitymaps

127

CLUBE DA AVENTURA
Balonismo

Voo de balão mais longo
Brian Jones (RU) e Bertrand Piccard (CHE) passaram 19 dias, 21h e 47min no ar em um *Breitling Orbiter 3* entre 1–21/5/1999. Saíram de Château-d'Oex, na Suíça, e completaram a 1ª circum-navegação de balão, viajando 40.814km antes de pousarem no Cairo, Egito. A odisseia aérea permanece como o **voo de balão mais distante**.

RU, entre 2-3/7/1987. A jornada épica no *Virgin Atlantic Flyer* durou 31h41min e percorreu 4.947km.

A mesma dupla completou a **1ª travessia do Pacífico em um balão de ar quente** entre 15-17/1/1991. Voaram 10.880km, do Japão até os Territórios do Noroeste, no Canadá, no *Virgin Otsuka Pacific Flyer*.

Voo de balão de ar quente mais alto
Aos 67 anos, dr. Vijaypat Singhania (IND) alcançou uma altitude de 21.027m sobre Mumbai, Índia, em 26/11/2005.

O recorde de um **balão a gás** ainda é de Malcolm Ross e Victor Prather (ambos EUA), que voaram no modelo a gás hélio *Strato Lab V* até 34.668m em 4/5/1960.

Mais vitórias na Gordon Bennett Cup
Com 1ª edição em 1906, a Gordon Bennett Cup é a **mais antiga corrida aérea**. Nela, pilotos guiam seus balões de gás de 1.000m³ o mais longe que conseguirem. Vincent Leÿs (FRA) venceu 9x entre 1997 (estreia) e 2017.

Primeiro voo tripulado sem amarras
Em 21/11/1783, Jean-François Pilâtre de Rozier e o marquês d'Arlandes (ambos FRA) voaram para o desconhecido em Paris, França. Partiram do Bois de Boulogne, cruzaram o Sena e passaram por cima do centro da cidade. O balão pousou no sudeste de Paris 25 minutos depois.

Primeiro voo tripulado
Em 15/10/1783, o professor de Ciências Jean-François Pilâtre de Rozier (FRA; *ver dir.*) subiu 25m no céu de Paris em um balão amarrado em solo. Permaneceu voando por 4min, alimentando o fogo na gôndola para manter a altitude. O voo ocorreu 1 mês após um teste com animais passageiros (um pato, uma ovelha e um galo).

Primeira travessia do Atlântico em um balão de ar quente
O aventureiro Richard Branson (RU) e o piloto Per Lindstrand (SWE) voaram de Sugarloaf, no Maine, EUA, até Limavady, na Irlanda do Norte,

Voo de balão mais distante (feminino; classe AX-4)
Em 22/11/2022, Alicia Hempleman-Adams (RU) pilotou um balão da classe AX-4 por 301,9km no Canadá. Ela também estabeleceu o recorde para **voo mais longo** em sua categoria: 7h39min30s. A classe AX-4 é para balões menores – c. 13m de diâmetro – operados por um piloto em uma cesta de 1m de largura.

O balão foi decorado com um slogan contra a extração de lítio na província argentina de Jujuy.

Voo de balão solar de ar quente mais longo
Em 25/1/2020, a aeronauta Leticia Noemi Marques (ARG) sobrevoou as Salinas Grandes, Argentina, por 667,85m no *Aerocene Pacha*, movido a energia solar. O voo amigável ao meio ambiente foi idealizado no Projeto Aeroceno, liderado pelo artista argentino Tomás Saraceno, que visa desenvolver aeronaves movidas a combustíveis renováveis. O envelope era de um tecido preto fosco chamado Skytex, eficiente na absorção de energia solar.

O *Aerocene Pacha* é um balão hopper – ao invés de estar em uma cesta, a pilota Leticia Noemi Marques estava suspensa por um arnês abaixo do envelope. Ela o guiou a uma altura de 272,1m.

MAIOR ASCENSÃO EM MASSA DE BALÕES DE AR QUENTE
Na manhã de 6/10/2019, 524 balões de ar quente preencheram o céu do Novo México, EUA, em uma ascensão em massa durante o 48° Festival Internacional de Balonismo de Albuquerque. O evento anual recebe fãs de todo o mundo, atraídos pela promessa de "um mundo encantado com balões de formas variadas com brilhos crepusculares e céu decorado com balões vibrantes".

CLUBE DA AVENTURA
Acrobacias

Aeronave mais pesada a realizar um loop acrobático
Um Lockheed Martin LM-100J (4,05t) (à esq.) completou um loop no Show Aéreo Internacional de Farnborough em Hampshire, RU, em 18/7/2018. Foi pilotado por Wayne Roberts e o copiloto Steve Knoblock (ambos EUA).

A **aeronave mais pesada a voar invertida** foi o Boeing 367-80 (46,06t). Numa apresentação em 7/8/1955, Alvin Johnston (EUA) girou o protótipo do avião comercial sobre o lago Washington próximo a Seattle, Washington, EUA.

Primeiro loop num helicóptero
Em 9/5/1949, o piloto de testes Harold E. Thompson (EUA) guiou seu Sikorsky S-52 numa série de loops sobre Bridgeport, Connecticut, EUA. Meses antes, o piloto de um US Navy voou acidentalmente invertido ao voltar de um mergulho num helicóptero Piasecki, mas não ficou claro se foi um loop completo.

Voo invertido mais longo
Em 24/7/1991, Osterud (EUA, n. CAN; 1945–2017) voou com seu biplano Ultimate 10-300S de cabeça para baixo por 4h38min10s entre Vancouver e Vanderhoof, CAN. Preparou-se prendendo uma cadeira de piloto no teto da garagem e ficando sentado lá durante intervalos de 20min.

Osterud, uma pilota acrobática e a 1ª num voo comercial da Alaska Airlines, também tem o recorde de **mais loops externos** (208). Guiou seu Supernova Hiperbipe numa exibição de 2h no Oregon, EUA, em 13/7/1989.

Mais vitórias no Campeonato Mundial da Red Bull Air Race
Paul Bonhomme (RU; *detalhe abaixo*) venceu o campeonato de corrida aérea 3x, em 2009, 2010 e 2015. Um dos vários pilotos da sua família, tirou a licença aos 18 anos e pilotou por companhias aéreas. Anunciou a aposentadoria das corridas após o 3º título da Red Bull. O inglês participou de todas as 65 corridas desde a 1ª edição em 2003, vencendo 19 delas.

Mais aeronaves num voo acrobático invertido
Conhecida como "Esquadrilha da Fumaça", o Esquadrão de Demonstração Aérea é uma equipe da Força Aérea Brasileira. Numa apresentação no aeródromo de Pirassununga em 29/10/2006, o time de 12 Tucanos T-27 voou em formação invertida por mais de 30s.

Mais vitórias no World Glider Aerobatic Championships
Jerzy Makula (POL) venceu 7 títulos na principal competição de planadores da FAI entre 1985-2011. Ajudou também o time polonês no recorde de **mais títulos por equipe**, ganhando 9x.

Mais aeronaves num loop acrobático
Em 4/9/1958, os "Black Arrows", da Força Aérea Real Britânica, realizou um loop com 22 aviões, dispostos em formação chevron no Show Aéreo de Farnborough em Hampshire, RU. Vindos do Esquadrão 111 da Força Aérea, os Black Arrows foram uma de várias equipes substituídas pelas Red Arrows em 1965.

Mais aviões a jato numa equipe militar de exibição acrobática
Formada em 1961, a Frecci Tricolori é a equipe de demonstração acrobática da Força Aérea Italiana. Performam com 10 jatos Aermacchi MB-339; na apresentação, 9 aviões voam lado a lado, com um solista. O indicativo de chamada de cada piloto é "Pônei" mais um número que significa sua posição na formação.

Túnel mais longo percorrido por um avião
O piloto acrobático Dario Costa (ITA) voou com seu avião de corrida pelo 1,73km do túnel Catalca na Turquia em 4/9/2021. Mesmo com apenas 4m entre as asas e as paredes, guiou em 44s com velocidade média de 245km/h. Ao sair do túnel, realizou um loop comemorativo.

O Reno Air Races de 2023 foi o último no Aeroporto Stead. Um novo local está sendo procurado.

TORNEIO DE CORRIDA AÉREA MAIS ANTIGO

O National Championship Air Races (também conhecido como Reno Air Races) ocorre anualmente no Aeroporto Stead no Reno, Nevada, EUA, desde 1964. Criado pelo piloto da 2ª GM Bill Stead, o evento vê vários monopostos voarem em alta velocidade e baixa altitude num percurso oval de 12,8km delimitado por pylons. Existem diversas categorias, incluindo corridas para aviões modernos e pequenos jatos, porem o mais prestigioso evento é o classe "ilimitada", com aviões da 2ª GM, em sua maioria, muito modificados.

Steven Hinton Jr. (EUA) acumulou **mais vitórias na classe ilimitada do National Championship Air Races (8)** entre 2009-2013. Também detém o recorde de **maior velocidade num avião a pistão** – com média de 855,59km/h, num P-51 Mustang *Voodoo* modificado em 2/9/2017.

131

CLUBE DA AVENTURA
Correndo pelo mundo

Volta ao mundo mais rápida em voos comerciais
De 14 a 15/6/2022, Tomas Reisinger (CZE) voou ao redor do mundo em 41h18min, batendo o recorde anterior em mais de 5h. Foram apenas duas etapas, com um voo (SQ 22) da Singapore Airlines do Aeroporto Changi de Singapura para o Aeroporto Internacional Newark Liberty em Nova Jersey, EUA, em seguida embarcando no voo de volta (SQ 21) pela mesma companhia aérea. O SQ 21 atualmente também representa **o voo direto de maior duração**, com 18h30min. Como a conquista de Reisinger não pode ser significativamente batida usando a tecnologia atual, o GWR deu o registro por encerrado. Convidamos novos aspirantes a se candidatar em uma categoria relacionada: **volta ao mundo mais rápida por transporte terrestre comercial**.

Volta ao mundo mais rápida de bicicleta
Mark Beaumont (RU) pedalou ao redor do mundo em 78d14h40min entre 2/7 e 18/9/2017, marcando o Arco do Triunfo em Paris, FRA, como ponto de partida e de chegada. Ele passou por 16 países ao longo da viagem. Sua compatriota Jenny Graham detém o recorde **feminino**, 124d11h, indo e voltando para Berlim, DEU, de 16/6 a 18/10/2018.

Volta ao mundo mais rápida de carro
O recorde de 1ºs e mais rápidos homem e mulher a darem a volta na Terra de carro cobrindo 6 continentes sob as regras aplicáveis de 1989 e 1991 — abrangendo mais do que o comprimento da linha do equador (40.075km) — são Saloo Choudhury e sua esposa Neena Choudhury (ambos IND). A viagem durou 69d19h5min, de 9/9-17/11/1989. Eles dirigiram um Hindustan Contessa clássico ano 1989, começando e terminando em Déli, IND.

Mais rápida travessia de skate pelos EUA
Chad Caruso (EUA) levou apenas 57d6h56min para ir de Venice Beach, Califórnia, até Virginia Beach, Virgínia, entre 24/3 19/5/2023. Para se preparar, Caruso fez longos percursos ao longo de 6 meses antes da tentativa oficial. Ele aproveitou o recorde para promover a conscientização sobre vícios e em prol da saúde mental.

Volta mais rápida na Antártida
De 21/2 a 25/5/2022, Lisa Blair (AUS) circundou a Antártida em 92d18h21min22seg em seu veleiro monocasco de 15,2m, o *Climate Action Now*. Ela foi a 3ª pessoa a completar a aventura. A viagem de ida e volta para Albany na Austrália Ocidental lhe rendeu a vitória na *Antarctica Cup Ocean Race* de 25.920km.

Mais rápida travessia da Nova Zelândia a pé (fem.)
Levou apenas 20d17h15min para Emma Timmis atravessar seu país entre 18/12/2021 e 7/1/2022. Ela correu uma média de 100km/dia de Cape Reinga no Norte Ilha até a cidade de Bluff, no extremo da Ilha Sul.

Travessia mais rápida da Índia, oeste-leste, de bicicleta (fem.)
Preeti Maske (IND) pedalou entre os estados de Gujarat e Arunachal Pradesh em 13d18h38min, terminando em 15/11/2022. Ela aproveitou sua travessia de 3.954km para conscientizar as pessoas sobre a Fundação ReBirth, que promove a doação de órgãos. Maske também detém o recorde norte-sul, 11d22h23min, alcançado em 24/2/2023, quando chegou ao Tamil Nadu, no extremo sul do país.

Volta ao mundo mais rápida de bicicleta por um casal
Caroline Soubayroux (FRA) e David Ferguson (RU) pedalaram ao redor do mundo em 204d17h25min entre 25/9/2021 e 16/4/2022. A viagem começou e terminou no Royal Hospital de Londres, RU, e arrecadou fundos para a *Barts Health NHS Trust*.

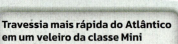

Travessia mais rápida do Atlântico em um veleiro da classe Mini
Jay Thompson (EUA) partiu de Nova York a bordo do *Speedy Gonzales* às 18h35 de 3/8/2023. Após 17d9h51min9s, e apesar do mau tempo e de falhas em equipamentos, passou pelo Cabo Lizard, na Cornualha, RU, às 4h26 de 21/8. Ele encerrou a jornada no Port du Château em Brest, FRA. Os veleiros Mini têm 6,5m de comprimento por 3m de largura e são projetados para serem operados por 1 pessoa.

Charlesworth levou bolsas à prova d'água com roupas, comida e equipamento na prancha de stand-up paddle.

JORNADA MAIS LONGA DE STAND-UP PADDLE
De 4/3 a 11/6/2023, Peter Charlesworth (AUS) remou 2.677,34km em pé sobre uma prancha de stand-up paddle. Sozinho e sem apoio, navegou o equivalente ao comprimento do maior rio da Austrália ao fazer uma volta completa pelos lagos Hume, Mulwala, Albert e Alexandrina. Após passar por uma cirurgia de tripla ponte de safena em 2020, ele treinou por 18 meses e embarcou no desafio, em prol de uma maior conscientização sobre a saúde do coração.

CLUBE DA AVENTURA
Nados extremos

Nado de 10km em águas abertas mais rápido em 6 continentes
Os irmãos Joe e John Zemaitis (ambos EUA) levaram 4d23h43min para completar uma viagem de natação de longa distância ao redor do globo. Começaram em Cartagena, Colômbia, em 6/6/2023, e terminaram em 11/6 em Sydney, Austrália. Passaram por EUA e Marrocos, finalizando com duas etapas na Turquia: uma na Europa e outra na Ásia.

Revezamento de natação mais rápido no Canal do Norte (LA)
A equipe britânica "Bits Missing" – David Burke, Mary Clewlow, Andrew Smith, Kate Sunley e Jonty Warneken – revezou-se para nadar da Irlanda do Norte até a Escócia, RU, em 15h8min35s em 22/6/2022. Todos com pernas amputadas, foram a 1ª equipe no trajeto de 35km.
    Em 8/9/2023, Warneken voltou ao canal para bater o recorde solo LA2: 15h22min41s. Ambos os nados foram ratificados pela Associação Irlandesa de Natação de Longa Distância.

Pessoa mais velha a nadar o lago Malawi
Pat Gallant-Charette (EUA, n. 2/2/1951) tinha 72 anos e 109 dias quando fez a travessia de 23,5km do cabo Ngombo até a baía de Senga em 22/5/2023. O feito foi verificado pela Marathon Swimmers Federation.

Pessoa mais jovem a completar a Oceans Seven
Prabhat Koli (IND, n. 27/7/1999) tinha 23 anos e 217 dias quando completou a maratona em águas abertas (ver p. ao lado) em 1/3/2023.
    O recorde **feminino**, também de 2023, é da croata Dina Levačić (n. 14/5/1996), no dia em que comemorava 27 anos.

Nado no gelo mais longo
Em 19/4/2023, Krzysztof Gajewski (POL, ver também pp.104–05) nadou 6km em um lago perto de Sienna, Polônia. O esforço épico durou 1h46min16s. Devido às regras da Associação Internacional de Natação no Gelo (IISA), usou apenas macacão, toca e óculos, numa água a -5°C.

Nado no gelo mais rápido (1 milha)
Em 12/3/2023, Marcin Szarpak (POL) nadou 1 milha em 19min27s numa piscina aberta em Świętochłowice, Polônia.
    O **nadador no gelo mais velho** é Jerrie Roberts (RU, n. 26/6/1950). Em 1/12/2023, enfrentou as águas geladas do lago Loch Morlich, nas Terras Altas, RU, aos 73 anos e 158 dias. Ela completou uma milha em 54min43s. Ambos os recordes foram confirmados pela IISA.

Nado mais longo com cauda de sereia
Em 15/4/2023, Merle Liivand (EST) completou uma "natação sereia" de 50km em Biscayne Bay, Miami, Flórida, EUA. Nadou 14h15min sem as mãos, impulsionando-se apenas com um pé de pato de cauda de sereia. A campeã usa a publicidade de suas tentativas de recorde para dar destaque à poluição marinha; foi a 5ª vez que ela bateu sua marca na categoria.

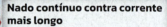

Nado contínuo contra corrente mais longo
Entre 28–30/12/2023, em memória de um amigo que morreu em decorrência do câncer aos 45 anos, Maarten van der Weijden (NLD) nadou contra corrente por 45h em Bught, Países Baixos. Ele próprio teve leucemia aos 20 anos e deu a volta por cima para ganhar o ouro olímpico em águas abertas em 2008. Recuperou o título do GWR que havia conquistado em 2021, com 32h20min50s.

Nado mais rápido de Land's End a John o'Groats (fem.)
A aventureira polivalente Jasmine Harrison (RU) levou 109 dias e 55min para nadar a extensão da Grã-Bretanha entre 1/7–18/10/2022. Percorria 12h por dia pela costa oeste, descansando a bordo de seu iate de apoio. A jornada de 1.040km foi verificada pela Associação Mundial de Natação de Águas Abertas.

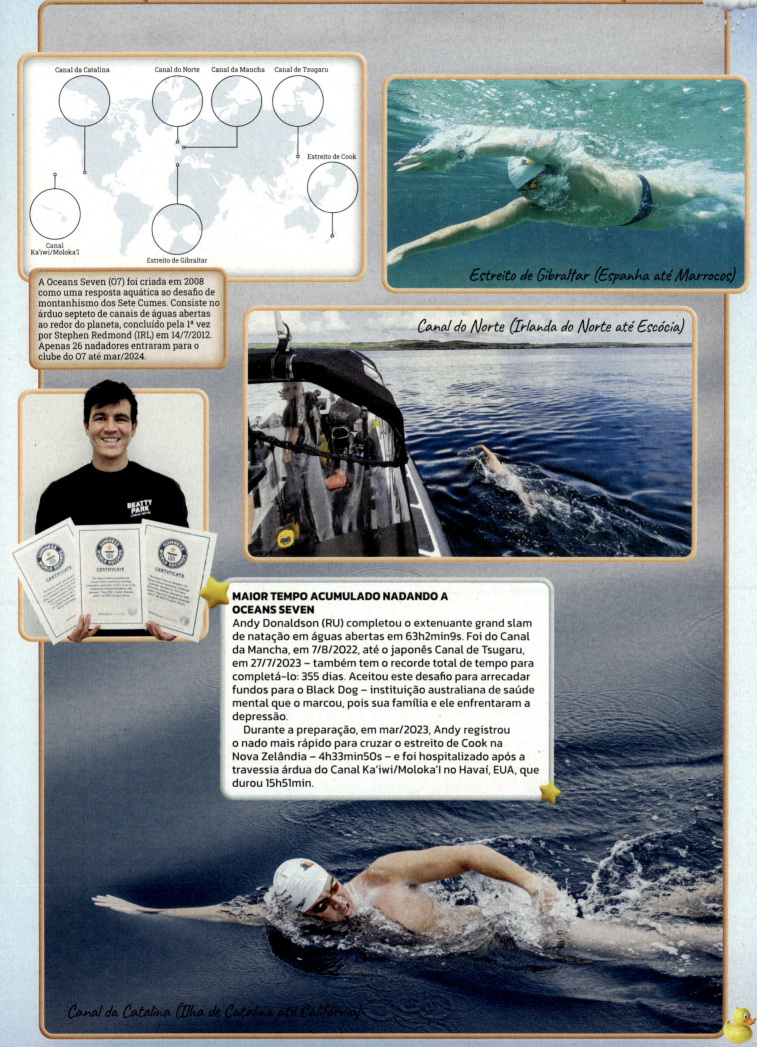

Canal da Catalina · Canal do Norte · Canal da Mancha · Canal de Tsugaru · Estreito de Cook · Canal Ka'iwi/Moloka'I · Estreito de Gibraltar

A Oceans Seven (O7) foi criada em 2008 como uma resposta aquática ao desafio de montanhismo dos Sete Cumes. Consiste no árduo septeto de canais de águas abertas ao redor do planeta, concluído pela 1ª vez por Stephen Redmond (IRL) em 14/7/2012. Apenas 26 nadadores entraram para o clube do O7 até mar/2024.

Estreito de Gibraltar (Espanha até Marrocos)

Canal do Norte (Irlanda do Norte até Escócia)

MAIOR TEMPO ACUMULADO NADANDO A OCEANS SEVEN
Andy Donaldson (RU) completou o extenuante grand slam de natação em águas abertas em 63h2min9s. Foi do Canal da Mancha, em 7/8/2022, até o japonês Canal de Tsugaru, em 27/7/2023 – também tem o recorde total de tempo para completá-lo: 355 dias. Aceitou este desafio para arrecadar fundos para o Black Dog – instituição australiana de saúde mental que o marcou, pois sua família e ele enfrentaram a depressão.

Durante a preparação, em mar/2023, Andy registrou o nado mais rápido para cruzar o estreito de Cook na Nova Zelândia – 4h33min50s – e foi hospitalizado após a travessia árdua do Canal Ka'iwi/Moloka'I no Havaí, EUA, que durou 15h51min.

Canal da Catalina (Ilha de Catalina até Califórnia)

135

CLUBE DA AVENTURA
Todos ao mar

Travessia mais rápida do Canal da Mancha em uma prancha de remada
Mark Walton (IRL, *acima*) chegou a Tardinghen, França, em 2/10/2023, após 3h54min50s, vindo do RU. Durante a viagem, ele teve que sair da água brevemente para ser transportado num barco de apoio por uma via marítima.
A **travessia contínua mais rápida**, entretanto, é de 5h9min, por Michael O'Shaughnessy (EUA) em 18/7/2006. O surfista da Flórida também remou no Lago Ness e no Mar da Irlanda.

Travessia mais rápida do Mar da Irlanda em um catamarã para 2 pessoas
Os parceiros Anna Burnet e John Gimson (ambos RU) levaram 1h30min41s para ir de Bangor, na Irlanda do Norte, até o vilarejo escocês de Portpatrick, RU, em 26/9/2023. A dupla, que conquistou a prata em Tóquio 2020 e foi selecionada para representar a Grã-Bretanha em Paris 2024, conduziu um catamarã Nacra 17. Tentaram o recorde para promover a tecnologia marítima com emissões zero.

Primeira pessoa a cruzar o Atlântico Sul em um caiaque (leste-oeste)
Richard Kohler (ZAF) remou da Cidade do Cabo, África do Sul, até Salvador, Brasil, entre 18/12/2022–19/2/2023. Fez a viagem sozinho e sem apoio em sua embarcação *Osiyeza* ("A Travessia"). Percorreu 6.170km em pouco menos de 63 dias e 7h, mas teve que nadar os últimos metros até a costa porque não havia lugar para atracar!

PRIMEIRA...
Pessoa a conquistar o Grand Slam da Ocean Explorers
Em 2019, Flann Paul (ISL) completou a travessia dos 5 oceanos, com diferentes tripulações. Começou pelo Atlântico, de leste a oeste, em 2011, e terminou com o Antártico. A última etapa foi a **primeira remada no oceano Antártico**, quando Paul atuou como capitão de uma equipe de 6. Remaram do cabo Horn, Chile, até Charles Point, Antártida, entre 13-25/12/2019, a bordo de *Ohana*.

Mulher a remar no oceano Antártico
Entre 11-17/1/2023, Lisa Farthofer (AUT) remou da Ilha do Rei George até a Ilha Laurie na Antártida, ao lado de outros 4 tripulantes. O feito tornou-a também a **primeira mulher a remar em águas polares abertas**. A equipe conquistou mais 8 títulos do GWR na viagem, incluindo **maior distância remada no oceano Antártico** (753km).

Pessoa de caiaque no Mid-Pacific sem apoio
Cyril Derreumaux (FRA) remou seu caiaque *Valentine* por 3.728km entre 21/6-20/9/2022. A jornada levou 90 dias e 9h, de Monterey, Califórnia, até Hilo, Havaí, EUA. Descreveu a viagem como "uma aventura magnífica".

Pessoa a remar no oceano Índico da Austrália continental até a África continental
Entre 25/4-20/7/2023, Robert Barton (AUS) viajou sozinho de Carnavon, Austrália Ocidental, até Tanga, Tanzânia. Remou 8.943km em 85 dias 12h9min em seu barco de classe aberta *Hope*.

MAIS...
Dias ao mar em um barco a remo oceânico
Durante uma série de viagens entre nov/2005-mar/2022, o turco-americano Erden Eruç passou 1.167 dias em alto-mar, remando sozinho ou em dupla.
Ele acumulou também a **maior distância agregada em uma remada oceânica solo** – 49.457km – em seu *Around-n-Over*.

Remadas oceânicas solo
Entre 2001-2019, Emmanuel Coindre (FRA) completou 7 travessias oceânicas sozinho. Atravessou o Atlântico 5x e o Pacífico e o Índico 1x cada.

Conclusões consecutivas da Regata Sydney-Hobart
Lindsay May (AUS) terminou esta corrida 50x seguidas, mais recentemente em 31/12/2023. Competidores velejam 1.163km de Nova Gales do Sul, Austrália, até a capital da Tasmânia, Hobart, cruzando o traiçoeiro estreito de Bass.
O número de **mais conclusões no geral** é 54, de Tony Ellis (AUS) entre 1963 e 2023.

Maior distância de águas abertas em um caiaque em 24h (fem.)
Entre 12-13/9/2022, Bonnie Hancock (AUS) remou 235km em seu caiaque oceânico na costa de Queensland, Austrália. Bateu o recorde apenas 2 semanas depois de completar a **circum-navegação mais rápida da Austrália (fem.)**, retornando ao ponto de partida em 28/8, após 254 dias e 6h.

PESSOA MAIS VELHA A REMAR SOZINHA EM UM OCEANO
Frank Rothwell (RU, n. 9/7/1950) tinha 73 anos e 157 dias quando saiu de San Sebastián, La Gomera, nas Ilhas Canárias espanholas, em 13/12/2023. O dono e presidente do time de futebol Oldham Athletic completou a travessia do Atlântico 64 dias depois, aos 73 anos e 221 dias, quando chegou ao English Harbour em Antígua em 15/2/2024. Com razão, nomeou sua embarcação de *Never Too Old*.

GWR conversa com...

Você remou pelo Atlântico a 1ª vez em 2020–21. Por que voltou?
Na 1ª vez, arrecadei £1mi para o Alzheimer's Research UK. Em 2023, meu melhor amigo morreu aos 62 anos em decorrência de um Alzheimer precoce. Ver sua deterioração me fez pensar: "O que posso fazer para ajudar?". Aos 73, senti que ainda era forte o suficiente para remar e conscientizar e arrecadar fundos.

Você pode compartilhar algumas memórias especiais do tempo ao mar?
Mais ou menos na metade do caminho, uma baleia de 8m passou por mim a cerca de 10m da traseira do barco. Abrir os cartões de Natal dos meus netos também foi muito especial.

Como foi o treinamento?
Com velocidade! Treinei em todos os climas, remando até 48km por dia no estuário de Clyde na Escócia e no mar do Norte, entre Scarborough e Whitby, em North Yorkshire.

Quais foram os maiores desafios?
O marasmo [águas sem vento que aparecem perto da linha do Equador] e os alísios adversos fizeram com que a remada de 2023–24 fosse mais difícil que a de 2020–21. Sou experiente e estava em um barco mais leve, então esperava reduzir meu tempo. [Porém, a travessia mais recente] levou uma semana a mais.

Que conselho daria às pessoas de sua idade que pensam em alcançar recordes em aventuras extremas?
Faça aquilo que você sabe que pode completar 100% seguro, sem colocar em risco a vida de outras pessoas ou esperar que venham ao seu resgate.

Você tentará quebrar mais recordes?
Eu adoraria remar no Pacífico em 2025, quando completarei 75. Porém minha família não está animada – para dizer o mínimo!

> Rothwell teve sua parcela de drama em alto-mar. Ele virou 4x, mas um strep o manteve preso à embarcação.

CLUBE DA AVENTURA: GALERIA
Pioneiros

Primeira paraplégica a subir a El Capitan
Karen Darke (RU) completou a El Capitan na Califórnia, EUA, em 5/10/2007, depois de escalada de 4 dias. Liderada pelo parceiro Andy Kirkpatrick, subiu o monólito de granito de 914m no Parque Nacional de Yosemite com um esforço equivalente a 4.000 flexões de braço na barra fixa. Desde que ficou paralisada do tórax para baixo, aos 21 anos, já foi de caiaque do Canadá ao Alasca, ganhou o ouro no handcycling nas Paralimpíadas e embarcou numa expedição pela Antártida (ver p.140).

Mark Wellman (EUA) completou a 1ª subida de paraplégico da El Capitain em 26/7/1987, com o amigo M. Corbett.

Voo de balão subterrâneo mais profundo
Ivan Trifonov (AUT) pilotou um balão de ar quente a 206m de profundidade na caverna Mamet em Obrovac, Croácia, em 18/9/2014. Levou 25min para descer até o fundo e subir de volta. A aventura foi uma homenagem a Júlio Verne e seu romance *Viagem ao centro da Terra*, que completava 150 anos.
O balonista pioneiro também pode reivindicar o **primeiro voo solo de balão sobre o polo Norte** – em 21/4/1996 – e **polo Sul** – 8/1/2000.

Primeiro loop aéreo com asa a jato
O ex-piloto de caça Yves Rossy (CHE) entrou para a história com uma asa a jato em 5/11/2010. O marco da aviação ocorreu a 2.400m sobre Bercher, Suíça, depois de se lançar do balão *Esprit Breitling Orbiter*. Após alguns minutos para estabilizar a asa, deu um loop completo antes de puxar o paraquedas e chegar em solo.

Primeira pessoa a explorar a Cratera de Darvaza
Em nov/2013, George Kourounis (CAN) entrou na "Porta para o Inferno" – a ardente Caverna de Darvaza, no Turcomenistão. Com um terno de alumínio resistente ao calor e arnês de escalada Kevlar, desceu e coletou amostras de rocha, que e continham bactérias, apesar do ambiente a 1.000°C. Incendiado em 1971, a **cratera de gás natural queimando mais antiga** ainda estava acesa em mar/2024.

Salto no wakeBASE mais alto

Em 29/11/2023, Brian Grubb (EUA) enfrentou um desafio aterrorizante depois de quase uma década de planejamento, ao ser rebocado por um drone (como no wakeskating) numa piscina no topo de um prédio de 294m. "Queria ser a 1ª pessoa a fazer uma transição combinada entre wakeskating e BASE jumping. Então encontramos este local incrível [o Address Beach Resort de Dubai, EAU] e fiz a coisa mais doida da minha vida", contou. Embora já fosse uma estrela do wakeskating, dedicou 1 ano para aprimorar suas habilidades de BASE jumping com o profissional Miles Daisher, em preparação para a queda-livre, permitindo que chegasse em segurança de paraquedas às ruas da cidade.

A façanha épica de Grubb começou na piscina de borda infinita mais alta, localizada no 77º andar do hotel.

Maior descida de caiaque numa cachoeira (fem.)

Nouria Newman (FRA, *abaixo*) desceu os 31,69m da Don Wilo's Falls de caiaque, no rio Pucuno em Orellana, Equador, em 18/2/2021. Foi a 1ª mulher a completar uma cachoeira de mais de 30,4m.

O recorde **masculino** de 57,6m foi alcançado por Tyler Bradt (EUA) na Palouse Falls em Washington, EUA, em 21/4/2009. Desde então, os compatriotas Knox Hammack e James Shimizu também completaram a cachoeira.

Primeira escalada no gelo nas Cataratas do Niágara

Em 27/1/2015, o alpinista veterano Will Gadd (CAN) subiu as semicongeladas Cataratas Canadenses, na fronteira entre EUA e Canadá. No mesmo dia, sua parceira, Sarah Hueniken (CAN) – que cresceu perto de Niágara – tornou-se a **primeira mulher** a completar a façanha. Na subida, abrigou-se numa depressão para não se atingida por pedaços de gelo.

Travessia a pé mais rápida do Salar de Uyuni

Valmor "Pepe" Fiamoncini (BRA) atravessou o boliviano **Salar de Uyuni** – o **maior deserto de sal** – em 33h4min10s. Partiu de Llica e chegou à cidade de Uyuni em 11/5/2023. A caminhada de 170km – o equivalente a 4 maratonas – ocorreu numa região hostil, onde a temperatura pode chegar a -10°C à noite. Fiamoncini passou 3 anos se preparando e teve suporte de uma equipe que transportava suprimentos essenciais de carro.

CLUBE DA AVENTURA
Proezas polares

Maior expedição de esqui não assistida na calota de gelo da Groenlândia
De 25/3–16/7/2008, Alex Hibbert e George Bullard (ambos RU) esquiaram 2.211 km pela 2ª maior calota de gelo do mundo. Foram 113 dias da **maior ilha** de Tasiilaq, na costa leste, até a costa oeste e retornar.

Em 2/5/1986, Ann Bancroft (EUA) tornou-se a **1ª mulher a alcançar o polo Norte**. Ela viajou com a Expedição Polar Internacional Steger, composta por 8 pessoas, liderada por Will Steger (EUA), que fez **a 1ª expedição não assistida ao polo Norte**, com trenós puxados por cães.

Primeira expedição solo ao polo Sul
O Erling Kagge (NOR) alcançou o polo Sul após uma travessia de superfície não assistida em 7/1/1993. A viagem de 1.400km saiu da Ilha Berkner levou 50 dias. Naomi Uemura (JPN) estabeleceu o recorde equivalente para o **polo Norte** em 29/4/1978. Ele iniciou a aventura de 770km sobre o gelo marinho do Ártico em 5/3, partindo de Ilha Ellesmere, CAN, em um trenó puxado por cães, com suprimentos.

Primeiros a alcançar o polo Sul
Uma equipe de 5 noruegueses liderada por Roald Amundsen chegou ao polo Sul em 14/12/1911. A jornada durou 53 dias em trenós puxados por cães desde a Baía das Baleias.
Em 17/1/1989, Shirley Metz e Victoria Murden (ambas EUA) se tornaram as 1ªs **mulheres a alcançar o polo Sul por terra**. Elas fizeram parte de uma expedição de 11 pessoas que usou reabastecimento, esquis e motos de neve, isso 50 anos depois das **primeiras mulheres na Antártida** – I. Christensen, A.S. Christensen, I. Lillemor Rachlew e S. Widerøe (todas NOR) — pisarem no continente em 30/1/1937.

Primeira pessoa a alcançar o polo Norte
Eis um recorde que continua motivo de debate. Robert Peary, viajando com Matt Henson, declarou ter alcançado o polo em 6/4/1909; no entanto, Frederick Cook (todos EUA) afirmou que fez o mesmo em 21/4/1908. Nenhuma das afirmações se provou inequívoca.

Ultramaratona polar mais longa a pé
Donna Urquhart (AUS) correu 1.402,21km na Geleira Union da Antártida entre 15/12/2023 e 14/1/2024, com uma média de 50km/dia. Durante a preparação, Urquhart treinou em um túnel de vento e um contêiner de armazenamento frio da *ArcticStore* (*foto*). "Acredito que o esporte pode fazer muita diferença", disse ao GWR. "Quis usar minha tentativa de recorde como um meio de aumentar a conscientização e o apoio a mulheres no esporte e dar a ser um exemplo de tudo que elas podem fazer."

Maior viagem de sit-ski na Antártida
Karen Darke, atleta paralímpica britânica, esquiou sentada 309,7km pela Antártida de 22/12/2022 a 5/1/2023, com Mike Webster e Mike Christie. Na viagem, a equipe alcançou a latitude e longitude 79° — um ponto não mapeado anteriormente na Plataforma de Gelo Ronne. (*Para mais um recorde incrível de Darke, v. p.138.*)

Primeira travessia solo não assistida da Antártida
Em 17/1/1997, Børge Ousland (NOR) completou uma viagem de 2.999km de snowkite da Ilha Berkner no Mar de Weddell até o Estreito de McMurdo. Ele cruzou as plataformas de gelo Ronne e Ross em 63 dias, que é a **mais rápida travessia solo não assistida da Antártida**.

Mais rápida viagem solo não assistida de esqui até o polo Sul
Vincent Colliard (FRA) foi de Hercules Inlet até o polo Sul em 22d6h8min. Partindo em 20/12/2023, percorreu cerca de 1.130km, aprox. 51km/dia, chegando em 11/1/2024. *Para o recorde* **feminino**, *de dez/2023, consulte as pp.144–5.*

Mais expedições de esqui ao polo Sul
Hannah McKeand (RU) esquiou de uma costa até o polo Sul 6x entre 4 e 9/11/2013. O guia polar Devon McDiarmid (CAN) igualou o recorde entre nov/2002 e jan/2023.

Mais longo nado no gelo polar
Em 5/2/2023, Bárbara Hernández Huerta (CHL) nadou por 2,5km na Baía do Chile na Ilha Greenwich, Ilhas Shetland do Sul. A temperatura média da água era de 2,23C e Huerta ficou no mar por 45min30s.
O recorde **masculino** é de 1,85km, por Łukasz Tkacz (POL) em Spitsbergen, Svalbard, NOR, em 22/6/2017, em águas com temperatura média de 4,5°C.

Legenda do mapa
- ○ Estação/Base/Estrada
- ● Costa externa
- ● Costa interna
- ▢ Plataforma de gelo
- Terra da Rainha Maud
- Geleira Support Force
- Ilha Berkner
- Messner Start
- Hercules Inlet
- Geleira Kansas
- Geleira Leverett/SPoT Road
- Geleira Axel Heiberg
- Cordilheira Shackleton

4 — Homem mais velho a esquiar até o polo Sul
Dave Thomas fez 68 anos durante a viagem. Leu cartões de aniversário da família e comemorou com seu companheiro de viagem (e ex-Fuzileiro Real) Alan Chambers.

2 — Mulher mais jovem a esquiar solo até o polo Sul
Durante os momentos mais difíceis da travessia, Hedvig Hjertaker encontrou conforto no conselho do aventureiro polar e colega norueguês Erling Kagge. "Ele me disse que qualquer viagem, por mais difícil que seja, é sobre dar um passo de cada vez. É preciso dividir essa grande missão em pequenos desafios. Simples assim!"

3 — Homem mais velho a esquiar solo e sem assistência até o polo Sul
Na preparação, James Baxter treinou puxando os pneus do próprio carro por cerca de 5km em uma praia. Também subiu e desceu morros perto de casa em Edimburgo, com um mochilão de 30kg.

1 — Homem mais jovem a esquiar solo e sem assistência até o polo Sul
O clima imprevisível da Antártida provou ser desafiador para Pierre Hedan. "Por semanas, tudo era branco, sem qualquer visibilidade", disse ele ao GWR. "A temperatura mínima estava abaixo de -40°C com o vento. Às vezes nevava muito e a neve fresca era como areia, um pesadelo para caminhar."

MAIS JOVENS E MAIS VELHOS AVENTUREIROS ANTÁRTICOS

MAIS JOVENS

		Nome	Idade	Ano
Expedição solo completa não assistida de esqui ao polo Sul:	F	Anja Blacha (DEU, n. 18/6/1990)	29a205d	2020
	M	Erling Kagge (NOR, n. 15/1/1963)	29a358d	1993
Expedição completa não assistida de esqui ao polo Sul:	F	Anja Blacha	29a205d	2020
	M	Erling Kagge	29a358d	1993
Expedição solo não assistida de esqui ao polo Sul:	M	Pierre Hedan (FRA, n. 24/10/1997)	26a75d	2024 (1)
	F	Anja Blacha	29a205d	2020
Expedição não assistida de esqui ao polo Sul:	F	Jade Hameister (AUS, n. 5/6/2001) †	16a219d	2018
	M	Pierre Hedan	26a75d	2024
Expedição solo de esqui ao polo Sul:	M	Pierre Hedan	26a75d	2024
	F	Hedvig Hjertaker (NOR, n. 4/4/1994)	28a285d	2023 (2)
Expedição de esqui ao polo Sul:	M	Lewis Clarke (RU, n. 18/11/1997) †	16a61d	2014
	F	Jade Hameister †	16a219d	2018
Travessia completa de esqui (Antártida):		Nunca houve uma travessia completa entre as costas externas da Antártida — solo, equipe, com ou sem assistência.		
Travessia solo de esqui (Antártida):	M	Colin O'Brady (EUA, n. 16/3/1985)	33a285d	2018
	F	Felicity Aston (RU, n. 7/10/1977)	34a108d	2012
Travessia sem assistência de esqui (Antártida):	F	Cecilie Skog (NOR, n. 9/8/1974)	35a165d	2010
	M	Ryan Waters (EUA, n. 27/8/1973)	36a147d	2010
Travessia de esqui (Antártida):	M	Alex Brazier (RU, n. 18/7/1990)	26a187d	2017
	F	Jenni Stephenson (RU, n. 29/4/1989)	28a266d	2018
Travessia completa de snowkite sem assistência (Antártida):	M	Børge Ousland (NOR, n. 31/5/1962)	34a231d	1997
	F	–	–	–
Travessia de snowkite sem assistência (Antártida):	M	Rolf Bae (NOR, 9/1/1975–1/8/2008)	26a27d	2001
	F	–	–	–
Travessia de snowkite (Antártida):	M	Teodor Johansen (NOR, n. 14/8/1991) †	20a151d	2012
	F	Gøril Hustad (NOR, n. 23/8/1982) †	29a142d	2012

MAIS VELHOS

		Nome	Idade	Ano
Expedição solo não assistida de esqui ao polo Sul:	M	James Baxter (RU, n. 11/10/1959)	64a100d	2024 (3)
	F	Małgorzata Wojtaczka (POL, n. 12/12/1965)	51a44d	2017
Expedição solo de esqui ao polo Sul:	M	Dave Thomas (RU, n. 10/12/1955)	68a40d	2024 (4)
	F	Merete Spilling Gjertsen (NOR, n. 8/10/1947)	60a96d	2008
Expedição não assistida de esqui ao polo Sul:	M	James Baxter	64a100d	2024
	F	Alexandra Guryeva (AUT, n. 30/12/1968) †	54a12d	2023
Expedição de esqui ao polo Sul:	M	Dave Thomas	68a40d	2024
	F	Merete Spilling Gjertsen †	60a96d	2008

Todos os registros confirmados por Polar Expeditions Classification Scheme (PECS); † Expedição incluiu guia

- **Expedição completa ao polo Sul:** começa ou termina em uma costa externa
- **Travessia completa:** começa e termina em uma costa externa oposta
- **Sem assistência:** os exploradores devem carregar os próprios suprimentos e não devem usar nenhuma estrada, trilha de veículo ou rota marcada, nem ter um veículo de apoio.

CLUBE DA AVENTURA
Variedades

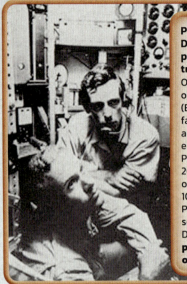

Primeiro mergulho na Depressão Challenger por embarcação tripulada
O explorador e oceanógrafo Don Walsh (EUA, *abaixo, à esq.*) faleceu em 12/11/2023 aos 92 anos. Ao lado do engenheiro suíço Jacques Piccard (que morreu em 2008), Walsh pilotou o batiscafo *Trieste* até 10.911m dentro do oceano Pacífico em 23/1/1960, sendo os 1ºs a alcançar a Depressão Challenger – o **ponto mais profundo dos oceanos**.

Travessia mais rápida a pé da estrada Manali–Lé
Sufiya Sufi (IND) levou 4 dias e 2h27min para atravessar, entre 27-31/8/2023, a icônica estrada de 430km ao norte da Índia que vai do estado de Himachal Pradesh até os Himalaias de Ladaque. O pouco oxigênio e as baixas temperaturas são fatores que aumentam o desafio.
O recorde **masculino** é de 4 dias 21h13min, de Mahendra Mahajan (IND), em 7/7/2022.

Primeiro bungee jump
Em 1/4/1979, David Kirke (RU) prendeu-se a uma corda elástica e saltou de 76m da ponte suspensa de Clifton em Bristol, RU. Fundador do Dangerous Sports Club da Universidade Oxford, inspirou-se num ritual de Vanuatu, país no sul do oceano Pacífico, em que homens mergulham de torres de madeira com vinhas enroladas nos tornozelos, em atos de coragem que garantiriam uma colheita de inhame bem-sucedida.

Salto mais alto com wingsuit
Em 1/7/2023, Aaron Smith (EUA) planou de volta ao solo 13.183,17m acima de Whiteville, Tennessee, EUA. Mais ou menos 2km mais alto do que um voo comercial.

Pessoa mais velha a atravessar o Grand Canyon
Alfredo Aliaga Burdío (ESP, n. 28/8/1931) tinha 92a48d quando completou a travessia do famoso desfiladeiro no Arizona, EUA, em 15/10/2023. Mais jovem, o geólogo esteve no Grand Canyon várias vezes, e compara essa maravilha da natureza a um "livro didático de geologia".

Meia maratona no gelo mais rápida descalço
Josef Šálek (CZE) completou os 21km em 1h50min42s em Pec pod Sněžkou, CZE, em 18/2/2024. Apenas de shorts, correu num circuito aberto num vale perto de Sněžka, a montanha mais alta do país. Fanático por exercício, Šálek também detém o recorde de **prancha abdominal** (*ver p.115*).

Tempo mais rápido de visita às Novas Sete Maravilhas do Mundo
Entre 6-12/3/2023, Jamie McDonald (RU), patrocinado pela Travelport, visitou a Grande Muralha (CHN), o Taj Mahal (IND), o Petra (JOR), o Coliseu (ITA), o Cristo Redentor (BR), Machu Picchu (PER) e Chichén Itzá (MEX), em 6d16h14min.

Travessia a nado mais rápida do Canal da Mancha
O nadador olímpico Andreas Waschburger (ALE) levou 6h45min25s para nadar de Kent, RU, até o cabo Gris-Nez, FRA, em 8/9/2023. O ano de 2025 marca o 150º aniversário da 1ª travessia a nado reconhecida do Canal da Mancha. Abaixo, outros nados incríveis no local.

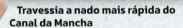

MARCOS DA NATAÇÃO NO CANAL DA MANCHA		
Primeiro(a)...	**Nome**	**Data**
Travessia solo*	Matthew Webb (RU)	4-25/8/1875
Travessia solo (f)	Gertrude C Ederle (EUA)	6/8/1926
Travessia dupla	Antonio Abertondo (ARG)	20-22/9/1961
Travessia dupla (f)	Cindy Nicholas (CAN)	7-8/9/1977
Travessia tripla	Jon Erikson (EUA)	11-12/8/1981
Travessia tripla (f)	Alison Streeter (RU)	2-3/8/1990
Nado longitudinal	Lewis Pugh (RU)	12/7-29/8/2018
Travessia quádrupla	Sarah Thomas (EUA)	15-17/9/2019

*Paul Boyton (EUA) nadou do cabo Gris-Nez até South Foreland, Kent, RU, auxiliado por um traje inflável, entre 28-29/5/1875. O soldado napoleônico Giovan Maria Salati (ITA) pode ter escapado de uma barcaça-prisão perto de Dover e nadado até Boulogne em jul-ago/1815, mas não é confirmado.

Viagem mais longa num barco de abóbora
Steve Kueny (EUA) remou por 63,04km no rio Missouri, de Kansas City até Napoleon, Missouri, EUA, em 8/10/2023, em uma embarcação de cabaça oca cultivada por ele. Membros do "Paddle KC Paddling Club" testemunharam o feito para garantir que, nas palavras de Kueny, "Estivessem fazendo algo muito idiota de modo muito seguro".

Remada mais rápida através do Tâmisa por caiaque duplo

O apresentador de TV e naturalista Steve Backshall (*detalhe*) e Tom McGibbon (ambos RU) cruzaram a remo o 2° maior rio do RU em 20h29min. A dupla saiu de Lechlade, Gloucestershire, em 8/8/2023 e chegou a Teddington Lock, Londres, no dia seguinte. "Treinamos em cada seção do rio, entendendo as curvas, especialmente as partes que faríamos no escuro. Mesmo assim, a gente se perdeu às vezes e quase remou num açude!", contou Backshall.

Surfe em vulcão mais rápido

Com a variação de um snowboard, Chase Boehringer alcançou 45,06km/h na encosta coberta de cinzas do Parícutin, um cone perto de Uruapan, Michoacán, MEX, em 24/1/2021. "Não tinha como diminuir a velocidade. Havia apenas um vulcão íngreme e uma parede rochosa grande no fim. Tive que aceitar que a única forma de parar era bater!", contou.

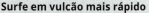

Viagem mais longa em um único país em um skate elétrico

Em 14/6/2023, o italiano Stefano Rotella completou viagem de 1.260km por seu país até Avetrana, Taranto, num skate construído por ele mesmo. Começou dia 27/5 em Brennero, perto da fronteira com a Áustria. O designer adicionou baterias e motores a um skate comum.

Esse não foi o 1° recorde de Rotella em um skate elétrico: entre 10–25/8/2021, andou a Itália, Áustria, Alemanha, Tchéquia, Eslováquia e Hungria – **mais países visitados em um skate elétrico (continuamente)**.

Tempo mais rápido para cruzar os 10 desertos australianos de bicicleta

Nicholas Arley (AUS) acelerou sua Suzuki DR650 2021 pelos desertos da Austrália em 14 dias 2h12min entre 25/7–7/8/2023 – 2 semanas mais rápido do que o recordista anterior. Começou pela Austrália Meridional e terminou no Território do Norte.

Maior descida vertical de mountain bike em 24h

Entre 15-16/3/2023, Annie Ford (NZ) desceu a trilha do Coronet Peak 100x em Queenstown, NZ. No total, percorreu 41.900m.

Escalada solo mais rápida do El Capitan

Nick Ehman (EUA) levou 4h39min para completar esse monólito de granito de 914m no Parque Nacional de Yosemite, EUA, em 10/10/2023, mais de 1h mais rápido do que o recordista anterior, Alex Honnold (EUA), que foi também a **1ª pessoa a escalar solo livre o El Capitan**, em 3/6/2017.

Viagem mais longa descalço

Em 19/7/2023, Paweł Durakiewicz (POL) iniciou a jornada de 3.409,7km da Península Ibérica. Terminou em São José, Andaluzia, ESP, em 9/1/2024.

Mais travessias a nado na ilha Robben

Em 2/8/2023, Howard Warrington (ZAF) completou seu 155° nado desde a ilha Robben até a praia de Blouberg na Cidade do Cabo, ZAF. O percurso de 7,5km é desafiador até para nadadores de águas abertas devido à presença de tubarões brancos!

Mais países visitados em bicicleta reclinada em 24h

O ciclista despreocupado Mohamed Elewa (EGY) passou por 5 nações entre 24-25/6/2023. Começou em Vaals, Países Baixos, e pedalou pela Alemanha e Bélgica e por Luxemburgo, terminando em Évrange, França (cerca de 240km).

Subida mais rápida dos verdadeiros cumes das montanhas com mais de 8 mil metros

O tempo mais rápido para escalar as 14 montanhas que têm mais de 8 mil metros acima do nível do mar são 92 dias, de Kristin Harila (NOR) e Tenjen Lama Sherpa (NPL) em 27/7/2023, quando a dupla venceu o K2. Harila pulverizou o próprio recorde – de 3/5/2023 – por 278 dias. Infelizmente, Tenjen faleceu após uma avalanche no Shishapangma no mesmo ano, em 7/out.

Maior desenho de GPS por um caiaque

Claudia Santori (AUS) remou por 10,38km e formou um dragão-marinho-comum (*detalhe*) na baía de Sidney, Nova Gales do Sul, AUS, em 12/11/2023. A mergulhadora e ecologista começou a traçar formas animais no GPS enquanto andava de caiaque na pandemia da COVID-19, chamando atenção para a ameaça de extinção da vida marinha do país.

143

ICON

Preet Chandi

A exploradora britânica e capitã do Exército Preet Chandi passou a vida à procura de novos desafios, e é difícil achar desafios mais extremos do que os dos desertos de gelo da Antártida.

Desde pequena, Preet contrariou todas as expectativas. "Não quero apenas quebrar o teto de vidro, quero quebrá-lo em um milhão de pedaços", diz. Na adolescência, treinou numa academia de tênis tcheca, depois retornou ao RU e se tornou ultramaratonista. Ingressou no Exército britânico e serviu no Nepal, Quênia e Sudão do Sul como fisioterapeuta. Mas ainda queria mais – e, por isso, decidiu esquiar até o polo Sul.

Preet passou 2 anos planejando a 1ª expedição, o que incluía sessões de treinamento na Noruega e na Groenlândia. Ao chegar à Antártida, largou da enseada Hércules em 21/11/2021, e esquiou 13h por dia em temperaturas abaixo de –50°C. Em 3/1/2022, "Preet Polar" tornou-se a **primeira mulher asiática a esquiar solo até o polo Sul**. Já retornou 2x ao continente de gelo, quebrando mais e mais recordes (ver abaixo) e levando os poderes de resistência física e mental ao limite.

BREVE BIOGRAFIA

Nome	Captain Harpreet Chandi
Local de nasc.	Derby, UR
Data de nasc.	7/2/1989
Títulos atuais do GWR	4, incluindo a jornada solo mais rápida de esqui sem suporte até o polo Sul (fem.) e a jornada solo mais longa de esqui sem suporte em direção única
Laureação	Dama do Império Britânico

Preet e os irmãos mais velhos, Pardeep e Jagdeep, foram criados pelo avô, Baba Ji. O apoio dele foi essencial para que ela desafiasse a visão tradicional das mulheres Sikh e foi a inspiração por trás das aventuras polares.

Em 21/2/2023, Preet tornou-se Dama do Império Britânico no Castelo de Windsor, homenagem pelos recordes polares. "Se eu posso fazer algo assim, qualquer um pode", disse.

Nos treinamentos, Preet usa pneus para simular o peso do trenó nórdico que puxará pela Antártida. Nomeou-o como Simran em homenagem à sobrinha. Ao fazer as malas, precisa ser rigorosa para não levar muito peso. Na 2ª expedição (abaixo), levou 25 balas Haribo como presente!

"Falaram que eu não parecia uma exploradora polar, mas eu queria provar que podemos ser qualquer coisa."

Durante a 2ª expedição, Preet sofreu com uma "polar thigh", doença de pele dolorosa que a deixou com uma cicatriz na panturrilha esquerda que ela apelidou de Elsa. Embora as caminhadas cobrem um preço alto, incluindo perda de peso e músculos, a fisioterapeuta sabe avaliar bem sua condição física.

Descubra mais ÍCONES do GWR em www.guinnessworldrecords.com/2025

2023

Na 3ª expedição, Preet se tornou a primeira mulher a esquiar solo sem suporte até o polo Sul. Sem reabastecimento, cobriu 1.130km, desde a enseada Hércules, em 31 dias e 13h19min, entre 26/11-28/12.

2022-23

O mau tempo frustrou Preet na tentativa de se tornar a 1ª mulher a esquiar solo sem suporte costa-a-costa pela Antártida, mas ela completou a jornada solo mais longa de esqui sem suporte em direção única (1.484,43km).

2021-22

A expedição polar de estreia de Preet a tornou a primeira mulher asiática a esquiar solo até o polo Sul, em 3/1/2022, uma odisseia de apenas 40 dias 7h3min, a 3ª solo mais rápida.

Ciência e tecnologia

MAIOR FOGUETE
A Starship da SpaceX tem 121m de altura, 9m de largura e pesa cerca de 5.000t. É 10m mais alta e mais de 2.000t mais pesada do que o anterior detentor do recorde, o foguete lunar Saturno V, que ficou com o título durante 56 anos.

A espaçonave fez sua 1ª decolagem com potência máxima em 18/11/2023. O lançamento fez parte do processo de desenvolvimento de hardware da SpaceX, que envolve a construção e o teste de dezenas de protótipos (este foi o nº25). A 1ª fase saiu como o previsto, mas falhou durante as manobras de aterrissagem, e a 2ª fase atingiu uma altitude de 150km (acima do limite do espaço) antes de se autodestruir.

A 1ª fase "Superpesada", com 69m de altura, é alimentada por 3 anéis concêntricos de motores Raptor (de 33 no total) que queimam metano líquido e oxigênio. Cada motor gera 2.300kN ao nível do mar, o que também torna a Starship da SpaceX o **foguete mais potente**. Espera-se que, ao operar, ela seja capaz de levantar uma carga útil de 150t ou um espaço habitável maior do que o volume pressurizado da *Estação Espacial Internacional*.

A estrutura metálica do anteprojeto é o Starhopper, um veículo de teste de aterrissagem vertical.

CONTEÚDO

Cronologia:	
Construções mais altas	148
Inteligência artificial	150
Horologia	152
Astronomia	154
No laboratório	156
Galeria: Rodas malucas	158
Ferrovias	160
Energia renovável	162
Resgate marítimo	164
Recordes de arromba!	166
Controle remoto	168
Variedades	170

A Starship é 1/3 mais alta que a Estátua da Liberdade, desde a base do pedestal até a ponta da tocha.

121 m

93 m

CRONOLOGIA: CIÊNCIA E TECNOLOGIA
Construções mais altas

Desde os 1ºs assentamentos permanentes, o limite do quão alto podemos construir tem sido uma batalha entre a imaginação e a física. Aqui vai a história da **estrutura independente mais alta**, desde a pré-história, passando por torres das catedrais até os arranha-céus de vidro e aço que dominam as cidades modernas.

1. "Recinto D" (9600-8000 a.C.)
5,5m
A estrutura arredondada ficava no complexo neolítico de Göbekli Tepe, atual Turquia, mas os arqueólogos não têm certeza de como era utilizada. Os 2 pilares centrais são cerca de 3x mais altos do que um homem adulto médio, e 11 pilares menores estão esculpidos nas paredes externas.

2. Torre de Jericó (8000-4000 a.C.)
8,5m
Feita de alvenaria de pedra seca, essa torre de pedra está localizada no antigo assentamento de Jericó no rio Jordão, hoje Cisjordânia. Foi descoberta em 1956 pela arqueóloga Kathleen Kenyon, que a datou como sendo do fim da Idade da Pedra (confirmado após investigações recentes). Seu propósito permanece um mistério.

3. Templo Branco Uruk (4000-2670 a.C.)
12m
Erguido em homenagem ao deus do Sol mesopotâmico, Anu, foi uma adição posterior a um zigurate (estrutura semelhante a uma pirâmide com o topo plano). Construído por volta de 4000 a.C. em Uruk, hoje Iraque, tem paredes de gesso que refletiam a luz do sol e o tornavam visível a quilômetros.

4. Pirâmide de Djoser (2670-2600 a.C.)
62,5m (119 côvados reais)
A pirâmide escalonada de calcário foi construída para o faraó Djoser, na necrópole de Saqqara no Egito. Começou como uma mastaba – jazigo subterrâneo coberto por uma estrutura de telhado plano —, geralmente feita de tijolos de barro, mas o arquiteto Imhotep reforçou-a ao usar pedra, aumentando a tumba. Seu trabalho demonstra compreensão de princípios da Engenharia: as paredes angulares criam uma força interna que gera resistência à exercida pela massa da pirâmide.

5. Pirâmide Meidum (2600 a.C.)
70m (133 côvados reais)
Provavelmente construída sob o domínio dos faraós Huni e Seneferu, essa pirâmide ruiu durante a construção. Restaram 70m do núcleo de calcário, que sofreu desgaste até 65m. Localiza-se num platô rochoso na margem oeste do Nilo, cerca de 72km ao sul de Cairo.

6/7. Pirâmide Curvada e Pirâmide Vermelha (2600-2580 a.C.)
104,7m (200 côvados reais)
Essas pirâmides de calcário tinham a mesma altura e foram construídas durante o reinado do faraó Seneferu. Ficam na necrópole de Dachur, EGY. A Curvada foi construída antes, mas o projeto tinha problemas estruturais e sofreu várias reformulações. A Vermelha se beneficiou das lições aprendidas e, provavelmente, também com o colapso da Pirâmide Meidum (*ver acima*).

8. A Grande Pirâmide de Khufu (2580 a.C.-1311 d.C.)
146,7m (280 côvados reais)
Essa tumba monumental foi a **estrutura mais alta do mundo** por 3.890 anos e, ainda hoje, permanece como a **pirâmide mais alta**. Localiza-se em Gizé, uma área elevada com vista para o vale do Nilo, perto do atual Cairo. Utiliza 3 tipos de alvenaria: blocos gigantes de granito nas câmaras mortuárias; blocos de calcário bruto nas paredes principais; e calcário branco mais suave na superfície.

9. Catedral de Lincoln (1311-1548)
152,4m
O pináculo dessa catedral gótica em Lincolnshire, RU, pode ter atingido 160m. Mesmo na altura mínima provável de 147,04m, teria sido a 1ª estrutura a ultrapassar a Grande Pirâmide de Khufu em quase 4 mil anos. Sua construção começou em 1240 e a do pináculo, em 1306, ambas supervisionadas pelo mestre maçom Richard de Stow. O pináculo ficou pronto em 1311, mas colapsou em 1548 após uma tempestade.

10. Igreja de Santa Maria, Stralsund (1548-1647)
151m
Santa Maria era uma igreja paroquial, ampliada à escala de uma catedral para demonstrar a prosperidade de Stralsund, cidade portuária da Liga Hanseática, ALE. Entre 1416-1647, foi encimada por uma torre e um pináculo, destruído em um incêndio provocado por um raio em 1647.

11. Notre-Dame de Estrasburgo (1647-1874)
142m
Localizada em Estrasburgo, FRA, a catedral gótica foi construída entre 1200-1439. Tornou-se a **estrutura mais alta** depois que o pináculo da Igreja de Santa Maria ruiu. A intenção era assemelhar-se às catedrais ocidentais, como a Notre-Dame de Paris, mas devido a problemas financeiros, apenas a torre norte foi feita. A parte superior e o pináculo são responsabilidade dos mestres maçons Ulrich von Ensingen e Johannes Hültz.

12. Igreja de São Nicolau, Hamburgo (1874-76)
147,8m
Projetada pelo arquiteto britânico George Gilbert Scott em estilo neogótico, a São Nicolau era parte de uma onda de igrejas enormes da segunda metade do século XIX. O conhecimento acumulado possibilitou o cálculo de pesos e tensões com mais precisão e, assim, estruturas mais altas do que as do período medieval, ao mesmo tempo que o novo maquinário reduzia o tempo e o custo de tudo.

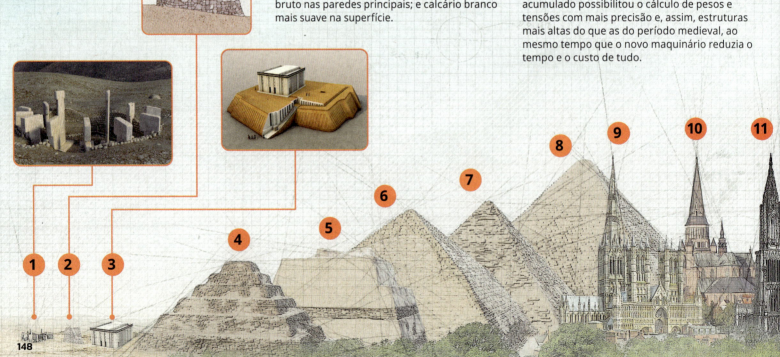

13. Catedral de Ruão (1876-80)
151m
Após um incêndio em 1822, essa construção medieval foi equipada com um pináculo de ferro fundido (material estrutural novo à época), projetado por Jean-Antoine Alavoine. Mas, devido à turbulência econômica e política, foram necessários mais de 50 anos para finalizá-la. O mestre ferreiro local Ferdinand Marrou acrescentou os detalhes finais.

14. Catedral de Colônia (1880-85)
157,2m
A pedra fundamental dessa catedral de torres duplas na Alemanha foi lançada em 1248. Contudo, o progresso foi lento: cessou na época da Reforma Protestante, sendo retomado na década de 1820, após a redescoberta do projeto original do mestre Gerhard e finalizado 632 anos depois da construção começar.

15. Monumento a Washington (1885-89)
169m
Os planos de um memorial em Washington, D.C. para o 1º presidente dos EUA datam de 1791, mas só em 1845 um projeto foi escolhido. O trabalho foi paralisado devido à Guerra Civil e retomado em 1876. Trata-se de um obelisco oco com estrutura interna de ferro e paredes de granito que se estreitam até restar apenas poucos centímetros no topo.

16. Torre Eiffel (1889-1930)
300m
Construída para Exposição Universal de 1889, esse marco ainda domina a paisagem de Paris, FRA. O design radical, favorecendo o minimalismo em vez da decoração ornamentada, foi contestado por muitos parisienses influentes. A intenção era que fosse um aspecto provisório, mas a população fez campanha que fosse mantido. A torre tem 330m, se as antenas de transmissão forem incluídas, e permanece como a **estrutura de ferro mais alta**.

17. Chrysler Building (1930-31)
318,9m
O edifício Art Déco na cidade de Nova York, EUA, foi projetado por William Van Alen. O lado exterior utiliza alumínio polido e aço inoxidável; as gárgulas com cabeça de águia e os arcos de aço remetem aos ornamentos da frente do capô e às calotas dos carros Chrysler. Foi a 1ª vez em que o **edifício mais alto** (construção com andares ocupados em mais da metade de sua altura) era também a **estrutura mais alta** de qualquer tipo.

18. Empire State Building (1931-67)
443,2m
O arquiteto William Lamb previu um telhado plano para aquele que se tornou o arranha-céu mais icônico da cidade de Nova York. Porém, depois da inclusão surpresa do pináculo do Chrysler Building em 1930, o financiador, John Raskob, exigiu mudanças que lhe assegurassem o status de **edifício mais alto**. Lamb acrescentou decks de observatório e um pináculo – como um mastro de amarração de dirigível – que lhe permitiram manter o recorde até a conclusão do World Trade Center em 1971.

19. Torre Ostankino (1967-76)
537,4m
Essa torre de rádio e TV em Moscou, RUS, foi supervisionada por Nikolai Nikitin, designer-chefe do escritório Mosproekt-2, responsável pelas obras públicas na cidade na era pós-soviética. A construção começou em 1960, mas os problemas na fundação renderam longos atrasos. Feita de concreto protendido, é muito flexível; com ventos fortes, os níveis superiores podem oscilar alguns metros.

20. CN Tower (1976-2010)
553,3m
Batizada em homenagem à Canadian National, empresa ferroviária que a construiu, a antena de transmissão é um símbolo de Toronto. Foi utilizada forma deslizante, em que o concreto é vazado em um molde que se eleva sobre macacos hidráulicos, gerando uma estrutura sólida e resistente. Antes técnica inédita em grandes projetos, hoje é padrão ao criar os núcleos de edifícios altos.

○ 21. Burj Khalifa (2010-present)
828m
A construção desse arranha-céu de uso misto em Dubai, EAU, começou em 2004, com o exterior concluído em 1/10/2009. Foi desenvolvido pela Emaar Properties e projetado pela Skidmore, Owings & Merrill. O Burj Khalifa é a **estrutura** e o **edifício mais alto**, e vangloria-se dos **mais andares em um edifício** (163) e dos **apartamentos mais altos** (a 385m).

Quando o Chrysler Building foi construído, possuía uma cobertura com o, então, banheiro mais alto do mundo.

*Essa linha do tempo apresenta as estruturas independentes mais altas da história. Algumas são torres ou monumentos maiores do que os edifícios da época.

CIÊNCIA E TECNOLOGIA
Inteligência artificial

1ª rede neural artificial
Em 7/7/1958, Frank Rosenblatt (EUA) revelou o Perceptron — computador que aprendia por experiência. Após assistir a imagens de treinamento, ele era capaz de identificar um ponto preto num cartão branco. Funcionava mandando cada pixel para um "neurônio", que fazia testes simples e escrevia um valor na memória. Outra camada de neurônios examinava tais valores para elaborar a resposta.

Arte gerada por IA mais cara vendida em leilão
Edmond de Belamy foi arrematado por US$432,500 em 25/10/2018. Criação do coletivo de arte francês Obvious, o retrato foi feito por um tipo de IA chamado de rede adversária generativa, que produziu imagens novas com base na análise de 15.000 retratos. Foi assinado com parte do algoritmo que a criou.

Primeiro chatbot
Desenvolvido por Weizenbaum (USA, n. DEU) no Massachusetts Institute of Technology entre 1964–66, o ELIZA simulava conversas humanas. Usuários digitavam o que queriam dizer, e o ELIZA analisava o texto à procura de palavras-chaves e gerava respostas com base nas regras associadas a tais palavras.

O programa inteiro tinha cerca de 200 linhas de código, mas sua persona — imitação de um psicanalista que fazia apenas perguntas vagas — convenceu muitos participantes do estudo, que compartilharam questões pessoais e segredos profundos com a máquina.

Primeira rede neural a identificar caracteres escritos à mão
Converter escrita à mão em texto digital era um dos principais desafios encarados pelos pesquisadores de IA dos anos 1960. Foi só nos anos 1980 que novas redes neurais — chamadas de sistemas de "deep learning", com camadas extra de neurônios entre o input e o output — enfim tornaram isso possível. Em 1989, uma rede neural criada por Yann LeCun (FRA) e seus colegas da AT&T Bell Labs (EUA) reconheceu 95% dos 2.007 códigos postais escritos à mão fornecidos pelos Correios dos EUA.

Maior sistema especialista
Embora sejam dominantes hoje, redes neurais não são a única abordagem à criação de IA. Sistemas especialistas são um tipo de IA feito para imitar o raciocínio de especialistas usando conjuntos complexos de regras lógicas. O maior é o Cyc, que toma decisões com base em mais de 30mi de regras. É mantido pela Cycorp (EUA).

Carro autônomo mais rápido
Em 27/4/2022, um Dallara AV-21 alcançou uma velocidade média de 309,3km/h num flying kilometre no Centro Espacial Kennedy na Flórida, EUA. O AV-21 estava sob controle de computadores de bordo programados pelo Time de Corrida Autônomo PoliMOVE (ITA).

IA mais bem pontuada no exame de ordem dos EUA
A ascensão recente da IA entre o público geral se deve a sistemas chamados Grandes Modelos de Linguagem (LLMs, em inglês), treinados através do acesso a bilhões de palavras. LLMs se destacam ao escrever e compreender textos.

Primeiro robô de batalha de rap
Em fev/2020, um robô chamado Shimon duelou com o rapper Dash Smith. Usando rede neural e um software de síntese de voz, Shimon usou os versos de Dash como base para desenvolver rimas de resposta em tempo real. O robô de batalha de rap foi desenvolvido por Gil Winberg (ISR/EUA).

A base para o popular ChatGPT, um LLM chamado GPT-4, fez 298 de 400 pontos no teste de ordem dos advogados dos EUA em mar/2023, colocando-o à frente de 90% dos humanos. Na teoria, ele teria se qualificado para atuar como advogado. O GPT-4 também tirou a **maior pontuação no exame do ensino médio dos EUA** — 1.410 de 1.600 no teste para entrar em faculdades em mar/2023.

Maior distância somada dirigida por uma frota de veículos autônomos
Duas empresas de carros autônomos — a Cruise (à esquerda) e a Waymo (à direita — operam frotas que haviam percorrido 8mi de km cada até set/2023. Seus carros têm uma autonomia de nível 4, o que significa que não têm piloto, mas às vezes precisam de inputs humanos de forma remota. Usam câmeras e LiDAR (sensores remotos com base em luz) para juntar dados sobre os arredores, que interpretam usando redes neurais de deep-learning.

A equipe trabalhou com animadores da Speech Graphic para criar um avatar que falasse com a antiga voz reconstruída de Ann.

MAIOR VELOCIDADE DE COMUNICAÇÃO USANDO UMA INTERFACE CÉREBRO-COMPUTADOR

Uma equipe da Universidade da Califórnia, San Francisco (UCSF), coordenada por Dr. Edward Chang (EUA), produziu uma interface com base em IA capaz de traduzir sinais neurais em texto num ritmo de 78 palavras por minuto.

Essa "prótese neural" permite que pessoas com paralisia se comuniquem. A voluntária que testou o protótipo da UCSF é uma mulher identificada como "Ann" (*acima*); ela sofreu um derrame que a debilitou aos 30 anos. O sistema usa um implante cerebral combinado a redes de deep-learning para transcrever tentativas de fala em linguagem escrita, que é, então, exibida numa tela. Para Ann, que passou 18 anos usando um sistema de apontamento ocular para escrever, a tecnologia dá esperanças de uma nova carreira como conselheira.

A rede neural usada nesse projeto foi treinada através do monitoramento da atividade cerebral de Ann enquanto ela conscientemente tentava ler conjuntos de caracteres e palavras. Por repetição, a rede neural aprendeu a associar padrões a partes específicas da fala.

O implante usado nessa pesquisa é chamado de "eletrocortigrama de superfície" — um leque de sensores elétricos impressos numa película de plástico, que é colocada na superfície do cérebro, dentro do crânio, permitindo que a equipe registre atividades em detalhes sem precisar de implantes dentro do cérebro de Ann.

151

CIÊNCIA E TECNOLOGIA
Horologia

Primeira ampulheta
O fluxo consistente de areia entre 2 câmaras é usado para medir o tempo desde o século XI. Navegadores medievais usavam para calcular seu progresso, mas não há muitos registros até 1338, quando o pintor Ambrogio Lorenzetti retratou uma ampulheta para simbolizar "temperança" em seu afresco *Alegoria do Bom Governo* em Siena, Itália.

Os 1os cronômetros foram antigos relógios de sol e de água que funcionavam como ampulhetas.

Os números só apareciam quando um botão era pressionado

Primeiro relógio digital eletrônico
O Pulsar Time Computer foi lançado com muita pompa em 4/4/1972. O luxuoso item de alta tecnologia existia em ouro ou prata, apesar da circuitaria de cristal de quartzo e display de LED representarem a maior parte do preço de US$2.100, cerca de US$15.500 hoje! Uma versão enfeitou o pulso de James Bond em *Viva e deixe morrer*, de 1973.

Caro GWR...

Hoje, eu vi o tempo passar. Olhei para um relógio por cerca de 2 horas. Ele tinha 15 centímetros de diâmetro e ponteiros de horas, minutos e segundos. Pisquei, mas não tirei os olhos dele por 2 horas. Nem sequer virei a cabeça para o lado. Estava muito focado mesmo no relógio. Em determinado momento, uma testemunha finalmente me interrompeu. Seu nome é ▬▬▬ ▬▬▬.

Primeiro relógio de pêndulo
Uma vez posto em movimento, um pêndulo oscila a uma frequência consistente. Em 1656, o cientista holandês Christiaan Huygens desenvolveu um relógio com esse princípio, o que possibilitou a medição do tempo com margem de erro de poucos segundos por dia, uma grande melhoria em relação aos 1os relógios mecânicos. Huygens reconheceu sua invenção e licenciou o projeto ao relojoeiro Salomon Coster (NLD). O **mais antigo relógio de pêndulo**, hoje na coleção do Rijksmuseum Boerhaave em Leiden, NLD, é uma criação de Coster, de 1657, feito com a aprovação de Huygens.

Relógio de pêndulo mais preciso ao ar livre
Embora não mais na vanguarda da horologia, os relojoeiros ainda trabalham com o pêndulo. O atual detentor do recorde (de um relógio que não é mantido no vácuo) é o "Relógio B", de Martin Burgess (RU), baseado nas ideias do mestre relojoeiro John Harrison (*ver p. ao lado*). Durante um teste no Observatório Real de Greenwich, em 2014, ele atrasou apenas 0,125seg em 100 dias.

Primeiro relógio de quartzo
Devido ao efeito piezoelétrico, os cristais de quartzo geram um pulso consistente quando expostos a uma corrente elétrica. Na década de 1920, os engenheiros dos Laboratórios Bell, Warren Marrison e J.W. Horton (ambos EUA), criaram um circuito que mantinha esse sinal e o convertia em uma referência de medição do tempo. Lançaram o relógio em out/1927. Hoje, osciladores de cristal de quartzo minúsculos e baratos são encontrados em quase todos os dispositivos eletrônicos.

Primeiro relógio atômico
Em 1948, o cientista Harold Lyons (EUA) desenvolveu um relógio atômico à base de amônia no Instituto Nacional de Padrões e Tecnologia dos EUA. O relógio de Lyons não era muito preciso, mas a ideia foi aperfeiçoada e ainda é usada para definir padrões internacionais de tempo.

No cerne desses relógios está um fluxo de átomos de césio, que passam por um feixe de micro-ondas, e depois seu estado de energia é medido. A frequência do emissor é ajustada até estar exatamente na de ressonância dos átomos, movendo-os para um estado de energia mais alto de maneira previsível. Uma vez estabilizada, esta frequência fornece uma referência de tempo, com um segundo definido como 9.192.631.770 oscilações do feixe de micro-ondas. Estes relógios levariam 100mi de anos para atrasar um único segundo.

Relógio mais preciso
O Relógio de Rede Óptica é um relógio atômico (*ver acima*) desenvolvido por Jun Ye (EUA, n. CHN) na Universidade do Colorado, EUA. Em 2022, ele atrasaria menos de 1s em 15bi de anos! Sua referência de tempo, derivada da frequência de ressonância dos átomos de estrôncio contidos em um vácuo por uma rede de lasers, "bate" 429tri de vezes por segundo.

Maior mostrador de relógio
Apesar de estar localizado 450m acima das ruas de Meca, SAU, os 4 mostradores idênticos da Makkah Clock Royal Tower são facilmente visíveis de toda a cidade. Cada um dos ponteiros ornamentados (*acima*) abrange um mostrador que mede 43m de diâmetro. Isso é mais de 6x o tamanho dos mostradores da Elizabeth Tower (o Big Ben) em Londres, RU.

152

RELÓGIO DE BOLSO MAIS CARO

Em 11/11/2014, bateu-se o martelo na Sotheby's em Genebra, Suíça, encerrando o leilão superconcorrido de um relógio de bolso chamado the Henry Graves Supercomplication. O vencedor pagou um recorde de 23.237.000 francos suíços (US$24 milhões) por este dispositivo notável, que tem um número extraordinário de funções especiais (o que os horologistas chamam de "complicações") incluídas em seu design.

Coroa
Para ajustar o horário e enrolar o mecanismo.

Céu noturno
A face traseira do relógio tem mais complicações incomuns. Este painel muda com as estações, mostrando a seção do céu noturno que seria, em teoria, visível acima do luxuoso apartamento de Graves na Quinta Avenida, em Nova York.

Mostrador das fases da Lua
Acompanha as mudanças das fases da Lua a cada mês.

Cronômetro
Botão de iniciar/parar.

Mostrador embutido 1
O mostrador externo permite que o cronômetro funcione por até 12h, enquanto o interno mostra o nível de energia de enrolamento para os toques.

Mostrador principal do relógio
A face frontal do relógio tem cinco ponteiros. Além dos de hora e minuto, há também um ponteiro mostrando a hora do alarme e os ponteiros de segundo e de fração de segundo para o cronômetro.

Interruptor de mudo
Silencia os vários toques e sons.

Caixa externa
Feita de ouro com 37mm de espessura.

Calendário
A face externa deste mostrador indica a data, enquanto os indicadores embutidos nas laterais do mostrador principal mostram o dia e o mês. O calendário se ajusta para anos bissextos e estará correto até o ano de 2100. A face interna é o ponteiro de segundo para o relógio principal.

Nascer/pôr do sol
Hora do amanhecer e do anoitecer exibida nos mostradores embutidos.

Mostrador de 24 horas
Indica o tempo sidéreo (medido a partir de estrelas distantes).

Equação do tempo
Algumas partes do relógio envolvem aspectos obscuros da horologia. Este mostrador exibe a diferença entre o tempo solar médio (que aparece no mostrador principal) e o tempo solar verdadeiro (que apareceria em um relógio de sol).

Alarme
Botão ligar/desligar.

Modo de toque
Alterna entre diferentes sons.

Repetidor de minutos
Ao pressionar este botão, o relógio expressa o tempo em uma série de toques com diferentes tons para horas e minutos.

Mostrador embutido 2
O mostrador externo registra minutos para o cronômetro, enquanto o mostrador interno indica o nível de energia da mola principal.

O relógio foi feito pela Patek Philippe para o banqueiro americano Henry Graves Jr. entre 1928 e 1932.

Funcionamento interno
O relógio é inteiramente mecânico, e essas funções complexas são todas derivadas dos movimentos de engrenagens, molas e cames usinadas minuciosamente. Tudo isso foi planejado antes dos computadores e calculadoras eletrônicas — a matemática espantosamente complexa do design teve que ser realizada no papel entre 1925 e 1928. A Patek Philippe teve que subcontratar dezenas de mestres relojoeiros em toda a Suíça, custando a Graves US$15.000 — equivalente a US$322.000 hoje.

Primeiro cronômetro marítimo
Desenvolvido pelo relojoeiro John Harrison (RU) em 1730-35, o H1 foi o 1º dispositivo mecânico a manter a precisão no mar. Quando testado em uma viagem de Londres a Lisboa em 1736, seus 2 pesos conectados marcaram a hora, tornando um relógio de pêndulo inútil. Harrison passou o resto da vida refinando-o, culminando no grande H4, no estilo relógio de bolso, que marcava o tempo em longas travessias oceânicas.

Ao comparar o tempo solar local com um relógio, é possível descobrir o quão a leste ou a oeste se está.

Relógio de pulso mais caro
Em 9/11/2019, um descendente moderno do Supercomplication (*acima*) foi leiloado na Christies em Genebra, Suíça, e foi vendido por 31mi de francos suíços (US$ 33,6mi). O Patek Philippe Grandmaster Chime pode ser virado para exibir 2 mostradores independentes, com 20 complicações em uma caixa de 1,6cm de espessura.

CIÊNCIA E TECNOLOGIA
Astronomia

Buraco negro mais próximo da Terra
O Gaia BH1 fica a 1.560 anos-luz da Terra, na constelação de Ofiúco. Foi encontrado em jan/2023 pelo por Kareem El-Badry e sua equipe (Harvard), que acharam uma estrela similar ao Sol que orbitava um companheiro imenso, mas invisível. O buraco negro tem massa 9,62x maior do que nosso Sol.

Estrela mais próxima
A "apenas" 149,6mi de km da Terra, o Sol é considerado astronomicamente próximo. A **2ª estrela mais próxima**, Proxima Centauri, fica mais do que 250 mil vezes mais longe.

Estrela mais brilhante vista da Terra
Astrônomos usam um sistema chamado magnitude aparente, que descreve o brilho relativo ao da estrela Vega (zero na escala). Quanto maior o número, menos brilhante o objeto parece visto da Terra. Alguns especialmente luminosos têm magnitudes negativas. Sirius A (ou alpha Canis Majoris) tem uma magnitude aparente de -1,46.

Objeto mais brilhante já visto
Em 9/10/2022, a rajada de raio-gama GRB221009A recebeu o apelido de "BOAT" (sigla para "Mais Brilhante da História", em inglês). A explosão foi 70 vezes mais brilhante do que qualquer outro evento registrado. Alcançou um pico de 6,5mi de fótons de raio-gama/s, cada um com energia de 18 teraelétron-volt — ou cerca de 2x o poder que o Grande Colisor de Hádrons pode impactar em partículas.

Maior galáxia
Localizada no centro do aglomerado de galáxias, Abell 2029 tem um diâmetro de 5,6mi de anos-luz — cerca de 50 vezes maior do que nossa Via Láctea. Emite uma luz equivalente a 2tri de Sóis.

Buraco negro mais distante
O CEERS 1019 foi descoberto pelo Telescópio Espacial James Webb a uma distância de 13,1bi de anos-luz, o que significa que surgiu pouco menos de 570mi de anos após o Big Bang. O buraco negro é 9mi de vezes maior do que o Sol, o que é surpreendentemente pequeno para buracos negros do universo primitivo.

Pessoa mais nova a descobrir um exoplaneta
Tom Wagg (RU; n. 30/11/1997) tinha 15 anos e 75 dias quando encontrou o gigante gasoso WASP-142b em 13/2/2013. Estava examinando dados de telescópios do consórcio WASP (que busca planetas usando ângulo amplo) 1h depois de começar seu estágio na Universidade de Keele. Demorou 2 anos para que a existência do exoplaneta de Wagg fosse confirmada por observações subsequentes.

Mais supernovas descobertas por um astrônomo amador
De seu observatório privativo nas colinas acima de Yamagata, Japão, Koichi Itagaki (JPN) catalogou 172 explosões de estrelas. O astrônomo autodidata possui 7 telescópios controlados por computador espalhados pelo Japão. Sua descoberta mais recente — uma supernova espetacular chamada SN 2023ixf, na Galáxia do Cata-Vento — foi registrada em mai/2023.

De olho no céu
Embora observatórios localizados na Terra ainda tenham um papel importante, muitas das descobertas mencionadas nestas páginas foram feitas usando um dos três telescópios espaciais abaixo. Ao trabalhar do espaço, evitam problemas de poluição luminosa e radiação eletromagnética que podem afetar observações feitas da Terra. O **1º telescópio espacial** — o OAO-2, feito nos EUA — foi lançado ao espaço em 1968.

Kepler (2009-18)
Construído para monitorar continuamente estrelas em busca de sinais de exoplanetas; é o **telescópio a descobrir mais exoplanetas** — 2.778.

1 m

Gaia (2013-)
Mede continuamente localização, brilho e movimento de 1,8bi de objetos celestiais como parte da **maior pesquisa astrométrica**.

1 m

Telescópio espacial James Webb (2021-)
Criado para detectar luz infravermelha, é o **maior telescópio espacial**, com um espelho primário de 6,5m.

1 m

As galáxias distantes reveladas pelo JADES seriam menores e menos definidas do que a espiral gigante de muitos braços de nossa própria galáxia madura, a Via Láctea. Esta ilustração mostra como astrônomos acreditam que essas galáxias mais antigas seriam.

GALÁXIA CONFIRMADA MAIS DISTANTE
Em dez/2022, após estudarem dados do James Webb (em inglês, JWST, *ver p. ao lado*.), anunciaram a descoberta de uma galáxia chamada JADES-GS-z13-0 (ou apenas z13), que tem um desvio para o vermelho de 13,2 — ou seja, a luz que chega ao telescópio viajou por 13,2bi de anos, e surgiu apenas 325mi de anos após o Big Bang — o que faz de z13 também a **galáxia mais antiga.**

Devido à expansão do universo, a z13 está a estimados 33,6bi de anos-luz da Terra. Em termos usados na 1ª edição do GWR (*à dir.*), isso é 317.900.801.000.000.000.000.000km.

A galáxia z13 foi encontrada pela JADES (Advanced Deep Extragalactic Survey) do JWST, que focou o telescópio numa minúscula região do que parecia escuridão vazia — com cerca de um décimo do tamanho da Lua cheia — entre as estrelas da constelação Fornax.

Este recorde foi a 1ª entrada de texto no anuário do GWR de 1955. Foi creditado como "nebula extragaláctica".

ONE

THE UNIVERSE

The universe is the entirety of space and matter. The remotest known heavenly bodies are extra-galactic nebulæ at a distance of some 1,000 million light years or 6,000,000,000,000,000,000,000 miles. There is reason to believe that even remoter nebulæ exist but, since it is possible that they are receding faster than the speed of light (670,455,000 m.p.h.), they would be beyond man's "observable horizon".

REMOTEST KNOWN BODIES

CIÊNCIA E TECNOLOGIA
No laboratório

Mais longa amostra de rochas do manto
Em mai/2023, a tripulação do navio de pesquisa *JOIDES Resolution* removeu uma amostra de 1.268m de comprimento do leito do Oceano Atlântico. Ela inclui 1.000m de rochas do manto recentemente empurrado para cima por processos geológicos. O manto equivale a 86% do volume da Terra, mas em geral fica em regiões profundas demais para ser estudado. A amostra veio da Dorsal do Atlântico Norte, onde a crosta do planeta é muito fina.

Raio-X mais poderoso
O Linac Coherent Light Source II (LCLS-II), operado pelo Departamento de Energia dos EUA, usa um acelerador supercondutor de partículas para impulsionar elétrons até quase a velocidade da luz. A energia é convertida em raios-X brilhantes que podem ser direcionados a um alvo numa taxa de 1mi de flashes/s. Dentre suas aplicações potenciais está a possibilidade de cientistas examinarem reações químicas muito rápidas, com implicações em avanços na medicina e em tecnologias de energia mais limpa.

Técnica mais rápida de sequenciamento de DNA
Em 16/3/2021, Euan Ashley (EUA/RU) e uma equipe da Universidade de Stanford nos EUA sequenciou um genoma humano em 5h e 2min usando uma máquina Oxford Nanopore PromethION-48. O sequenciamento envolve determinar a ordem exata de bases ou nucleotídeos — o nível mais básico de informação genética — numa molécula de DNA. Pode ajudar a diagnosticar e tratar doenças e distúrbios genéticos.

Célula solar mais eficiente
Células solares comercialmente disponíveis em geral apresentam eficiência de 20–25%. Em jul/2023, porém, pesquisadores da Helmholtz-Zentrum Berlin (DEU) demonstraram que uma célula solar com uma dupla camada de silicone-perovskita conseguiu converter 32,5% da energia do sol em eletricidade.

O recorde de **célula solar de plástico** trocou de mãos em 2023. Uma equipe na Universidade Politécnica de Hong Kong obteve eficiência de 19,31% usando polímeros modificados. Células solares de plástico são notáveis porque são mais leves e podem ser semitransparentes — gerando potencial de janelas escurecidas que gerem eletricidade.

Mais qubits para um computador quântico
Em 24/10/2023, um protótipo de computador quântico com 1.180 qubits foi apresentado pela Atom Computing (EUA). Cada qubit é um átomo de itérbio supergelado preso a uma rede ótica (a mesma técnica usada no **relógio mais preciso** — ver p. ao lado). O equipamento opera usando os variáveis estados quânticos de tais átomos em vez dos tradicionais uns e zeros binários.

Menor temperatura para carregar uma bateria de íons de lítio
O Vilas Pol Energy Research (EUA) carregou uma bateria de íons de lítio a -100°C. Isso sugere que tais células poderiam ser usadas no vácuo do espaço, entre outros. O teste foi realizado na Universidade de Purdue em West Lafayette, Indiana, em 21/12/2022.

Enlace de satélite mais rápido
Em 28/4/2023, o transmissor TeraByte InfraRed Delivery (TBIRD) enviou 4,8 terabytes de dados sem erros em menos de 5 min através de um link de comunicação a laser de 200 gigabits/s. O TBIRD foi colocado em órbita como parte da missão Pathfinder 3 da NASA. Retransmite dados cerca de 1.000x mais rápido do que as conexões de rádio normalmente usadas pelos satélites.

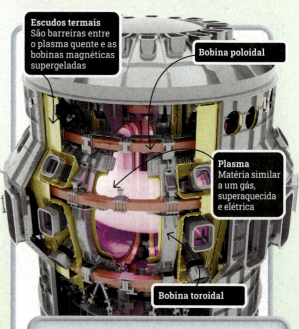

Escudos térmicos São barreiras entre o plasma quente e as bobinas magnéticas supergeladas

Bobina poloidal

Plasma Matéria similar a um gás, superaquecida e elétrica

Bobina toroidal

Maior tokamak
Em 1/12/2023, o JT-60SA (*acima*) foi operado pela primeira vez em Naka, Ibaraki, Japão. O JT-60SA é um tokamak — dispositivo experimental que usa poderosos campos magnéticos para conter plasma numa câmara toroidal (em formato de rosquinha) a temperaturas e pressões que promovam a fusão nuclear. Quanto átomos se fundem, soltam uma energia que, espera-se, possa um dia ser usada para gerar energia limpa em abundância. O JT-60SA tem capacidade para 135m³ de plasma, e será usado na pesquisa de apoio ao International Thermonuclear Experimental Reactor (ITER), que está sendo construído em Cadarache, França. O megaprojeto do ITER alcançou um recorde próprio em mar/2024 com a conclusão dos **maiores ímãs supercondutores**. Conhecido como Bobina de Campo Poloidal 3 e 4 (veja a PF4 à esquerda), têm 24m de diâmetro e pesam 385tons cada. O reator será 6 vezes maior do que o JT-60SA.

156

1º RELÂMPAGO GUIADO A LASER
Pouco após as 16h00 do dia 24/7/2021, um laser alterou o caminho de um raio nos céus acima de Säntis, uma montanha na Suíça. Um time de pesquisa comandado por Aurélien Houard (FRA) e Jean-Pierre Wolf (CHE) havia montado um laser de infravermelho próximo de 1 terawatt para interceptar raios que acertam rotineiramente a torre de transmissão próximo do pico. O relâmpago seguiu o caminho do laser por 50m antes de voltar para seu alvo original. Detalhes do experimento foram publicados na Nature Photonics em 16/1/2023. A esperança é que lasers de alta potência possam ser usados no futuro para desviar raios de locais vulneráveis como aeroportos, que são grandes demais para serem protegidos por para-raios convencionais.

O laser cria um caminho de ar ionizado, atraindo o relâmpago por um "filamento" invisível de plasma condutor.

CIÊNCIA E TECNOLOGIA: GALERIA
Rodas malucas

Monorroda mais rápida
Mark Foster, da UK Monowheel Team, bateu 129,890km/h, com a *Trojan*, no aeródromo de Elvington em North Workshire, RU, em 25/9/2022. Formada por 4 engenheiros, a equipe vem construindo veículos cada vez mais velozes desde 2010. Mark alcançou o recorde anterior (117,346km/h) com o mesmo veículo em 2019, mas quis tentar de novo porque a *Trojan* tinha sido feita para chegar a 128,7km/h.

Mais LEDs em uma van
Um total de 65.759 luzes LED enfeitaram o corpo de uma van de 12 lugares da Toyota num evento organizado pelo Carnival Magic Theme Park (THA). Bater o recorde foi parte das celebrações que marcaram a abertura do parque em Phuket, THA, em 19/7/2022.

Lixeira de rodinhas mais rápida
Em 24/5/2023, Michael Wallhead (RU) dirigiu uma lixeira adaptada e chegou a 88,344km/h no aeródromo de Elvington em North Workshire, RU. Gastou cerca de £700 nas modificações, que incluem motor de dois tempos de uma Suzuki GP125, caixa de câmbio de 5 marchas e amortecedor de direção para melhorar a estabilidade do veículo de base ultracurta.

Veículos para mobilidade mais rápidos
Jason Liversidge (RU), falecido aos 47 anos em ago/2023, sofria de esclerose lateral amiotrófica, e quase todo seu corpo era paralisado do pescoço para baixo, mas isso não o deteve. Em 2020, após muitas tentativas, com um veículo com base de kart (*abaixo*), Jason alcançou 107,546km/h com sua cadeira de rodas adaptada — o **veículo elétrico para mobilidade mais rápido** (*à dir.*). Dois anos depois, este foi modificado para a condição mais debilitada de Jason, que estabeleceu o recorde de **veículo elétrico para mobilidade operado com a cabeça mais rápido** (77,92km/h).

Jason também subiu o Snowdon — montanha mais alta de Gales — e desceu de rapel da ponte Humber.

Maior museu de veículos malucos

Em 2023, o Museu de Carros Sudha em Hyderabad, IND, era lar de 57 veículos muito grandes e com formatos improváveis, criados pelo fundador Kanyaboyina Sudhakar (IND), que aparece em seu "batmóvel" com temática de críquete (*acima*) e no volante de um veículo em forma de sapato (*abaixo*). Ele constrói os exemplares malucos, incluindo uma série de carros de bolas esportivas (*abaixo, à esq.*), com materiais recicláveis e peças de ferros-velhos. Em 2005, fez o **maior triciclo**, que tinha 11,37m de comprimento e uma roda dianteira de 5,18m. À esquerda, vemos sua filha, Spashtaakshara, em um sapato de salto agulha dirigível, um dos vários carros que seu pai projetou para o Dia Internacional da Mulher de 2012.

Os carros de Kanyaboyina são todos dirigíveis, com uma velocidade máx. de cerca de 45km/h.

Capô de carro dirigível mais baixo

Os modificadores Cocchi Rudi, Matteo Marzetti e Nicola Guadagnin (todos ITA, conhecidos como Carmagheddon) cortaram um Fiat Panda ao meio para criar um carro de 59,5cm de altura, sustentado por um chassi de kart, com rodas do tamanho das de um carrinho de supermercado presas aos eixos. Por incrível que pareça, o veículo comporta um motorista curvado e deitado de lado. Sua funcionalidade foi demonstrada com sucesso por 100m em Milão, ITA, em 23/1/2024.

CIÊNCIA E TECNOLOGIA
Ferrovias

Linha de metrô com maior capacidade
A linha Al Mashaaer Al Mugaddassah, em Meca, Arábia Saudita, pode transportar 72.000 passageiros por hora. Inaugurada em nov/2010, funciona apenas por 10 dias, durante o Hajj, transportando a peregrinação muçulmana entre 3 locais: Mina, Muzdalifah e Arafat. A rota de 18,1km recebe composições de 12 vagões, cada um com 3.000 pessoas, e opera 24 delas por hora.

Maior ferrovia em espiral
A Espiral Dulishan é parte da Ferrovia da Floresta Alishan, construída em 1912 para atender à indústria madeireira em Chiayi, Taiwan, China. O início e o fim da espiral são separados por 570m, a uma altitude de 233m. Ela liga os vilarejos de Zhangnaoliao e Liyuanliao e cobre um percurso sinuoso de 5,1km.

Primeiro trem de passageiros movido a vapor
Em 2025, será o 200° aniversário da Companhia Ferroviária Stockton and Darlington, de George Stephenson. A linha tinha 40km e ligava as cidades homônimas, estreando em 27/9/1825. Já era feito transporte de passageiros – a **1ª** a realizá-lo foi a Oystermouth, inaugurada em Swansea, RU, em 1807 – mas com composições puxadas por cavalo.

Primeiro serviço ferroviário elétrico público
Em 16/5/1881, o serviço da Gross Lichterfelde Tramway começou a funcionar em Berlim, Alemanha. O percurso tinha 2,5km e cada bonde, com até 26 passageiros, era movido por motor elétrico de corrente contínua de 180v.

Viajantes de trem mais frequentes
Desde 2022, os suíços percorreram uma média de 2.113,35km ao ano. A marca é o resultado dos kms percorridos divididos pela população.
Em 29/10/2022, a Suíça comemorou o 175° aniversário do seu sistema ferroviário ao operar o **maior trem de bitola estreita** (1.906m de comprimento) pelas rotas sinuosas dos Alpes Réticos.

Maior rede ferroviária
De acordo com a União Internacional de Caminhos de Ferro (UIC), os EUA tinham 148.533km de ferrovias ativas em 2023.
A China tem a **maior rede ferroviária de alta velocidade** – com velocidade média maior do que 200km/h –, além de 42.233km de vias eletrificadas de alta velocidade.

Mais cheia...
• **Rede de metrô**: O de Xangai, na China, transportou 2.287.917.700 passageiros em 2022, com uma média diária de 7.363.500. Está à frente do metrô de Pequim, que está em dificuldades após as restrições da pandemia da COVID-19.
• **Rede ferroviária (país)**: O Japão vangloria-se por cerca de 6.565.700.000 passageiros em 2023. A Companhia Ferroviária East Japan, a maior operadora única, está atrás da Ferrovias Indianas apenas na quantidade de passageiros.
• **Rede ferroviária para mercadorias (país)**: A rede ferroviária chinesa transportou 2,83tri toneladas em 2023.

Percurso mais íngreme com trilho
A Calçada de São Francisco, rua de Lisboa, Portugal, tem um trecho com grau 1 de 7,2 (13.8%; cerca 7.9°). O percurso é parte da Linha 28 do sistema de bonde da cidade. Devido às inclinações extremas, os veículos possuem apenas um carro ao invés de composições articuladas.

Estação mais movimentada
A Estação de Shinjuku, no Japão, recebeu uma média diária de 2,7mi de passageiros em 2022. Como comparação, a Gare de Lyon, em Paris, e a Grand Central, em Nova York, são usadas "apenas" por 700.000 pessoas. Os números da Shinjuku anteriores à pandemia da COVID-19 são ainda maiores, com cerca de 3,7mi de pessoas todos os dias.

As locomotivas "Big Boy" puxavam trens de carga de 4.200t.

LOCOMOTIVA A VAPOR MAIS POTENTE
A Union Pacific "Big Boy" 4014 tem uma força de tração de 602.178kN – cerca de 100 semirreboques – a 16km/h. Ao todo, foram construídos 25 "Big Boys" entre 1941 e 1944, que alcançavam 112km/h. O 4014 ficou pronto em nov/1941 e permaneceu em serviço até jul/1959. Em exibição no RailGiants Train Museum em Los Angeles, Califórnia, EUA, desde 1962. Foi transferido, em 2012, de volta para a Union Pacific Railroad, que o restaurou e o colocou em serviço em 4/5/2019 como puxador de trens de excursão.

CIÊNCIA E TECNOLOGIA
Energia renovável

Maior usina hidrelétrica
A Barragem das Três Gargantas no bairro de Yichang, Hubei, China, tem capacidade de 22.500MW – suficiente para abastecer a Bélgica. São 32 geradores principais, sendo 26 posicionados ao longo da barragem de 2,09km no rio Yangtze. Seis geradores são subterrâneos.

Maior usina de armazenamento bombeado
Finalizada em 2021, a Central Elétrica de Armazenamento Bombeado de Fengning em Hebei, China, tem capacidade instalada de 3.600MW, transferindo energia para a rede a uma taxa de 3,6bi joules/s.
Fengning foi projetada para absorver 8.716GWh de eletricidade excedente por ano, quando a demanda é baixa, e usá-la para bombear água para um reservatório de grande altitude. (Um gigawatt/hora é a quantidade de energia necessária para manter 1bi de W/h, ou 23,6tri de Joules.) Quando a demanda é alta, a água é liberada por meio de turbinas, que devolvem energia à rede.

Maior instalação de energia de corrente de marés
Lozalizada em Bluemull Sound, RU, a Shetland Tidal Array são 6 turbinas de corrente de marés Nova M100 ancoradas no fundo do mar, com capacidade de geração combinada de 600kW. Foi desenvolvida pela Nova Innovation (RU) e implantada entre 2016-2023.
Essas turbinas coletam energia sem interromper o fluxo de água, semelhante a uma turbina eólica com o ar. Difere das barragens de maré, como a **primeira central elétrica de marés**, La Rance, inaugurada na Bretanha, França, em 26/11/1966; estas represam uma quantidade de água na maré alta e a liberam à medida que ela recua.

Mais energia gerada por turbina eólica em 24h
Uma Goldwind GWH252-16 na costa de Fujian, China, gerou 384,2MW/h em 1/9/2023, graças aos ventos fortes do tufão Haikui. Com diâmetro de rotor de 252m, faz parte do Parque Eólico Offshore Zhangpu Liuao.
Foi a **maior turbina eólica** entre 8/6-18/7/2023, antes de ser superada pela MySE 16-260 (à dir.). Ambas as máquinas compartilham o recorde de **turbina eólica mais potente** (16MW).

Mais energia gerada por fontes renováveis
Como o leitor já pôde perceber, a China lidera o mundo na produção de energia renovável. Segundo a Agência Internacional para as Energias Renováveis, fontes deste tipo forneceram 2.405.538GWh aos chineses em 2021 (ano mais recente de que se tem dados).
Contudo, isso representa só 28% do fornecimento de energia do país. O recorde para a **maior proporção de energia gerada por fontes renováveis** é de países pequenos que possuem uma rede 100% renovável (devido a tudo ser alimentado, por exemplo, por uma rede hidrelétrica única). Entre as grandes nações, com economias ávidas por energia, a líder é a Noruega, cuja rede é composta por 98,8% de energia hidrelétrica.

Maior instalação de aproveitamento da energia das ondas
O Parque de Ondas da Aguçadoura tem capacidade total de 2,25MW – suficiente para 1.500 lares. A instalação compreendia 3 conversores de energia Palamis P1, e funcionou no Oceano Atlântico, ao norte de Portugal, entre 23/9-1/11/2008. O projeto piloto foi abandonado após 5 semanas devido ao colapso financeiro de seu principal financiador.

Maior usina geotérmica
O campo dos gêiseres nas Montanhas Mayacamas da Califórnia, EUA, é um local de 117km² que possui 22 usinas de energia geotérmica, com produção máxima de 1.517MW. Foram perfurados mais de 350 poços para extrair o vapor natural que se forma a partir das águas subterrâneas num vasto reservatório.

Maior turbina eólica
Encomendada em 18/7/2023, a MySE 16-260 tem 3 pás de 123m de comprimento que proporcionam um diâmetro de rotor de 260m. Foi construída pela Mingyang (CHN) num parque eólico Offshore em Fujian, China. Cada rotação completa das pás gera 34,2kWh, suficiente para abastecer um lar chinês por 12 dias.

TORRE DE USINA SOLAR MAIS ALTA
Localizada no Parque Solar Mohammed bin Rashid Al Maktoum, 50km ao sul de Dubai, EAU, tem altura de 263,12m – quase 3x a da Elizabeth Tower (mais conhecida como Big Ben) em Londres, RU. O farol resplandecente situa-se num campo de cerca de 70.000 helióstatos espelhados que acompanham o Sol e concentram seus raios na torre. O calor é então retido e armazenado como energia térmica, que pode ser transformada em vapor para acionar uma turbina e produzir energia elétrica. A usina fez parte a 4ª fase do projeto solar do parque finalizado em 29/5/2023 e supervisionado pela Noor Energy 1 e Autoridade de Eletricidade e Água de Dubai (ambas nos Emirados Árabes Unidos).

A usina é usada desde 1866, quando A. Mouchot desenvolveu uma máquina movida a energia solar.

CIÊNCIA E TECNOLOGIA
Resgate marítimo

Carreira mais longa como salva-vidas
Chris Lewis (RU) tem mantido nadadores salvos por mais de 58 anos. Tornou-se salva-vidas voluntário, ainda estudante, aos 15 anos, em 1965. Aos 72, em mar/2024, Lewis ainda patrulhava praias em Bournemouth, Dorset, RU, em nome da RNLI (ver p. ao lado). Recebeu também um título de mestre por seus serviços em segurança marítima.

Primeiro resgaste de helicóptero
Em 29/11/1945, o capitão J. Pawlik e S. Penninger ficaram presos numa barcaça de petróleo perto de Fairfield, Connecticut, EUA, durante uma tempestade. Ondas impossibilitavam o uso de um navio de resgate, assim os dois fizeram história como as 1ªs pessoas a serem resgatadas por um helicóptero. Jimmy Viner pilotava um Sikorsky R-5, auxiliado por Jack Beighle (ambos EUA).

Barco salva-vidas ainda existente mais antigo
Construído por Henry Francis Greathead em 1802, o *Zetland* está em seu próprio museu em Redcar, North Yorkshire, RU. O navio de madeira ficou em serviço por 78 anos, quando ajudou a resgatar, pelo menos, 502 pessoas. Foi baseado no projeto do 1º barco salva-vidas (ver à esq.)

Mais pessoas resgatadas no mar por um cavalo
Em 1/6/1773, o navio holandês *De Jonge Thomas* naufragou em um banco de areia em Table Bay, perto da Cidade do Cabo, ZAF. O fazendeiro Wolraad Woltemade (ZAF) cavalgou Vonk ("Fagulha") até o local, mas não conseguiu chegar aos destroços, então, ordenou que 2 tripulantes agarrassem o rabo de seu cavalo, que os puxou até a costa; 14 homens foram salvos. Tragicamente, na corrida final, 6 homens desesperados saltaram e afogaram o cavalo e seu dono.

Primeiro barco salva-vidas construído para este propósito
Em 1790, o construtor naval britânico Henry Francis Greathead criou o *Original* em Tyne and Wear, RU. Tinha 9m de comprimento e capacidade para 20 pessoas, incluindo tripulação de 12.

Para aumentar a flutuabilidade, o interior era forrado de cortiça – uma das características que o distinguiam das demais embarcações. Estreou em 30/1/1790, resgatando os sobreviventes de naufrágio em Herd Sand, South Tyneside, RU.

Maior resgate de helicóptero no mar
Na noite de 31/1/1953, uma tempestade provocou inundações na Inglaterra, na Escócia, na Bélgica e nos Países Baixos. Quando as defesas marítimas holandesas cederam, uma missão internacional começou, com helicópteros estadunidenses enviados da Alemanha e os Dragonfly britânicos do Esquadrão Aéreo Naval 705, baseado em Gosport, Hampshire, RU. Nas 2 primeiras semanas de fev/1953, ao menos 810 pessoas foram transportadas no Reino Unido e no continente.

Mais pessoas salvas em um mesmo resgate no mar
Em 13/1/2012, o cruzeiro *Costa Concordia* encalhou num recife perto de Isola del Giglio, na costa da Toscana, ITA. O impacto arrancou 2 tiras de aço do casco, e a água entrou na casa de máquinas. Uma operação da Marinha italiana, da Guarda Costeira e da Força Aérea resgatou 4.196 pessoas em bote salva-vidas, lanchas e helicópteros; infelizmente, acredita-se que 33 tenham morrido.

Barco salva-vidas mais rápido
O SAR 60 foi projetado para alcançar velocidade de até 111,1km/h pelo falecido construtor e piloto italiano de lanchas Fabio Buzzi. Em 12/7/2016, a embarcação viajou de Monte Carlo, MCO, para Veneza, ITA – uma distância de 2.074km/h – em apenas 22h5min42s, com velocidade média de 96,9km/h.

Maiores navios de guarda costeira
Com tarefas de pesquisa científica, escolta, segurança e resgate marítimo, o quebra-gelo de 128m USCGC *Healy* tem um deslocamento de 16.000t.

Em comprimento, os maiores são os cortadores de patrulha da classe Zhaotou da Guarda Costeira chinesa, com 165m da proa à popa.

ORGANIZAÇÃO NACIONAL DE SALVAMENTO MAIS ANTIGA

Em 4/3/1824, o Instituto Nacional para a Preservação da Vida em Naufrágios foi criado. Renomeado de Instituição Real Nacional de Barcos Salva-Vidas (RNLI) em 1854, é responsável por mais de 144 mil vidas nas águas que cercam o RU, na República da Irlanda, nas Ilhas do Canal e a Ilha de Man. A RNLI é composta, principalmente, por voluntários, e financiada por doações. Os 200 anos de história estão repletos de indivíduos notáveis e feitos de bravura (*alguns destacados abaixo*).

A estação da RNLI mais movimentada é a Torre no Rio Tâmisa. Inaugurada em 2002, respondeu o 10.000º chamado em 2023.

1. Sir William Hillary (RU) lutou bravamente no Parlamento britânico pela criação de uma instituição dedicada a salvar vidas no mar. É considerado o "Pai da instituição".
2. Em 7/10/1838, Grace Darling e seu pai, William – um faroleiro – arriscaram a vida para resgatar os sobreviventes do naufrágio do navio a vapor *Forfarshire*, perto de Northumberland. Tornou-se uma heroína nacional e a 1ª mulher a receber a Medalha por Bravura da RNLI.
3. Henry Blogg se aposentou em 1947 como o salva-vidas mais condecorado, com 3 medalhas de ouro e 2 de prata por bravura. Por 53 anos, trabalhou em Cromer, Norfolk, participando de 387 resgates e ajudando a salvar 873 vidas.
4. Em 17/3/1907, sob denso nevoeiro e mau tempo, o SS *Suevic* da White Star Line atingiu o recife Maenheere perto do cabo Lizard na Cornualha. Durante 16h, liderados pela RNLI, cerca de 60 salva-vidas voluntários resgataram passageiros e tripulantes naquele que é o **maior resgate no mar por barcos salva-vidas**. Foram salvas 456 pessoas, incluindo 70 bebês.

CIÊNCIA E TECNOLOGIA
Recordes de arromba!

Maior escoadouro
O projeto G-Cans fica sob a periferia de Tóquio, Japão, e é planejado para prevenir inundações durante a temporada de tufões. Os 5 reservatórios medem 65 x 32m cada e são ligados por 6,4km de túneis. A câmara principal (na foto) tem 177 x 78m e 25,4m de altura, tamanho aproximado de um prédio de 6 andares.

Maior túnel ferroviário
O túnel Gotthard Base, com 57km, liga Göschenen a Airolo, na Suíça, e foi aberto em 1/6/2016. A escavação foi finalizada em 23/3/2011, quando engenheiros trabalhando 2.000m abaixo dos Alpes Suíços perfuraram a última rocha. O túnel foi danificado por um trem descarrilhado em ago/2023 e, em mar/2024, permanecia fechado para conserto.

Maior túnel rodoviário
O túnel Lærdal, de 2 pistas, tem 24,5km de comprimento. Abriu para o público em 2000 e conecta Aurland e Lærdal na rota entre as duas maiores cidades da Noruega: Oslo e Bergen.

Maior rede de túneis para pedestres
O RÉSO (mais conhecido como ville souterraine, ou "cidade subterrânea") em Montreal, Quebec, Canadá, inclui 32km de passarelas públicas e áreas de lojas. Fica sob a área central da cidade.

Maior túnel de efluentes
Finalizado em 27/11/2019, o Túnel de Descarga Leste da Cidade do México tem 7m de diâmetro e 62,1km de comprimento. A Cidade do México fica numa bacia sem drenagem natural, e portanto corre riscos de alagar. O túnel escoa até 150m³ de água por segundo da cidade até uma central de tratamento na bacia do rio Moctezuma-Pánuco.

Maior velocidade de abertura de túnel
A tuneladora Robbins Mk 12C foi construída para escavar o túnel de redirecionamento de esgoto Katoomba Carrier nas Montanhas Azuis da Austrália. Em ago/1994, a máquina de 3,4m de diâmetro alcançou uma distância recorde de 172,4m num só dia, removendo 1.565,3m³ de rochas.

Maior mina subterrânea
A mina de cobre El Teniente ("O tenente") no centro do Chile está em funcionamento desde 1819, e ainda é uma das mais produtivas do mundo. Cerca de 5.000 trabalhadores descem diariamente até o labirinto subterrâneo de mais de 3.500km de túneis de extração e cerca de 1.500km de estradas.

Como é escavado horizontalmente montanha adentro, a El Teniente é grande, mas não muito profunda. A **mina mais profunda** é a Mponeng, em Carletonville, Gauteng, África do Sul, com uma profundidade máxima de 4km.

Maior poço escavado à mão
O poço de água Woodingdean tem 391,6m de profundidade — quase a mesma altura do Empire State Building — e fica na periferia da cidade costeira de Brighton, em East Sussex, RU. O poço foi escavado entre 1858 e 16/3/1862. Devido a uma anomalia da geologia local, trabalhadores cavaram 270m abaixo do nível do mar antes de encontrar água.

Maior bunker militar
Cerca de 1.500.792m³ de terra foram removidos de debaixo da Montanha Jianzi para a "Planta Nuclear 816" na China central. Feito para esconder um reator nuclear supersecreto, o bunker agora desativado tem 20,9km de túneis e inclui câmaras imensas planejadas para guardar equipamentos do reator. Pode ser que haja instalações militares subterrâneas maiores, mas devido à sua natureza secreta, o tamanho exato delas é desconhecido.

Túnel rodoviário mais profundo
O túnel Ryfylke fica 292m abaixo do nível do mar e conecta Stavanger e Ryfylke sob as águas do Horgefjord, NOR. Aberto em 2019, tem 14,4km de comprimento e cerca de 7 mil veículos passam por ele todos os dias. Para manter motoristas focados, Viel Bjerkeset Andersen criou vários recursos de iluminação, incluindo uma camada de luz colorida nas câmaras mais amplas (na imagem).

Primeiro túnel sob um curso d'água navegável
Em 2025, 200 anos terão se passado desde a revolucionária cerimônia do túnel do Tâmisa, em Londres, RU. Essa proeza da engenharia de 365m de comprimento foi criada pelo inventor franco-britânico Marc Brunel, com ajuda do filho Isambard. Apesar de usar a **1ª tuneladora escudo**, o processo de construção foi complicado, e o túnel só abriu para o público em 25/3/1843.

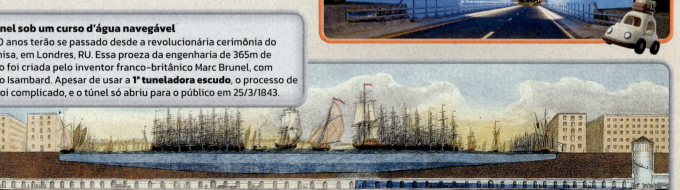

O S-880 foi planejado para escavar solo alagado sob mares e rios.

MAIOR TUNELADORA
O Mixshield S–880 Qin Liangyu tem um diâmetro de escudo de 17,63m — altura aproximada de um prédio de 4 andares. Tem 120m de comprimento e pesa 5.346ton. Construída pela empresa de engenharia alemã Herrenknecht e operada pela Bouygues Construction, a máquina foi usada para escavar uma seção especialmente larga do túnel rodoviário submarino que liga Chek Lap Kok a Tuen Mun em Hong Kong, China, entre 25/3 e 3/11/2015. O escudo da tuneladora foi depois reduzido para 14m para completar o serviço, enquanto outra tuneladora da Herrenknecht escavava um túnel paralelo. As duas máquinas terminaram os túneis quase simultaneamente em 27/2/2019.

Na câmara de escavação, um britador de mandíbula transforma rocha molhada em uma espécie de pasta

A cabeça de corte mói a pedra

Aríetes hidráulicos impulsionam a máquina

Mais sistemas hidráulicos constroem as paredes do túnel usando painéis de concreto

Tubulações carregam a "pasta" para fora do túnel

167

CIÊNCIA E TECNOLOGIA
Controle remoto

Maior duração de voo por uma aeronave de controle remoto (CR) movida a energia solar
Uma asa-delta construída por Daniel Riley (EUA) voou por 8h30min em Seattle, Washington, EUA, em 22/8/2020. Riley fundou o canal do Youtube "RCTESTFLIGHT para mostrar suas criações. Conseguiu pousar a aeronave movida a energia solar com sucesso.

Mais modelos de aeronaves por CR voando simultaneamente no modo manual
Em 11/2/2023, Asgari Lemjiri Ali (IRN) manteve um par de aviões por CR no ar por 2min em um ginásio fechado em Isfahan, Irã. Para pilotar, o adolescente manipulou um controle com as mãos e outro com os pés.

Mais giros por um multirotor em 1min
Em 5/2/2023, Finley Redford (RU) girou seu drone multirotor 46x em 60s em Horsham, West Sussex, RU, batendo o recorde anterior, que era de 15. Finley adora engenharia e construiu seu multirotor em casa depois de vasculhar o banco de dados do GRW em busca do recorde perfeito que pudesse tentar.

Aspirador de pó robô mais rápido
Em 8/10/2022, o *Vroomba*, um aspirador de alta velocidade customizado por Alister Laidlaw (AUS), atingiu 57km/h em Albury, New South Wales, AUS. Em 2023, Alister o atualizou com peças de fibra de carbono de nylon e um spoiler, mas *Vroomba* quebrou em um acidente antes que pudesse quebrar o próprio recorde.

Menor carro controlado remotamente
Um modelo em escala 1:90 de um Smart Fortwo criado por Michihiro Hino (JPN) em 2002 media 25mm. Totalmente carregado, o carrinho correu por cerca de 15min.

Maior velocidade em CR por um...
• **Carro-foguete**: 338,14 km/h, por *Black Knight* em 4/5/2016, construído e dirigido por Tony Lovering (RU).
• **Carro a bateria**: 325,12 km/h, pelo *R/C Bullet* em 25/10/2014, construído por Nic Case (EUA).
• **Carro (offroad)**: 162,5 km/h, por *The Sausage* em 2/10/2022. Kevin Talbot (RU) cortou um carro por CR ao meio e fixou as peças nas extremidades de uma prancha de snowboard para melhorar a estabilidade do veículo.
• **Veículo com esteiras**: 69,01 km/h, por um veículo para neve construído por Daniel Riley (EUA, *acima*) em 20/3/2023 em Seattle, Washington, EUA.

Primeira decolagem e pouso de um avião por CR em um porta-aviões por CR
Em 15/10/2023, o engenheiro aeroespacial amador James Whomsley (RU) pousou uma miniatura do *Corsair* da Marinha dos EUA no convés de um porta-aviões, em Rudyard Lake, Staffordshire, RU. Foi o 2º recorde de James em 2023, depois de alcançar **a maior velocidade em um carro a jato por CR** (152,50km/h) em 1/7 no Aeroporto de Llanbedr, Gwynedd, RU (*à dir.*).

Maior altitude alcançada por uma aeronave por CR
Em 13/10/2019, uma equipe de estudantes do ensino médio dos EUA, Paul Kaup, Jake Minker, Nick Ross, Eric Gordon, Rachel Stark e Dani Deckert, usou um balão meteorológico para elevar um *RVJET* à estratosfera acima da base espacial Spaceport America no Novo México. O avião por CR foi liberado a 10.607m antes de voar de volta ao solo usando a própria bateria.

Maior salto em rampa de carro por CR
Um caminhão elétrico de 56cm de comprimento controlado por Jon Howells (RU) voou 40,21m em 12/11/2019. A acrobacia foi realizada para celebrar o episódio 400 do programa *The Gadget Show*, em Birmingham, RU.

Maior percurso sobre água em um carro por CR
Em 28/7/2020, Michael Stallone (EUA) dirigiu seu monster truck *Traxxas X-Maxx* com pneus de pás por 1,53km, sobre a superfície de um lago perto de Richfield Springs, em Nova York, EUA.

Maior modelo em escala de aeronave por CR a jato
Um modelo em escala 1:6 do avião supersônico *Concorde* construído por Otto Widlroither (DEU) media 10m de comprimento. A aeronave é maior do que um monomotor *Cessna 172* padrão, levou 2 anos para ser construída e é equipada com 4 motores *JetCat P300-Pro*. A criação de Otto fez seu 1º voo público em uma feira de aviação na Baviera, DEU, em 13/9/2019.

MAIOR QUANTIDADE DE MOTORES EM UMA AERONAVE POR CR

Em 4/8/2021, um avião de espuma e papelão com 50 motores (*imagem principal*) voou sobre Malvern, Ohio, EUA. O cérebro do projeto foi Peter Sripol (EUA), que liderou um exército de voluntários para dar vida à sua criação para o *Flite Fest 2021*. O avião tinha uma envergadura de 10m, com 25 motores presos a cada asa. Peter é YouTuber e adora fazer experiências com aeronave. Em um vídeo postado em 4/12/2023, ele revelou 2 criações recordistas. Inspirado nos designs de múltiplas asas do pioneiro da aviação britânica Horatio Phillips, Peter construiu um "vigintiplano" com **mais asas de sustentação em uma aeronave por CR**: 20 (*à esq.*) e conseguiu o recorde de **1º voo com propulsão por esteira em uma aeronave por CR** (*abaixo*), usando uma esteira de tanque como hélice, façanha que descreveu como uma "má ideia".

O Gigachad de Peter, com múltiplos motores, conseguiu dar meia volta na pista do *Flite Fest*.

CIÊNCIA E TECNOLOGIA
Variedades

Maior plataforma de observação de chão de vidro
A Henan Baoquan Tourism (CHN) ergueu uma plataforma de observação de fundo de vidro com 716,09m² em Xinxiang, Henan, China, como confirmado em 24/4/2023. É parte do Cliff World, um dos maiores parques do resort turístico Baoquan. No mesmo dia, foi confirmado que a mesma organização instalou em Xinxiang o **elevador mais alto dentro de uma montanha**, com 336m.

Menor tempo para um robô quadrúpede percorrer 100m
HOUND percorreu 100m em 19,87s em 26/10/2023, na pista de atletismo do Korea Advanced Institute of Science and Technology em Daejeon, KOR. O robô de pés ligeiros foi construído pelo Dynamic Robot Control and Design Laboratory do KAIST (KOR).

Carro mais rápido com propulsão dupla (elétrica e a jato)
O Bluebird Sapheria chegou a 75,53km/h no aeródromo de Elvington em North Yorkshire, RU, em 21/5/2023. O híbrido de 3 rodas foi construído pelo Projeto Formula Gravity – Sapheria Bluebird (RU). O objetivo a longo prazo da equipe é atrair mais alunos para os campos de engenharia, ciência e tecnologia.

Pouso mais ao sul da lua
A sonda não tripulada *Vikram* (abaixo) pousou na latitude lunar de 69,37°S em 23/8/2023, quebrando o recorde estabelecido em 1968 pela *Surveyor 7* da NASA. A *Vikram* era o segmento capaz de pousar da espaçonave *Chandrayaan-3* da Organização Indiana de Pesquisa Espacial, que fez do país o 4º a pousar com sucesso na Lua. O recorde não durou muito, porém — em 21/2/2024, a *Odysseus* da Intuitive Machines (EUA) pousou a 80,13°S, perto da cratera Malapert A.

Mais lançamentos em 1 ano (de um mesmo modelo de foguete)
O Falcon 9, produzido pela SpaceX (EUA), fez 91 lançamentos bem-sucedidos em 2023, uma média de 1 a cada 4 dias. Ultrapassou o recorde anterior em 60 — estabelecido também pela SpaceX, em 2022.
Em 13/4/2024, o core B1062 da Falcon 9 atingiu a marca de 20 lançamentos orbitais — o **maior número de missões realizadas pelo 1º estágio de um foguete**. O lançamento — que transportou 23 satélites Starlink da Estação da Força Espacial de Cabo Canaveral, na Flórida, EUA — superou o recorde anterior de 19, que havia sido estabelecido no voo final do core B1058 em 23/12/2023. O booster veterano foi por muito tempo o líder da série, mas foi destruído durante uma tempestade no retorno da barcaça de pouso à base.

1ª estação de rádio amador na Lua
A JS1YMG foi registrada pela JAXA Ham Radio Club (JPN) em 2/2/2024. O transmissor foi instalado no explorador lunar LEV-1, solto na Lua pelo Smart Lander for Investigating Moon (JPN) em 19/1/2024. A telemetria do veículo era transmitida usando uma faixa de rádioamador de frequência de 437,41MHz. Radioamadores de todo o mundo se juntaram para pensar em como capturar o sinal, que não era captado por equipamentos padrão.

Nó molecular mais apertado
O Au6 é um nó de 54 átomos — principalmente ouro, fósforo e oxigênio — atados numa cadeia em trevo de 2 nanômetros de largura. É o nó "não trivial" mais simples, com 3 pontos onde a cadeia se cruza — é igual a um nó de mão convencional, mas com as pontas coladas. O Au6 foi obtido por Zhiwen Li, Jingjing Zhang e Gao Li (todos CHN) no Dalian Institute of Chemical Physics, com colaboração à distância de Richard Puddephatt (CAN, n. RU) da Universidade de Ontário Ocidental, CAN.

Maior parede de pedras sem argamassa construída por um robô
Uma escavadeira robótica chamada HEAP (sigla em inglês para Escavadeira Hidráulica de Propósitos Autônomos) construiu uma parede sem argamassa de 10m de comprimento, 1,7m de largura e 4m de altura em Zurique, CHE. O projeto foi executado pela Gramazio Kohler Research e pelo Robotics Systems Lab na ETH Zurich (CHE), e detalhes foram divulgados em 22/11/2023.

Após o teste bem-sucedido, HEAP construiu um muro de 65m de comprimento num parque em Oberglatt, CHE.

Maior tuneladora feita com K'NEX
Usando o brinquedo de construção K'NEX, Sarah Jolliffe (RU) construiu uma réplica de 3,13m de comprimento e 1,65m de diâmetro de uma tuneladora. A estrutura pesava cerca de 163kg, continha 92.364 peças e levou cerca de 1.000h para ser finalizada, conforme verificado em Downham Market, Norfolk, RU, em 30/4/2021. *Para saber qual é a **maior tuneladora**, veja p. 167.*

Satélite comercial mais pesado
O *Jupiter-3*, construído pela Maxar Technologies para a Hughes Network Systems (ambos USA), tem 9.200kg de massa. O corpo do satélite de comunicações tem, em média, o tamanho de um ônibus escolar, com painéis solares que abrangem 38,7m quando desdobrados. O *Jupiter-3* foi lançado de um foguete Falcon Heavy da SpaceX no Centro Espacial Kennedy na Flórida, EUA, em 29/7/2023. É possível que haja satélites militares maiores em órbita, mas detalhes de suas massas são secretos.

Maior distância dirigida num veículo movido a hidrogênio
O *Eco-Runner XIII* viajou 2.488km usando apenas 45L de hidrogênio pressurizado entre 23–26/6/2023. O veículo foi desenvolvido pelo Eco-Runner Team Delft (NLD) e testado na pista de testes da Mercedes-Benz em Immendingen, Alemanha.

1ª balsa elétrica sobre hidrofólios
Em 16/11/2023, a construtora naval Candela Technology completou os testes no mar para o protótipo P-12 de balsa elétrica sobre hidrofólios. A embarcação de 30 lugares foi feita para substituir balsas a diesel em canais urbanos, usando motores elétricos e hidrofólios para alcançar altas velocidades com pouco ruído e agitação da água.

Maior navio de cruzeiro
O *Icon of the Seas* foi anexado à frota da Royal Caribbean International (EUA) em 27/11/2023. Construído no estaleiro Meyer Turku, FIN, o transatlântico tem uma arqueação bruta de 250.800 e mede 364,75m da proa à popa.

Os painéis de acrílico do corpo foram criados com uma impressora 3D UltiMaker e uma cortadora laser Lasertec

▶ Menor robô humanoide
Um autômato, recarregável e programável, de 141mm foi construído pela equipe DBS Robotics (CHN) na Diocesan Boys' School em Hong Kong, CHN, conforme verificado em 6/1/2024. Foi usado um design aperfeiçoado por computador, produzindo boa parte dos elementos com uma cortadora a laser e uma impressora 3D.

A DBS Robotics planeja abrir o código de programação e design do robô para promover a STEAM.

Um conjunto de 8 servomotores possibilita o movimento das pernas

Além de caminhar, o robô é capaz de dançar e até mesmo chutar uma bola!

171

MrBeast

Conheça Jimmy "MrBeast" Donaldson (EUA), sensação das redes sociais, empreendedor em inovação e filantropo de alto risco, mas você já deve saber.

Afinal Donaldson é a pessoa com **mais inscritos** e a que **mais faturou no YouTube**. A *Forbes* avalia que ele ganhou US$54mi em 2023. Naquele ano, a *TIME* também lhe concedeu um lugar na sua lista das 100 Pessoas mais influentes. Ele postou seu primeiro vídeo no YouTube aos 13 anos e passou anos estudando os algoritmos da plataforma, entendendo como criar vídeos chamativos e agradáveis. O sucesso meteórico foi construído com uma abordagem multifacetada de *clickbaits*: experimentos (colocando um micro-ondas no micro-ondas), vídeos da série de comidas "Junklord" (como "Comi um sorvete de ouro que custa US$100.000") e prêmios espetaculares ou presentes em dinheiro. O modelo de negócio de MrBeast se consolidou aos poucos: as visualizações possibilitaram prêmios cada vez mais surpreendentes (via patrocínio ou pelo Google AdSense) e uma audiência que aumenta ainda mais sua receita.

Essa renda tem sido usada para boas ações: seu canal Beast Philanthropy já organizou campanhas de arrecadação de alimentos, doações de membros protéticos, pagou por mil operações de catarata etc.

Em set/2022, a equipe do MrBeast preparou o **maior hambúrguer vegetariano** (2.092,4kg) em Greenville, Carolina do Norte, EUA, o que exigiu mais de 40 pessoas.

Donaldson postou seu primeiro vídeo no YouTube em 2012, mas seu estouro ocorreu em 2017, quando ele contou até 100.000 em tempo real (acima), o que levou mais de 40 horas. Apesar do semblante cansado, o vídeo lhe garantiu milhões de visualizações e muitos seguidores.

BREVE BIOGRAFIA

Nome	Jimmy Stephen Donaldson
Local de nasc.:	Wichita, Kansas, EUA
Data de nasc.:	7/5/1998
Títulos do GWR:	Vários, incluindo **pessoa com mais inscritos no YouTube** - 229 mi, até 9/1/2024
Prêmios:	Streamy Awards "Criador do Ano" (2020-23); Kids' Choice Awards "Criador Masculino Favorito" (2022-23)

ICON

Donaldson já ganhou dois prêmios no Kids' Choice Awards (na foto, está recebendo o troféu de 2023). Em 2022, ele foi um dos mil a serem cobertos com a tradicional chuva de gosma verde da Nickelodeon: **mais pessoas cobertas com gosma em uma premiação**.

Em 2022, Donaldson lançou a Feastables. Para promover o chocolate MrBeast, ele se vestiu como o personagem Willy Wonka, e construiu uma réplica da fantástica fábrica de chocolate. Na ação, ofereceu a 10 competidores a chance de ganhar as escrituras da fábrica ou um prêmio de US$500.000. Os participantes tiveram que preparar uma sobremesa de chocolate para o chef de TV Gordon Ramsay; o vencedor escolheu ficar com o prêmio em dinheiro!

Uma equipe dedicada ajuda a criar o conteúdo viral de MrBeast. Da esq. para a dir. estão Kris Tyson, Chander Hallow, Nolan Hansen, Talek Salameh, Jimmy e Karl Jacobs. Aqui, a equipe mostra a nova marca e fórmula do chocolate Feastables.

Em novembro de 2021, Donaldson recrutou 456 pessoas superentusiasmadas para o vídeo "*Round 6 da Vida Real*, valendo US$456.000!" Inspirado na série de sucesso da Netflix, os competidores lutaram pelo prêmio em dinheiro, em um evento com orçamento bem alto. Donaldson gastou cerca de US$2 mi em custos de produção, incluindo cenários que espelhavam alguns da série original. Até janeiro de 2024, o vídeo já tinha acumulado mais de 559 mi de visualizações, tornando-se seu vídeo mais assistido.

Quando Donaldson atingiu 20mi de assinantes em 2019, comemorou o marco plantando 20mi de árvores. E assim nasceu o projeto #TEAMTREES. Trabalhando com a Arbor Day Foundation e o colega YouTuber e ativista Mark Rober, Donaldson e sua equipe plantaram uma árvore para cada dólar prometido pelo público. #TEAMSEAS veio em seguida: meio quilo de lixo oceânico salvo para cada dólar doado. O resultado, até janeiro de 2024, foram mais de 24mi de árvores plantadas e 15,26mi de kg de lixo retirado dos mares.

Descubra mais ÍCONES do GWR em
www.guinnessworldrecords.com/2025

Zona das crianças

Por aqui, sem chance de os adultos ficarem com toda a diversão. Por isso, estamos nos esforçando muito para dar um gás na nossa relação com o público mais jovem do GWR. A parte mais empolgante dessa iniciativa é a lista cada vez maior de recordes agrupados na categoria "Sub-16". Seja identificando Pokémons, marcando gols no *FIFA* ou preparando uma mochila de escola em tempo recorde, há desafios para todo mundo (*vire a página para saber mais*).

Se você acha que dá conta de se juntar aos jovens quebradores de recordes, descubra como no passo a passo abaixo. Se precisar de inspiração, conte com nosso grupo de talentosos Jovens Prodígios (p.182–89). Se *ainda assim* precisar de provas de que a idade é só um número, acesse kids.guinnessworldrecords.com e nosso canal no YouTube "GWR Kids". Enquanto isso, fãs de longa data do GWR podem testar seus conhecimentos de recordes no nosso quiz (p.190–91), que apresenta vários astros precoces dos recordes. Resta apenas uma pergunta: qual recorde *você* vai tentar bater?

Alguns recordes podem exigir o aluguel de espaços, testemunhas especializadas ou equipamentos específicos.

1

ESCOLHA SEU RECORDE!
Então você quer ser um recordista... Mas qual recorde vai bater? É possível escolher um dos milhares de títulos existentes do GWR ou sonhar com novos desafios. De uma forma ou de outra, primeiro você precisa fazer uma conta no nosso site. Acesse **guinnessworldrecords.com.br** e clique em "Criar a sua conta agora". Leva apenas alguns minutos!

Início

Os recordistas mais experientes reservam bastante tempo para o treinamento antes de uma tentativa!

Faça sua tarefa de casa antes de enviar ideias de novas categorias. Descubra do que gostamos lendo os livros e o site do *GWR*.

Você tem tudo de que precisa para sua tentativa de quebrar um recorde? Confira as regras!

TREINE MUITO!
Depois de escolher um recorde, faça a inscrição usando sua conta do GWR. Se o título já existir, ou se a gente gostar da sua ideia, vamos lhe enviar algumas regras específicas. Leia com atenção, já que todas devem ser seguidas à risca. Depois, o importantíssimo treinamento pode começar! Não importa a idade, se preparar é sempre vital para o sucesso.

2

CONTEÚDO	
Recordes sub-16	176
Galeria: Feitos em família	178
Hora da brincadeira!	180
Jovens prodígios	182
O grande quiz do GWR	190

FAÇA!
O dia D chegou. Você aperfeiçoou suas habilidades, seguiu todas as regras nos preparativos e testou equipamentos-chave como cronômetros e câmeras para garantir que estão funcionando bem. Está tudo pronto! Lembre-se de que é normal ficar nervoso e de que as coisas nem sempre saem como planejado — tudo bem se não der certo na 1ª tentativa. Comece de novo e não se esqueça de SE DIVERTIR!

GWR conversa com...

Dave Wilson é um dos juízes oficiais do Guinness World Records. Convencemos Dave a colocar a prancheta de lado por um tempo para responder a algumas das nossas maiores curiosidades...

Que conselho você pode dar para quem quer ser recordista?
Use e abuse da ferramenta de busca do nosso site! Independentemente de qual seja seu passatempo ou habilidade, é possível que já haja um recorde no GWR, afinal temos categoria para todo mundo!

Posso sugerir um recorde novinho em folha?
Claro, mas há algumas regras. Novos recordes precisam ser atingíveis, quebráveis, mensuráveis e, mais importante, abertos a todos. Pesquise bastante antes de propor uma nova ideia.

Qual recorde você gostaria de tentar bater?
Infelizmente, funcionários do GWR não podem tentar bater recordes. Mas se eu pudesse, tentaria o de **mais Cadbury Creme Eggs comidos em 1min**. Definitivamente seria um dos relacionados à comida!

Qual é a melhor parte de ser um juiz oficial do GWR?
Quebrar um recorde significa muito para as pessoas, e me sinto muito sortudo de ser parte disso. Todos nós nos sentimos! Vestir este terno famoso é uma honra.

Quebrar recordes é difícil, independentemente da idade! Se um recorde não funcionar, considere outros.

PROVE!
É hora de nos enviar as evidências, que podem incluir vídeos, fotos e declarações de testemunhas. Não se esqueça de nada! Vamos precisar de algumas semanas para validar suas provas. Se der tudo certo, você vai receber um e-mail de confirmação e depois um certificado do GWR, ratificando que você se tornou membro da Família Oficialmente Incrível do GWR!

Fim

Siga os passos como eu e você também poderá ser Oficialmente Incrível! Agora, onde penduro isso?

175

ZONA DAS CRIANÇAS

Recordes sub-16

A maioria dos recordes (exceto os perigosos) estão aptos a todas as idades. Porém, em 2021, o GWR decidiu que já era hora dos nossos fãs mais jovens terem os próprios. Vamos apresentar os principais temas sub-16, cada um com um exemplo de marca ainda a ser superada. Será que VOCÊ poderia ser o 1° recordista? Bora fazer parte das supercrianças que já fizeram história no GWR (*ver gráfico inferior*)!

BRINQUEDOS

Montagem mais rápida do sr. Cabeça de Batata

É preciso ter dedos rápidos para montar esse brinquedo em tempo recorde!
- Comece com um sr. Cabeça de Batata montado. Cada parte deve estar encaixada corretamente.
- Mantenha as mãos sobre uma superfície até que o cronômetro comece (3, 2, 1, valendo!).
- Desmonte o brinquedo, separando as partes na sua frente e remonte-o.
- O cronômetro para assim que o sr. Cabeça de Batata estiver montado e em pé, e você levantar as mãos para o alto, sinalizando que terminou.

Tempo máximo: 15s.

Entre em contato!

Ter um recorde no GWR é simples! Escaneie o QR code e visite a página "Se inscreva para quebrar ou estabelecer um recorde". Lá, há vários recordes sub-16 para tentar quebrar. Você também pode ler o passo a passo da página anterior. Lembre-se: os títulos não são as únicas opções; se você tiver uma ideia para um novo recorde, por favor, conte para a gente!

SAZONAL

Revezamento de biscoito de Natal mais rápido (equipe de 4 pessoas)

Você e seus amigos podem receber o melhor presente de Natal: um recorde no GWR!
- Marque 2 linhas no chão a 5m de distância, cada uma com duas pessoas em cima e um biscoito de Natal nas mãos.
- Quando o cronômetro começar, a 1ª pessoa deve correr até um dos amigos na outra linha, partir o biscoito do outro e colocar seu chapéu. Só então a próxima pessoa poderá correr.
- O tempo para quando todos tiverem percorrido os 5m, todos os biscoitos estiverem partidos e toda a equipe estiver com um chapéu na cabeça.

Tempo máximo: 31s.

Recicle todas as embalagens possíveis e prepare-se para as piadas!

Separação mais rápida de 2 sacos de materiais recicláveis (dupla): 34,78s, por Dhakshana e Sana Kaarthick (EUA), em Morrisville, Carolina do Norte, EUA, em 16/10/2023.

Tempo mais rápido para empilhar uma torre de peças LEGO® com 20 níveis: 13,33s, por Ryoma Arakawa (JPN), em Nagoia, Aichi, Japão, em 23/3/2023.

Mais peças de dominó montadas e derrubadas em 30s (dupla): 20, por Tyler Tai e Reid Kwok Barrington-Foote (CAN), em Londres, RU, em 12/7/2023.

COMIDA

Menor tempo para fazer uma pirâmide de cupcakes
Organizar guloseimas pode dar em um recorde delicioso (e um lanche merecido quando terminar!).
• Disponha 6 cupcakes, feitos em casa ou comprados.
• Antes do início do cronômetro, cada cupcake deve ser colocado separadamente e de pé sobre uma superfície.
• Construa a pirâmide na seguinte ordem usando apenas uma mão: 3 cupcakes na base, 2 em cima e um último cupcake no topo.
• Pegue 1 cupcake de cada vez, sem deslizá-los pela mesa.
• A pirâmide deve ficar de pé por pelo menos 5s. Se cair, tente de novo.
Tempo mínimo: 10s.

GAMES

Domesticação mais rápida de um papagaio no *Minecraft* com controles por toque
Quão rápido pode-se treinar um mob raro no **jogo de videogame mais vendido do mundo**?
• No menu, selecione Jogar, depois Criar Novo, e então Criar Mundo Novo.
• Escolha o modo Sobrevivência e a dificuldade Normal. Defina a semente do template bioma Floresta, então coloque o controle sobre uma superfície plana e posicione as mãos para trás.
• Filme de modo que você e seu dispositivo fiquem visíveis.
• Após a contagem regressiva, comece.
• Quando for domesticado, grite "Pare!" e pause o tempo. Mostre que seu mob foi domesticado sentando-o no chão ou nos seus ombros.
Tempo máx.: 30s.

ESPORTES

Mais passes de basquete em 1min (dupla)
Será que você e um amigo conseguiriam cravar um ponto no livro dos recordes?
• Vocês precisarão de uma bola de basquete oficial.
• Estejam, no mínimo, 3m afastados. Você pode marcar a distância no chão. Depois da contagem, passem a bola entre vocês com as 2 mãos.
• A bola deve ser pega e controlada sem cair no chão.
• Se a bola cair, o passe não conta, mas vocês podem continuar o desafio.
• **Quantidade mínima:** 30.

Mais ollies num skate de dedo em 1min:
128, por Julian Kuczma (EUA), em Virginia Beach, Virgínia, EUA, em 16/12/2023.

Mais meias colocadas em um pé em 30s:
26, por Landon Williamson (EUA), em Lebanon, Ohio, EUA, em 1/7/2023.

Mais bichos de pelúcia capturados com os olhos vendados em 1min (dupla):
20, por Jivika Bang e Preksha Lathi (IND), em Jalgaon, Maharashtra, IND, em 24/9/2023.

ZONA DAS CRIANÇAS: GALERIA

Feitos em família

Cansado de jogos de tabuleiro e filmes? Procurando um novo desafio em família? Que tal quebrar um recorde mundial com seu irmão, pai, avô, primo ou até seu melhor amigo? Quem poderia se juntar a você na jornada para se tornar Oficialmente Incrível? Vamos ajudar você a se inspirar...

Assim como seu pai, Silvio, o jovem Cristian Sabba (ambos ITA) é dono de muitos títulos do GWR. Em 7/1/2021, ambos fizeram o **menor tempo para empilhar um jogo de dominós (dupla)** em 10,31s em Milão, ITA. Cristian ainda tem um longo caminho para alcançar seu pai... Silvio ostenta cerca de 200 recordes, sendo um dos recordistas mais prolíficos do mundo!

As irmãs Nunan, Lara (à esq.) e Ashley (AUS), são as rainhas da memória rápida, o que lhes rendeu vários recordes baseados em identificar rostos famosos, fictícios e reais, como mostra a tabela (títulos de Lara em azul e de Ashley em vermelho).

TÍTULOS MEMORÁVEIS DAS IRMÃS		
Personagens da Marvel (1min)*	88	5/9/2021
Personagens de desenhos (1min)	102	6/1/2022
Presidentes dos EUA (30s)	40	22/5/2022
Logotipos de empresas (1min)	102	14/9/2022
Frases de personagens de *Harry Potter* (1min)	44	23/12/2022

*O recorde de personagens da Marvel foi posteriormente quebrado por Shreyas M (IND), com 98 personagens em 17/6/2023.

Frédéric é pai de 4 filhas e planeja levar todas em uma aventura quando completarem 16 anos.

Mathilde de Lanouvelle comemorou seus 16 anos em uma jornada épica com seu pai, Frédéric (ambos FRA). A dupla pedalou 2.162km em um tandem pela França para criar o **maior desenho de GPS de bicicleta (equipe)** de 16-31/8/2023. O recorde arrecadou US$28.331 para caridade.

Em 1/3/2023, os irmãos sérvios Luka e Ilija Pejovski se juntaram ao pai, Dragan, para construírem a **torre GEOMAG mais alta** na TV! Usaram o brinquedo magnético para fazer um arranha-céu de 3,46m em Belgrado, SRB.

Os irmãos Rashed AlMheiri são um trio de talentosos escritores dos EAU. Cada um conquistou os seguintes títulos literários:
• AlDhabi (n. 13/7/2014, 1) é a **pessoa mais jovem a publicar uma série de livros bilíngue (fem.)** – *I Had an Idea* e *Here was the Beginning* – aos 8a239d, em 9/3/2023.
• Saeed (n. 30/8/2018, 2) tinha 4a218d quando se tornou **a pessoa mais jovem a publicar um livro (masc.)** – *The Elephant Saeed and the Bear* – em 9/3/2023.
• AlMaha (n. 22/2/2020, 3) se tornou a **pessoa mais jovem a publicar uma série de livros (fem.)** – *The Flower and Honey Bee* – em 7/1/2024, com apenas 3a319d.

O artista de bolhas Eran Backler (RU) passou os segredos da *bolhologia* para seus descendentes. Em 25/11/2018, juntou-se ao filho Lucian para quebrar o recorde de **maior sequência de bolhas**, fazendo uma bolha quicar entre 2 raquetes de bolhas 17x sem estourar nenhuma! Depois, Eran convocou a filha Paikea para quebrar o recorde mais uma vez (*acima*), alcançando 27, em 13/11/2022 em Newport, Ilha de Wight, RU. Com a esposa, Lauren, Eran passou o **maior tempo dentro de uma bolha** em 22/12/2018: 1min2,92s.

E família que corre unida... Em 29/7/2023, Chad Kempel (EUA, *acima*) começou a correr com seus filhos Savannah, Avery, Noelle, Grayson e Preston. Pai de 7, Chad conseguiu o tempo **mais rápido em 1km empurrando um carrinho quíntuplo (masc.)**, com 5min34s, em Eagle, Idaho, EUA. Outra mãe em movimento é a corredora Rachael Rozhdestvenskaya (RU, *acima*). Em 1/5/2022, ela completou **os 10km mais rápidos empurrando um carrinho** com sua filha, Eva, que dormiu quase o tempo todo, em 39min24s em Manchester, RU.

Mason Gonzales e seu avô Tim Trevitt, auxiliados por Glen Chase (todos EUA), usaram uma escada de bombeiros para conseguir **mais loopings em uma pista de Hot Wheels (28)** em 2/9/2023 em Susanville, Califórnia, EUA.

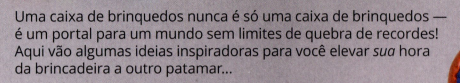

ZONA DAS CRIANÇAS
Hora da brincadeira!

Uma caixa de brinquedos nunca é só uma caixa de brinquedos — é um portal para um mundo sem limites de quebra de recordes! Aqui vão algumas ideias inspiradoras para você elevar *sua* hora da brincadeira a outro patamar...

Mais tempo girando um fidget spinner em um dedo
- **Da mão:** 25min43,21s, por William Lee (SGP), em 1/5/2019
- **Do pé:** 6min52,28s, por Brendan Kelbie (AUS), em 2/7/2020

Maior número de movimentos de malabarismo em 1 minuto
Recordes de Simeon Graham (RU)
- **5 bolas:** 423 em 25/10/2022
- **6 bolas:** 396 em 25/10/2022
- **7 bolas:** 378 em 4/2/2023

Maior número de blocos de JENGA removidos em 1 minuto
- **Individual:** 33, por Lim Kai Yi (MYS), em 20/10/2023
- **Em dupla:** 22, por Lim Kai Yi (MYS) e Zheng Haoran (CHN), em 18/1/2023

Maior carrinho de mão de brinquedo
Em 20/12/2016, para marcar o centenário da Radio Flyer Inc. (EUA), o CEO Robert Pasin (*à frente*) colocou uma versão gigante de seu icônico carrinho de mão na sede da empresa em Chicago, Illinois. Ele media 8,05m de comprimento e 3,55m de altura.

Torre mais alta de K'NEX
Com 30,87m, foi feita pela K'NEX Manufacturing (RU), em 5–6/6/1999, usando 50.342 peças!

- **Maior coleção de ursinhos de pelúcia**
20.367, de Istvánné Arnóczki (HUN), segundo contagem em 27/4/2019
- **Maior fila de ursinhos**
15.534, de Finlay Church (RU), em 3/5/2015

Montagem mais rápida de um Sr. Cabeça de Batata
- **Individual:** 5,43s, por Lim Kai Yi (MYS), em 9/8/2022
- **Em dupla:** 9,5s, por Lim Kai Yi e Ang Boon Hong (ambos MYS), em 26/7/2023
- **Com venda:** 10,88s, por Lim Kai Yi, em 8/4/2023, igualado por Brendan Kelbie (AUS) em 30/11/2023

Para um recorde sub-16 com o Sr. Cabeça de Batata, ver p.175

Maior tempo de giro de peão
- **Impulso único:** 1h37min42s, por Inosuke Mori (JPN), em 24/10/1999
- **Sustentado:** 7h1min14s, por Ashrita Furman (EUA), em 18/11/2006

180

Beth passou mais de três anos construindo o "Whoa-Yo" e o testou 3 vezes antes conseguir estabelecer o recorde.

Maior ioiô
Em 15/9/2012, Beth Johnson de Cincinnati, Ohio, EUA, conquistou na base do ioiô seu lugar na história através de seu "Whoa-Yo", de 3,62m de largura. Para se qualificar para o recorde, Beth precisou "jogar" o ioiô de 2,09ton usando um guindaste industrial. Ele se desenrolou por 36,5m e voltou.

Menor tempo para derrubar 5 alvos com uma arma de projéteis de espuma
3,94s, por David Rush (EUA), em 23/5/2019

- **Maior número de ioiôs jogados ao mesmo tempo**
19, por Michael Francis (CAN), em 7/8/2020
- **Maior número de "voltas ao mundo" em 1 minuto**
73, por Naoshi Terasawa (JPN), em 13/2/2022
- **"Cachorrinho passeando" mais longo**
9,75m, por Michael Francis, em 3/2/2023

- **Mais degraus descidos por mola maluca:** 30, por Marty Jopson e Hugh Hunt (ambos RU) em 18/2/2014
- **Mais transferências consecutivas de mola maluca de mão em mão**
1.045, por Daniel Girard Bolduc (CAN), em 11/9/2022

- **Pista mais longa de Hot Wheels** 751,13m, construído pelo *Fitzy & Wippa Show* (AUS) em 4/8/2020
- **Mais voltas numa pista**
10, por Rohan e Rahul Dayal (ambos IND), em 7/4/2021 (ver também p.179)

Maior coleção de trolls
8.130, por Sherry Groom (EUA), segundo contagem em 20/9/2018

Partida de Hungry Hungry Hippos mais rápida
- **Individual:** 14,69s, por Donald McNeill (EUA), em 30/1/2021
- **Em 4 pessoas:** 4,833s, por Ye Jiaxi, Yang Xinjing, Yang Xinyi e Zhang Ting (todos CHN), em 30/4/2023

Chennai Hoopers

Um bambolê pode parecer apenas um brinquedo divertido, mas, para jovens da Índia, tornou-se parte da sua identidade – e o segredo para fazer história no GWR.

A escola Chennai Hoopers foi fundada em 2018 por Vijayalakshmi Saravana – uma professora amante dos bambolês. Uma pequena sala com alguns alunos tornou-se um centro de treinamento, por onde passaram mais de 500 crianças.

O local registrou seu 1° recorde do GWR em 2019, quando Tharun R S atingiu a marca de **mais rotações de bambolê nos joelhos em 1min** (194). Seis anos depois, a trupe já ultrapassou 30 recordes.

Para ver o talento do grupo ao vivo, o GWR convidou 3 estrelas do bambolê para o escritório em Londres em jan/2023. Lá, Balasaranitha Balaji, Janani Saravana (filha de Vijayalakshmi) e Mamathi Vinoth (*foto esq. p/ dir.*) aproveitaram a ocasião e bateram incríveis 9 recordes, incluindo: **mais rotações ao redor dos ombros em 30s** (53, por Bala), **mais passes de cotovelo em 1min** (46, por Janani) e **mais saltos girando um bambolê no tornozelo em 1min** (110, por Mamathi). Tudo que podemos dizer é: Oh, lê-lê, oh, lá-lá, Chennai Hoopers vem aí e o bicho vai pegar!

*Todos os detentores de recordes IND

Hoje, são 75 alunos que se reúnem para se exercitar e se divertir com o bambolê, tanto pessoalmente quanto on-line.

Shashwath S, de 10 anos, alcançou o recorde de **mais rotações de bambolê no cotovelo em 1min** — 218 — em 22/4/2023. Bateu a marca anterior por 20 voltas. "Fiquei muito orgulhoso quando quebrei meu 1° recorde. Aumentou minha confiança para que eu obtenha mais conquistas."

Por que o bambolê é um hobby tão bom?
Mamathi: É um esporte que desperta nossa energia. É uma jornada de desenvolvimento pessoal que permite definir suas metas e acompanhar seu progresso.

Vocês têm algum ídolo no bambolê?
Janani: Minha mãe [Vijayalakshmi] é minha heroína. Ela comanda a escola e foi minha inspiração para começar.
Bala: Minha amiga Manognya. Ela é boa no bambolê, e observá-la despertou minha curiosidade e me inspirou a virar profissional.

Como se sentiu após conquistar um recorde?
Mamathi: Foi uma sensação avassaladora de euforia. É maravilhoso perceber que todo o trabalho valeu a pena.

Quais são os benefícios de compartilhar a mesma paixão com uma comunidade?
Janani: Na escola, os alunos não só aprendem, mas ensinam. Quando você é um "veterano", tem a oportunidade de ensinar aos mais novos. Como sempre fui tímida, acho que esta é uma prática muito vantajosa, pois não só ajuda a desenvolver minhas habilidades de ensino como me tira da zona de conforto.

Algum conselho para os iniciantes?
Janani: Uma coisa que percebi ao treinar com iniciantes é que eles ficam frustrados após tentar por apenas alguns minutos. A dica mais útil é ter paciência.

Você será sempre uma praticante do bambolê?
Bala: Com certeza. Amo o esporte! Me traz tanta felicidade e diversão que não me vejo sem ele tão cedo.

A professora Vijayalakshmi Saravana (*sentada mais à dir.*) é a força motriz por trás do Chennai Hoopers.

Os astros estão acumulando vários certificados do GWR... até set/2023, eles tinham mais de 30 recordes.

Ollie & Harry Ferguson

Muitos de nós têm uma lista de desejos, mas poucos colocaram 500 itens nela. Menos ainda imaginaram realizá-los antes de terminar a escola. Porém, Ollie e Harry Ferguson (RU) não são pessoas comuns.

Há anos, estes irmãos de Aberdeenshire — apoiados pelos pais Mac e Vicki — estão na missão de completar os 500 desafios antes dos 18 anos, que variam de garimpar ouro e comer *surströmming* (arenque fermentado) a encontrar fósseis e criar seu próprio país!

Contudo, foi um navio pirata Playmobil que garantiu aos irmãos um lugar no livro dos recordes. Em 2017, lançaram o *Adventure* (**1**) ao mar — sua versão de "uma mensagem na garrafa". Da Escócia, o barco foi até a Suécia e — após pegar carona com um veleiro — dirigiu-se até a África Ocidental, onde seguiu pelas correntes do Atlântico rumo ao Caribe. Depois de 6.072,5km, tornou-se o **navio de brinquedo mais viajado**.

E a dupla ousada não parou por aí... Não só quebrou o próprio recorde, em colaboração com outra família (*ver 2*), como embarcou numa 3ª viagem, ainda mais ambiciosa (**3**).

1 *Adventure*: Ollie (*esq.*) e Harry colocando alguns ajustes no navio Playmobil, como poliestireno para aumentar a flutuabilidade e GPS. A viagem final ocorreria em duas etapas: a primeira, da Escócia à Escandinávia, e a segunda (*ver mapa*), de perto das Ilhas Canárias até Barbados.

2 *Adventure 2*: Com ajuda dos Ferguson, um segundo barco foi construído pelos irmãos Jax, Kai (*ambos acima*) e Fynn Lewis em Trinidad. Foi lançado na Guiana por seu pai, Keith, em set/2020, chegando ao golfo do México após dois furacões! Em seguida, subiu pela Costa Leste dos EUA, antes de desaparecer no Atlântico em nov/2021, estabelecendo um novo recorde: 15.439km. No entanto, esta marca ainda pode ser superada...

3 *Erebus e Terror*: A mais recente expedição, com navios baseados no HMS *Erebus* e no HMS *Terror*, começou no verão de 2023 com o objetivo de circum-navegar a Antártida. A viagem pode durar até 2 anos e cobrir c. 22.000km.

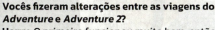

Vocês fizeram alterações entre as viagens do *Adventure* e *Adventure 2*?
Harry: O primeiro funcionou muito bem, então criamos o segundo da mesma maneira. Usamos o mesmo tipo de barco e o preparamos igual. A diferença foi que trabalhamos com Jax, Kai e Fynn Lewis, que moram em Trinidad.

Quando lançaram um navio de brinquedo em mar aberto, vocês sabiam a rota que ele tomaria?
Ollie: Tudo depende das correntes. Como sabemos onde a maioria delas está, pudemos escolher onde colocá-lo. Isso nos ajuda a direcionar o barco para onde queremos. Porém, algumas correntes não são muito retas e podem causar problemas. Quando os navios andam em círculo, gastam muita bateria.

Por que a expedição até a Antártida será diferente?
Harry: Levamos dois anos para construir os navios e tentamos criar réplicas idênticas do *Erebus* e *Terror*. Os cascos são feitos de olmo de 200 anos e revestidos de cobre.
Ollie: Ser o mais fiel possível ao design original pode significar que os barcos não sobrevivam por tanto tempo, mas era importante que não usássemos plástico. Eles viajarão pela corrente circumpolar de modo similar às embarcações de 1839. E como a expedição Ross, coletaremos dados científicos, como temperatura do ar e da água e o pH do oceano.

Conte-nos sobre suas outras "miniaventuras".
Ollie: Temos uma lista com 500 itens e já realizamos 456 [em set/2023]. Os mais difíceis foram enviar minifiguras LEGO® para o espaço e os barcos. Agora, estamos tentando dirigir 30 meios de transporte!

 Descubra mais sobre os jovens prodígios do GWR e os títulos sub-16 em kids.guinnessworldrecords.com

Simar Khurana

Não é incomum que as crianças joguem videogame. Mas Simar Khurana, de Ontario, CAN, também gosta de criar games.

Encorajada pelos pais, Manpreet e Paras, Simar decidiu aprender programação quando tinha 6 anos. "Não foi fácil encontrar um curso", disse o pai, Paras, ao GWR. "O desenvolvimento de jogos requer leitura e escrita avançadas, e a maioria das escolas não acreditava que Simar pudesse fazer ambos em um nível tão alto para a idade dela." No entanto, eles arranjaram um professor e a jornada começou.

Ao notar o progresso rápido da filha, Paras percebeu que ela poderia quebrar o recorde de **mais jovem desenvolvedora de videogame**. O problema? Ela tinha apenas 4 meses para bater o recorde. Paras disse: "Simar queria trabalhar duro. Imagine uma criança de 6 anos conciliando escola, aulas noturnas, lição de casa e projetos de programação. Isso é desafiador até para um adulto!". Mas Simar conseguiu: aos 6a364d, seu primeiro jogo – *O desafio da alimentação saudável* – foi lançado online, direcionado para outros jovens gamers.

"Eu amo computadores e fazê-los se comunicar com as pessoas."

Quando não está programando, Simar, que ama esportes, faz aulas de dança, ginástica e karatê.

O que te atraiu na programação?
Matemática é minha matéria favorita e sou muito boa nisso. Quando estava na pré-escola, já conseguia fazer contas. Quando era mais nova ainda, aprendi matemática sozinha no YouTube. Também gosto de criar coisas, como arte e jogos manuais. Então meu papai me disse que eu podia estudar programação.

Como você teve a ideia para *O desafio da alimentação saudável*?
Eu não gosto de comer tanta coisa, mas a médica disse para mim e para minha irmã que precisamos comer comida saudável. Ela nos explicou quais eram os alimentos bons. Naquela época, eu já tinha 4 aulas de programação por semana e precisava escolher um tema para o meu jogo.

Você achou difícil criar o jogo?
Levou muito tempo para programá-lo. É difícil ter paciência e, às vezes, eu queria só brincar! Mas no final quebrar um recorde me fez muito feliz e minha família ficou muito orgulhosa.

O que mais você gosta de fazer para se divertir?
Eu adoro jogar *Roblox*. Também gosto de artesanato e tenho um canal no YouTube chamado "O mundo da Simar".

Com seu jogo educativo, Simar queria ajudar outras crianças a aprenderem a diferença entre alimentos saudáveis e não saudáveis. Também queria chamar a atenção para os efeitos negativos de comer muito fast-food.

Qual é o seu principal conselho para quem quer tentar aprender programação?
É só começar! É divertido. E se for difícil, não se preocupe... É que nem andar de bicicleta: depois que você aprende, nunca mais esquece.

Quais são seus planos para o futuro?
Quero ser uma desenvolvedora de jogos e aplicativos. E seria muito legal conseguir outro título do GWR!

Descubra mais sobre os jovens prodígios do GWR e os títulos sub-16 em kids.guinnessworldrecords.com

Naemi e Alena Stump

Arranhões e machucados são inevitáveis quando aprendemos a andar de patins, e os tombos podem desanimar muitos, mas não as irmãs suíças Naemi e Alena Stump. As gêmeas começaram com os patins inline quando tinham 8 anos, e apesar das quedas, a paixão das duas não se abalou. Além disso, elas demonstraram uma habilidade incrível para adaptar sua rotina. Em 14/10/2023, quebraram 2 recordes juntas em uma rampa vertical de 3,9m: **mais truques sincronizados em patins inline em 30s** (11) e **em 1min** (21).

Naemi e Alena se inspiraram para tentar o recorde depois de lerem no GWR sobre Fabiola da Silva, uma patinadora inline brasileira que conquistou **mais medalhas de ouro no X Games (fem.)**, com 7. Mas acharam que conseguir um recorde próprio era impossível. Quando Alena tinha 2 anos, um tumor encefálico a deixou com dores de cabeça frequentes e problemas de memória. A agora adolescente de 14 anos se recusou a deixar isso atrapalhar seus objetivos, que felizmente ela alcança com a irmã ao seu lado.

Quando as irmãs Stump foram para a rampa vertical, já tinham muita experiência com patins. Com apenas 5 anos, elas ingressaram em um clube local de hóquei no gelo e participaram de torneios nacionais e internacionais.

As gêmeas começaram os patins inline porque queriam um hobby que pudessem fazer juntas.

Qual é o segredo da patinação inline sincronizada?
Vocês devem se conhecer o bastante para saber o que o outro está fazendo sem precisar se comunicar. A pessoa que é melhor no truque se adapta ao outro.

Quais são suas manobras favoritas?
Eu [Naemi] gosto de fazer barani flips e aéreos; Alena prefere fazer handplants e backflips.

Como foi o treinamento para o seu recorde?
Montamos uma sequência de manobras e praticamos executando exatamente na mesma altura e patinando exatamente na mesma velocidade.

Qual foi o maior desafio que vocês enfrentaram durante o treinamento?
Alena sofre de problemas de memória desde o tumor cerebral e esquecia a ordem dos truques. Então praticamos juntas por várias semanas para que ela pudesse memorizar os movimentos.

Como se sentiram no dia da tentativa de recorde?
Estávamos muito nervosas. Ao mesmo tempo, estávamos muito felizes pela oportunidade de quebrar um recorde mundial.

Como celebraram a conquista?
Preparamos um jantar para todos que nos ajudaram na tentativa. Dessa forma, pudemos agradecê-los e celebrar juntos.

Que conselho vocês dariam a outros jovens que esperam alcançar um título do GWR?
Ousem fazer algo que você ache impossível. Nunca desistam e sempre tentem se superar.

Além de patinar, o que mais vocês gostam de fazer?
No inverno, adoramos esqui freestyle. Também somos fascinadas por qualquer coisa com rodas, como skate e outros tipos de patins.

DJ RINOKA

Navegar no YouTube não costuma trazer momentos que mudam a vida. Mas para uma fã de música japonesa de 4 anos, isso se provou ser um grande ponto de virada...

Depois de assistir a uma DJ feminina mixando online, RINOKA (n. 4/2/2017) decidiu se tornar uma mestra na arte de mixar. Um dos presentes de Natal dela em 2022 foi uma mesa de DJ (2 decks conectados por um mixer) e logo seu talento natural brilhou. Colocando seus talentos à prova em 9/7/2023, a DJ RINOKA realizou um show solo em Tóquio, sua cidade natal, com apenas 6 anos e 155 dias. Sem se intimidar com as exigências de tocar por mais de uma hora para uma pista de dança lotada, seu show acabou rendendo o recorde de **DJ feminina mais jovem do mundo**!

A DJ RINOKA agora quer fazer turnês e tocar em festivais pelo mundo, o que ocorreu em 21/1/2024, quando apareceu na Neon Oasis '24 em Taipé, Taiwan (CHN), aos 6 anos e 351 dias, tornando-a a **DJ feminina mais jovem a tocar em um festival de música**.

DJ RINOKA cativa mais de 100 baladeiros a caminho de conquistar seu título GWR em jul/2023. Ela conduziu seu set usando uma mesa XDJ-Rx3 de dois decks.

O skate é outra paixão de RINOKA, que também faz aulas de hip-hop e jazz, e curte desenhar.

Por que você começou a ser DJ?
Desde que me lembro, adoro dançar e ouvir diferentes gêneros de música. Um dia, quando eu tinha 4 anos, vi um vídeo ao vivo de uma DJ feminina no YouTube e decidi que também queria tentar ser DJ. Comecei quando tinha 5 anos. Passei o ano todo pedindo ao Papai Noel por um DDJ-200, e ganhei um de presente em dez-2022!

Como você preparou o set para sua tentativa de recorde na balada?
Procurei por músicas que gosto no meu computador, fiz uma playlist e pratiquei.

Você gostaria de se tornar uma DJ profissional quando crescer?
Quero ser uma artista maneira que também é DJ.

Quais são suas maiores inspirações no mundo dos DJs?
Acho que Amelie Lens e Nina Kraviz são ótimas.

Finalmente, que conselho você daria para outros jovens que estão pensando em desafiar esse recorde mundial?
Acho que eles deveriam tentar, não apenas pelo recorde, mas também para divertir todo mundo.

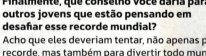

O Japão também é o lar da **DJ mais velha**. Reconhecida pelo GWR em 2018, Sumiko Iwamuro, ou DJ Sumirock (n. 27/1/1935), ainda estava tocando nas boates de Tóquio em 2023, aos 88 anos!

O **DJ mais jovem** é o DJ Archie (RU, nascido em 20/11/2014), que tinha apenas 4 anos e 130 dias quando bateu o recorde, em 2019. Hoje, Archie toca em boates do mundo inteiro com o pai.

Descubra mais sobre os jovens prodígios do GWR e os títulos sub-16 em **kids.guinnessworldrecords.com**

Arisa Trew

O giro de 720 graus, 2 rotações completas no ar, é uma das proezas mais raras do skate. Mas se tornou uma espécie assinatura de Arisa Trew (AUS).
Em 24/6/2023, essa skatista audaciosa executou o **1º giro 720 em uma competição (feminino)** em Salt Lake City, Utah, EUA. Estava competindo no Tony Hawk's Vert Alert, um evento de aquecimento para os X Games de verão. (Apropriadamente, a lenda do skate Tony Hawk estreou esse truque em 1985 – ¼ de século antes de Arisa nascer!). No mês seguinte, ela executou outro giro 720 nos X Games na Califórnia, EUA, uma façanha que lhe rendeu a medalha de ouro. Com 13 anos e 108 dias, ela é a pessoa mais jovem a executar com sucesso essa manobra nos X Games em quase 30 anos de história do evento (*ver também abaixo*).
Arisa diz que um dia talvez tente o giro 900 (duas rotações e meia), embora no momento esteja focada em se classificar para os Jogos Olímpicos de Paris em 2024, após a estreia do esporte nas Olimpíadas de Tóquio em 2020. Seja qual for o futuro, esse talento do skate já deixou sua marca no esporte.

O que te atraiu para o skate?
Comecei quando tinha 8 anos, depois que ficou muito frio para surfar no inverno.

Como você concilia a prática com a escola?
Estudo na escola de skate LVLUP AUS. Dedicamos 3h à educação de manhã e 4h ao skate à tarde.

Estava de que conseguiria executar o giro 720 novamente nos X Games?
Sabia que se quisesse vencer, teria que aterrissar. Na prova, cheguei ao 540 da forma mais incerta que já fiz, meu pé quase não voltou para o skate. E enquanto me aproximava do final, eu só precisava aterrissar... e consegui! Dava para ouvir meus amigos torcendo e foi uma das experiências mais incríveis da minha vida.

Como é ter dois ouros no X Games?
Fico muito surpresa, porque depois de ganhar o 1º lugar no vert, eu realmente não me importava com como me sairia no park, só queria subir no pódio. Quando ganhei, fiquei muito feliz.

O que sua família e amigos acham de você ser uma recordista?
Acho que todos estão muito surpresos e orgulhosos de mim.

Alguma dica para outros skatistas que estão tentando fazer manobras como o 720?
Definitivamente ajuda ter um treinador. Eu nunca teria sido capaz de aterrissar sem o meu, Trevor Ward.

Nos conte o que é necessário para se tornar um skatista de sucesso.
Determinação, paixão pelo skate e – sempre – se divertir muito!

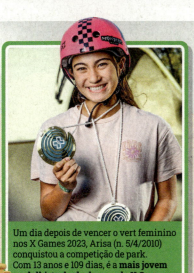

Um dia depois de vencer o vert feminino nos X Games 2023, Arisa (n. 5/4/2010) conquistou a competição de park. Com 13 anos e 109 dias, é a **mais jovem medalhista dupla de ouro do X Games**.

Fora da rampa, Arisa troca seu skate por uma prancha de surfe quando as ondas estão boas.

Cillian O'Connor

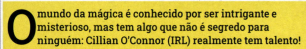

O mundo da mágica é conhecido por ser intrigante e misterioso, mas tem algo que não é segredo para ninguém: Cillian O'Connor (IRL) realmente tem talento! Nem a idade nem a vida com Transtorno do espectro autista frearam este ilusionista de 15 anos. Ele já apareceu na TV nacional e internacional, como no *Ireland AM*, *Blue Peter* e no *Britain's Got Talent* (*BGT*), já falou no TEDx e é embaixador da marca de brinquedos *Marvin's Magic*. Cillian alcançou seu 1º título do GWR em 26/8/2023, **mais truques de mágica em um minuto (sub-16)**, acertando quase 1 truque por segundo, totalizando 28! E essa é apenas sua última conquista. Em 2023, Cillian passou as férias na sua primeira turnê ao vivo, *My World of Magic*. Visitou 14 cidades e vilas no Reino Unido e na Irlanda, acompanhado pelo colega mágico Ryland Petty, que brilhou no *BGT* em 2022. Com planos de fazer uma turnê mundial e quebrar mais recordes, Cillian também está ansioso para visitar escolas e compartilhar a mágica e sua experiência com o autismo para inspirar as pessoas.

Cillian, aqui com sua irmã Casey, ganhou o coração da do país durante quando participou do *Britain's Got Talent* em 2023. Após a audição, ele recebeu aplausos de pé dos jurados e do público. Cillian permaneceu na competição até a final, conquistando o 3º lugar.

Em out-2023, Cillian ganhou o Prêmio Rising Star da *Marvin's Magic*. Ele recebeu o troféu em Los Angeles, Califórnia, EUA, enquanto estava no set de *America's Got Talent: Fantasy League*.

Cillian se inspirou na jovem mágica e vice-campeã do Britain's Got Talent de 2017, Issy Simpson.

Quando você foi introduzido à mágica?
Eu tinha 7 anos quando comecei, e o 1º truque que vi foi meu tio Dessie fazendo. Ele pegou o polegar e aparentemente o dividiu ao meio e depois o juntou de novo. Isso me assustou muito e eu saí correndo com medo que meu polegar também caísse!

Como aprender mágica impactou sua vida?
Meu autismo foi uma das principais razões pelas quais comecei na mágica; isso me permitiu melhorar minhas habilidades sociais e ser capaz de interagir com as pessoas. Quando eu era mais novo, sabia o que dizer, mas não sabia como. Hoje em dia a magia fala por mim.

Quais são os maiores desafios de ser um mágico?
Alguns truques com movimentos complexos de mão são desafiadores por causa da minha dispraxia (distúrbio que afeta a coordenação motora). Eu achava difícil usar as mãos, mas um Natal, o Papai Noel me deu um GANCUBE e um baralho, o que me ajudou muito.

Qual é o seu tipo favorito de mágica?
Meus favoritos são a mágica mental e com cartas, porque prefiro fazer truques de perto.

Você tem outros hobbies?
Gosto de colecionar decks de cartas. Tenho uma prateleira só para isso. Também gosto de xadrez e de fotografia, e sou um grande fã de luta livre e futebol.

Que conselho daria para outras crianças que sonham com a glória do GWR?
Não desistam dos seus sonhos. Somente vocês podem contar suas histórias. Sigam até o fim.

Descubra mais sobre os jovens prodígios do GWR e os títulos sub-16 em kids.guinnessworldrecords.com

YOUNG ACHIEVERS

Auldin Maxwell

A habilidade extraordinária de Auldin Maxwell para empilhar blocos de Jenga lhe rendeu seu primeiro recorde quando tinha apenas 12 anos. Hoje, sua história inspirou um filme!

O canadense, que vive com Transtorno do espectro autista, diz que não vê o Jenga apenas como um jogo, mas como uma ferramenta de construção: "É um desafio de engenharia que possibilita usar muita criatividade", diz animado. Auldin detém 2 recordes, ambos estabelecidos em jan/2023: **mais blocos de Jenga empilhados em um único bloco vertical** (1.840, *abaixo*), e **mais blocos gigantes de Jenga empilhados em um único bloco vertical** (900, *abaixo*).

O filme *A World Record Christmas* (EUA, 2023) conta a história de um jovem com autismo que sonha em quebrar um recorde. Sua família e toda a cidade se unem, transformando sua tentativa em uma arrecadação de fundos comunitária. "Nunca pensei que me escolheriam para inspirar um filme", disse Auldin ao GWR. "Às vezes, nem parece real!".

Além de empilhar Jenga, Auldin também adora basquete, monociclo, boliche, cubo mágico e jogos de cartas. No futuro, ele quer ser jogador de basquete ou ator.

Você participou do filme?
Ganhei uma participação especial, foi fantástico! O elenco e a equipe foram gentis e me trataram como uma celebridade. Fizeram um discurso sobre eu ser a razão de estarem todos ali e me aplaudiram. Nunca vou esquecer.

O que te deu a ideia de tentar quebrar um recorde usando blocos de Jenga?
Sempre quis bater um recorde. Tinha alguns conjuntos de Jenga e comecei a construir diferentes designs. Tive ideias e descobri que era fácil para mim. Depois vi o recorde no YouTube e decidi tentar.

Como você se prepara?
Primeiro, me concentro andando de monociclo ou jogando basquete com meu padrasto. Durante as tentativas, sempre ouço música, porque me ajuda a focar. Quando uma torre cai ou sinto que está prestes a desabar, faço uma pausa. Foco e finjo que nunca construí aquela torre. Isso me ajuda a encontrar uma nova perspectiva.

Houve algum momento durante as tentativas em que você pensou em desistir?
Quando li as regras oficiais, percebi que estava treinando do jeito errado. Empilhava com 3 blocos em cada mão. Quando me inscrevi, vi que que a pessoa tinha que empilhar 1 bloco por vez e quis desistir. Minha mãe me incentivou a tentar o novo jeito, que eu dominei em algumas semanas.

Tem mais algum recorde em mente?
Considerei tentar o recorde de **mais cubos mágicos resolvidos em um monociclo**, o recorde de **mais arremessos de basquete de trás da cesta em um minuto**, a **maior pilha de bolas de boliche** e, é claro, defender meus títulos até o fim!

Qual é a sua maior dica para alguém que queira quebrar um recorde?
Encontre uma atividade que se adapte às suas habilidades, pratique e seja paciente consigo mesmo. Não desista, porque os sonhos podem se tornar realidade!

KIDS — ZONA DAS CRIANÇAS
O grande quiz do GWR

Você é um especialista nota 10 em recordes mundiais? Coloque à prova seu conhecimento com estes 25 desafios cabeludos!

Para receber novidades sobre recordes, vídeos, jogos e mais quizzes, acesse o site do GRW Kids usando este QR code!

1. O **maior número de truques de mágica realizados sob a água em 3min** foi 38, por Avery Emerson Fisher (USA), de 13 anos. E ele nem podia dizer "Abracadabra!". Qual era o objetivo desse termo hebraico de quase 2 mil anos?
a) Curar doenças b) Ser um grito de guerra c) Cumprimentar visitas

2. O **pinguim de maior patente** é o Major General Nils Olav III (ver p.57). Qual é a maior espécie de pinguim?
a) Gentoo b) Azul c) Imperador

3. Usando cerca de 143.000 cartas, Arnav Daga (IND), de 15 anos, construiu a **maior estrutura de cartas de baralho** (ver p.110). O que Arnav fez com a cidade de cartas depois?
a) Doou para um museu b) Derrubou c) Colou tudo

4. Vendado, Tommy Cherry (EUA) resolveu um cubo mágico 3x3x3 em exatos 12s em fev/2024. Qual destes fatos sobre o cubo é VERDADEIRO?
a) Depois de inventar o cubo em 1974, Ernõ Rubik levou um mês para resolvê-lo b) Só gênios com QI maior que 150 conseguem resolver o cubo c) Há apenas 1 modo de resolvê-lo

5. Viswajith V (IND) sabe de dinossauros: com 5 anos, estabeleceu o recorde de **mais dinossauros identificados em 1min** (41). Qual destes *não* é um dinossauro real?
a) Gasosaurus b) Pukisaurus c) Bambiraptor

6. O menor tempo para fazer e comer 3 bolos no *Minecraft* é 27,29s, de Kenneth Cullen (EUA).

Minecraft é o **jogo mais vendido**, mas quantas cópias foram vendidas até o começo de 2024?
a) 100mi b) 300mi c) 500mi

7. Um cachorrinho chamado Daiquiri e a tutora, Jennifer Fraser (*abaixo*), amam bater recordes, incluindo o de **maior número de meias retiradas por um cão em 1min**. Daiquiri é de qual raça?
a) Pastor-australiano b) Dachshund c) Husky

8. McCauley Hoover (EUA), de 11 anos, detém **os recordes femininos de maior número de grinds no skate em 1min**. Em qual estado esse esporte nasceu?
a) Nova York b) Flórida c) Califórnia

9. O **maior número de teclas de piano tocadas em 30s** é 495, pelo adolescente Keita Hattori (JPN). Quantas ele tocou por segundo? (Não pode usar calculadora!)
a) 16,5 b) 25 c) 33,5

10. Kimberly Winter (EUA) foi a **mulher a soltar o arroto mais alto**, em abr/2023 (ver p. 78). Qual é o nome formal para essa liberação de gases?
a) Eructação b) Degaseificação c) Belcose

11. O YouTuber Airrack (EUA) e o fast-food de sucesso Pizza Hut assaram a **maior pizza** — com 1.296,72m²! Qual é a mais antiga referência a pizzas?
a) 812 AEC b) 997 EC c) 1788

12. O maior número de gols feitos no *FIFA 23* (modo "Lendário") foi 11, por Simeone De Cesare

Há mais formas de dispor um baralho de cartas do que átomos na Terra.

(RU). Qual país ostenta mais vitórias na Copa do Mundo da FIFA de verdade?
a) Brasil b) Argentina c) Inglaterra

13. Os irmãos Mack e Zara Rutherford (ambos RU/BEL) são as **pessoas mais novas a dar a volta ao mundo numa aeronave**, com 17a64d e 19a199d, respectivamente. Que irmãos realizaram o **1º voo motorizado**, em 1903?
a) Os Wrong b) As Kardashian c) Os Wright

14. A Murata Manufacturing (JPN) criou o **maior expositor de origamis de coelho** (ver p.117). Qual das alternativas é falsa?
a) O termo deriva de *ori* ("dobrado") e *kami* ("papel") b) Foi inventado 30 anos atrás
c) Não pode usar tesoura ou cola

15. A **maior chuteira** (ver p.118) foi criada por Muhammed D, da Índia. Por quê? Para ser...
a) Usada pelo **homem mais alto do mundo** (ver p.64–65) b) Inscrita numa competição de arte
c) Leiloada

16. Em jan/2024, MrBeast (EUA) era **o indivíduo com mais inscritos no YouTube** (ver p.172–73). Que jogo ele estava jogando em seu 1º vídeo?
a) Minecraft b) FIFA c) Fortnite

17. O **maior número de Big Macs comido na vida** foi 34.128, por Donald Gorske. Qual destes fatos é FALSO?
a) O sanduíche já se chamou "The Aristocrat"
b) Há um Museu do Big Mac
c) É o mais vendido do restaurante

18. *Barbie* foi o **filme com maior faturamento em 2023**. O slogan dela é "Você pode ser tudo que quiser". De fato, Barbie (ver p.192–93) já teve quase todas as profissões, menos...
a) Aeromoça b) Chef c) Zeladora

19. O **menor tempo para montar 3 personagens de LEGO®** foi 13,28s, por Thoren Zumstein (EUA). Cerca de 340mi de bonequinhos de LEGO® são feitos todos os anos, mais ou menos a população da...
a) China b) Nova Zelândia c) EUA

20. Deb Hoffmann (EUA) tem a **maior coleção de itens do Pooh** (23.623). Qual animal *não* aparece nas histórias do Pooh?
a) Texugo b) Tigre c) Burro

21. O **maior valor pago em leilão por tênis usados** foi US$2,2mi pelo par de Nike Air Jordan XIII, de Michael Jordan, em abr/2023. Em qual time da NBA ele jogou por quase toda a carreira?
a) LA Lakers b) Boston Celtics c) Chicago Bulls

22. Taylor Swift (ver p.216–17) dominou o pop em 2023. A tour recordista de 2023–24 se chama...
a) *Eons* b) *Eras* c) *Speak Now*

23. Até mar/2024, BLACKPINK era a **banda com maior número de inscritos no YouTube** (93,1mi). Como seus fãs são conhecidos?
a) Pinks b) Blinks c) Blanks

24. O **maior número de gols numa temporada de 38 rodadas da Premier League inglesa** foi 36, por Erling Haaland em 2022/2023. Onde ele nasceu?
a) Noruega b) Alemanha c) Reino Unido

25. Simone Biles (EUA) arrematou **mais medalhas nos Campeonatos Mundiais de Ginástica Artística** (ver p.242). Ela é defensora da alimentação saudável, mas confessa ter fraqueza por...
a) Cinnamon rolls
b) Ovos de Páscoa
c) Biscoitos da sorte

As respostas estão na p.253... Boa sorte!

Steve de Minecraft é tão famoso que apareceu em outros jogos, como *Borderlands 2*.

ICON

Barbie

Quando uma boneca loira estreou na Feira Internacional de Brinquedos Americanos em 9/3/1959, poucos imaginavam que estavam testemunhando o nascimento de um ícone cultural. Barbie foi criada por Ruth Handler (EUA), co-fundadora da fabricante de brinquedos Mattel. Ruth percebeu que todas as bonecas com as quais a filha Barbara brincava eram bebês e que não havia espaço no mercado para uma boneca adulta que pudesse usar diferentes roupas. A visão de Ruth se conectou às meninas do país inteiro, com mais de 350 mil Barbies vendidas apenas no primeiro ano. Estima-se que 1 bilhão de bonecas tenham sido compradas desde então, com uma média atual de três vendas por segundo. Ao longo das décadas, Barbie refletiu e passar do tempo e mudanças comportamentais. Teve 250 carreiras, desde piloto da Força Aérea até jogadora de beisebol. Em 2016, surgiram novas silhuetas (pequena, alta e curvilínea), o que levou a boneca a estampar a capa da revista *TIME*. E, como o sucesso do filme *Barbie* de 2023 prova, o brinquedo de 65 anos atrás não perdeu seu poder de capturar a imaginação do público.

BREVE BIOGRAFIA

Nome:	Barbara Millicent Roberts
Local nasc.:	Willows, Wisconsin, EUA (mas não a verdadeira cidade de Willow!)
Data nasc.:	9/3/1959
Altura:	29,2cm
Cor característica:	Rosa Barbie
Título do GWR:	Boneca mais vendida: 86 mi de bonecas vendidas em 2021; vendas ao longo do tempo estimadas em mais de 1 bi até 2023.

Ruth Handler criou a Barbie com o objetivo de empoderar os sonhos das jovens mulheres. "Minha filosofia... era que por meio da boneca, meninas pequenas pudessem ser quem quisessem", disse.

A Barbie foi em parte inspirada em Bild Lilli, uma boneca de poliestireno da Alemanha Ocidental baseada em um personagem dos quadrinhos no jornal *Bild*. Handler comprou modelos na Europa; a Mattel comprou os direitos de Lilli em 1964.

1959: A primeira Barbie veio com um marcante traje de banho preto e branco e óculos de sol para garantir que se destacasse entre as outras bonecas infantis.

1965: Lançada em um traje espacial prateado, a Barbie Miss Astronauta era um reflexo das aspirações femininas e da conquista de profissões dominadas por homens nos anos 1960.

1961: O namorado da Barbie, Ken, veio 2 anos depois. Seu nome é uma homenagem ao filho de Ruth Handler. O cabelo original era de feltro, que muitas vezes caía quando molhado.

1970: Modelo #1116, o "Dramatic New Living" era uma Barbie que girava na cintura e dobrava joelhos e cotovelos. Foi a primeira Barbie completamente articulada.

Desde 2005, a superfã Bettina Dorfmann (DEU) tem o título do GWR de **maior coleção de bonecas Barbie**. Ela ganhou sua primeira boneca (a amiga da Barbie, Midge) em 1966. Até dez/2022, a coleção de Bettina já tinha incríveis 18.500 bonecas, todas únicas.

Barbie (EUA/RU) foi o maior sucesso de bilheteria de 2023, com US$ 1,441 bi em todo o mundo. Estrelando Margot Robbie e dirigido por Greta Gerwig (EUA), tornou-se o **filme de maior bilheteria dirigido por uma mulher**.

1980: A amiga negra da Barbie, Christie, apareceu na linha em 1968. Mas a Barbie negra em si só veio 12 anos depois, criada por Kitty Black Perkins, a primeira designer negra da Mattel.

1992: A Barbie "Totally Hair" vendeu mais de 10 mi, sendo a **boneca Barbie mais vendida**. Foi relançada em 2017, seu 25º aniversário.

2004: Barbie concorreu a um cargo político pela 1ª vez em 1992 (presidente dos EUA de 2004). A boneca presidencial trocou o vestido por um terno supermoderno.

2017: Inspirada na esgrimista olímpica, Ibtihaj Muhammad, esta Barbie foi a 1ª na linha a usar um hijab (na linha "Shero" da Mattel).

2019: A primeira boneca da Barbie a usar uma cadeira de rodas foi Becky, em 1997. Em 2019, a linha "Fashionistas" incluía a Barbie em cadeira de rodas (à esq.) e uma amiga com perna protética.

2023: A Mattel colaborou com a National Down Syndrome Society para lançar a 1ª Barbie com síndrome de Down. Seu colar tem 3 chevrons para cima, que representam as 3 cópias do 21º cromossomo.

Descubra mais ÍCONES do GWR em www.guinnessworldrecords.com/2025

Arte e entretenimento

CONTEÚDO

Cronologia:	
Pinturas mais caras	196
Galeria: Influenciadores	198
Galeria: Jogos	200
Música	202
Breakdance	204
TV	206
Sucessos de bilheteria	208
Fazendo filmes	210
Figurinos de cinema	212
Variedades	214

Charles Martinet – a voz do Mario nos videogames – aparece duas vezes no filme.

MAIOR BILHETERIA DE FILME BASEADO EM VIDEOGAME

As receitas globais do filme *Super Mario Bros: o Filme* (EUA, 2023) eram de $1.363.377.030 até 17/1/2024, segundo o site The Numbers. A fantasia de animação, inspirada na franquia de jogos da Nintendo, vê o encanador ser transportado através de um tubo de Nova York para o Mundo dos Cogumelos, mas nem tudo sai como planejado... Lá, Mario (com a voz de Chris Pratt) junta-se à Princesa Peach (Anya Taylor-Joy) e Toad (Keegan-Michael Key) para salvar o Reino dos Cogumelos – bem como o seu irmão Luigi (Charlie Day) – das garras maléficas de Bowser (Jack Black).

Apesar das críticas diversas, *Super Mario Bros: o Filme* foi um sucesso de público, ultrapassando *Pokémon Detetive Pikachu* (EUA/JPN, 2019) apenas uma semana após o lançamento, tornando-se o filme inspirado em videogame de maior sucesso da história – bem como o 1º do seu gênero a ultrapassar a marca de 1 bi de dólares de bilheteira.

Aristóteles contemplando um busto de Homero (1653)
• Rembrandt van Rijn (NLD)
• US$2.3mi (1961)
O Metropolitan museum of art de Nova York ("O Met") desembolsou a quantia em um leilão por essa tela a óleo do mestre holandês. A *pintura mais cara de Rembrandt* atualmente é *O porta-estandarte* (1636), comprada pelo governo holandês em 2022 (ver o No.7 abaixo).

Lírios (1889)
• Vincent van Gogh (NLD)
• US$53.9mi (1987)
O corte dramático e as texturas padronizadas de *Lírios* são inspirados nas gravuras japonesas em madeira.

Juan de Pareja (1650)
• Diego Velázquez (ESP)
• £2.31mi (1970)
Essa obra do século XVII foi a 1ª a alcançar mais de £1mi. O comprador foi o Metropolitan museum of art de Nova York.

CRONOLOGIA: ARTE E ENTRETENIMENTO
Pinturas mais caras

Bem-vindo à galeria de arte do GWR, na qual fizemos uma rápida curadoria das pinturas mais caras da história. Todas as obras-primas exibidas aqui foram, em algum momento, a **pintura mais cara do mundo**. Durante o século XX, a arte passou a ser vista cada vez mais como um investimento lucrativo. Mas, ao longo do tempo, os preços aumentaram significativamente a partir dos anos 1980, impulsionados em parte por um *boom* econômico global, mas também por uma propaganda mais sofisticada das casas de leilão. Aqui, focamos em pinturas vendidas nos 70 anos pós-1955 (ano da 1ª edição do GWR), principalmente porque os dados de vendas anteriores são mais inconsistentes. *

Abaixo, estão as 20 pinturas mais caras conhecidas na história, em ordem crescente de valor. Durante o século XIX, negociantes de arte e colecionadores priorizaram os Velhos mestres a obras de arte contemporâneas. Como a lista atesta, entretanto, pinturas feitas após 1900 dominam o mercado de arte hoje em dia.

- Velho mestre
- Pós-Impressionismo
- Simbolismo
- Expressionismo
- Cubismo
- Expressionismo Abstrato
- Arte do Século XX
- Pop Art
- Xieyi

Retrato de Adele Bloch-Bauer I (1907)
• Gustav Klimt (AUT)
• US$135mi (2006)
Adele Bloch-Bauer foi uma socialite vienense rica, uma das principais patrocinadoras de Klimt e, supostamente, o único modelo que ele pintou 2x (ver No.16 abaixo). Incorporando folhas de ouro e prata, a pintura decorativa é típica da "Fase dourada" do artista (1901–09).

20. *No.5, 1948* (1948) Jackson Pollock (EUA) cerca de US$140mi (2006)
19. *Série de 12 paisagens* (1925) Qi Baishi (CHN) US$141mi (2017)
18. *Três estudos de Lucian Freud* (1969) Francis Bacon (RU) US$142.4mi (2013)
17. *As modelos, conjunto (versão pequena)* (1888) Georges Seurat (FRA) US$149.2mi (2022)
16. *Retrato de Adele Bloch-Bauer II* (1912) Gustav Klimt (AUT) US$150mi (2016)
15. *O sonho* (1932) Pablo Picasso (ESP) US$155mi (2013)
14. *Nu couché (sur le côté gauche)* (1917) Amedeo Modigliani (ITA) US$157.2mi (2018)
13. *Masterpiece* (1962) Roy Lichtenstein (USA) US$165m (2017)
12. *Nu couché* (1917–18) Amedeo Modigliani US$170.4mi (2015)
11. *Mulheres de Argel (versão "O")* (1955) Pablo Picasso US$179.4mi (2015)

Baile no moulin de la Galette (1876)
• Pierre-Auguste Renoir (FRA)
• US$78.1mi (1990)
A obra impressionista de Renoir retrata um salão de dança em Montmartre, Paris. Foi comprada pelo colecionador Ryoei Saito.

Retrato de Dr. Gachet (1890)
• Vincent van Gogh
• US$82.5 mi (1990)
O 1º de 2 retratos que van Gogh pintou do dr. Paul Gachet, que cuidou dele em seus últimos meses. O atribulado artista ganhou pouco dinheiro com seu trabalho durante a vida, mas, graças em grande parte aos esforços industriais da viúva de seu irmão, suas telas se tornaram muito valorizadas mais tarde. A **pintura mais cara de van Gogh** hoje é *O pomar com cipreste* (1888), que foi vendida por US$117.1mi em 2022.

Rapaz com cachimbo (1905)
• Pablo Picasso (ESP)
• US$104.1mi (2004)
Obra do "Período posa" do artista. O termo refere-se à escolha de cores quentes. A **pintura mais cara de Picasso** (ver o No.11 *abaixo*) foi vendida em 2015.

Os jogadores de cartas (1890–95)
• Paul Cézanne (FRA)
• Cerca de US$250mi (2011)
Pintura mais cara de Cézanne. *Natureza morta com cortina, jarra e fruteira* (1894), que alcançou US$60.5mi em leilão em 1999, é a **pintura de natureza-morta mais cara**.

Interchange (1955)
• Willem de Kooning (USA, nascido NLD)
• Cerca de US$300mi (2015)
O expressionista abstrato de Kooning a vendeu pela modesta quantia de US$4.000. Hoje, é a **pintura do século XX mais cara**.

Salvator Mundi (c. 1500)
• Leonardo da Vinci (ITA)
• US$450.3mi (2017)
A **pintura mais cara da história** foi considerada perdida por muitos anos. Mesmo depois de seu redescobrimento, foi a princípio considerada uma cópia. Uma limpeza extensiva e restauração foram necessárias até que a peça vendida pela Christie's em 2017. Relata-se que foi comprada pela família real saudita. Antes, saiu em um leilão on-line por um preço muito mais modesto de US$1.175!

* As pinturas não estão em escala. Todos os preços, incluindo aqueles de leilões ou vendas privadas, são baseados nos dados públicos mais recentes disponíveis, até a data de publicação.

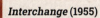

10. *Serpentes de água II (namoradas)* (1907) Gustav Klimt US$183.8mi (2012)
9. *Nº 6 (Violet, Green and Red)* (1951) Mark Rothko (EUA) US$186mi (2014)
8. *Shot sage blue Marilyn* (1964) Andy Warhol (EUA) US$195mi (2022)
7. *O porta-estandarte* (1636) Rembrandt van Rijn (NLD) US$198 mi (2022)
6. *No. 17A* (1948) Jackson Pollock US$200mi (2015)
5. *Quando você casa?* (1892) Paul Gauguin (FRA) US$210mi (2015)
4. *Marilyn Monroe (Orange)* (1964) Andy Warhol US$200–US$250 mi (2018)
3. *Os jogadores de cartas* (1890–95) Paul Cézanne (FRA) Cerca de US$250mi (2011)
2. *Interchange* (1955) Willem de Kooning (EUA, n. NLD) cerca de US$300 mi (2015)
1. *Salvator Mundi* (c. 1500) Leonardo da Vinci (ITA) US$450.3mi (2017)

ARTE E ENTRETENIMENTO: GALERIA
Influenciadores

Mais seguidores no Instagram
O astro português Cristiano Ronaldo tem 621.979.902 fãs no *Insta*, quase o dobro da população dos EUA, 120mi de seguidores a mais que o 2º lugar, seu grande rival no campo, Lionel Messi (ARG). Messi pode, no entanto, se orgulhar pela **foto mais curtida do Instagram**: ele segurando a taça da Copa do Mundo da FIFA em 2022 (*abaixo*), que recebeu 75.504.160 de likes.

Mais inscritos em canal do YouTube de uma só pessoa (fem.)
Diana Kidisyuk (EUA, n. UKR) tem 118mi de inscritos no canal "Kids Diana Show". Aos 10 anos e em geral acompanhada pelo irmão, Roma, ela é especializada em unboxing, brincadeiras de faz de conta e músicas infantis. Também estrelou a série *Love, Diana*, junto a vários personagens animados. Para **mais inscritos em um canal do Youtube (geral)** v. pp.172-3.

Em ago/2023, Khaby Lame ganhou uma skin da série "Ícones" no *Fortnite Battle Royale*.

Mais seguidores no TikTok
O influenciador italiano Khabane Lame, ou Khaby, (*à dir.*) tem 161,5mi de fãs no TikTok. O senegalês, famoso pelos vídeos humorísticos de *lifehacks*, tornou-se o criador de conteúdo mais popular da plataforma em 22/6/2022, ultrapassando a dançarina e influenciadora americana Charli D'Amelio (*à esq.*), que mantém o recorde **feminino**, com 152mi de seguidores. Ela também tem o **perfil com mais curtidas do TikTok**, com 11,5 bi de likes.

Todos os dados até 4 de março de 2024.

FENTY

Mais seguidores no X
Elon Musk (EUA, n. ZAF) tem 173.149.588 de seguidores no antigo Twitter, site que comprou em 27/10/2022. O bilionário da tecnologia tem 40mi de fãs a mais do que a 2ª figura mais popular, o ex-presidente dos EUA Barack Obama. Musk conquistou mais de 40% dos seguidores após a compra do X e seus posts são polêmicos, mas ele continua a manter o perfil e posta até 30x/dia.

Mulher mais seguida no X
Rihanna (BRB, n. Robyn Rihanna Fenty) é sensação no X, com 108.167.892 de seguidores. A cantora e empresária barbadiana ultrapassou Katy Perry em abr/2023, assumindo o topo entre as mulheres. Foi a 1ª vez que o recorde mudou de mãos desde que Perry o conquistou em 2013. Rihanna chamou a atenção em 2023 com sua apresentação no intervalo do *Super Bowl LVII*, ainda grávida do 2º filho, Riot. Mais de 120mi de telespectadores a assistiram.

Mais alto pico de visualizações simultâneas na Twitch
Em 1/7/2023, um total de 3.442.725 espectadores assistiram a *La velada del año 3*, um evento de boxe ao vivo transmitido pela personalidade Ibai Llanos (ESP; *à esq.*). Ibai começou a carreira comentando partidas de *League of Legends* e tornou-se um streamer influente ao entrevistar superestrelas da música como Bad Bunny (v. p.203) e Ed Sheeran.

A **mulher mais seguida na Twitch** é a Pokimane (CAN, n. Imane Anys, *à dir.*), com 9.332.274 de fãs. Em jan/2024, fez o anúncio de que estava trocando a plataforma pelo YouTube, mas sua antiga conta e suas transmissões arquivadas ainda estão ativas e são populares.

ARTE E ENTRETENIMENTO: GALERIA

Jogos

1º jogador a chegar à "killscreen" de Tetris
Em 21/12/2023, Blue Scuti (EUA) alcançou o Nível 157 do jogo de quebra-cabeça do NES — chegando à "killscreen" (ponto em que o jogo trava). Aos 13 anos, ele jogou por 38min e obteve 6.850.560 pontos. Certas habilidades permitiram que jogadores fossem muito além do Nível 29, que se acreditou por muito tempo ser o limite superior de Tetris.

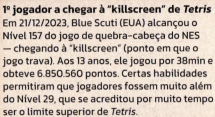

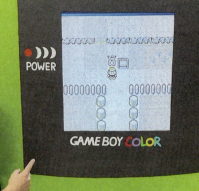

Maior Game Boy Color
Em 2022, Nick Carlini (EUA) criou uma versão funcional do clássico portátil da Nintendo, com 2,23m de altura, 1,24m de largura e 0,6m de profundidade. O Game Boy de Carlini funciona com emuladores num PC que fica dentro da estrutura de madeira e usa um Xbox adaptive controller conectado aos botões imensos.

Jogo de tiro em 1ª pessoa mais vendido
A franquia de Call of Duty vendeu mais de 400mi de cópias de acordo com a Activision-Blizzard (EUA). Mais 20 títulos foram lançados depois do Call of Duty de 2003, indo além da ambientação da 2ª Guerra Mundial para incluir espionagem na Guerra Fria e ficção científica. No título mais recente, Call of Duty: Modern Warfare III (2023), a Task Force 141 tenta impedir a 3ª Guerra Mundial.

GWR Edição Gamer 2025
Ele VOLTOU! Ressuscitamos nosso compilado de recordes do mundo dos games, que está maior e melhor do que nunca. Se junte a nós para a contagem regressiva das 100 maiores categorias do GWR no mundo dos games — os títulos mais vendidos e mais aclamados pela crítica, as maiores pontuações e speedruns mais rápidas. Apresentamos campeões condecorados de eSports, colecionadores e cosplayers. Da Activision a Zelda, falamos de tudo. Qual recorde do mundo dos videogames VOCÊ acha que é o nº1?

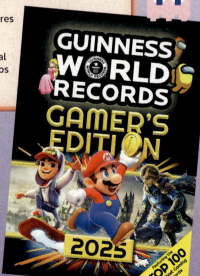

200

Maior plataforma com conteúdo gerado pelos usuários
Lançado em 2006, *Roblox* é uma plataforma de videogame que dá aos jogadores ferramentas que lhes permite criar seus próprios jogos (chamados de "Experiências"). Tais jogos podem ser disponibilizados a todos os jogadores. Em 13/8/2023, *Roblox* registrava uma média de 70,2mi de usuários ativos por dia.

Jogo de *The Legend of Zelda* com vendas mais rápidas
Após o lançamento em 12/5/2023, *The Legend of Zelda: Tears of the Kingdom* da Nintendo vendeu 10mi de cópias em 3 dias — cerca de 40 por segundo! A épica aventura de mundo aberto pelas terras e céus de Hyrule vendeu mais de 30mi de unidades até o fim do ano, fazendo dele um dos 5 títulos mais vendidos da história do Nintendo Switch.

Jogo mais vendido
Minecraft ultrapassou 300mi de unidades vendidas, como confirmado pela Microsoft em 15/10/2023. Com código original de Markus Persson, que lançou uma versão "alfa" em 17/5/2009, o jogo conquistou muitos fãs. Em 2023, eles celebraram o lançamento da atualização *Trails & Tales* e o spin-off de ação e estratégia *Minecraft Legends* (à esq.).

1º cachorro a completar uma speedrun
Em 13/7/2023, "JSR_" publicou o vídeo do seu Shiba Inu, Peanut Butter, completando uma speedrun de *Gyromite*, jogo de plataforma de 1985 do NES. Usando as patas para apertar grandes botões de um controle sob medida, Peanut guiou o Professor Hector até o fim do jogo em 25min29s, depois fez o mesmo no Awesome Games Done Quick 2024.

Mais Golden Joystick recebidos
Baldur's Gate 3 (Larian Studios, 2023) foi vencedor em 7 categorias — incluindo Ultimate Game of the Year — na premiação de 2023. O RPG ambientado no universo de *Dungeons & Dragons* foi um sucesso de vendas e de críticas. Em dez/2023, apenas 4 meses após o lançamento, a Larian revelou que jogadores haviam passado 452.556.984h — ou 51.662 anos — dentro dos Reinos Esquecidos.

ARTE E ENTRETENIMENTO
Música

Mais 1ºˢ lugares na parada oficial do MENA
Jung Kook do BTS (KOR) marcou 3 hits solo em 1º lugar no MENA, parada do Oriente Médio e Norte da África, que estreou em nov/2022. Cada faixa liderou o chart por 2 semanas, sendo a mais recente "Standing Next to You", em nov/2023.

Mais Grammys de Melhor Performance de Metal
Em 4/2/2024, o Metallica (EUA) conquistou seu 7º prêmio nessa categoria no 66º Grammy Awards, com "72 Seasons", a faixa-título do 11º álbum de estúdio da banda. Criada em 1981 por Lars Ulrich e James Hetfield, a banda já vendeu mais de 125 milhões de álbuns.

Maior intervalo entre o 1º e o último single no topo do Reino Unido
"Now and Then", dos Beatles, tornou-se o 18º hit nº 1 do grupo no RU em 16/11/2023, 60a198d após o 1º topo da banda, "From Me to You", em 2/5/1963. Antes, eles haviam chegado ao 1º lugar pela última vez em 25/6/1969 com "The Ballad of John and Yoko", o **maior período entre dois singles no nº 1 britânico** (54a144d).

Música mais longa na Hot 100 da *Billboard*
Com 12min20s, "I Swear, I Really Wanted to Make a 'Rap' Album but This Is Literally the Way the Wind Blew Me This Time" chegou à 90ª posição no ranking de singles dos EUA em 2/12/2023. Foi o 1º single do álbum *New blue sun*, de André 3000, do OutKast.

Mais anos consecutivos com um single nº1 japonês
Entre 1997-2024, a J-Pop KinKi Kids alcançou pelo menos 1 hit nº 1 por ano. O último foi "Schrödinger" em 8/1/2024.

Show mais "sísmico"
The Eras tour, a turnê sem precedentes de Taylor Swift (EUA), gerou abalos sísmicos, literalmente. Seus 2 shows no Lumen Field em Seattle, Washington, EUA, em 22-23/7/2023, produziram o equivalente a um terremoto de magnitude 2.3. No total, 144.000 "Swifties" compareceram ao evento duplo e os sismólogos atribuíram o fenômeno ao barulho da multidão e ao sistema de som.

Mais vitórias no Festival *Eurovision* por um intérprete
Loreen (SWE, n. Lorine Talhaoui) venceu o Eurovision pela 2ª vez em 13/5/2023, com a música dance-pop "Tattoo". Ela já havia vencido com "Euphoria" (2012). O único que também conquistou esse feito foi Johnny Logan (n. Seán Sherrard, AUS) com "What's Another Year" (1980) e "Hold Me Now"(1987).

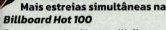

Mais estreias simultâneas na *Billboard Hot 100*
O astro country Morgan Wallen (EUA) teve nada menos que 27 estreias (e 3 reentradas) na Hot 100 em 18/3/2023. Seu lançamento em melhor colocação foi com "Thinkin' Bout Me" (9ª posição). Na mesma data, seu 3º álbum de estúdio, *One thing at a time*, estreou em 1º na *Billboard 200*.

Mais velho Artista Revelação do Grammy
Com 34a279d, Victoria Monét (EUA, n. 1/5/1989) foi a Artista Revelação no 66º Grammy. Seu álbum de estreia, *Jaguar II* (2023) recebeu prêmios de Melhor Álbum R&B e Melhor Produção de Álbum Não Clássico. Em 10/11/2023, a filha de Monét, Hazel, se tornou a **mais jovem indicada ao Grammy**, com apenas 2a262d, por participar da música da mãe, "Hollywood".

Mais BRIT awards em um único ano
A artista multigênero RAYE (n. Rachel Keen, RU) levou 6 troféus no BRIT Awards de 2/3/2024, em Londres. A cantora e compositora ganhou os prêmios de Álbum Britânico do Ano (*My 21ˢᵗ Century Blues*), Canção do Ano ("Escapism.", feat. 070 Shake), Artista do Ano, Melhor Artista R&B, Melhor Novo Artista e Compositora do Ano. Antes, RAYE havia recebido **mais indicações ao BRIT Awards em um único ano** (7): a música "Prada" feat. cassö & D-Block Europe, também recebeu indicação para Canção do Ano.

202

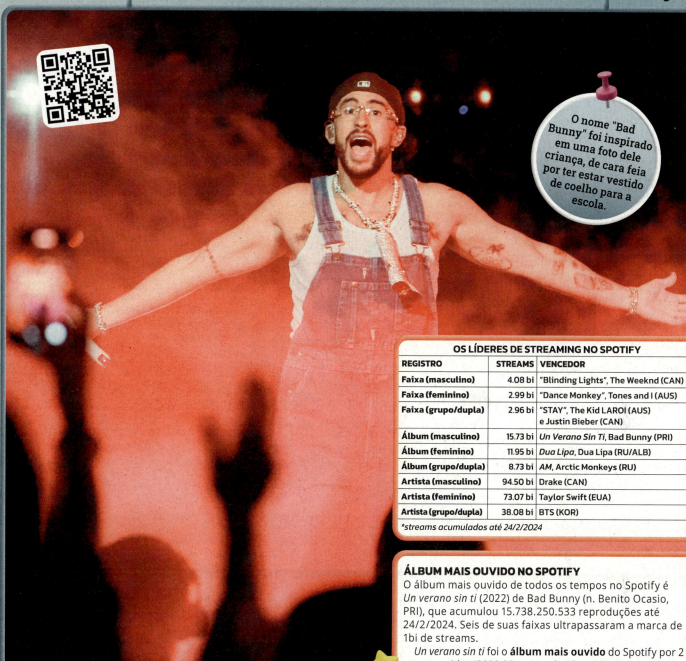

O nome "Bad Bunny" foi inspirado em uma foto dele criança, de cara feia por ter estar vestido de coelho para a escola.

OS LÍDERES DE STREAMING NO SPOTIFY

REGISTRO	STREAMS	VENCEDOR
Faixa (masculino)	4.08 bi	"Blinding Lights", The Weeknd (CAN)
Faixa (feminino)	2.99 bi	"Dance Monkey", Tones and I (AUS)
Faixa (grupo/dupla)	2.96 bi	"STAY", The Kid LAROI (AUS) e Justin Bieber (CAN)
Álbum (masculino)	15.73 bi	*Un Verano Sin Ti*, Bad Bunny (PRI)
Álbum (feminino)	11.95 bi	*Dua Lipa*, Dua Lipa (RU/ALB)
Álbum (grupo/dupla)	8.73 bi	*AM*, Arctic Monkeys (RU)
Artista (masculino)	94.50 bi	Drake (CAN)
Artista (feminino)	73.07 bi	Taylor Swift (EUA)
Artista (grupo/dupla)	38.08 bi	BTS (KOR)

streams acumulados até 24/2/2024

ÁLBUM MAIS OUVIDO NO SPOTIFY

O álbum mais ouvido de todos os tempos no Spotify é *Un verano sin ti* (2022) de Bad Bunny (n. Benito Ocasio, PRI), que acumulou 15.738.250.533 reproduções até 24/2/2024. Seis de suas faixas ultrapassaram a marca de 1bi de streams.

Un verano sin ti foi o **álbum mais ouvido** do Spotify por 2 anos seguidos (2022-23), acumulando 4,5 bi de reproduções apenas em 2023. Recebeu diversos prêmios e indicações, incluindo a **primeira indicação ao Grammy de Álbum do Ano para um álbum em espanhol**, e no 65º Grammy Awards venceu como Melhor Álbum de Música Urbana (*abaixo, com a estrela do R&B SZA*). Também conhecido como o Rei do trap latino, Bad Bunny foi o **artista mais ouvido do ano** no Spotify por 3 anos consecutivos (2020–22), e foi ainda melhor no *Billboard Latin Music Awards* de 2023, estendendo o recorde de **mais vitórias consecutivas como Artista do Ano** (4).

Aficionado por luta livre, Bad Bunny passou de fã a lutador nos últimos anos. Em 2021, formou uma dupla com o astro Damian Priest, conquistando o Campeonato 24/7 da World Wrestling Entertainment (WWE). Mas os 2 aliados se tornaram rivais no WWE Backlash de 2023, em uma alucinante luta de rua que foi do ringue para a área externa, com o cantor finalmente derrotando Priest graças a seu típico golpe "Bunny Destroyer".

ARTE E ENTRETENIMENTO
Breakdance

Junto a DJing, MCing e graffiti, o breakdance é uma das bases da cultura do hip-hop. Nasceu em 1970 no Bronx, Nova York, EUA, quando dançarinos improvisaram durante seções instrumentais de faixas conhecidas como "breaks". Usando 2 toca-discos, DJs pioneiros como Kool Herc começaram a mixar músicas para estender os breaks, permitindo que a arte florescesse. Hoje, o breakdance faz parte da cultura mainstream, reconhecido como uma dança competitiva e, em 2024, estreou como esporte olímpico em Paris.

B-Boy com mais títulos no Red Bull BC One
Em 21/10/2023, Hong 10 (ou Kim Hong-yul, KOR) obteve a 3ª vitória na competição mundial de breakdance individual, aos 39 anos, no Stade Roland Garros em Paris, FRA, depois de vencer também em 2006 e 2013. Hong 10 se equiparou a Menno (NLD, n. Menno van Gorp), vencedor em 2014, 2017 e 2019.

O recorde para a competição de **B-Girl**, que surgiu em 2018, é 2 títulos por Kastet (ou Natasha Kiliachikhina, RUS) em 2019–20 e Ami (JPN, *p. ao lado*) em 2018 e 2023.

Head slide mais longo
O campeão Michele Gagno (ITA) escorregou por 2,6m sobre a cabeça durante o programa *La Notte dei Record* em Roma, ITA, em 24/11/2018.

Mais moinhos de vento em 30s
Creditado originalmente aos Crazy Legs da Rock Steady Crew, pioneira do hip-hop, o moinho de vento é um movimento no qual os dançarinos rodam no chão sobre as costas e a parte de cima do torso enquanto giram as pernas no ar. Em 10/10/2010, o B-Boy Cico (ou Mauro Peruzzi, ITA) fez 50 moinhos em 30s na final do Mundial de B-Boys em Londres.

No dia seguinte, Cico ainda fez o **maior número de airflares consecutivos** (6 giros acrobáticos).

Mais elbow hops consecutivos
Ashitaka (ou Takahiro Igarashi, JPN) se jogou no ar apoiado nos cotovelos 187 vezes em 24/11/2016 em Tóquio — quase triplicando o recorde anterior. O B-Boy japonês estabeleceu outro recorde nesse dia: **mais saltos de 1 mão consecutivos** (139).

Vencedora mais nova no Red Bull BC One
Logistx (ou Logan Edra, EUA, n. 8/5/2003) tinha 18a182d quando venceu o título de melhor B-Girl em 6/11/2021 em Gdańsk, POL. Ao derrotar Vavi na final, tinha 80 dias menos do que o B-Boy campeão, Shigekix. Ganhou o apelido Logistx do pai e venceu competições na Filadélfia e em Singapura antes de se tornar a 3ª B-Girl campeã do Red Bull BC One.

Mais jackhammers em 30s (feminino)
Em 24/2/2024, B-Girl Solid (ou Giovanna Fontana, ITA) completou 25 jackhammers — movimento em que a pessoa salta sobre 1 mão enquanto gira o corpo — em Londres, RU. A B-Girl Solid treina por até 6 dias por semana. "A gente treina como atletas, mas dança como artistas", diz ela.

Mais kick-ups em 30s
Em 6/3/2023, Noman Mehsood (PAK) partiu da posição supinada e saltou de pé 32 vezes em 30s em Dera Ismail Khan, PAK. Ele também tem o recorde em **1min** (52), conquistado em 12/12/2020.

O título de **mais kick-ups sem as mãos em 1min** (43) é de Daniyal Mehsood (PAK), estabelecido em Dera Ismail Khan, em 2/7/2021.

Crews com mais vitórias no Battle of the Year
O Battle of the Year (BOTY), originado em 1990, é um campeonato internacional de breakdance. As equipes (ou "crews") se apresentam numa rodada inicial antes de se enfrentar em eliminatórias. Três crews venceram 3x: Vagabonds (FRA) em 2006 e 2011–12; The Floorriorz (JPN) em 2015–17; e Jinjo Crew (KOR, *à dir.*) em 2010, 2018 e 2021.

Os movimentos carimbados de Victor incluem o backflip flare e o "Super Montalvo", um giro sobre 1 mão.

B-BOY COM MAIS TÍTULOS NO CAMPEONATO MUNDIAL DE BREAKING DA WDSF

Em 24/9/2023, Victor Montalvo (EUA) se tornou o primeiro B-Boy bicampeão do evento da World DanceSport Federation. Já havia vencido em 2021 e derrotou o campeão de 2022, Phil Wizard por 2x1 em Leuven, Bélgica, o que também garantiu a Victor um lugar no time dos EUA na estreia do breaking nas Olimpíadas em Paris em 2024. Ele foi apresentado ao esporte com 6 anos, pelo pai e pelo tio, Victor e Hector Bermudez, pioneiros do breakdance mexicano. Também é bicampeão do Red Bull BC One 2015 e 2022 (*p. ao lado*).

B-Girl com mais títulos no Campeonato Mundial de Breaking da WDSF

Ami Yuasa (JPN) venceu a competição mundial de dança desportiva 2x. Conquistou o 2º título em Seoul, KOR, contra a B-Girl chinesa 671 (ou Qingyi Liu) em 22/10/2022. Conhecida pelos movimentos fluidos e potentes, Ami se tornou a 1ª B-Girl campeã do Red Bull BC One em 2018. Sua irmã mais velha, Ayu, também é B-Girl.

ARTE E ENTRETENIMENTO
TV

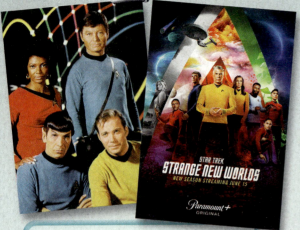

Mais Emmys para uma temporada de estreia
O Urso (Hulu, EUA) papou 10 Emmys na premiação de 2024, incluindo Melhor Série de Comédia e Melhor Ator Numa Série de Comédia para Jeremy Allen White (à esq.). A série, que acompanha a tentativa de White de comandar um restaurante em Chicago e estreou em 23/6/2022, recebeu 13 indicações.

Franquia de sci-fi para TV de maior sucesso
Criada para a TV por Gene Roddenberry (EUA), *Star Trek* estreou em 8/9/1966. O programa original deu origem a outras 11 séries, o que totalizou cerca de 900 episódios e 13 filmes. A franquia vale estimados US$10,7bi, dos quais US$2,3bi vêm da TV. A adição mais recente foi Strange New Worlds (Paramount+, EUA, 2022), coproduzido pelo filho de Gene, Rod.

Adaptação de videogame com mais Emmys
A minissérie da HBO *The Last of Us* (CAN/EUA) ganhou 8 das 24 indicações ao Emmy de 2023. A adaptação aclamada pela crítica do jogo de 2013 da Naughty Dog rendeu prêmios para Storm Reid (Melhor Atriz Convidada em Série de Drama) e Nick Offerman (Melhor Ator Convidado em Série de Drama).

Pessoa com mais Emmys de Melhor Apresentador de Reality ou Programa de Competição
RuPaul Charles (EUA) faturou 8 Emmys por *RuPaul's Drag Race* (Logo TV/VH-1, EUA). Tem 22 indicações e 14 prêmios no total, o que faz dele a pessoa negra mais laureada da história dos Emmys.

Mais indicações ao Globo de Ouro
Meryl Streep (EUA) foi indicada 33 vezes e venceu 8. A indicação mais recente — Melhor Atriz Coadjuvante — foi em 11/12/2023, pelo papel de Loretta Durkin em *Only Murders in the Building* (Hulu, EUA).

Mais indicações ao Globo de Ouro de Melhor Minissérie, Antologia ou Filme para a TV
Em 11/12/2023, *Fargo* (FX, EUA) recebeu a 4ª indicação na categoria após as de 2014, 2015 e 2017. O drama cômico de crime arrematou 1 vitória para a temporada de estreia. Ao ser indicada em 2024, *Fargo* empatou com a série de TV *American Crime Story* (FX, EUA, 2016–), indicada em 2017, 2019 e 2022.

Sitcom mais longo (em número de episódios)
Em 23/4/2023, *Living with the Kangs* (Guangdong Television, CHN) tinha 4.382 episódios. Com estreia em 4/11/2000, em abr/2023 o drama familiar completou 22 anos e 5 meses de existência.

Programa de entrevistas para TV mais longevo
O irlandês *Late Late Show* (RTÉ) estreou em 6/7/1962 e ainda era transmitido em 15/3/2024 (61 anos e 253 dias depois). Teve apenas 4 apresentadores fixos: Gay Byrne, Pat Kenny, Ryan Tubridy e Patrick Kielty.

Mais Globos de Ouro de Melhor Série de Drama
Succession (HBO, EUA) arrematou o 3° troféu de Melhor Série de Drama em 7/1/2024, equiparando-se a *Arquivo X* (FOX, EUA) em 1994 e 1996–7 e *Mad Men* (AMC, EUA) em 2007–9. A comédia dramática de Jesse Armstrong sobre uma família disfuncional e seu império midiático se despediu com estilo depois de 4 temporadas aclamadas pela crítica.

Maior action figure
Em 25/3/2024, para promover á série de comédia de ação *FUBAR*, a Netflix apresentou uma versão de "brinquedo" com 6,74m da estrela do programa, Arnold Schwarzenegger, no ShowFX em Santa Fe Springs, Califórnia, EUA. Antes da divulgação, um scan 3D do brinquedo foi usado para criar um boneco de tamanho normal (disponível para compra), visto na imagem na mão de Ben George, da Netflix.

Succession é recordista de mais indicações a Emmys de melhor atuação no mesmo ano (14, em 2022-3).

PRINCIPAIS SÉRIES DA TV SOB DEMANDA EM 2023

Confira os maiores sucessos da telinha por gênero, usando a "demanda per capita" da Parrot Analytics, métrica que considera números de visualizações, estatísticas de streamings e cobertura da mídia. Cada programa é comparado a uma média — por exemplo, o valor 74,5x indica que *Game of Thrones* foi 74,5x mais popular do que a média.

1. Série de TV
Game of Thrones
(HBO, EUA/RU)
74,5x

2. Novela
Yeh Rishta Kya Kehlata Hai
(StarPlus, IND)
33,4x

3. Comédia
Ted Lasso
(Apple TV+, EUA/RU)
52,5x

4. Drama jurídico
Billions
(Showtime, EUA)
40,7x

5. Programa de variedades
The Tonight Show Starring Jimmy Fallon
(NBC, EUA)
35,8x

6. Documentário
Planeta Terra (3ª temporada)
(BBC One, RU)
25,8x

7. Original de plataforma de streaming
Stranger Things
(Netflix, EUA)
60,9x

8. Ação e aventura
The Mandalorian
(Disney+, EUA)
58,5x

9. Ficção científica
The Last of Us
(HBO, CAN/EUA)
67,6x

10. Animação
JUJUTSU KAISEN
(2ª temp.) (JNN, JPN)
71,2x

11. Estreia
Invasão secreta
(Disney+, EUA)
102,4x*

12. Super-herói
Loki
(Disney+, EUA)
55x

13. Horror
Wandinha
(Netflix, EUA)
34,2x

14. Drama adolescente
Euphoria
(HBO, EUA)
34,9x

* baseado na demanda no período de 30 dias após a estreia.

ARTE E ENTRETENIMENTO
Sucessos de bilheteria

Animal mais popular em filmes
Em 11/2/2024, o IMDb listava os 1.304 títulos nos quais cães interpretam um papel importante o bastante para serem mencionados na sinopse (cavalos podem até aparecer com mais frequência nas telas, mas não como personagens com nome). Messi, o border collie que atuou como cão-guia em *Anatomia de uma queda* (FRA, 2023; *à esq.*), conquistou um Palme Dog e uma Palma de Ouro no 76º Festival de Cannes pela performance.

Mais filmes dirigidos por mulheres indicados ao Oscar de Melhor Filme no mesmo ano
Anatomia de uma queda de Justine Triet, *Barbie* de Greta Gerwig (EUA/RU, 2023) e *Vidas passadas* de Celine Song (EUA/KOR, 2023) foram todos indicados ao Oscar de Melhor Filme em 10/3/2024, uma ascensão bem-vinda às diretoras: dos 601 filmes indicados na categoria desde 1929, apenas 22 eram dirigidos por mulheres.

Filme com mais Oscars
Ben-Hur (EUA, 1959), *Titanic* (EUA, 1997) e *O Senhor dos Anéis: o Retorno do Rei* (NZ/EUA, 2003) venceram 11x cada. O filme com melhor performance na premiação de 2024 foi *Oppenheimer* (*ver p. ao lado*) com 13 indicações e 7 prêmios, incluindo Melhor Filme e Melhor Ator para o protagonista Cillian Murphy.

Produtor com mais indicações a Oscars de Melhor Filme
Em 13/1/2024, Steven Spielberg (EUA) expandiu seu recorde na categoria para 13 com o drama biográfico *Maestro* (EUA, 2023).
O **maior número de indicações ao Oscar de Melhor Ator Coadjuvante** é 4. Oito atores dos EUA estão empatados; o mais recente foi Mark Ruffalo, indicado pela 4ª vez por interpretar Duncan Wedderburn em *Pobres criaturas* (IRL/RU/EUA, 2023).

Filme mais usado como referência
De acordo com a base de dados "Connections", do IMDb, em 20/2/2024 580 filmes haviam prestado homenagens deliberadas a *Psicose* (EUA, 1960), slasher icônico de Alfred Hitchcock.

Indicado ao Oscar mais idoso
O compositor John Williams (n. 8/12/1932) tinha 91a349d quando recebeu a indicação de Melhor Trilha Original com *Indiana Jones e o chamado do destino* (EUA, 2023), em 23/1/2024. No filme, Harrison Ford é o herói idoso, ao qual se une à afilhada Helena Shaw (Phoebe Waller-Bridge).
Williams é a **pessoa viva com mais indicações ao Oscar** (54). No geral, é superado apenas por Walt Disney (EUA; 1901–66), que recebeu 59.

País com mais palavrões em filmes
Filmes da Irlanda têm a maior média em número de xingamentos. Numa pesquisa feita entre 2000 e 2022, Stephen Follows descobriu que cada produção irlandesa apresenta uma média de 26,6 palavrões considerados "muito fortes" pelos censores. Quase 70% dos filmes do país contêm ao menos 1 xingamento "forte" ou "muito forte".
O **filme com mais palavrões** é *Swearnet: o Filme* (2014), com 868 xingamentos em seus 112min, superando o recordista *O lobo de Wall Street* (EUA, 2013), comédia dramática de 180min dirigida por Martin Scorsese (*ver abaixo*).

Animal mais creditado como ator
Trigger (ou "Golden Cloud"), um garanhão palomino, apareceu em 92 filmes entre 1938 e 1959. Sua estreia foi em 1938, com o drama *Under Western Stars*, em que era montado pelo "caubói cantor" Roy Rogers, proprietário do cavalo.

Indicado ao Oscar de Melhor Diretor mais idoso
Em 23/1/2024, Martin Scorsese (EUA, n. 17/11/1942) foi indicado na categoria de Melhor Diretor pelo drama épico de crime *Assassinos da Lua das Flores* (EUA, 2023), aos 81a67d. As 10 indicações ao Oscar fazem dele o **diretor vivo com mais indicações**, porém ainda atrás do recordista de **todos os tempos**, William Wyler (EUA, n. DEU), diretor de *Ben-Hur* (*ver acima, à esq.*), que faturou 12 indicações entre 1936 e 1965.
No mesmo dia, Lily Gladstone, da etnia blackfeet/nimíipuu (*mais à esq., com Scorsese*), se tornou a **1ª pessoa nativa-americana a ser indicada ao Oscar**, com uma indicação a Melhor Atriz por interpretar a osage Mollie Burkhart (Mollie Kyle) em *Lua das Flores*. Ela não levou o prêmio para casa (perdendo para Emma Stone, por *Pobres criaturas*), mas em 7/1/2024 foi a **1ª pessoa nativa-americana a vencer o Globo de Ouro** como Melhor Atriz em Filme Dramático.

FILME BIOGRÁFICO COM MAIOR FATURAMENTO

Até 11/3/2024, *Oppenheimer* (EUA/RU, 2023) havia faturado US$960.727.251 em todo o mundo, de acordo com The Numbers. Estrelado por Cillian Murphy e dirigido por Christopher Nolan, o filme conta a história do cientista J. Robert Oppenheimer, que comandou o desenvolvimento da 1ª bomba nuclear.

Seu lançamento foi em 21/7/2023, junto a *Barbie*, de Greta Gerwig, e muitos fãs assistiram aos dois filmes num combo apelidado de "Barbenheimer". O grande sucesso de ambos representou um impulsionamento muito necessário às bilheterias.

No Oscar de 2024, *Oppenheimer* levou a estatueta em 7 categorias incluindo Melhor Filme, Melhor Diretor, Melhor Ator (Cillian Murphy) e Melhor Ator Coadjuvante (Robert Downey Jr., como Lewis Strauss).

Barbie superou Oppenheimer como filme de maior faturamento de 2023: US$1,43bi em todo o mundo.

ARTE E ENTRETENIMENTO
Fazendo filmes

Mais créditos de efeitos visuais
Vingadores: Guerra Infinita (EUA, 2018) tem 2.659 profissionais de efeitos visuais listados em sua equipe no IMDb. A produção de super-heróis (o 19º capítulo do Universo Cinematográfico Marvel) foi o 4º filme a arrecadar mais de US$2bi e indicado ao Oscar de Melhores efeitos visuais no 91º *Academy Awards*.

Mais aparições de um filme em outros filmes
Trechos de *A Noite dos mortos-vivos* de George Romero (EUA, 1968) podem ser vistos em 129 filmes listados no IMDb até 16/1/2024. O clássico nunca foi de fato registrado no departamento de direitos autorais dos EUA, permitindo que cineastas exibissem partes dele sem ter que pagar royalties, como passando na TV ao fundo, por exemplo.

Direitos de filme mais caros
A Disney pagou US$75mi pelos direitos do musical da Broadway de Lin-Manuel Miranda, *Hamilton*. O acordo levou a peça com o elenco original do show para o serviço de streaming *Disney+* em 3/7/2020.

Filme mais caro a ser abandonado
Em 3/8/2022, a Warner Bros. anunciou o cancelamento de *Batgirl* (EUA), que já havia terminado de ser filmado, com um custo de US$90mi. A estreia no universo estendido da DC de Leslie Grace foi cancelada para obter um crédito fiscal pelo estúdio e nunca será lançada nos cinemas.

Maior área coberta com neve artificial
Durante as filmagens de *Napoleão* (EUA/RU, 2023), Hankley Common em Surrey, RU, foi transformado nas terras geladas do oeste da Rússia com a ajuda de 12 mil sacos de neve artificial feitos de papel, espalhados por 125.000m². O diretor de arte Arthur Max (EUA) e os especialistas em efeitos de inverno da Snow Business (RU) ajudaram a dar vida à recriação do diretor Ridley Scott da famosa retirada de Napoleão no inverno de Moscou em 1812.

Mais tomadas para uma cena
A comédia romântica da era do cinema mudo de Charlie Chaplin, *Luzes da cidade* (EUA, 1931), contém uma sequência que foi refeita 342x ao longo da produção de 2 anos do filme. A cena final, na qual Virginia Cherrill interpreta uma florista cega que confunde o personagem de Chaplin, "O vagabundo", com um magnata, dura apenas 3min.

Mais erros de continuidade em um filme
Usuários do site *Movie Mistakes* registraram 456 erros visíveis no épico de guerra de 1979 *Apocalypse Now* (EUA) até 9/1/2024. Os erros incluem atores trocando de posição entre os takes e as mesmas cabanas explodindo 2 vezes.

O recorde de **mais erros de equipamento/equipe aparecendo em um filme** é de 43, por *Velocidade máxima* (EUA, 1994) e *Piratas do Caribe: A maldição do Pérola Negra* (EUA, 2003). Ambas as produções tiveram que filmar cenas de ação em cenários confinados, o que significava que escadas, luzes e até membros da equipe sem figurino apareciam nas tomadas.

Filme mais refilmado
Lançado em 11/2/2016, a dramédia romântica *Perfeitos desconhecidos* foi refilmada 24 vezes em diferentes idiomas até jan/2024.

Título de filme mais usado
Em inglês, há 34 filmes diferentes intitulados *Broken*, que vão desde filmes de terror até histórias cristãs. O 2º e 3º lugares vão para *Hero* (33) e *Mother* (30).

Versão do diretor mais longa comparada à versão dos cinemas
Após o fracasso da DC *Liga da Justiça* (2017), fãs, e até mesmo alguns membros do elenco do filme, pediram o lançamento do "Snyder's Cut", uma versão que permanecesse fiel à visão original do diretor Zack Snyder. Em mar/2021, o corte foi finalmente lançado como *Liga da Justiça de Zack Snyder*, que tem 242min, o dobro do tempo do original de 2017.

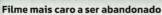

O exército da Nova Zelândia foi recrutado para ajudar nas obras originais da Vila dos Hobbits.

MAIOR CENÁRIO DE FILME

A Vila dos Hobbits cinematográfica ocupa 5,5 hectares de uma fazenda em funcionamento na Ilha Norte da NZ. Foi originalmente construída entre março e dezembro de 1999 para a trilogia *O Senhor dos Anéis*, e mais tarde expandida para a os filmes de *O Hobbit*. Projetada pelo decorador de cenários Alan Lee, a Vila dos Hobbits inclui 44 tocas de hobbits, um moinho de água e extensos jardins paisagísticos com terras agrícolas. Hoje, o cenário é um grande ponto turístico, com visitas de 3,5mi de fãs de Tolkien. Os turistas podem explorar o Bolsão, lar de Bilbo e Frodo Bolseiro, e tomar uma cerveja na Taverna do Dragão verde (*acima à esq.*).

ARTE E ENTRETENIMENTO
Figurinos de cinema

Figurino de filme mais caro
US$10 mi foram gastos em figurinos assinados para as estrelas de *Sex and the City 2* (EUA, 2010). Cada uma das 4 protagonistas aparece usando as últimas criações da alta costura de formas corriqueiras. Os jornalistas contaram 41 trocas de figurino apenas para Carrie Bradshaw (interpretada por Sarah Jessica Parker, segunda à dir.), com um único traje custando cerca de US$230.000.

Mais figurinos usados em um filme
O épico histórico *Quo Vadis* (EUA, 1951) contou com 32 mil figurinos, muitos feitos para os 30 mil figurantes. Eles incluíam 15 mil sandálias costuradas à mão e 12 mil peças de joias sob medida. Posteriormente, cerca de 15 mil trajes foram enviados ao depósito do estúdio MGM e reutilizados por décadas em filmes ambientados no mundo antigo.

Primeira figurinista creditada em filme
Helen Gardner (EUA) e uma criativa conhecida como "Madame Stippange" aparecem nos créditos de *Cleopatra* (EUA, 1912). A atriz e produtora Gardner projetou os próprios trajes para o papel principal, e Stippange fez os figurinos para o restante do elenco. Nunca ficou claro quem era Madame Stippange, já que o nome é único nos créditos do filme, um dos primeiros longas-metragens feitos nos EUA.

Primeiro filme de moda
Lançado em 10/2/1910, *Fifty Years of Paris Fashions 1859-1909* foi um curta-metragem mudo da Gaumont (RU) que apresentava uma série de frames com designs elegantes do passado. O filme tem aproximadamente 7min. Esse tipo de produção se mostrou popular entre o público feminino e logo as empresas de notícias começaram a produzir as próprias versões, geralmente destacando as últimas tendências de Paris ou Londres.

Figurino de filme mais pesado
Adrian Greenburg (geralmente creditado sob o monônimo "Adrian") projetou um vestido que pesava 49,9kg para a cena de casamento no drama de época *Maria Antonieta* (EUA, 1938). Modelado com base nas peças usadas na corte do rei Luís XVI da França, a peça era uma armação de aço, 10 anáguas e 457m de tecido de cetim de seda branca, bordado à mão com fios de prata e adornado com pérolas. A atriz principal, Norma Shearer, supostamente pesava menos que seu figurino quando filmou a cena em que o usava.

Figurinista de maior bilheteria global
Segundo o *The Numbers*, os 24 filmes nos quais Judianna Makovsky (EUA) trabalhou como figurinista geraram US$12.175.907.030 até 24/12/2023.

Mais tecido usado em um figurino de filme (incluindo múltiplos)
Foram feitas 8 cópias, conhecidas como "múltiplos", do vestido de baile usado por Lily James no live-action de *Cinderela* da Disney (EUA, 2015). Cada um incorporava 250m de tecido, totalizando 1.997m, o suficiente para cobrir metade de um campo de futebol! Os múltiplos foram necessários devido ao grande tempo de tela do vestido, e incluíam uma versão sutilmente mais curta para quando Cinderela foge do baile à meia-noite.

Seu trabalho apareceu em diversos sucessos de bilheteria, incluindo *Harry Potter e a pedra filosofal* (RU/EUA, 2001), *Jogos vorazes* (EUA, 2012) e *Vingadores: Ultimato* (EUA, 2019).

Casa de figurinos mais antiga
A Angels Costumes (RU) abriu suas portas em 1840. A empresa fornece figurinos para filmes, TV e produções teatrais, e conta com mais de 5 mi de peças armazenadas em uma instalação no noroeste de Londres, RU. Atualmente, é administrada pelos descendentes de sétima geração do fundador da Angels, Daniel Angel, um alfaiate que chegou a Londres vindo de Frankfurt, DEU, em 1813.

Mais mudanças de figurino em um filme por um personagem
Robert De Niro passou por 102 mudanças de guarda-roupa para seu papel como Frank Sheeran no épico *O irlandês* (EUA, 2019). Os figurinos foram projetados por Sandy Powell e Christopher Peterson. Powell descreveu como um "projeto desafiador em todos os níveis". A história vai da década de 1950 até 2003 e exigiu trajes pesquisados não apenas para o protagonista, mas para inúmeros coadjuvantes e figurantes.

FIGURINISTA MAIS CREDITADA

Edith Head (EUA) supervisionou os departamentos de figurino em 432 produções de Hollywood entre 1925–82, além dos 111 créditos anteriores como figurinista e assistente. Durante a carreira, desenhou para quase todas as atrizes principais e acumulou o **maior número de indicações (fem.) e vitórias (fem.) no Oscar**: 35 e 8, respectivamente. O penteado e os óculos tornaram sua figura distinta, assim como muitas das estrelas que ela vestia (veja abaixo). Edith parece ter inspirado a personagem Edna de Os Incríveis (mais à dir.).

Edith Head (1897–1981)

Head desenhou um traje verde para Tippi Hedren no thriller de Alfred Hitchcock, Os pássaros (1963). Hedren usou o mesmo figurino por grande parte do filme e lembrou que Head optou por uma cor neutra "para que as pessoas não enjoassem de me ver nele".

Muitos acreditam que os figurinos para A. Hepburn em Cinderela em Paris (1953), que variavam de roupas urbanas a vestidos de baile, foram responsáveis por impulsionar a jovem ao estrelato. O filme ganhou um Oscar para Edith e Audrey.

Para o elegante personagem de Grace Kelly em Janela indiscreta (1954), Head criou modelos chiques, incluindo um corpete preto ajustado no estilo "New Look" e uma saia de chiffon-tule.

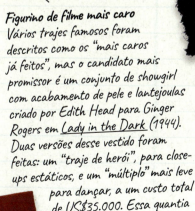

Seu trabalho em Golpe de mestre (1973) - que incluiu marcantes ternos de época para Robert Redford (na foto) e Paul Newman - rendeu a Head seu 8º e último Oscar.

Figurino de filme mais caro
Vários trajes famosos foram descritos como os "mais caros já feitos", mas o candidato mais promissor é um conjunto de showgirl com acabamento de pele e lantejoulas criado por Edith Head para Ginger Rogers em Lady in the Dark (1944). Duas versões desse vestido foram feitas: um "traje de herói", para close-ups estáticos, e um "múltiplo" mais leve para dançar, a um custo total de US$35.000. Essa quantia equivale a US$620.000 em 2023 quando ajustada pela inflação.

ARTE E ENTRETENIMENTO
Variedades

Maratona de dança mais longa
Srushti Sudhir Jagtap (IND) dançou por 127 horas em Latur, Maharashtra, IND, de 29/5 a 3/6/2023. Aos 16 anos, performou principalmente Kathak, uma das 8 variações da dança clássica indiana. Srushti, que teve 5min de descanso para cada hora de atividade, utilizou o "sono iogue" para ajudar a manter o ritmo.

Maior reunião de pessoas vestidas de Dolly Parton
Em 24/7/2023, a cidade de Listowel, no Condado de Kerry, IRL, realizou uma arrecadação para caridade que uniu 959 pessoas fantasiadas da icônica cantora country, do hit "9 to 5". Perucas loiras e saltos altos eram a regra para o "Dollyday", e houve dança country pelas ruas enfeitadas com bandeiras americanas.

Maior faturamento anual para um ator de cinema (ano atual)
Adam Sandler (EUA) fez cerca de US$73 mi em 2023, segundo a Forbes. O ator e comediante de stand-up tinha um acordo exclusivo com a Netflix, produzindo 4 filmes em 2023, incluindo *Meus sogros tão pro crime*, *Mistério no Mediterrâneo 2* e a animação *Leo*.

A **atriz com maior faturamento** em 2023 foi Margot Robbie (AUS), em 2º lugar na lista geral, com US$59 mi. Aos 33 anos, a estrela de *Barbie* (v. pp.192-3) foi a atriz mais jovem no Top 10 da Forbes por uma década.

Mais filmes vistos no cinema em um ano
Entre 5/7/2022 e 30/6/2023, Zachariah Swope (EUA) assistiu a 777 filmes em Harrisburg, Pensilvânia, EUA. Frequentou um total de 5 cinemas e não comeu nem bebeu durante as sessões, como ditavam as regras. Seu favorito foi *Homem-aranha: através do aranhaverso* (EUA, 2023).

Mais profundo ensaio fotográfico com modelo submersa
Em 5/12/2023, a modelo Kim Bruneau (CAN), mergulhadora treinada, posou a uma profundidade de 40,2m na costa de Nassau, nas Bahamas. Ela usou equipamento autônomo para descer ao navio Sea Trader, e retirava a máscara para cada foto, com um cinto escondido sob o vestido, usado como peso. A fotógrafa foi Pia Oyarzún (CHL).

Música mais rápida em alcançar 1 bilhão de reproduções no Spotify
A versão explícita de Seven de Jung Kook (KOR) feat. Latto (EUA, n. Alyssa Stephens) foi reproduzida pela bilionésima vez no Spotify em 30/10/2023, 109 dias após o lançamento.

Mais prêmios do Kids' Choice Awards da Nickelodeon por um desenho animado
Celebrando seu 25º ano em 2024, *Bob Esponja, calça quadrada* (Nickelodeon, EUA) venceu o prêmio de Série Animada Favorita em 20 ocasiões entre 2003-23.

Maior coleção de...
• **Objetos de Ariana Grande:** 1.609 itens, por Lucien Musolino (CHE), até 9/7/2023.
• **Objetos de Elvis Presley:** 1.848 itens, por Constante Firme (EUA), até 17/5/2023.
• **Objetos do KISS:** 3.799 itens, por LaVern Simon (EUA), até 8/4/2023.

Menor livraria
A livraria infantil Sowa Delight (JPN) tem um espaço de apenas 1,246m², como verificado em 23/12/2023. Localizada em Maebashi, Gunma, foi construída com essas medidas de propósito, pensando nos leitores mais jovens, para desencorajar os adultos de interrompê-los.

Show mais ao norte
Em 20/6/2023, Louis Jarto (DNK) realizou um show surpresa na Estação Militar Nord, GRL, a cerca de 1.700km ao norte do Círculo Ártico, em 81,60°N. A audiência tinha 5 pessoas (toda a equipe da estação). Louis é especialista em "concertos aleatórios", e sonha em se apresentar no festival de Roskilde.

Jogo exclusivo do PlayStation-5 mais vendido
Marvel's Spider-Man 2 (Insomniac Games, 2023) vendeu 2,5 mi de cópias em 24 horas, no lançamento em 20/10/2023. O 3º episódio da série do Homem-aranha apresenta os maravilhosos Peter Parker e Miles Morales enfrentando vilões como Venom e Cletus Kasady. Desde então, vendeu mais de 10mi de cópias.

Quadrinho mais caro do Homem-Aranha
Em 11/1/2024, uma cópia seminova de *The amazing Spider-man #1* foi vendida pela Heritage Auctions (EUA) por $1,38 mi. Lançada em mar/1963 com um preço de capa de 12 cents, a edição lançou o super-herói e teve uma parceria com o quarteto fantástico.

Artista feminina mais jovem a entrar na Billboard Hot 100
Rumi Carter (EUA, n. 13/6/2017) tinha 6 anos 305 dias em 13/4/2024, quando estreou em 42º lugar na Hot 100, ao lado da mãe, Beyoncé, com "Protector", do álbum *Cowboy Carter*.

Livro de não-ficção vendido mais rápido
O livro de memórias do Príncipe Harry (RU), *O que sobra*, vendeu 1.430mi de cópias em 10/1/2023, no 1º dia de lançamento. A autobiografia quebrou o recorde anterior de 887 mil, de *Uma terra prometida*, de Barack Obama (2020).

Mais tempo jogando videogame…
• **MMORPG:** 59h20min12seg, por Barnabás Vujity-Zsolnay (HUN) jogando *World of warcraft* em Budapeste, HUN, em 26-28/9/2022.
• **Jogo de corrida:** 90h, por GrassHopper (aka Szabolcs Csépe, HUN) jogando *Gran turismo 7* em Kecskemét, HUN, de 29/6 a 3/7/2023.
• **Jogo de realidade virtual:** 50h, por Robin Schmidt (NLD) do canal "Based AF", jogando *Minecraft* em Voorschoten, NLD, em 18-20/10/2023.

Vencedor duplo do Oscar mais jovem
Billie Eilish (EUA, n. 18/12/2001) conquistou seu 2º Oscar aos 22 anos 83 dias em 10/3/2024, com o prêmio de Melhor canção original pela coautoria (com seu irmão FINNEAS) de "What I Was Made For?".

Mais pessoas fazendo a dança do Baby shark
Em 5/5/2023, a Escola Sugarloaf na Flórida, EUA, celebrou a inauguração da nova ala de ensino fundamental com uma dança online que uniu 887 participantes. Alunos, professores e até policiais locais se juntaram à diversão, organizada pela Ajax Building Company (EUA).

Live submersa mais longa
Em 16/10/2023, uma transmissão subaquática durou 5h44min30seg no Aquário Ripley's, em Toronto, CAN, liderada por mergulhadores sobre os animais do local, além de quizzes interativos com os espectadores.

Maior arte de rua com giz feita por apenas um artista
Em 3/10/2023, Preeti Gundapwar (EUA, *circulada acima*) completou uma obra de arte de 226,50m² em uma rua sem saída em South Windsor, Connecticut, EUA. A representação da aurora boreal levou 3 dias para ser desenhada e exigiu 500 bastões de giz e 3 pares de luvas. Preeti disse que a imagem reflete seu amor pela natureza.

Apresentadora de rádio mais jovem
Amatullah Hamid (PAK, n. 4/2/2018) apresenta o programa *The Amatullah show* toda semana na VOK FM 105.8 em Rawalakot, PAK. Tinha 4a69d na estreia, em 14/4/2022. Sua carreira começou aos 2 anos, quando foi convidada por Hassan Hamid (PAK, n. 8/4/2015), que detém o recorde **masculino** com 4a70d. Em seu programa, Amatullah fala de ciência, educação e literatura.

215

ÍCONE

Taylor sonha com os versos de algumas músicas, como "All You Had To Do Was Stay", de 1989.

Taylor Swift

Ela foi descrita como "a maior estrela pop do mundo", e considerando sua enorme reputação, não é difícil entender o porquê. Desde sua estreia na música, Taylor já acumulou 114mi de álbuns vendidos, dominou cerimônias de premiação e fez 6 turnês globais, incluindo a *Eras*, em andamento, que se tornou a turnê musical de maior bilheteria de todos os tempos no final de 2023, com arrecadações sem precedentes, já superando US$1bi.

Desde muito jovem, Taylor já demonstrava uma paixão por música. Estrelas da música country como Loretta Lynn e Dolly Parton eram seus ícones, e portanto fazia sentido começar sua carreira em Nashville. Desde o lançamento de *Fearless* em 2008, os seus 14 álbuns estrearam no topo, o **maior número de estreias em 1º lugar nas paradas de álbuns dos EUA**. – título dividido com o rapper americano Jay-Z – prova da devoção de seus fãs, os "Swifties". Também foi a **primeira a estrear ocupando do 1º ao 10º lugar na US Hot 100**, só com faixas do álbum *Midnights* em 5/11/2022, assim como com seu último álbum, *The Tortured Poets Department*, em 4/5/2024.

Com centenas de troféus, Taylor conquistou o coração dos críticos da mesma forma que conquistou seus fãs. Até o momento, seus prêmios incluem Grammys (14), American Music Awards (40, ver *abaixo à esq.*), MTV Video Music Awards (23) e Teen Choice Awards (26, o **maior número de vitórias por um indivíduo**).

Taylor também é conhecida pela filantropia, oferecendo seu apoio (tanto financeiro como em influência) a diversas instituições, além de pessoas com histórias que a tocaram.

À medida que sua carreira evolui, seja em estilo musical ou em projetos fora do palco (como direção), está claro que a história de amor do mundo com a Miss Americana está longe do fim.

Descubra mais ÍCONES do GWR em www.guinnessworldrecords.com/2025

BREVE BIOGRAFIA

Nome	Taylor Alison Swift
Local nasc.	West Reading, Pensilvânia, EUA
Data nasc.	13/12/1989
Títulos do GWR	Múltiplos, incluindo mais Grammys de Álbum do Ano (4); mais entradas na US Hot 100 (263); turnê musical de maior bilheteria em um ano (US$1.039.263.762)
Álbuns em 1º lugar	14 (EUA) / 12 (RU)

Info acima até 1/5/2024.

A jornada de Taylor até a fama começou quando ela cantou o hino nacional americano em um jogo de basquete do Philadelphia 76ers, aos 12 anos, em 2002. Dois anos depois, assinou um contrato com a Sony/ATV, tornando-se a artista mais jovem da história da empresa.

Taylor recebeu um doutorado honorário em Belas Artes pela Universidade de Nova York em 2022. Vestindo uma beca roxa e um capelo de estudante, ela fez um discurso de formatura na cerimônia realizada no Yankee Stadium.

Suas maiores inspirações no início da carreira foram lendas da música country, como Shania Twain (abaixo à dir.) e Dolly Parton (acima à dir.). As 3 tiveram um grande impacto na indústria da música e desfrutaram de um sucesso recordista nas paradas. Em 2021, Taylor conquistou o recorde feminino de **mais semanas acumuladas em 1º lugar na parada de álbuns country dos EUA** (agora 101), anteriormente de Twain.

ÁLBUNS COM MAIS VENDAS POR SEMANA (EUA)

Álbum	Fim da semana	Unid. vendidas
Speak Now	13/11/2010	1.047 milhões
Red	10/11/2012	1.208 milhões
1989	15/11/2014	1.287 milhões
reputation	2/12/2017	1.216 milhões
Midnights	5/11/2022	1.140 milhões
1989 (Taylor's Version)	11/11/2023	1.359 milhões
The Tortured Poets Department	4/5/2024	1.914 milhões

Dados da Nielsen SoundScan/Luminate e Billboard.

Para coroar seu ano de recordes, no final de 2023, Taylor foi nomeada Pessoa do Ano da revista *TIME* pela 2ª vez (recorde **feminino**). Sua 1ª nomeação foi em 2017, como parte de um grupo de mulheres chamadas de "Silence Breakers", mas em 2023, o título foi só dela. A revista elogiou seu impacto na indústria musical e na sociedade.

o American Music Awards de 2022, aylor teve uma noite memorável, encendo as 6 categorias a que foi dicada, incluindo Artista do Ano. s prêmios aumentaram seu total de MAs, que já era um recorde, para) ao longo da carreira.

Esportes

MAIOR PÚBLICO EM UMA PARTIDA DE VÔLEI FEMININO
Em 30/8/2023, um total de 92.003 espectadores encheram o Memorial Stadium em Lincoln, Nebraska, EUA, para assistir a um jogo de vôlei universitário entre o Nebraska Cornhuskers e o Omaha Mavericks. O Nebraska, 5x campeão da NCAA, derrotou os rivais do seu estado por 25-14, 25-14 e 25-13. A dupla jornada do "Dia do Vôlei", que incluiu um jogo de exibição entre o Nebraska-Kearney Lopers e o Wayne State Wildcats, foi organizada visando bater o recorde de maior público de todos os tempos em um esporte feminino. No entanto, a mídia que resultou do evento ajudou a revelar o *verdadeiro* recorde: um torneio de futebol até então pouco conhecido, que reuniu multidões ainda maiores (ver p. ao lado).

Maior público em um evento de esporte feminino
Em 5/9/1971, um público estimado em 110.000 pessoas assistiu à final do 2º Campeonato Mundial de Futebol Feminino no Estádio Azteca, na Cidade do México. O torneio, que ocorreu 20 anos antes da 1ª Copa do Mundo de Futebol Feminino da FIFA em 1991, foi disputado por 6 equipes e atraiu multidões. A final, entre México e Dinamarca, foi vencida pelas europeias por 3x0, com 3 gols de Susanne Augustesen, de 15 anos.

CONTEÚDO

Cronologia:	
Jogador de futebol mais caro	220
Esportes dos EUA	222
Esportes com bola	224
Esportes de raquete	226
Automobilismo	228
Esportes de combate	230
Esportes aquáticos	232
Atletismo	234
Esportes de resistência	236
Futebol	238
Críquete	240
Variedades	242

Os ingressos dos jogos do Huskers esgotam desde 1962 no Memorial Stadium (ou "Mar vermelho").

CRONOLOGIA: ESPORTES
Jogador de futebol mais caro

Desde o surgimento do futebol profissional, em 1885, transferências milionárias causam excitação e polêmica. Os jogadores da nossa lista são verdadeiras contratações de ouro – algumas das maiores do esporte – e fizeram de tudo para honrar os valores pagos.

Quando o atacante Alf Common trocou o Sunderland pelo Middlesbrough por £1.000 em 1905, um artigo de jornal indignado descreveu a transação como "um novo tipo de... tráfico de escravizados". Porém, no século seguinte, a popularidade do jogo cresceu e os clubes se transformaram em negócios, e as transferências não apenas aumentaram... elas explodiram.

Na 1ª metade do séc. XX, as grandes negociações envolviam, em sua maioria, atletas ingleses – com a exceção do impiedoso atacante argentino Bernabé Ferreyra, que trocou o Tigre pelo River Plate por £23.000 em 1932, recorde que durou 17 anos. Quando o GWR começou a monitorar o futebol, em 1955, eram os clubes italianos que davam as cartas financeiras; em 1992, Milan e Juventus desembolsaram cifras inéditas 3x em apenas 2 meses.

Nos anos 2000, o Real Madrid iniciou sua política de contratações celestiais – os *galácticos* – que o levou a quebrar o recorde 5x seguidas. Até que, em 2017, o Paris Saint-Germain, comandado por um fundo de investimento catari, comprou Neymar do Barcelona por €222mi, dobrando a até então transferência mais valiosa. Negociação alguma chegou perto desta – será o fim dos gastos estelares?

RUUD GULLIT
Milan (1987–94)
£6.000.000
Camisa 4

Jogos 125
Gols 38
Série A 3
Taça dos Clubes Campeões Europeus 2
Convocações 66

Venceu a Bola de Ouro no mesmo ano em que assinou com o Milan: 1987. O meio-campista holandês levou o time à glória ao vencer o italiano e a Champions League.

ROBERTO BAGGIO
Juventus (1990–95)
£8.000.000
Camisa 10

Jogos 141
Gols 78
Série A 1
Copa da UEFA 1
Convocações 56

A saída da Fiorentina causou revolta entre os fãs em Florença. Baggio tornou-se igualmente popular em Turim, ao liderar a vitória na Copa da UEFA de 1992/93 e vencer a Bola de Ouro.

LUIS SUÁREZ
Internazionale (ou Inter de Milão) (1961–70) £152.000
Camisa 10

Jogos 256
Gols 42
Serie A 3
Taça dos Clubes Campeões Europeus 2
Convocações 32

Craque elegante e ganhador da Bola de Ouro de 1960, foi o primeiro jogador espanhol a atuar na Serie A. Peça-chave do time vencedor da Inter, conquistou duas Taça dos Clubes Campeões Europeus seguidas, 1964-65.

JOHANN CRUYFF
Barcelona (1973–78)
£922.000
Camisa 9

Jogos 143
Gols 48
La Liga 1
Copas del Rey 1
Convocações 48

Na 1ª temporada no Barcelona, o mestre holandês liderou o time no 1º título da La Liga em 14 anos, vencendo a Bola de Ouro em 1973 e 1974. Retornou ao clube como técnico em 1988 para ganhar mais 4 títulos da liga.

DIEGO MARADONA
Napoli (1984–91)
£5.000.000
Camisa 10

Jogos 188
Gols 81
Serie A 2
Copa da UEFA 1
Convocações 91

O craque argentino transformou o Napoli, tirando o clube da parte de baixo da tabela e levando-o, em 1986/87, ao 1º campeonato. Após sua morte, em 2020, o estádio passou a ter seu nome.

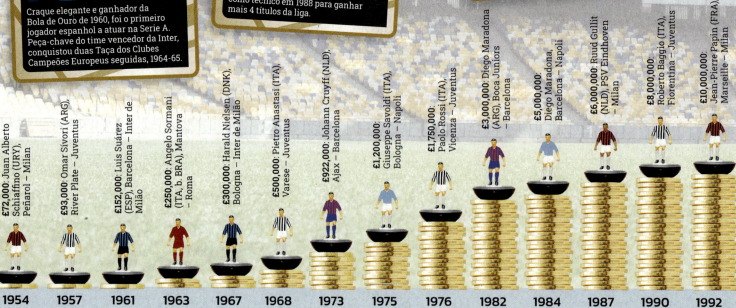

£72.000: Juan Alberto Schiaffino (URY), Peñarol – Milan — 1954
£93.000: Omar Sívori (ARG), River Plate – Juventus — 1957
£152.000: Luis Suárez (ESP), Barcelona – Inter de Milão — 1961
£250.000: Angelo Sormani (ITA, b. BRA), Mantova – Roma — 1963
£300.000: Harald Nielsen (DNK), Bologna – Inter de Milão — 1967
£500.000: Pietro Anastasi (ITA), Varese – Juventus — 1968
£922.000: Johann Cruyff (NLD), Ajax – Barcelona — 1973
£1.200.000: Giuseppe Savoldi (ITA), Bologna – Napoli — 1975
£1.750.000: Paolo Rossi (ITA), Vicenza – Juventus — 1976
£3.000.000: Diego Maradona (ARG), Boca Juniors – Barcelona — 1982
£5.000.000: Diego Maradona, Barcelona – Napoli — 1984
£6.000.000: Ruud Gullit (NLD), PSV Eindhoven – Milan — 1987
£8.000.000: Roberto Baggio (ITA), Fiorentina – Juventus — 1990
£10.000.000: Jean-Pierre Papin (FRA), Marseille – Milan — 1992

220

ESPORTES
Esportes dos EUA

Jogador mais jovem da NBA a anotar 20 pontos e 20 rebotes numa partida
Victor Wembanyama (FRA, n. 4/1/2004) tinha 19a338d quando marcou 21 pontos e pegou 20 rebotes pelo San Antonio Spurs contra o Chicago Bulls em 8/12/2023. O fenômeno de 2,24m é considerado um dos mais promissores do basquete.

Mais passes para touchdown em pós-temporada da NFL pela mesma dupla
O quarterback Patrick Mahomes (*mais à esq.*) e o tight end Travis Kelce do Kansas City Chiefs tem 18 TDS combinados em pós-temporada desde 2019. Superaram a marca de Tom Brady e Rob Gronkowski (15) na vitória do Chiefs contra o Buffalo Bills por 27x24 em 21/1/2024. A dupla de Kansas conquistou o 3° anel no Super Bowl LVIII contra o San Francisco 49ers por 25x22.

Mais partidas consecutivas na NFL anotando touchdown
Christian McCaffrey entrou na end zone em 17 jogos seguidos entre 4/12/2022 e 29/10/2023. O running back do San Francisco 49ers igualou o recorde de Lenny Moore, do Baltimore Colts, entre 1963-64. McCaffrey anotou 23 TDs em sua série prolífica (15 correndo e 8 recebendo).

Quarterback mais jovem a vencer um jogo da pós-temporada da NFL
C.J. Stroud (n. 3/10/2001) tinha 22a102d quando liderou o Houston Texans na vitória sobre o Cleveland Browns por 45x14 em 13/1/2024. O calouro passou para 204 jardas e anotou 3 touchdowns.

Outra quebra de recorde foi de Josh Allen, do Buffalo Bills, que, em 2023, teve **mais jogos com passe e corrida para touchdown em uma temporada** (11). A marca anterior era de 9, por Kyler Murray, do Arizona Cardinals, em 2020.

Mais interceptações retornadas para touchdown numa temporada da NFL
DaRon Bland, do Dallas Cowboys, conseguiu 5 "pick-sixes" em 2023. A 5ª foi para 63 jardas, contra o Washington Commanders em 23/11/2023, quando bateu o recorde de uma única temporada.

Equipe com mais home runs numa temporada da MLB
O Atlanta Braves bateu 307 home runs em 2023, igualando a marca de 2019 do Minnesota Twins. Matt Olson liderou o time e estabeleceu o recorde da franquia (54).

Mais pontos em um Jogo 7 de uma série de playoff da NBA
Em 14/5/2023, Jayson Tatum fez 51 pontos na semifinal da Conferência Leste entre Boston Celtics e Philadelphia 76ers (112x88).

Tatum também tem o recorde de **mais pontos em um All-Star Game da NBA** (55, pelo Time Giannis em 19/2/2023).

Mais Troféus Selke da NHL
Patrice Bergeron (CAN), do Boston Bruins, na temporada 2022/23, recebeu seu 6° prêmio de atacante que melhor defende.

Equipe com mais gols em jogo das finais da Stanley Cup
Em 13/6/2023, o Las Vegas Golden Knights venceu o Florida Panthers por 9x3 e conquistou com estilo seu 1° título da NHL. O ala dir. Mark Stone foi o artilheiro, com um hattrick. Vegas tornou-se o 3° time a anotar 9 gols em um jogo das finais da Stanley Cup, junto ao Detroit Red Wings (1936) e o Toronto Maple Leafs (CAN, em1942).

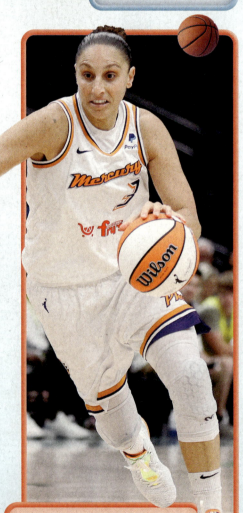

Mais pontos na WNBA
Diana Taurasi marcou 10.108 pontos pelo Phoenix Mercury desde 2004. Em 3/8/2023, tornou-se a 1ª jogadora da WNBA a ultrapassar a marca de 10 mil ao anotar 42 contra o Atlanta Dream.

Em 22/8/2023, A'ja Wilson, do Las Vegas Aces, igualou o recorde de Liz Cambage's (AUS) de pontos em **jogo único** (53) em 17/7/2018.

Todas as nacionalidades EUA, menos quando indicado.

Com 1,93m e uma bola rápida de 164km/h, Ohtani é temível no montinho. Eliminou por strike 608 rebatedores da MLB na temporada de 2023, cedendo, em média, 3,01 corridas a cada 9 entradas. Devido a uma cirurgia no ombro, só voltará a arremessar em 2025.

MAIOR CONTRATO DA MLB
Shohei Ohtani (JPN) assinou um contrato de 10 anos e US$ 700mi com o Los Angeles Dodgers, anunciado em 9/12/2023. Talentoso como arremessador e rebatedor, é comparado à lenda Babe Ruth. Entrou na MLB em 2018 e foi escolhido o Novato do Ano. Saiu do Los Angeles Angels 5 anos depois como jogador livre, tornando-se o 1° a ser votado unanimemente como o Jogador Mais Valioso (MVP) 2x (2021 e 2023).

Antes de escolher o beisebol, Ohtani era considerado uma promessa olímpica da natação.

Menos entradas para 100 eliminações por strike numa temporada da MLB
Spencer Strider, do Atlanta Braves, arremessou 61 entradas para eliminar por strike 100 rebatedores em 2023 – o mais rápido desde 1893, quando o montinho foi colocado na distância atual. Aos 24 anos, detém a marca para **200 eliminações por strike**, em 123 ⅓ entradas.

Menos jogos da MLB para alcançar 250 home runs
Em 1/9/2023, Aaron Judge rebateu para fora do campo contra o Houston Astros pela 250x no seu 810° jogo. O premiado atleta do New York Yankees alcançou a marca de 45 partidas mais rápido do que o antigo recordista, Ryan Howard.

ESPORTES
Esportes com bola

Mais Campeonatos Mundiais de Basquete em Cadeira de Rodas (masc.)
Em 20/6/2023, os EUA conquistaram o 6° título desde 1979 – o 1° em 20 anos – ao destronar a Grã-Bretanha por 67x66 em Dubai, EAU. O cestinha, Brian Bell fez 18 pontos; Trévon Jenifer e Steve Serio (à dir.) contribuíram com 16 cada.

Mais vitórias na Copa do Mundo de Netball
A Austrália venceu 12x a competição mais importante de netball. Os Diamonds triunfaram pela última vez na edição de 2023 na África do Sul, derrotando a Inglaterra na final por 61x45 em 6/ago. Nova Zelândia e Trinidad e Tobago são as 2 outras seleções que venceram o evento, conhecido, de 1963 a 2001, como Campeonato Mundial de Netball.

Mais participações na Copa do Mundo de Netball
Três jogadoras entraram em quadra, em 2023, para sua 6ª Copa do Mundo: as inglesas Jade Clarke e Geva Mentor (2003-2023) e Latonia Blackman (1999-2003 e 2011-2023), de Barbados. Igualaram o feito de Rhonda John-Davis (1999-2019), de Trinidad e Tobago.

Mais Campeonatos Mundiais de Lacrosse (masc.)
Os EUA venceram o torneio quadrienal 11x desde 1967. O título mais recente veio em 1/7/2023, contra o Canadá por 11x7 no Snapdragon Stadium em San Diego, Califórnia, EUA. O Canadá é a única outra equipe que venceu o torneio – 3x, em 1978, 2006 e 2014.

Mais Campeonatos Mundiais de Floorball (fem.)
Algo como hóquei indoor que usa uma bola de plástico com buracos, foi inventado na Suécia nos anos 1960. Em 2023, o time sueco feminino manteve o domínio com seu 11° título – o 9° consecutivo – ao bater a Finlândia por 6x4 na final em Singapura em 10/dez.

Mais Campeonatos Mundiais de Croqué
Robert Fulford (RU) conquistou seu 6° título em 2023. Ele tirou a desvantagem de 2 jogos para vencer Matthew Essick (EUA) por 3x2 numa final eletrizante de 7h.

Mais vitórias consecutivas em finais do All-Ireland Hurling
Limerick conquistou o 4° campeonato consecutivo de hurling em 23/7/2023, contra o Kilkenny por 0x30 a 2x15 no Croke Park, em Dublin. Igualou o feito de Cork entre 1941–44 e Kilkenny entre 2006–09. O esporte gaélico dinâmico ocorre com 2 equipes de 15, que empunham os bastões para lutar pelo controle da bola, a sliotar.

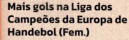

Mais gols na Liga dos Campeões da Europa de Handebol (Fem.)
Jovanka Radičević (MNE) marcou 1.069 gols na competição entre 2005 e 2023. A ala direita ultrapassou a marca de Anita Görbicz's (1.016) durante sua temporada final, atuando pelo Krim, da Eslovênia.

Mais vitórias em Copa do Mundo de Basquete 3x3 da FIBA
Essa variação do basquete é jogada em meia quadra, com 1 cesta apenas. Vence quem bater 21 pontos primeiro ou estiver na liderança após 10min de partida. Em 4/6/2023, a Sérvia levou seu 6° título ao vencer, por 21-19, os EUA em Viena, Áustria.
O recorde **feminino** é de 3, dos EUA, em 2012, 2014 e 2023.

Mais partidas internacionais apitadas no rúgbi union
Na final da Copa do Mundo de Rúgbi de 2023, Wayne Barnes (RU) encerrou uma carreira internacional de 11 jogos apitados. Estreou em 24/6/2006, na vitória de Fiji sobre Samoa por 23-20 na Copa das Nações do Pacífico. Apitou 27 jogos em 5 Copas do Mundo, e seu jogo final se provou uma das mais eletrizantes (ver p. ao lado).

MAIS VITÓRIAS NA COPA DO MUNDO DE RÚGBI
Em 28/10/2023, a África do Sul levantou a Copa Webb Ellis pela 4ª vez, derrotando a Nova Zelândia por 12x11 no Stade de France em Paris. Os Springboks – campeões em 1995, 2007 e 2019 – participaram de apenas 8 das 10 edições desde o começo em 1987. Superaram a tricampeã, apesar de terem sofrido um try em decisão pela 1ª vez. A partida ficou marcada também pelo **1º cartão vermelho numa final de Copa do Mundo de Rúgbi**, para o capitão All black Sam Cane.

S. Whitelock (NZ) venceu seus 1ºˢ 18 jogos na Copa do Mundo de Rúgbi, levantando o troféu em 2011 e 2015.

Mais tries na Copa do Mundo de Rúgbi
Will Jordan (NZ) encostou a bola no chão 8x pelos All Blacks na Copa do Mundo de 2023. O ala anotou um hat-trick contra a Argentina na semifinal para igualar o recorde, em uma única edição, de Jonah Lomu (NZ) em 1999, Bryan Habana (ZAF) em 2007 e Julian Savea (NZ) em 2015. Após a derrota na final, a marca incrível de Jordan foi de 31 rries em 31 partidas.

RECORDES DA COPA DO MUNDO DE RÚGBY

Mais...	Total	Jogador	País	Copas
Pontos	277	Jonny Wilkinson	Inglaterra	1999–2011
Tries	15	Jonah Lomu Bryan Habana	Nova Zelândia África do Sul	1995–99 2007–15
Pênaltis	58	Jonny Wilkinson	Inglaterra	1999–2011
Conversões	58	Dan Carter	Nova Zelândia	2003–15
Gols de drop	14	Jonny Wilkinson	Inglaterra	1999–2011
Jogos	26	Sam Whitelock (*above*)	Nova Zelândia	2011–23
Copas	5	Brian Lima Mauro Bergamasco Sergio Parisse	Samoa Itália Itália	1991–2007 1999–2015 2003–19

ESPORTES
Esportes de raquete

Mais vitórias em Campeonatos Mundiais de Raquetebol Feminino
A pentacampeã mundial de simples Paola Longoria (MEX) conquistou o título mais recente (7 vitórias e 1 derrota) e bateu o próprio recorde nas **duplas femininas** ao lado de Samantha Salas (MEX), com 5 vitórias, em casa, em San Luis Potosí, em 25/8/2022. Perdeu apenas 1 game de 7.

Mais vitórias consecutivas em Campeonatos Mundiais de Squash Feminino
Em 11/5/2023, Nour El Sherbini (EGY) conquistou o 5° título mundial seguido, igualando o feito de Nicol David (MYS) entre 2008–12. Derrotou a cabeça de chave n° 1, Nouran Gohar, na final em Chicago, Illinois, EUA. No geral, venceu 7 títulos mundiais – 1 a menos que o recorde **total** de 8 de David.

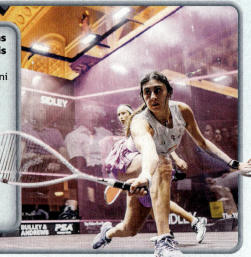

Partida de squash feminino mais longa
Em 25/6/2023, Nouran Gohar e Hania El Hammamy (EGY) travaram um duelo sobre-humano que durou 130min no Cairo, EGY. Gohar venceu seu 2° título do PSA World Tour Finals feminino com 10–11, 11–9, 9–11, 11–6, 12–10. Nos 3 meses anteriores, ambas já tinham se enfrentado por 105min e 107min. A **partida de squash masculino mais longa** durou 170min no Holtrand Gas City Pro-Am de 2015. O honconguês Leo Au (CHN) derrotou Shawn Delierre (CAN) por 11–6, 4–11, 11–6, 7–11, 16–14 em Medicine Hat, Alberta, CAN.

Mais vitórias de duplas femininas em Campeonatos Mundiais de Badminton
Chen Qingchen e Jia Yifan (CHN) conquistaram o 4° título mundial na edição de 2023 em Copenhague, DNK. Levaram apenas 41min para despachar os adversários da final em 27/8.

Golpe de badminton mais rápido
Em 14/4/2023, Satwiksairaj Rankireddy (IND) disparou a peteca a 565km/h no Yonex Tokyo Factory em Soka, Saitama, JPN, cerca de 200km/h mais rápido do que um carro de Fórmula 1. Tan Pearly (MYS) quebrou o recorde **feminino** no mesmo evento, com 438km/h.

Mais vitórias na Copa Sudirman de badminton
A China conquistou o 13° título mundial de equipes mistas em 21/5/2023 contra a Coreia do Sul (3x0) na final em Suzhou, CHN. A dupla de Huang Yaqiong e Zheng Siwei (*abaixo*) estreou com triunfo, e as vitórias individuais de Shi Yuqi e Chen Yufei conquistaram o título.

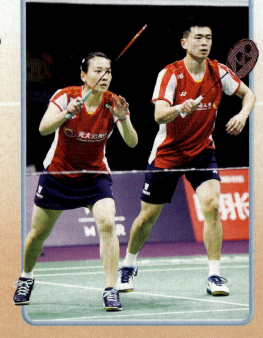

Homem mais velho a conquistar um Grand Slam de tênis
Rohan Bopanna (IND, n. 4/3/1980) tinha 43a329d quando venceu o Aberto da Austrália nas duplas masculinas em 27/1/2024. Ao lado de Matthew Ebden, venceu o 1° Grand Slam na 61ª tentativa – 16 anos após sua estreia no Melbourne Park.

Vencedoras mais velhas de duplas num Grand Slam de tênis (idades somadas)
Barbora Strýcová (CZE, n. 28/3/1986) e a taiwanesa Su-Wei Hsieh (CHN, n. 4/1/1986) tinham, juntas, 74a303d quando se uniram para vencer em Wimbledon em 16/7/2023.

Mais títulos de simples de Grand Slam de tênis em cadeiras de rodas feminino
Em 27/1/2024, no Aberto da Austrália, Diede de Groot (NLD) garantiu o 13° título de simples de Grand Slam. A sequência invicta – que começou no Aberto da Austrália de 2021 – fez parte de uma série de 135 jogos de simples sem perder.

Homem mais jovem a conquistar um título de Grand Slam de tênis
Em 10/6/2023, Tokito Oda (JPN, n. 8/5/2006) conquistou o Torneio de Rolland Garros em Paris aos 17a33d. Bateu o cabeça de chave n°1, Alfie Hewett, por 6–1, 6–4 na final, ultrapassando o então campeão mais jovem de Grand Slam – Michael Chang, em 1989, em Rolland Garros – por 76 dias. Dois dias depois da vitória, tornou-se o **mais jovem jogador de tênis em cadeira de rodas n°1 do mundo**.

Oda começou a jogar tênis aos 10 anos – e foi n°1 júnior do mundo aos 14!

MAIS TÍTULOS DE SIMPLES DE GRAND SLAM DE TÊNIS

Em 10/9/2023, Novak Djokovic (SRB) derrotou Daniil Medvedev por 6–3, 7–6 e 6–3 na final do Abertos dos Estados Unidos pelo 24° título de Grand Slam (*detalhe*). Igualou a marca de Margaret Court (AUS) entre 1960-1973. No total Novak soma 3 Rolland Garros, 4 Abertos dos Estados Unidos, 7 Wimbledons e **mais títulos de simples masculino do Aberto da Austrália** (10).

Além disso, em 2023, aumentou seu recorde de **mais títulos de simples do ATP Masters 1000** (40) e de **mais semanas como n°1 de simples masculino** (405) até o fim do ano, além de deter a marca de **mais títulos de simples no ATP Finals**, com o 7° triunfo.

Com a vitória no Aberto dos Estados Unidos de 2023, Novak Djokovic contabiliza incríveis US$ 175.281.484 – o **maior salário do tênis masculino**. Recebeu US$ 40mi a mais do que o rival mais perto, Rafael Nadal (ESP).

Vondroušová e o técnico fizeram tatuagens iguais para comemorar o título em Wimbledon.

PRIMEIRA NÃO CABEÇA DE CHAVE CAMPEÃ DE WIMBLEDON

Em 2023, Markéta Vondroušová (CZE) viveu um conto de fadas no **torneio de tênis mais antigo** do mundo (criado em 1877). Além de ter perdido 6 meses de 2022 devido a uma lesão no pulso e ser a 42ª do ranking quando estreou em Wimbledon, tinha ganhado apenas 4 partidas na grama em toda a carreira. Aos 24 anos, contrariou expectativas ao avançar na chave e derrotar Ons Jabeur por 6–4 e 6–4 na final em 15/jul. A vitória rendeu-lhe US$ 3,08mi e o 10° lugar no ranking da WTA.

ESPORTES
Automobilismo

Mais vitórias na NHRA (fem.)
Erica Enders (EUA) venceu 49 provas da Associação Nacional de Hot Rod: 48 no Pro Stock e 1 na Super Gas. Destronou Angelle Sampey como a "mulher mais vitoriosa no automobilismo" em 15/10/2023, ganhando o troféu "Wally" no Texas FallNationals (*acima*).

Mais vitória no Rali de Monte Carlo
Sébastien Ogier (FRA) ganhou 9x a glamourosa corrida europeia, com início em 1911. Triunfou na 91ª edição em 19-21/1/2023, vencendo de ponta a ponta.

Mais corridas na Fórmula 1
Fernando Alonso (ESP) largou em 379 Grandes Prêmios até 9/3/2024. Bicampeão do mundo (2005-06), pilotou por 6 escuderias diferentes.

Mais pole positions no Mundial de Motovelocidade
Em 25/3/2023, na abertura da temporada da MotoGP, Marc Márquez (ESP) garantiu a pole em Portugal, sua 92a. O 7x campeão mundial foi o 1º do treino classificatório 64x na MotoGP, 14x na Moto2 e 14x nas 125cc.

Mais vitórias no Pro Stock NHRA
O piloto dragster Greg Anderson (EUA) acumulou 103 vitórias na categoria "factory hot rod" desde 29/4/1998. Um dos 5 pilotos da NHRA a passar de 100. O 103° triunfo veio no Midwest Nationals em 1/10/2023.

Volta mais rápida na TT da Ilha de Man
Em 9/6/2023, Peter Hickman (RU) completou uma volta no circuito montanhoso da ilha a uma velocidade média de 219,446km/h. Dirigiu uma BMW M1000RR em prova da Superstock TT, voando pelo exigente circuito de 60km de vias públicas em 16min36,115s.

Maior velocidade em pista coberta
Em 25/7/2023, o piloto Jake Hughes (RU), da McLaren Formula E, alcançou 218,71km/h numa pista coberta no centro de convenções londrino ExCel. Ao volante de um Gen3 modificado, enfrentou o piloto Lucas di Grassi num confronto direto pelo título do GWR, em preparação para o E-Prix de Londres de 2023.

Mais temporadas consecutivas com vitória na NASCAR Cup Series
Kyle Busch (EUA) teve pelo menos 1 vitória na principal categoria automobilística dos EUA entre 2005-2023. Ultrapassou, em 26/2/2023, a marca de 18 temporadas de Richard Petty, ao receber a bandeira quadriculada no Pala Casino 400 em Fontana, Califórnia.

Busch segue aumentando o recorde de **mais vitórias na NASCAR** – 230 nas 3 séries nacionais (Cup, Xfinity e Truck) até 24/2/2024.

Maior velocidade num treino classificatório da Indy 500
Álex Palou (ESP) completou 4 voltas classificatórias para a Indy 500 de 2023 com uma velocidade média de 376,93km/h em 21/5, no Indianapolis Motor Speedway em Indiana, EUA. Terminaria a corrida em 4° uma semana depois, pilotando para a Chip Ganassi Racing.

Mais pole positions na Fórmula E
Jean-Éric Vergne (FRA) garantiu, na 1ª corrida do E-Prix de Daria de 2024, do campeonato de carros elétricos, sua 16ª pole. Igualou a marca de Sébastien Buemi (CHE).

Mais vitórias na mesma etapa da Fórmula E
Em 15/7/2023, Mitch Evans (NZ) triunfou na 1ª corrida do E-Prix de Roma para garantir sua 3ª vitória consecutiva – e 4ª geral – no Circuito Cittadino dell'EUR.

Vencedor mais jovem do Rali Dakar
Eryk Goczał (POL, n. 6/11/2004) tinha 18 anos e 70 dias quando venceu a categoria SSV (mistura de carro e quadriciclo com 2 assentos lado a lado) do Rali Dakar na Arábia Saudita em 15/1/2023. Triunfou na estreia, 2 meses após receber sua carteira de motorista. Ao lado do copiloto Oriol Mena, venceu 4 das 14 etapas.

O **vencedor mais velho do Rali Dakar** é Carlos Sainz (ESP, n. 12/4/1962), que ganhou, entre os carros, aos 61 anos e 282 dias.

MAIS VITÓRIAS CONSECUTIVAS NA FÓRMULA 1
Em 3/9/2023, Max Verstappen (NLD, n. BEL) recebeu a bandeirada no Grande Prêmio da Itália para alcançar a marca sem precedentes de 10 vitórias seguidas. O piloto da Red Bull faturou seu 3° mundial consecutivo após uma temporada dominante de 19 conquistas em 22 corridas, batendo o próprio recorde de **mais vitórias em Grandes Prêmios numa temporada**. Recebeu o troféu em 8/12 (*acima, à dir., com o presidente da FIA Mohammed Ben Sulayem*).

Verstappen (n. 30/9/1997) acumulou vários títulos do GWR desde sua estreia na categoria – incluindo o de **mais jovem vencedor de Grande Prêmio** (*à dir.*), conquistado na etapa da Espanha, em 15/5/2016, aos 18 anos e 228 dias.

Apenas 17 pilotos venceram mais Grandes Prêmios na carreira do que Verstappen em 2023.

Mais pole positions num Grande Prêmio da Fórmula 1
Lewis Hamilton (RU) foi o mais rápido 9x em treinos classificatórios para o Grande Prêmio da Hungria. O heptacampeão mundial deu uma volta sensacional no circuito de Hungaroring em 22/7/2023, aumentando sua marca de **mais pole positions** para 104. O recorde de **mais pole positions consecutivas em um Grande Prêmio** é 7, de Ayrton Senna (BRA) em San Marino entre 1985–91.

229

ESPORTES
Esportes de combate

Mais medalhas de ouro no Grande Prêmio Mundial de Taekwondo Feminino
A Panipak Wongpattanakit (THA, à dir.) tem 12 títulos da competição mais importante de taekwondo. Na categoria até 49kg, a mais leve das Olimpíadas, venceu 3 de 4 Grandes Prêmios em 2023, incluindo a final em 2/12 em Manchester, RU.

Maior tempo de luta no UFC na carreira
Até 10/3/2024, Rafael dos Anjos (BRA, à dir.) passou 8h41min49s no octógono. O ex-campeão peso-leve lutou 35x no UFC, com 21 vitórias. Foi o 1° a ultrapassar as 8h, em 3/12/2022, quando venceu Bryan Barberena.

Mais lutas no UFC
Em 13/1/2024, no UFC 234, Jim Miller (EUA) entrou no octógono pela 32ª vez desde 2008. O peso leve de 40 anos finalizou Gabriel Benítez no 3° round e aumentou seu recorde de **mais vitórias no UFC**, com 26, 4 a menos do que Charles Oliveira (BRA) de **mais finalizações** (16).

Mais vitórias no UFC feminino
Entre 3/8/2013-11/6/2023, Amanda Nunes (BRA) somou 16 vitórias, alcançando a marca de **mais vitórias pelo** título feminino (11). Anunciou a aposentadoria após derrotar Irene Aldana no UFC 289, sendo a única mulher a deter o título em 2 categorias ao mesmo tempo.

Mais vitórias por finalização no UFC feminino
Gillian Robertson (CAN) fez 7 adversárias baterem 3x entre 1/12/2017 e 16/4/2023. No peso-palha, aumentou o recorde no UFC em Kansas City, Missouri, EUA, vencendo Piera Rodríguez com um armlock.

Campeão mundial de judô mais velho
Teddy Riner (FRA, n. 7/4/1989) tinha 34 anos e 36 dias quando venceu a final na categoria acima de 100kg em 13/5/2023 em Doha, QAT. Ao conquistar o título em 13/9/2007, com 18 anos e 159 dias, tornou-se também o **campeão mundial de judô mais jovem**.

Mais medalhas no World Masters de judô
Miku Takaichi (JPN) conquistou 7 medalhas nessa competição para convidados. A última, prata na categoria até 63kg, foi em 2023, entre 4-6/8 em Budapeste, HUN. Ganhou também 4 ouros e 2 bronzes.

Mais vitórias na Copa do Mundo de Taekwondo por equipes
Em 15/11/2023, o Irã venceu a Austrália por 2x0 em Goyang, garantindo o 5° título de taekwondo. As conquistas anteriores vieram em 2010 e entre 2017-19.
Um dia antes, a Coreia do Sul igualou o recorde **feminino** com o 6° título, após vitória de 2x0 sobre Marrocos. Vencedora em 2006, 2009-10 e 2013-14, igualou a China, campeã em 2012 e entre 2015-19. Só as duas ganharam a competição feminina.

Mais vitórias de equipe de kata masculino no Campeonato Mundial de Karatê
O time de kata dos homens do Japão triunfou 13x desde 1986. Aumentou o próprio recorde com a 4ª vitória seguida na edição do torneio em Budapeste, HUN, ao derrotar a Turquia na final.

Mais medalhas de ouro no World Judô Tour
Clarisse Agbegnenou (FRA) venceu 20 etapas do tour mundial de judô até 3/3/2024. A marca contabiliza 8 Grandes Prêmios, 10 Grand Slams e 2 World Masters, na categoria de até 63kg. Também conquistou 8 títulos mundiais e 2 ouros olímpicos.

Mais vitórias de equipe de kata feminino no Campeonato Mundial de Karatê
Em 29/10/2023, o time japonês conquistou o 14° título contra a Itália na final em Budapeste, HUN. Desde 1986, o evento recebe equipes de 3, que realizam coreografias e movimentos de karatê, avaliados por precisão técnica e atleticismo.

O nocaute de Crawford foi o 1° de Spence na carreira profissional – e logo 3 em 7 rounds!

PRIMEIRO CAMPEÃO MUNDIAL DE BOXE DE 4 CINTURÕES EM DOIS PESOS (MASC.)

Em 29/7/2023, com um nocaute técnico no 9° round, Terence Crawford (EUA) venceu Errol Spence Jr. em Las Vegas, Nevada, EUA, e unificou os cinturões da WBA, WBC, WBO e IBF dos meio-médios – feito já conquistado nos superleves em 2017. O triunfo foi o 40° em 40 lutas profissionais, com 31 nocautes.

Desde que a era dos 4 cinturões começou (anos 2000), 18 lutadores conseguiram a façanha. Até hoje, apenas 4 em dois pesos: Claressa Shields (*abaixo*), Katie Taylor, Crawford e Naoya Inoue.

Campeão mundial de 4 cinturões mais jovem
Devin Haney (EUA, n. 17/11/1998) tinha 23 anos e 200 dias quando se tornou campeão mundial peso-leve, contra George Kambosos Jr. em Melbourne, AUS, em 5/6/2022.

Primeiro campeão mundial de boxe de 4 cinturões em dois pesos (geral)
Em 5/3/2021, Claressa Shields (EUA) derrotou Marie-Eve Dicaire para unificar os cinturões pela 2ª vez. Tornou-se campeã unificada dos médios em 13/4/2019 na 9ª luta profissional – **menos lutas para se tornar campeão mundial de boxe de 4 cinturões**. Logo repetiu o feito nos médios-leves.

Menos lutas para se tornar campeão mundial de boxe de 4 cinturões (masc.)
Oleksandr Usyk (UKR) lutou 15x para se tornar o 1° campeão de 4 cinturões na categoria cruzador. Derrotou Murat Gassiev na final do World Boxing Super Series em Moscou, RUS, em 21/7/2018.

ESPORTES
Esportes aquáticos

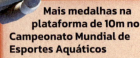

Mais medalhas na plataforma de 10m no Campeonato Mundial de Esportes Aquáticos
Chen Yuxi (CHN) garantiu o 3º título consecutivo no salto dos 10m em 19/7/2023. Aos 17 anos, ao lado de Quan Hongchan, venceu também nos 10m sincronizado. A China venceu inacreditáveis 12 de 13 ouros no salto em Fukuoka.

Mulher mais rápida nos 400m livre (S7)
Em 1/8/2023, no Campeonato Mundial de Natação Paralímpica em Manchester, RU, Morgan Stickney (EUA) conquistou o ouro com 4min54,28s. Sofreu amputações abaixo dos joelhos em 2018 e 2019, e quebrou um recorde que durava 11 anos por quase 5s.

400m medley mais rápidos (fem.)
Summer McIntosh (CAN) tocou a borda de casa em 4min25,87s na seletiva canadense de Toronto em 1/4/2023. Foi o 2° recorde mundial da nadadora de 16 anos, que já batera a marca dos **400m livre mais rápidos** com 3min56,08s. Esse tempo caiu, em 23/7/2023, para Ariarne Titmus (AUS) no Campeonato Mundial de Esportes Aquáticos, com 55,38s. McIntosh foi 4ª.

100m borboleta mais rápidos (S11, masc.)
Em 1/8/2023, Danylo Chufarov (UKR) ganhou seu 1° título mundial ao vencer em 1min0,66s no Campeonato Mundial de Natação Paralímpica em Manchester, RU. A classificação S11 é para nadadores cegos.

Mais vitórias no Campeonato Mundial de Polo Aquático (masc.)
Em 29/7/2023, a Hungria conquistou seu 4° título numa final dramática, ao bater a Grécia por 14x13 após disputa de pênaltis. Igualou o recorde da Itália, campeã em 1978, 1994, 2011 e 2019.

Skiff duplo peso leve mais rápido nos 2.000m (fem.)
Em 17/6/2023, Emily Craig e Imogen Grant (ambas RU) venceram sua semifinal na II Copa do Mundo de Varese, Itália, em 6min40,47s. Grant também tem o recorde de **skiff individual**, com 7min23,36s, alcançado em 9/7/2022.

Skiff duplo misto mais rápido nos 2.000m (PR3)
Nikki Ayers e Jed Altschwager (ambos AUS) conseguiram um tempo de 7min7,02s na Copa do Mundo de Varese em 18/6/2023. Remadores PR3 têm uso funcional de pernas, tronco e braços, e podem usar assento deslizante nas remadas.

Mais longa apneia dinâmica sem pés de pato (feminino)
Em 13/6/2023, Julia Kozerska (POL) mergulhou 213m – mais do que 4 piscinas olímpicas – num fôlego só. Competia no AIDA Pool World Championship em Jeju, Coreia do Sul.

Maior velocidade de windsurf (masculino)
Em 30/6/2023, Antoine Albeau (FRA) atingiu 81,71km/h durante o Prince of Speed em La Palme, França. Heidi Ulrich (CHE) bateu o recorde **feminino** no mesmo evento, em 15/6, com 71,19km/h. Ambas as marcas foram verificadas pelo World Sailing Speed Record Council.

Maior número de pontos em truques de esqui aquático (masc.)
Patricio Font (MEX) fez 12.690 pontos em 12/5/2023 em um evento da Masters Qualifying Series em Winter Garden, Flórida, EUA. Bateu o próprio recorde mundial de 2022 por 100 pontos.

Mergulho livre em apneia mais profundo na imersão livre (fem.)
Em 24/5/2023, Alessia Zecchini (ITA) mergulhou 123m num fôlego só nas Filipinas. Personagem do documentário da Netflix *De tirar o fôlego*, quebrou o recorde mundial 11x em 4 categorias diferentes sob supervisão da Associação Internacional para o Desenvolvimento da Apneia (AIDA).

Mais medalhas de ouro individuais no Campeonato Mundial de Canoagem Slalom
Jessica Fox (AUS, n. FRA) conquistou 10 títulos individuais mundiais: 4 na classe K1, 4 na C1 e 2 no caiaque cross. O ouro mais recente foi na K1 em 23/9/2023 em Londres, RU. No caiaque, o atleta, sentado, usa remo duplo; na canoa, de joelhos, remo de pá única.

*Todos os recordes de natação são de percurso longo, i.e., estabelecidos em uma piscina de 50 m.

400M MEDLEY MAIS RÁPIDOS (MASC.)

Em 23/7/2023, Léon Marchand (FRA) venceu a final dos 400m medley em 4min2,50s no Campeonato Mundial de Esportes Aquáticos em Fukuoka, Japão. A prova consiste em 4 voltas de 100m, cada uma delas com um estilo diferente: borboleta, costas, peito e livre. O recorde anterior, 4min3,84s, nas Olimpíadas de 2008, era o mais antigo da natação, da lenda Michael Phelps (EUA), que estava presente para colocar a medalha de ouro em Marchand (*detalhe*).

Marchand tirou 1,34s do recorde de Michael Phelps, que durava 5.460 dias.

200m peito mais rápidos (masc.)

Em Fukuoka, Qin Haiyang (CHN) se tornou o 1° nadador a vencer as três provas do mesmo estilo – 50m, 100m e 200m – num campeonato mundial. O recorde foi conquistado em 28/7/2023, com 2min5,48s.

200m livre mais rápidos (fem.)

Em 26/7/2023, Mollie O'Callaghan (AUS) conquistou seu 2° título mundial individual com 1min52,85s. Aos 19 anos, com a rótula deslocada 6 semanas antes, ganhou 5 medalhas de ouro e bateu 4 recordes mundiais (3 em revezamentos) em Fukuoka.

Mais medalhas de ouro individuais no Campeonato Mundial de Esportes Aquáticos

Katie Ledecky (EUA) venceu os 800m e os 1.500m livre feminino em Fukuoka, alcançando 16 títulos mundiais individuais na carreira. Ultrapassou os 15 de Michael Phelps (2001–2011).

ESPORTES
Atletismo

Mais participações no Campeonato Mundial de Atletismo
Em 19/8/2023, o marchador João Vieira (PRT) esteve em seu 13° campeonato mundial. Ele terminou em 33° na prova masculina de 20km em Budapeste, Hungria, aos 47 anos. Igualou a marca de Jesús Ángel García (ESP), também na marcha (1993-2019).

O recorde **feminino** é de 11, também compartilhado por duas marchadoras: Susana Feitor (PRT), entre 1991 e 2011, e sua compatriota Inês Henriques (2001-2023).

Vencedora mais jovem de uma etapa da Diamond League
Criada em 2010, a Diamond League é uma série anual de competições de atletismo de elite. Birke Haylom (ETH, n. 6/1/2006) tinha 17 anos e 160 dias quando venceu a Dream Mile no Bislett Games em Oslo, Noruega, em 15/6/2023. Também foi pacer para Gudaf Tsegay na corrida para o recorde mundial na final da Diamond League (ver p. ao lado).

Arremesso de peso masculino mais longo
Ryan Crouser (EUA) arremessou 23,56m em 27/5/2023 em Los Angeles, Califórnia, EUA. Com 2,01m, o campeão olímpico iniciou uma série monstruosa de arremessos no Drake Stadium, utilizando uma nova técnica chamada "Crouser Slide", um passo a mais à abordagem dentro do círculo, permitindo que o atleta ganhe mais velocidade e potência.

O pai, o tio e o primo de Ryan Crouser representaram os EUA em eventos de arremesso.

Homem mais rápido nos 2.000m
Em 8/9/2023, Jakob Ingebrigtsen (NOR) correu 2.000m em 4min43,13s em Bruxelas, Bélgica. O recorde anterior, de Hicham El Guerrouj (MAR), perdurava desde 1999 – um ano antes de Jakob ter nascido. A estrela norueguesa de meia-distância também está de olho nos recordes de El Guerrouj nos **1.5000m** (3min26s) e na **milha** (3min43,13s).

Homem mais rápido nos 3.000m com obstáculos
Prova olímpica desde 1900, inicialmente em distâncias variadas, é a única de corrida com obstáculos variados – um total de 28 barreiras e 7 fossos d'água. Em 9/6/2023, em Paris, França, Lamecha Girma (ETH) conseguiu o tempo de 7min52,11s. O recorde anterior durou 19 anos.

Revezamento misto 4x400m mais rápido
Em 19/8/2023, a equipe dos EUA formada por Justin Robinson, Rosey Effiong, Matthew Boling e Alexis Holmes ganhou o ouro no Campeonato Mundial de Atletismo, em Budapeste, com 3min8,80s. A prova ocorreu pela 1ª vez em 2017 e, desde 2022, as equipes precisam correr com a ordem "homem-mulher-homem-mulher".

Salto em distância masculino mais longo (T64)
Em 25/6/2023, Markus "Blade Jumper" Rehm (DEU) saltou 8,72m em Rhede, Alemanha. Foi um metro a mais do que qualquer outro paratleta, o que o colocou, mesmo com a prótese de fibra de carbono, em 9° lugar da lista de saltadores de todos os tempos.

Salto com vara masculino mais alto
Armand Duplantis (SWE, n. EUA) saltou 6,23m na final da Diamond League em 17/9/2023 em Eugene, Oregon, EUA. Apelidado de "Mondo", o prodígio experimentou o salto com vara pela 1ª vez em seu quintal aos 3 anos. Já aos 20, quebrou o recorde mundial saltando 6,17m. Ele já bateu a própria marca 6 vezes.

Mulher mais rápida nos 100m (T34)
Hannah Cockroft (RU) alcançou a vitória em 16,31s no Nottwil Grand Prix na Suíça em 27/5/2023. Ela compete na classe T34, uma das sete para cadeirantes. Sete vezes campeã paralímpica, detém também o recorde nos **200m** (28,90s), **400m** (52,80s), **800m** (1min44,43s) e **1.500m** (3min21,06s).

MULHER MAIS RÁPIDA NOS 1.500M
Em 2023, Faith Kipyegon (KEN) bateu recordes mundiais em três eventos diferentes em apenas 49 dias. Começou em 2/6 nos 1.500m, com o tempo de 3min49,11s em Florença, Itália. Sete dias depois foi o de **5.000m**. Ela correu em 14min5,20s em Paris, apesar de estar cansada na preparação para a prova. Em 21/7, ela correu a **milha** em 4min7,64s em Mônaco (*abaixo*).

Kipyegon coroou seus dias dourados no Campeonato Mundial de Atletismo, em Budapeste, Hungria, como aumentou seu recorde de **mulher com mais títulos mundiais nos 1.500m** para três (*abaixo*).

Mulher mais rápida nos 5.000m
Em 17/9/2023, Gudaf Tsegay (ETH) correu 5.000m em 14min00,21s na final da Diamond League em Eugene, Oregon, EUA. Ela fez um tempo 5s abaixo do de Faith Kipyegon, recorde estabelecido 3 meses antes. Estava competindo no Hayward Feld, onde ela ganhara o ouro no mesmo evento em 2022.

ESPORTES
Esportes de resistência

Mais voltas em uma ultramaratona no quintal
Criadas por Gary "Lazarus Lake" Cantrell, as ultras em quintais desafiam os corredores a completarem uma única volta de 6,706km a cada hora até restar apenas um. Entre 21-25/10/2023, Harvey Lewis (EUA) completou 108 voltas, 724km em 5 dias, na Big's Backyard Ultra em Bell Buckle, Tennessee, EUA.

Primeira mulher a terminar a Barkley Marathons
Em 22/3/2024, Jasmin Paris (RU) tornou-se a 20ª pessoa – e a 1ª mulher – a completar a ultramaratona nas montanhas do Frozen Head State Park, Tennessee, EUA, ao percorrer 5 circuitos de 32 km (com elevação total de cerca de 18.000m) e chegar 99s antes do limite de 60h.

100km mais rápidos (masculino)
Em 14/5/2023, Aleksandr Sorokin (LTU) continuou sua saga individual nos livros de recorde da ultramaratona, marcando 6h5min35s no World's Fastest Run em Vilnius, Lituânia. Diminuiu sua própria marca em 6s, alcançando inacreditáveis 5 dos 9 recordes masculinos verificados pela Associação Internacional de Ultramaratona (IAU).

Maior distância em 48 horas (feminino)
Em 24-26/3/2023, Camille Herron (EUA) correu 435,336km no Sri Chinmoy 48 Hour Track Festival em Hackett, Território da Capital Australiana. Ela deu 1.088 voltas em uma pista de 400m em 2 dias, num ritmo médio de 6min36s/km (incluindo o tempo de descanso).

O recorde **feminino para 12h** também caiu em 2023, para a finlandesa Satu Lipiäinen, que, em casa, correu 153,600km – 1km a mais do que a distância pré-definida – na Kokkola Ultra Run em 20/5.

Maior vencedora do Campeonato Mundial de Corrida de Montanha e Trail
A corredora Andrea Mayr (AUT) conquistou 7 títulos mundiais nessa extenuante categoria desde 2006. Sua vitória mais recente veio no evento de subida vertical em 7/6/2023. Completou os 7,1km do circuito alpino – com altimetria de 1.020m e 40% de inclinação perto da linha de chegada – em 48min14s.

Ultramaratona Spartathlon mais rápida
Os competidores nestes 246 km pela Grécia tentam imitar o feito do mensageiro ateniense Fidípides, enviado a Esparta, em 490 a.C., em busca de ajuda na Batalha de Maratona. Em 1/10/2023, o policial Fotis Zisimopoulos (GRC) venceu pela 3ª vez seguida, em 19h55min9s, quebrando o recorde da lenda grega Yiannis Kouros, cuja marca de 20h25min permanecia desde 1984.

Ultramaratona Badwater mais rápida (feminino)
A Badwater tem percurso de 217km, do Vale da Morte ao Monte Whitney, o ponto mais baixo e alto dos EUA, e as temperaturas chegam a 53°C. Ashley Paulson (EUA) venceu em 4-6/7/2023 com 21h44min35s – o 2° melhor da história da prova. O recorde **masculino** é de Yoshihiko Ishikawa (JPN), com 21h33min1s, em 15-16/7/2019.

Munro-bagging individual mais rápido
Jamie Aarons (EUA) escalou todas as 282 montanhas de 914m da Escócia em 31 dias e 10h27min entre 26/5-26/6/2023. Bateu o recorde de 2020 de Donnie Campbell por mais de 12h. Sua rota envolveu uma subida total de 135.366m – o equivalente a 16 Everests. Caminhou 1.315km, pedalou 1.249km e remou 11,6km de caiaque, dormindo cerca de 4h por noite.

Ultramaratona mais longa
A Comrades Marathon começou em 1921, e tem um percurso montanhoso de 90km entre Durban e Pietermaritzburg na África do Sul. Em 2000, teve seu recorde de participantes: 23.961. A prova de 2023 recebeu mais de 16.000 corredores e viu serem batidos os recordes de **homem mais rápido** e **mulher mais rápida**: 5h13min58s, por Tete Dijana, e 5h44min54s, por Gerda Steyn (ambos ZAF).

PRIMEIRA PESSOA A COMPLETAR A "TRÍPLICE COROA" DA ULTRAMARATONA

Em apenas 10 semanas de 2023, Courtney Dauwalter (EUA) se tornou a 1ª ultramaratonista a vencer as 3 prestigiosas corridas de 161km: Western States 100, Hardrock 100 e Ultra-Trail du Mont-Blanc. Percorreu 500km, com altimetria de 25.500m – quase a mesma de subir o Everest 10x –, em 70 dias.

A jornada de Dauwalter começou em 24/6, quando pulverizou o recorde de **mulher mais rápida da Western States 100**, percorrendo as montanhas de Serra Nevada, Califórnia, em 15h29min33s (*mais à dir.*). Entre 14-15/7, bateu o recorde de **mulher mais rápida da Hardrock 100**, com 26h14min12s – terminando em 4° geral em Silverton, Colorado (*abaixo*). Completou a tríplice na Ultra-Trail du Mont-Blanc (*à dir.*), lutando contra o cansaço e problemas estomacais para cruzar a linha de chegada em 2/9, 40min à frente do segundo lugar.

Dauwalter foi 4x campeã estadual de esqui nórdico no Ensino Médio.

ESPORTES
Futebol

Jogador mais jovem a marcar na 1ª divisão da Espanha
Lamine Yamal (ESP, n. 13/7/2007) tinha 16a87d ao marcar pelo Barcelona no 2x2 contra o Granada em 8/10/2023. O atacante estreou aos 15 anos – 1 dos 5 jogadores que chegaram à La Liga antes do 16° aniversário. É também o jogador mais jovem a jogar pela Espanha e a marcar, quando fez um gol contra a Geórgia em 8/9/2023.

Primeira pessoa a vencer a Copa do Mundo da FIFA como jogador e treinador
Duas lendas do futebol mundial faleceram com 2 dias de diferença em jan/2024. O brasileiro Mário Zagallo (*acima dir.*) venceu duas Copas do Mundo como jogador, 1958 e 1962, antes de comandar o Brasil de 1970 da lateral. Sua morte foi seguida pela de Franz Beckenbauer (DEU, *acima, à esq.*), a **primeira pessoa a vencer a Copa do Mundo da FIFA como capitão e treinador**. Liderou, em campo, a Alemanha Ocidental em 1974 e do banco na Itália em 1990.

Para as maiores transferências do futebol masculino, ver pp.220-21

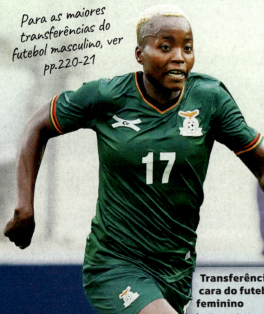

Carreira internacional mais longeva (masc.)
Ildefonso Lima Solà (n. ESP) jogou pela seleção de Andorra por 26 anos e 82 dias. Estreou em 22/6/1997, aos 17 anos, no segundo jogo oficial da equipe, marcando na derrota de 4x1 para a Estônia. Seu 137° e jogo final foi nas eliminatórias da Euro 2024, contra a Suíça, em 12/9/2023.

Jogadora mais jovem a jogar na Copa do Mundo Feminina da FIFA
Em 25/7/2023, Casey Phair (KOR, n. 29/6/2007) entrou em campo aos 16 anos e 26 dias durante o jogo pelo Grupo H entre Coreia do Sul e Colômbia em Sydney, Nova Gales do Sul, Austrália.

Mais participações na Copa Africana de Nações
André Ayew (GHA) e Youssef Msakni (TUN) participaram de sua 8ª Copa Africana na edição adiada de 2023, que aconteceu na Costa do Marfim entre 13/1-11/2/2024. Igualaram o feito de Rigobert Song (CMR) e Ahmed Hassan (EGY), ambos entre 1996 e 2010.

Transferência mais cara do futebol feminino
A atacante zambiana Racheal Kundananji saiu do Madrid CFF para o Bay FC, EUA, por US$ 792.300, em negócio anunciado em 13/2/2024. A jovem de 23 anos marcou 33 gols em 43 jogos na liga espanhola, e se juntou ao time de San José, que surgiu em 2024.

Mais gols marcados nas eliminatórias do Campeonato Europeu de Futebol
Romelu Lukaku (BEL) marcou 14x em 8 jogos durante a campanha belga para a Euro 2024, ficando no 1° lugar do Grupo F. Lukaku terminou com estilo, anotando 4 gols no jogo final contra o Azerbaijão nos 20 minutos iniciais.

Mais títulos na Liga dos Campeões da CAF
Em 11/6/2023, o Al Ahly (EGY) conquistou o 11° título da competição africana de times. Ganhou do marroquino Wydad AC por 3x2 em partidas de ida e volta.

Mais títulos da Liga Europa da UEFA
O Sevilla garantiu o 7° triunfo na competição, antes Copa da UEFA, com uma vitória sobre o Roma nos pênaltis por 4x1 em 31/5/2023. O time espanhol venceu todas as finais da Liga Europa que disputou.

Mais vitórias consecutivas de um time de futebol masculino
Al Hilal (SAU) venceu 34 partidas seguidas entre 25/9/2023-11/4/2024. A invencibilidade – contando 4 competições de liga e copa – acabou com a derrota de 4x2 para o Al Ain na Liga dos Campeões da AFC em 17/4/2024.

Jogador mais jovem na Serie A
Francesco Camarda (ITA, n. 10/3/2008) tinha 15 anos e 260 dias quando estreou na 1ª divisão italiana em 25/11/2023. O jovem atacante entrou em campo aos 83min na vitória do Milan de 1x0 sobre a Fiorentina no estádio San Siro.

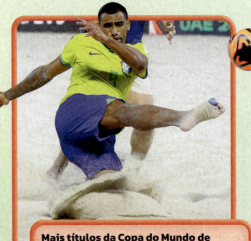

Mais títulos da Copa do Mundo de Beach Soccer da FIFA
Em 25/2/2024, o Brasil conquistou o 6° título de Copa do Mundo. Venceu a Itália por 6x4 na final em Dubai, EAU, com o atacante Rodrigo (*acima*) liderando o time com um hat-trick. O Brasil havia sido campeão em 2006-09 e 2017.

MAIS GOLS POR SELEÇÃO
Christine Sinclair (CAN) marcou 190 gols pelo Canadá em 23 anos – mais do que qualquer outro jogador. Estreou na Algarve Cup de 2000 aos 16 anos e anotou um tento no 2° jogo. Seu melhor ano foi 2012, quando balançou a rede 23x em 22 jogos. Os 2 gols contra São Cristóvão e Névis em 29/1/2020 a fizeram ultrapassar o recorde de Abby Wambach de 184 gols.

Em 5/12/2023, Sinclair atuou em sua 329ª partida – e a última – pelo Canadá (*abaixo*). Aposentou-se após o ouro nas Olimpíadas atrasadas de Tóquio, Japão (*topo esq.*).

Mais Bolas de Ouro
Lionel Messi (ARG) venceu 8x o troféu oferecido pela *France Football* de melhor jogador do mundo – 2009–12, 2015, 2019, 2021 e 2023. Ganhou a Bola de Ouro mais recente em 30/10/2023 – após levar a Argentina à glória na Copa do Mundo do Catar no ano anterior.

Mais convocações
Cristiano Ronaldo atuou em 206 partidas por Portugal até 26/3/2024, sendo agraciado com um certificado do GWR na 200ª convocação, contra a Islândia, em 20/6/2023. Ronaldo comemorou anotando o gol decisivo no final. Tem hoje um total de 128 – **mais gols em convocações masculinas**.

ESPORTES
Críquete

Perseguição de maior sucesso em um T20 Internacional (fem.)
Em 2/10/2023, as Índias Ocidentais anotaram 212 para 6 contra a Austrália com 1 bola de sobra no North Sydney Oval na Austrália. A capitã, Hayley Matthews (*mais à dir.*), liderou com 132 em 64 bolas, incluindo 5 corridas de 6 entradas, e foi escolhida a "Jogadora da Partida" pelo 7º T20I consecutivo.

Mais corridas de 6 entradas no Teste Críquete
O capitão da Inglaterra, Ben Stokes, cruzou a corda 128x em 181 entradas, quebrando o recorde do seu técnico, Brendon McCullum (107), ex-capitão da Nova Zelândia, que supervisionou a abordagem da partida ("Bazball"). O australiano Adam Gilchrist é o outro que tem a marca centenária.

Maior pontuação de um time em um T20I (masc.)
Em 27/9/2023, o Nepal esmagou a Mongólia ao anotar 314 corridas em 20 overs nos Jogos Asiáticos de Hangzhou, CHN. Kushal Malla (*à dir.*) acertou 100x em 34 bolas. Era o **homem mais rápido a acertar 100 no T20I** até o namíbio J. N. Loftie-Eaton conseguir em 33 bolas em 27/2/2024 – contra o Nepal.

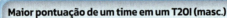

As 100 corridas mais rápidas
Em 8/10/2023, Jake Fraser-McGurk (AUS) anotou 100 em 29 bolas em partida do Marsh One-Day Cup da Austrália Meridional. O abridor anotou 12 corridas de 6 e 6 de 4, correndo apenas 4 de suas 100 corridas.

Homem mais rápido a atingir a marca centenária na Copa do Mundo de Críquete
Glen Maxwell (AUS) anotou 100 em apenas 40 bolas contra os Países Baixos em Déli, Índia, em 25/10/2023. A Austrália venceu por 309 corridas – a **maior margem de vitória por corridas na Copa do Mundo de Críquete (masc.)**.
Em 7/11/2023, ele produziu outro feito extraordinário, contra o Afeganistão em Mumbai. Apesar das cãibras e dores nas costas, fez um esforço para anotar 201 – o **maior número de corridas em 2ª entrada num ODI masculino**.

Perseguição de maior sucesso em um T20 Internacional (masc.)
A África do Sul (259 para 4) venceu as Índias Ocidentais (258 para 5) com 7 bolas de sobra em Centurion, ZAF, em 26/3/2023. Quinton de Kock e Reeza Hendricks lideraram com 152 corridas somadas. (*Ver acima o recorde feminino.*)

Maior pontuação de um time em um T20I (fem.)
Em 13/10/2023, a Argentina anotou 427 para 1 – com média de 21,35 corridas por over – contra o Chile em Buenos Aires. Lucia Taylor conseguiu **mais corridas por uma jogadora num T20I** (169). O Chile respondeu com 63, dando à Argentina a **maior margem de vitória num T20I feminino** (364 corridas).

Mais wickets em partida da Copa do Mundo de Críquete (masc.)
O lançador indiano Mohammed Shami eliminou 7 rebatedores neozelandeses em 9,5 overs em Mumbai em 15/11/2023. Igualou o feito em um único jogo de Winston Davis (VCT), Glenn McGrath (AUS), Andy Bichel (AUS) e Tim Southee (NZ).

Indiano mais valioso
O clube da Premier League Kolkata Knight Riders recrutou o lançador Mitchell Starc (AUS) por US$ 2,97mi durante a seleção de jogadores em 19/12/2023.
A **jogadora da Premier League feminina mais valiosa** é Smriti Mandhana (IND), que custou ao Royal Challengers Bangalore US$ 412.250 em 13/2/2023.

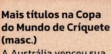

Mais títulos na Copa do Mundo de Críquete (masc.)
A Austrália venceu sua 6ª Copa do Mundo em 19/11/2023 ao derrotar os anfitriões, e favoritos, indianos por 6 wickets em Ahmedabad. A equipe da Oceania garantiu o 1º título em 1987 e venceu mais 3 entre 1999-2007, antes do 5º em 2015. País algum venceu mais do que 2x.

MAIS MARCAS DE 100 CORRIDAS EM UM ONE-DAY INTERNATIONAL

Em 15/11/2023, Virat Kohli (IND) completou sua 50ª marca de 100 corridas num ODI, anotando 117 contra a Nova Zelândia na semifinal da Copa do Mundo de Críquete em Mumbai, IND. Recebeu ovação da multidão que lotou o estádio – onde estava o ex-recordista, e ídolo de Kohli, Sachin Tendulkar.

Kohli jogou 280 entradas de um ODI desde a estreia em 2008. Completou sua 1ª centena contra o Sri Lanka em 24/12/2009, e alcançou seu maior placar (183) contra o Paquistão em 18/3/2012. Os adversários favoritos foram o Sri Lanka, contra o qual anotou 10 marcas centenárias. A média de 58,67, alcançada até 21/2/2024, coloca-o como o 3º de todos os tempos do ODI (masc.), atrás do compatriota Shubman Gill (61,37) e do holandês polivalente Ryan ten Doeschate (67,00).

Kohli anotou o maior número de corridas numa Copa do Mundo masculina (765) em 2023.

ESPORTES
Variedades

Tempo mais rápido no Campeonato Mundial de IRONMAN® (fem.)
Em 14/10/2023, Lucy Charles-Barclay (RU) conquistou seu 1º título no icônico triatlo anual em 8h24min31s. Quatro vezes 2º lugar no Havaí, ela nadou 3,8km em 49min36s, pedalou 180km em 4h32min29s e correu a maratona em 2h57min38s.

Pontuação mais baixa em uma rodada do US Open de golfe
Em 15/6/2023, Rickie Fowler e Xander Schauffele (ambos EUA) deram 62 tacadas no Los Angeles Country Club na Califórnia. Ficaram 8 abaixo do par na 1ª volta do US Open.

Os dois igualaram o recorde de Branden Grace (ZAF) para a **menor pontuação em uma volta de um major de golfe (masc.)**. Em 22/7/2017, Grace deu 62 tacadas no Open Championship em Southport, Merseyside, RU.

Mais medalhas no Campeonato Mundial de Ginástica Artística
Simone Biles (EUA) conquistou 30 medalhas no evento internacional de ginástica: 3 de bronze, 4 de prata e **mais ouros** (23). Voltou a competir em 2023 desde as Olimpíadas de Tóquio, faturando 4 ouros e 1 prata na Antuérpia, Bélgica. Aumentou seu recorde de **mais títulos individual geral (fem.)** para 6.

Maratona mais rápida
O GWR ficou triste ao saber de Kelvin Kiptum (KEN, *à dir.*), que faleceu num acidente de carro em 11/2/2024 aos 24 anos. Em 8/10/2023, ele completou a **maratona mais rápida (masc.)**, em 2h35s, em Chicago, EUA. Foi apenas a sua 3ª corrida de 42km.

O recorde **feminino** também é de 2023, batido na Maratona de Berlim, Alemanha, em 24/set. Tigst Assefa (ETH, *abaixo*) cruzou a linha em 2h11min53s, mais de 2min abaixo da marca anterior. *Ver abaixo mais tempos alucinantes da maratona.*

Homem mais rápido no 1km contra-relógio
Em 31/10/2023, Jeffrey Hoogland (NLD) pedalou 1km em 55,433s no Velódromo Bicentenário em Aguascalientes, México. Com 4 mundiais nos 1.000m contra-relógio, pulverizou a marca de 10 anos de François Pervis, até então, a mais duradoura do ciclismo.

Escalada de velocidade de 15m mais rápida
Veddriq Leonardo (IDN) levou apenas 4,90s para subir uma parede de 15m em 28/4/2023. Competia na Copa do Mundo da Federação Internacional de Escalada Esportiva em Seul, Coreia do Sul.

O recorde **feminino** é de Aleksandra Mirosław (POL), com 6,24s, em Roma, Itália, em 15/9/2023.

Kelvin Kiptum, até sua morte, correu 3 das 7 maratonas mais rápidas de todos os tempos.

Maior onda de windsurfe por uma mulher
Em 22/1/2023, Sarah Hauser (FRA) pegou uma onda de 12,19m em Pe'ahi (ou "Jaws") na costa norte da ilha de Maui, Havaí. Nascida na Nova Caledônia, ilha no sul do Oceano Pacífico, é ex-campeã do Circuito Mundial de Windsurfe.

Homem mais rápido nos 1.000m da patinação de velocidade
Em 26/1/2024, Jordan Stolz (EUA) levou 1min5,37s para dar 2,5 voltas no Utah Olympic Oval, EUA. Aos 19 anos, aprendeu a patinar no lago atrás de casa, no Wisconsin, e hoje é uma estrela em ascensão. Conquistou 6 ouros em 2 campeonatos mundiais, levando 2x os 500m, 1.000m e 1.500m.

MARATONAS MAJORS MAIS RÁPIDAS

Local	Atleta	Data	Tempo
Berlim	Eliud Kipchoge (KEN)	25/9/2022	2:01.09
	Tigst Assefa (ETH)	24/9/2023	2:11.53
Boston	Geoffrey Mutai (KEN)	18/4/2011	2:03.02
	Buzunesh Deba (ETH)	21/4/2014	2:19.59
Chicago	Kelvin Kiptum (KEN)	8 Oct 2023	2:00.35
	Sifan Hassan (NLD, n. ETH)	8 Oct 2023	2:13.44
Londres	Kelvin Kiptum	23/4/2023	2:01.25
	Paula Radcliffe (RU)	13/4/2023	2:15.25
Nova York	Tamirat Tola (ETH)	5/11/2023	2:04.58
	Margaret Okayo (KEN)	2/11/2003	2:22.31
Tóquio	Benson Kipruto (KEN)	3/3/2024	2:02.16
	Sutume Asefa Kebede (ETH)	3/3/2024	2:15.55

Medalhista mais jovem de skate street no X Games (masc.)
Ginwoo Onodera (JPN, n. 15/2/2010) tinha 13 anos e 88 dias quando fez história no X Games de Chiba em 14/5/2023. Uma 1ª volta de 90,33 pontos garantiu a ele o ouro na categoria. Ginwoo também foi o 2º medalhista masc. mais jovem do X Games, atrás de Gui Khury (BRA, n. 18/12/2008), que venceu na rampa vertical aos 12 anos e 210 dias em 6/7/2021.

Mais ouros no Campeonato Mundial de Escalada
Janja Garnbret (SVN) conquistou 8 títulos no evento bianual organizado pela Federação Internacional de Escalada Esportiva: 3 ouros no boulder, 2 na guiada e 3 na combinada. Alcançou o 1º título aos 17 anos e aumentou a coleção com mais 2 em 2023. Alpinista algum ganhou mais de 5.

Mais medalhas no X Games de Inverno
Em 28/1/2024, Mark McMorris (CAN) conseguiu a 23ª medalha na competição de esportes radicais na neve – 1 prata no snowboard slopstyle no X Games Aspen. Tem um total de 11 ouros, 9 pratas e 3 bronzes.

Mais vitórias na Copa do Mundo FIS
Mikaela Shiffrin (EUA) venceu 97x no principal circuito internacional de esqui alpino. Elevou seu total de vitórias em corridas de slalom para 60 — o **maior número de vitórias em corridas em uma modalidade**.

Mais Campeonatos Mundiais de Hóquei no Gelo (masc.)
O Canadá garantiu sua 28ª medalha de ouro sobre a Alemanha em 28/5/2023 em Tampere, FIN. Venceu a 1ª edição do evento, que ocorreu Olimpíadas de Verão de 1920.

Mais Campeonatos Mundiais de Bandy (fem.)
O bandy é disputado por equipes de 11 em um rinque, com uma boa bola. A Suécia garantiu seu 11º título em 2/4/2023, derrotando a Finlândia na final em Åby, SWE. Venceu todas as finais, exceto em 2014.

Mais vitórias na classificação dos jovens no Tour de France
Tadej Pogačar (SVN) conquistou sua 4ª camiseta branca seguida no Tour de France 2023. Desde 1975, ela é dada ao ciclista mais rápido com menos de 26 anos a terminar o Tour. Também é 2x campeão da classificação geral e nas montanhas (2020-2021).

Pessoa mais jovem a vencer uma partida no Campeonato Mundial de Dardos
Luke Littler (RU, n. 21/1/2007) tinha 16 anos e 333 dias quando derrotou Christian Kist por 3–0 em 20/12/2023 no Alexandra Palace em Londres, RU. Conseguiu 7 180s e alcançou a **maior média num jogo de estreia do Campeonato Mundial de Dardos** (106,2). "The Nuke" ganhou destaque nacional durante seu conto de fadas até a final, quando perdeu por 7x4 para Luke Humphries.

Mais títulos do ranking de sinuca inglesa
Em 21/1/2024, Ronnie O'Sullivan (RU) venceu o Grande Prêmio Mundial e garantiu o 41º título do ranking – mais de 30 anos após o 1º, no Campeonato do Reino Unido de 1993. "O Foguete" teve 2 meses dourados ao vencer eventos consecutivos da Tríplice Coroa, aumentando seu recorde de **mais vitórias no Campeonato do Reino Unido** e no **Masters** para 8 cada.

Mais vitórias na Copa de Tiro com Arco
Sara López (COL) conquistou seu 8º título no arco composto para mulheres em 10/9/2023, batendo Tanja Gellenthien por 143-142 na final em Hermosillo, México.

Mais vitórias em Campeonatos Mundiais de Tênis de Mesa (fem.)
A China alcançou seu 23º título, **masculino** e **feminino**, no evento de 2024 em Busan, Coreia do Sul. Os homens bateram a França por 3x0 na final, enquanto as mulheres, o Japão por 3x2.

243

ICON

LeBron James

Desde que pisou numa quadra de basquete pela 1ª vez, LeBron James (EUA) lidou com expectativas estratosféricas. Porém elas apenas o levaram às estrelas.

Introduzido ao basquete aos 9 anos, provou ter um talento inato, que logo se espalhou para além de sua cidade natal, Akron, Ohio: ainda no Ensino Médio, foi capa da *Sports Illustrated* como "O Escolhido." Em 2003, foi selecionado pelo Cleveland Cavaliers como a 1ª escolha geral do draft da NBA, e, em sua 1ª temporada, teve média de 25 pontos por partida e foi o Rookie do Ano.

Em 2010, LeBron se transferiu para o Miami, onde venceu 2 campeonatos seguidos e foi o Jogador Mais Valioso (MVP) das finais – ganharia esses 2 prêmios novamente, com o Cleveland (2016) e com o LA Lakers (2020). Em 7/12/2023, pelo Los Angeles, contra Oklahoma City, o astro bateu o recorde de 39 anos de Kareem Abdul-Jabbar para **mais pontos na NBA**: 38.387. Em 2/3/2024, tornou-se o 1º jogador a alcançar a marca de 40.000 pontos.

Com 2,06m, a força e a velocidade de LeBron o tornam letal perto da cesta – ele cravou mais de 2.000 cestas de 3 pontos. É o 4º jogador com mais assistências na NBA e o 8º em roubadas de bola. Duas décadas após a estreia, LeBron permanece como "O Escolhido."

BREVE BIOGRAFIA

Nome	LeBron Raymone James
Local de nasc.	Akron, Ohio, EUA
Data de nasc.	30/12/1984
Títulos atuais do GWR	Mais de 35, incluindo **mais pontos na NBA (40.036)**
Laureações	4x campeão da NBA (2012-13, 2016, 2020)
	4x MVP das finais (2012-13, 2016, 2020)
	4x MVP da NBA (2009-10, 2012-13)
	19x All-Star (2005-23)

Na partida do Lakers contra o Philadelphia 76ers em 27/11/2023, LeBron quebrou a marca de **mais minutos jogados na NBA** de Kareem Abdul-Jabbar, registrando seu 66.319º.

LeBron venceu os campeonatos da NBA e prêmios de MVP das finais nos mesmos 4 anos, com 3 times diferentes. Na foto, em 2012, ele comemora seu primeiro título com o Miami Heat.

> Mesmo canhoto de origem, LeBron arremessa a bola com a mão "mais fraca".

Durante os 4 anos em que jogou pela St. Vincent–St Mary High School, venceu 3 campeonatos estaduais e perdeu apenas 6 jogos. Por ter LeBron, os jogos foram televisionados nacionalmente.

A fundação "LeBron James Family" investe em educação na cidade natal do Astro, Akron, Ohio. O programa "I PROMISSE" já ajudou mais de 1.400 crianças de escolas públicas.

LeBron James formou um time com os Looney Tunes para jogar basquete no multiverso de Space Jam: Um Novo Legado (EUA, 2021). Ele seguiu os passos de Michael Jordan, que atuou no Space Jam de 1996.

Depois de passar a maior parte das Olimpíadas de 2004 no banco, liderou o time dos EUA em dois ouros consecutivos: 2008 e 2012. Com 273 pontos em Olimpíadas, está atrás apenas de Carmelo Anthony (336) e Kevin Durant (435) pelo país.

LeBron deu aula nas finais da NBA de 2016, levando o Cleveland Cavaliers a uma vitória de 4-3 sobre o Golden State. Foi o 1º jogador a liderar as finais em pontos, rebotes, assistências, tocos e roubadas.

Descubra mais ÍCONES do GWR em www.guinnessworldrecords.com/2025

Parem as máquinas

As entradas a seguir foram aprovadas e adicionadas ao nosso banco de dados após a data oficial de encerramento das inscrições deste ano.

Mais pessoas fantasiadas de Homem-Aranha
Um grupo de 685 aspirantes a aranhas encontraram-se em um shopping em Klang, Malásia, em 3/6/2023. Os cosplayers foram reunidos pela Sony Pictures Malaysia para celebrar o lançamento de *Homem-Aranha: Através do Aranhaverso* (EUA).

Mais pessoas flutuando simultaneamente em macarrões de piscina
Em 19/8/2023, 330 pessoas relaxaram nas águas do lago Minnetonka, Minnesota, EUA. A tentativa de recorde foi organizada pelo Project Got Your Back (EUA), que apoia veteranos militares.

Maior aquário
O parque aquático The Chimelong Spaceship em Zhuhai, China, tem capacidade total de 75.350.969l, como verificado em 15/9/2023. Os 38 tanques são casa para 300 espécies de peixe, coral e planta aquática. Outros recordes do parque incluem a **maior onda artificial coberta** (3,2m) e a **maior exposição de corais** – que contém 2.848.562l de água.

Mais caixas de cereal derrubadas em formação dominó
Em 12/10/2023, a organização sem fins lucrativos com foco em alimentos Move for Hunger (EUA) derrubou uma fila com 12.952 caixas de cereal em Detroit, Michigan, EUA. Formavam-se as palavras "Topple Hunger" (Derrubar a Fome). O mascote Tigre Tony estava presente para iniciar a reação em cadeia das peças, que durou 5min.

Maior distância pedalada em 1h (fem.)
Vittoria Bussi (ITA) recuperou o recorde da hora feminino em 13/10/2023, pedalando 50,267km no Velodromo Bicentenario em Aguascalientes, México. Deteve o recorde entre 2018-2021.

Maior pirâmide humana submersa
Em 11/11/2023, 65 mergulhadores formaram uma pirâmide no fundo do mar perto da ilha de Ko Kradan na Tailândia. A manobra foi organizada pela MCM Communication e Ammara Siriphong (ambas THA).

Mirtilo mais pesado
Um mirtilo chocante de 20,4g foi cultivado por Brad Hocking, Jessica Scalzo e Marie-France Courtois (todos AUS) em Nova Gales do Sul, Austrália. Cerca de 70x mais pesado do que um mirtilo típico, a fruta da variedade Eterna foi colhido e avaliado em 13/11/2023.

Revista sanfonada publicada mais longa
As páginas de uma publicação do WONDA Coffee Malaysia estendiam-se por 715,2cm, como verificado em 17/11/2023 em Kuala Lumpur, Malásia. A edição especial foi idealizada pela Ampersand Advisory e publicada pela Sledgehammer Communications (ambas MYS).

Maior castelo inflável
A estrutura em Carachi, Paquistão, tinha uma área de 1,421m² – maior do que 5 quadras de tênis – quando aferido em 20/11/2023. O brinquedo inflável tem escorregas e paredes de escalada e suporta até 200 pessoas ao mesmo tempo.

Pilota comercial mais velha
Deborah Lawrie (AUS, n. 14/5/1953), da Virgin Airlines, ainda estava na cabine em 21/11/2023 aos 70 anos e 191 dias. Foi autorizada a voar em 1973, mas só pôde em 1980, depois de um processo por discriminação de gênero contra um ex-empregador. Primeira pilota comercial da Austrália, a capitã tem mais de 20.000 horas de voo até o momento.

Mais jogadores em um amistoso de futebol
Entre 23-26/3/2023, o Sun Kawane Stand Up! Project (JPN) organizou um jogo de futebol de 72h com 2.391 atletas em Kawanehon, Shizuoka, Japão. O apito final decretou a vitória do Time Verde sobre o Vermelho por 325x302.

Maior pintura usando os pés
Apenas com os pés, o artista profissional Kumar Sharma (IND) criou a imagem de uma figura meditando no topo do mundo de 189,89m² em Ramgarh, Jharkhand, Índia, em 30/11/2023.

Mais pessoas atirando paintball
Um total de 298 fãs miraram ao mesmo tempo no evento Dew Challenge 2023, que ocorreu em 16/12 em Kuala Lumpur, Malásia. Também formaram a **maior palavra de paintball**, com 4.715 balas: "DREW". A tentativa de recorde foi organizada por Mountain Dew e Etika (ambas MYS).

Mais framboesas ingeridas em 1min
Em 17/12/2023, Piotr Lichwala (EUA) devorou 95 framboesas em Springfield, Illinois, EUA. As frutas precisavam ser consumidas uma de cada vez. Piotr inspirou-se nas memórias das manchas de framboesa silvestre na Polônia.

Menor tempo para equilibrar 6 ovos
Em 30/12/2023, Brian Spotts (EUA) posicionou meia dúzia de ovos em pé numa superfície plana em 26,46s em Firestone, Colorado, EUA. Também é o antigo detentor do recorde para **12 ovos**, hoje com Silvio Sabba (ITA): 51,9s, em 26/1/2015.

Maior aula de esqui
O bicampeão olímpico de inverno Petter Northug (NOR) deu o caminho das pedras a 604 alunos em 30/12/2023. A aula ocorreu no Mosetertoppen Skistadion em Hafjell, Noruega, como parte do festival de esqui Janteloppet.

Tempo mais rápido para colocar 5 camisetas (abaixo de 16s)
Aarohi Vithalani (IND) vestiu 5 camisetas em 8,31s em Mithapur, Gujarate, Índia, em 5/1/2024. Realizou a façanha na escola em frente aos colegas de turma e dos pais.

Mais pessoas em um escorrega de gelo em 1h
No 1° Mazaalai International Ice and Snow Festival em 14/1/2024 em Ulan Bator, Mongólia, 405 pessoas desceram por um escorrega de gelo. O evento foi supervisionado pela Mongolia Tourism Organization e pelos Ministérios do Meio Ambiente e Turismo e da Cultura (todos MNG).

Maior escultura de balão de dragão
Em 24/1/2024, os artistas de balões Sze Tai Pang, também conhecido como Wilson, e Kun Lung Ho (ambos CHN) revelaram um dragão de 41,77m de altura no tmt plaza em Hong Kong, China. A peça foi feita a partir de cerca de 38 mil balões de borracha biodegradável – único material permitido.

Maior símbolo de infinito humano
Em 26/1/2024, a GRACE Foundation uniu-se à St. Joseph By-the-Sea High School (ambas EUA) para formar um símbolo de infinito com 1.540 pessoas em Staten Island, Nova York, EUA. A organização sem fins lucrativos já havia estabelecido o recorde para a **maior peça de quebra-cabeça humana**, com 2.423 pessoas, em 19/4/2023.

Maior folhado vegano
Em 3/2/2024, a Bakery Bakery (CHE) produziu um *pain au chocolat* de 263kg em Berna, Suíça. O extraordinário pãozinho tinha 22,75m de comprimento.

Mais melancias esmagadas com as coxas em 1min (fem.)
A turca Gözde Doğan destruiu 5 melancias apenas com as coxas em 5/2/2024. Realizou o feito para o programa de TV *Lo Show dei Record* em Milão, Itália. No mesmo dia, Kranthi Kumar Panikera (IND) alcançou o recorde de **mais pregos inseridos no nariz com um martelo em 1min** (22).

Maior lanterna
A cidade de Luoyang celebrou o Ano Novo Chinês com uma lanterna em forma de peônia do tamanho de um prédio de 8 andares em 9/2/2024. Com 24,8m de altura e 45m de largura, continha 53.000 lâmpadas e foi o resultado do trabalho de 200 artesãos. A lanterna sobreviveu a 2 nevascas e um forte vendaval durante a construção, que foi apoiada por Luoyang Culture Tourism Investment, Chengdu Daily Jin Guan Media e Henan Dahe Cultural Development (todos CHN).

Nado livre mais rápido de 100m (masc.)
Pan Zhanle (CHN) completou 2 voltas em 46,80s no Campeonato Mundial de Esportes Aquáticos em Doha, Catar, em 11/2/2024. Abriu o revezamento 4x100m masculino da China, e venceu.

Travessia a nado mais rápida da Baía Falsa (masc.)
Em 20/2/2024, Barend Nortje (ZAF) nadou de Millers Point até Rooi Els na África do Sul em 7h28min15s. O tempo foi ratificado pela Cape Long Distance Swimming Association.

Maior dança Kathak
Um grupo de 1.484 dançarinos iluminou a cidade templo de Khajuraho com esta dança tradicional durante o 50° Festival de Dança Khajuraho em 20/2/2024. A ousadia foi coreografada pelo Departamento de Cultura do governo de Madhya Pradesh (IND).

Transmissão de vídeo de viagem ao vivo mais longa
Entre 20-22/2/2024, o ministro do Turismo do México, Miguel Torruco Marqués, filmou-se viajando pelo mundo por 40h2min20s. Voou do México até Istambul, Turquia, via Tóquio, Japão, na tentativa de promover a cidade de Acapulco após o furacão Otis.

Maior coleção de selos de escotismo
Kim Robert De Leon (PHL) acumulou 3.289 selos postais com tema escotismo em Manila, Filipinas, até 22/2/2024. Kim entrou para a organização em 2000 e é, hoje, secretário-geral dos Boy Scouts das Filipinas.

Mais flexões em 24h (masc.)
O japonês Kenta Adachi, com 8.940 flexões, superou a marca anterior por 340 em Shunan, Yamaguchi, Japão, entre 22-23/2/2024.

Mais pessoas vestindo camisas havaianas
Em 24/2/2024, o time de hóquei no gelo Orlando Solar Bears (EUA) organizou uma "Noite de Praia" para a partida contra o Atlanta Gladiators, que reuniu 1.254 pessoas vestidas com camisas estampadas e coloridas. Jogares e árbitros também aderiram, com o time usando uniforme ao estilo havaiano e os oficiais, roupas de salva-vidas.

Maior dragão dançante
Auxiliado por 3.250 artistas, Chifeng Dongli Cashmere (CHN) deu vida ao seu boneco de 6,5km de comprimento da fera mítica na Mongólia Interior, China, em 24/2/2024.

Vinte metros mais rápidos em um funil espacial (fem.)
A apresentadora Rhianna Loren (RU) afunilou seu caminhou ao livro dos recordes em 11,77s em 28/2/2024. Foi filmada para o *Guinness World Records Cymru 2024* do canal S4C no Pembrey Country Park em Carmarthenshire, RU.
No mesmo dia, também em Carmarthenshire, o Ski4All (RU) conseguiu o **mais longo revezamento de esqui adaptado em 1 hora**, com distância acumulada de 13,74km.

País mais feliz
Uma pesquisa com cidadãos de 143 países, publicada em mar/2024, colocou a Finlândia no topo com 7,741 pontos de 10 – à frente da Dinamarca (7,583). A consulta foi conduzida pela Gallup, pelo Wellbeing Research Centre, da Universidade Oxford, pela Rede de Soluções para o Desenvolvimento Sustentável, da ONU, e pelo Conselho Editorial do *World Happiness Report*.

Mais pratos de porco servidos
Em 1/3/2024, a filipina National Federation of Hog Farmers ofereceu 313 iguarias de porco diferentes, incluindo almôndegas, costelas, dumplings e refogados, no Quantum Skyview Gateway Mall na cidade de Quezon.

Edifício com a maior estrutura em balanço
As 2 torres do One Za'abeel em Dubai, EAU, são conectadas pela passarela "The Link", com 67,227m de uma estrutura em balanço, como verificado em 1/3/2024. Foi projetada pelos arquitetos do Nikken Sekkei (JPN).

Maior loja de anime
Animate Ikebukuro em Toshima, Tóquio, Japão, tem 8.554.673m², como verificado em 1/3/2024.

A principal loja da varejista Animate (JPN) tem 10 andares, além de teatro e salas de exposição.

Nado mais longo sob o gelo sem respirar (pé de pato pala única, sem roupa de mergulho, mas.)
Em 2/3/2024, Stanisław Odbieżałek (POL) nadou 110,44m sob o gelo congelado do lago Mysutjernet, Kongsberg, Noruega, em evento de dois dias organizado por Arve Gravninger. Outros recordes caíram, entre eles: **nado mais longo sob o gelo sem respirar (pés de pato, sem roupa de mergulho, fem.)** – 75,13m, por Mandy Sumner (EUA) – e **nado mais longo sob o gelo sem respirar (pé de pato pala única, sem roupa de mergulho, fem.)** – 110,44m, por Amber Fillary (ZAF).

Parada de mão mais longa em uma prancha de stand-up paddle
Em 6/3/2024, Tori Kubick (EUA) equilibrou-se de cabeça para baixo em seu SUP por 1min43s em Jacksonville, Flórida, EUA. Também conhecido como conTORItion, é um contorcionista que se apresentava com o Cirque du Soleil.

Mais pessoas fantasiadas de Albert Einstein
Um total de 885 funcionários da Salesforce (EUA) assumiram a aparência do lendário físico em 6/3/2024 em San Francisco, Califórnia, EUA. O traje incluía acessórios essenciais como peruca branca, jaleco e, claro, um bigode espesso.

Maior distância em uma scooter 50cc em 24h
Na direção de uma Vespa 50, Valerio Boni (ITA) percorreu 1.233km entre 6-7/3/2024. A tentativa ocorreu no Autódromo de Sitges-Terramar em Sant Pere de Ribes, Barcelona, Espanha. Em mai/2022, ele conquistou o recorde equivalente em uma **bicicleta motocross**, rodando 740,9km em Bergamo, Itália.

Mais molho picante ingerido em 1min
Em 8/3/2024, o boca de aço Chase Bradshaw (EUA) colocou para dentro 332,7g de condimento picante de um Taco Bell em Dallas, Texas, EUA.
No mesmo dia em Dallas, Iris Cazarez (MEX) montou 8 hambúrgueres, igualando o recorde de **mais hambúrgueres montados em 1min** de George Butler (RU) em Londres, RU, em 29/3/2021.

Maior tanzanite cortada
A designer de joias Naomi Sarna (EUA) apresentou uma gema esculpida azul-violeta de 703,4 quilates – quase do tamanho de uma bola de sinuca – em 9/3/2024. Chamada de Hora Azul, foi adquirida por Naomi da base do monte Kilimanjaro. Ela espera usar os lucros da venda da joia para oferecer cuidados oftalmológicos para o povo Massai da Tanzânia.

Mais giros de um cajado de fogo em 1min
O artista marcial e quebrador de recordes em série Muhammad Rashid (PAK) completou 195 rotações de um bastão em chamas em Carachi, Sinde, Paquistão, em 10/3/2024.

Patinação no limbo mais baixa por mais de 25m
Em 10/3/2024, a menina de 6 anos Takshvi Vaghani (IND) patinou sob barras posicionadas a 16cm do chão em Ahmedabad, Gujarat, Índia.

Maior festa com *momo*
Em 15/3/2024, a Coca-Cola (EUA) preparou um jantar para nativos de Katmandu, Nepal, onde a única comida do cardápio eram as tradicionais bolinhos cozidos a vapor conhecidos como *momos*.

Menor tempo para resolver um cubo mágico de olhos vendados
Yang Xinjing (CHN) completou este desafio de quebra-cabeça mecânico sem enxergar em 0,879s no dia 15/3/2023 em Xiamen, Fujian, China.

Mais rebatidas de bola de tênis de mesa em uma parede em 1min
Hoàng Long Nguyễn (VNM) rebateu uma bola de ping-pong 234x contra uma parede – média de quase 4 por segundo – em Thu Duc, Ho Chi Minh, Vietnã, em 16/3/2024.

Mais jovem indicada a Melhor Atriz no BAFTA TV Awards
Bella Ramsey (RU, n. 25/9/2003) tinha 20 anos e 177 dias quando foi indicada pelo 70° BAFTA TV Awards em 20/3/2024. Interpretou Ellie no pós-apocalíptico *The Las of Us* (HBO Max/Sky Atlantic), baseado no jogo de vídeo game do Naughty Dog.

Prancha abdominal mais demorada (fem.)
DonnaJean Wilde (CAN) manteve-se estática por 4h30min11s em Magrath, Alberta, Canadá, em 21/3/2024. Bateu o recorde anterior da compatriota Dana Glowacka (*ver p.115*) por mais de 10min. Vice-diretora de escola aposentada, DonnaJean treina por 2-3h todo dia!

Menor tempo para empilhar 20 bolos galeses
Em 21/3/2024, YolanDa Brown (RU) equilibrou 20 bolos galeses em 19,58s na sede do Guinness World Records em Londres, RU. No mesmo dia, a premiada saxofonista foi presenteada com um certificado de **maior valor prometido para projeto de restaurante iniciante** – US$ 316.369 –, para seu Soul Mama.

Pessoa mais velha a anotar pontos na Copa do Mundo de Salto de Esqui
Em 22/3/2024, Noriaki Kasai (JPN, n. 6/6/1972) terminou em 29° na Copa do Mundo de Planica, Eslovênia, e recebeu pontos aos 51 anos e 290 dias. São mais de 34 anos desde os primeiros nesta competição anual.
Noriaki aumentou seu recorde de **mais participações individuais na Copa do Mundo de Salto de Esqui** para 578.

Maior pontuação na patinação livre masculina da patinação artística
Ilia "Quad God" Malinin (EUA) garantiu seu 1° título mundial com estilo em 23/3/2024, recebendo 227,79 pontos na patinação livre. Aos 19 anos, deu 6 saltos quádruplos sob a música tema do sucesso da HBO *Succession* em Montreal, Quebec, Canadá.

Menor robô humanoide
O estudante de Engenharia Tatsuhiko Mitsuya (JPN) criou um robô de 57,6mm de altura, como verificado em 6/4/2024 em Nagoia, Japão. O minúsculo mecanoide é menos da metade do recordista anterior (*ver p.171*).

Álbum mais ouvido no Spotify em 24h
O 15° álbum de estúdio da Taylor Swift, *The Tortured Poets Department*, acumulou 313.747.178 streamings em 19/4/2024 – dia do lançamento. No topo da lista, "Fortnight", em colaboração com Post Malone (ambos EUA), tornou-se a **faixa com mais streamings no Spotify em 24h**, tocando 25.204.472 vezes.

ÍNDICE

Entradas em **negrito** indicam uma entrada principal sobre um assunto; **MAIÚSCULAS EM NEGRITO** indicam um capítulo inteiro.

100m: malabarismo 108; robô quadrúpede 170
"Pepper X" 104
3, 2, 1...cozinhando! 92-93
500 Milhas de Indianápolis 21, 228

A
Aberto da Austrália (tênis) 227
abóboras 101, 110: de Halloween, 101; barco de 142
abraços coletivos 119
Academy Awards ver Oscar
aceleração: fúngica 50
Acrobacias 130–31
acrobacias com fogo 24, 104, 111; **Acrobacias pirotécnicas 112-13**
Acrobacias pirotécnicas 112-13
action figures 206
adaptações evolutivas 38
adaptações genéticas 38
adolescentes: altura 26–27; mãos e pés 26, 75
aéreos (breakdance) 204
aeronaves: **Acrobacias 130–31**; controle remoto 168, 169; energia solar 168; helicópteros 114, 130, 164; jatos 130; modelo 168, 169; volta ao mundo 132, 191
água de degelo 53
air flares 204
álbuns e paradas de álbuns 14, 66, 203, 217; álbuns de platina 15; streaming 203
alho 16
almofadas de pum 20
alpinismo: montanhas com mais de 8.000m 143; amputados 126; alpinistas cegos 126; El Capitan 138, 143; **Everest 126-27**; Munro-bagging 236; Sete Cumes 16, 122, 126; sem oxigênio de apoio 126
alpinista cego 126
alpinistas paraplégicos 138
altitude: aeronaves 124; **Anfíbios 40**; assentamentos humanos 124; aves 34; balões de ar quente 128; corrida 122; espaçonaves 125; **Humano na maior altitude 124–25**; linhas ferroviárias 20; **Mamíferos 32**; modelos de aeronaves 168; **Pipas 86**; saltos de wingsuit 142; sítios arqueológicos 124
altura: animais 32, 46, 58-59, penteados 70; humanos 12, 26-27, 62-65, 73, 76, 78, 79; casais 78; humanos 127; plantas 49, 57; montanhas-russas 20; **Tamanho importa 64-65**; palafitas 110; estruturas 148-49; **Pessoa mais alta 62-63**; gêmeos 73
amistosos de futebol 246

amistosos: futebol 246; vôlei 218
amostra de rocha do manto 156
ampulhetas 152
amputados: alpinismo 126; corrida 122
Anatomia alucinante 74–75
andadores aquáticos 38
andar na corda bamba 112
anéis de fada 56
Anfíbios 30, **40–41**, 57 ver também entradas individuais no índice
animais predadores: peixes 36; esponjas 18
animais: **Animais em ação 44–45**; criobiose 56; **Maiores animais 30–31**; nomes científicos 98; origami 116–17; estrelas de cinema 208; ver também espécies; grupos taxonômicos; entradas individuais no índice
aniversários compartilhados 72
anjos 116
Antártida: esqui 140; navegação 132; travessia solo 140
anuários do Guinness World Records 103
apartamentos 149
aquários 246
aranhas 12, 13, 22, 42; veneno 56
árbitros 224
arco e flecha 243
arco-íris 54
Arisa Trew 187
armas com dardos de espuma 181
Armstrong, Diana 80–81
aros: cambalhotas por dentro 104, ver também bambolê
arremesso de peso 234
arroto 78, 190
ARTE E ENTRETENIMENTO 194–217
Arte em papel 116-17
arte: arte de rua com giz 215; arte de tatuagem 68; cara 196–97; gerada por IA 150; LEGO® 90; pintadas usando os pés 246; **Pinturas mais caras 196–97**
artrópodes 30
aspiradores, robótica 168
assentamentos humanos 124
assobios 78
Associação Nacional de Hot Rod 228
asteroides 22
astronautas 18
Astronomia 154–55
Atletismo 234–35
Atores e atrizes: altura 12, 65; BAFTAs 247; ganhos 214; Oscar 12, 19
ATP Masters 227
Auldin Maxwell 189
Automobilismo 228-29: drag racing 228, Grande Prêmio 10, 228, 229; 500 Milhas de Indianápolis (Indy 500) 21; Rali de Monte Carlo 228, stock car 228
Avatar: A lenda de Aang 102
aves de rapina 35
aviação: **Acrobacias 130–31**; corridas 128, 130, 131; pilotos 246; volta ao mundo 132, 191; voo invertido 130; voos programados 132; ver também aeronaves

B
badminton 226
BAFTA 247
Baía Falsa 246
baleias 116, 117
balões de ar quente 124; **Balonismo 128-29**; passageiros animais 128; circum-navegação 128; distância e duração 128; grande altitude 128; travessias oceânicas 19, 128; voos polares 138; energia solar 128; voo subterrâneo 138
balões: esculturas de balão 119, 246; inflando 23, ver também balões de ar quente
Balonismo 19, 124, 128–29, 138
balsas sobre hidrofólio 171
bambolê 22, 182; em volta do pescoço 25; pulando por dentro 118; quebra-cabeças giratórios resolvidos girando 99
bandeiras: humana 115; nacional 98
bandy 243
baralho: LEGO® 90; estruturas 110, 190
barbas 70; objetos em 70
Barbie 191, **192-93**
barcos e navios: barco de abóbora 142; barcos voadores 10; balsas de hidrofólio 171; botes salva-vidas 164, 165; brinquedo 183; catamarãs 136; navios da guarda costeira 164; navios de cruzeiro 171; submarinos 10, ver também navegação
barra fixa 96, 114; em uma cadeira de rodas 115
barulho: aves 34; arrotos 78; gatos 46; insetos 42; assovio pelo nariz 78
BASE jumping 139
basquete 16, 23, 222, 244-45; arremessos para trás 96; basquete 3x3 224; cadeira de rodas 224; passes 177; quicando 24, 96
batatas fritas 92
bateria de íon-lítio 156
baterias: íon de lítio 156; carros modelo 168
Battle of the Year (breaking) 204
B-Boy e B-Girl, títulos de 204, 205
beach soccer 238
beisebol 17, 222, 223
bengalas brancas 70
besouros 22, 42
Bichinhos amigos 46-47
bichos-preguiça 57
bicicletas: mortais para trás 96, ver também biciclos
bicos 34, 35
bife wellington 92
Big-macs 191
bigodes 70
Billboard, paradas de 14, 23, 202, 216
bioluminescência 50
biscoito de Natal 176
bits quânticos 156
blocos Jenga 180; empilhamento 189
bobbleheads 118
boca: abertura 74; borrifando água com 246; largura 74
bola de futebol: controle 108; malabarismo 108; toques 108
Bola de ouro 23, 239

bolas de Natal 102
bolas de tênis de mesa 24, 247
bolas de tênis, seguradas na mão 111
bolos galeses 247
bonecas: **Barbie 192-93**; filigrana 116
borboleta (natação) 232
borboletas 116
botes salva-vidas 164, 165
boxe 10, 11, 231; xadrez com boxe 106; socos 96
brasões de time de futebol 98
Breakdance 204–05
brinquedos 180–81, 183; candidatos políticos 17; pegos com os olhos vendados 177; ver também balões de ar quente
BRIT Awards 21, 202
bungee jumping 142; enquanto está em chamas 112
bunkers 166
bunkers militares 166
buracos negros 154

C
cabeça: rotação 32, 34; quebrando cocos 24
Cabelo 70-71, 79
cabelo moicano 70
cabo de guerra 118
cabras: queijo de cabra 94; chifres 47
cachoeiras: descida de caiaque 139; escalada no gelo 139
cachorros: nas telas de cinema 46; clonados 20; pastoreio de patos 46; cães-guias 18; atura 58-59, retiradas de meia 190; truques 44,45; speedrun de videogame 201
Cactos 48–49
cadeiras de balanço 23
cães-guias 18
cafés gelados 111
caiaque 232; desenho de GPS 143; travessias oceânicas 136; Tâmisa 143; descida de cachoeira 139
caixas de cereal, derrubando 246
caixas de correio 231
calçados: tamancos 23; tênis 191; chuteiras 119, 191
cálculo mental 98
calota de gelo da Groenlândia 140
cambalhotas 24, 104, 111
câmeras 14, 15
câmeras digitais 14, 15
caminhada en pointe 104
caminhada: atravessando a Nova Zelândia 132; atravessando o Salar de Uyuni 139; en pointe 104; em pernas de pau 118; Grand Canyon 142; na corda bamba 112
caminhões: dirigindo através de espaços apertados 25; LEGO® 91; puxadas rápidas na barra entre caminhões em movimento 114
camisas de futebol 102
camisas havaianas 247
camisetas 246
campanhas políticas 17
Campeonato de UFC 230
Campeonatos de Palavras-Cruzadas do The Times 98

bolas de Natal 102
bolas de tênis de mesa 24, 247
bolas de tênis, seguradas na mão 111
bolos galeses 247
bonecas: **Barbie 192-93**; filigrana 116
borboleta (natação) 232
borboletas 116
botes salva-vidas 164, 165
boxe 10, 11, 231; xadrez com boxe 106; socos 96
brasões de time de futebol 98
Breakdance 204–05
brinquedos 180–81, 183; candidatos políticos 17; pegos com os olhos vendados 177; ver também balões de ar quente
BRIT Awards 21, 202
bungee jumping 142; enquanto está em chamas 112
bunkers 166
bunkers militares 166
buracos negros 154

Campeonatos europeus da UEFA 238
Campeonatos Mundiais de Atletismo 234
Campeonatos Mundiais de Esportes Aquáticos 232, 233
Campeonatos mundiais de malucos 106–07
Canal da Mancha: travessia em prancha de stand-up paddle 136; nadando 142
Canal do Norte, nado 134
canários 14
canoagem 232
canto de galo 18
caramujos: origami 116; velocidade 46
caranguejos 43
caratê 230
caretas 106
carnívoros 31
caro: arte gerada por IA 150; arte 150, 196-97; erro em papel-moeda 88; moedas 88; vacas 46; jogadores de críquete 240; direitos de filme 210; comida 92, 94; fungos 51; figurino de cinema 212, 213; pôsteres 21; tênis 191; jogadores de futebol 220-21; transferências de futebol 238; relógios 153
carrinhos de brinquedo 180
carros: sobre a água 168; autônomos 150; **Automobilismo 228-29**; carro dirigível no teto 159; volta ao mundo 132; colisões com sobreviventes 12; controlados remotamente 168; elétricos 25; eletro-jet de dupla propulsão 170; estacionamento paralelo 25; foguete propulsionado 168; giros após explosão 119; modelo 168, 179; saltos de rampa 168; testes de colisão 22; velocidade 12
cartões vermelhos 225
casa de figurinos 212
Casais: circum-navegação 132; altura 78; casamentos coletivos 79
casamentos 79
castelos infláveis 246
catamarãs 136
Cataratas do Niágara 139
cativeiro, animais em 39, 57
cavalinho de pau 106
cavalo de pantomima 20
cavalos marinhos 36
cavalos: de pau 106; saltando 44; miniatura 44; origami 116; pantomina 20; resgates no mar 264, truques 46
cebolas 110
cefalópodes 42, 43
célula solar 156
cenários de filme 211, ver também filmes
centopeias 22
centuries (críquete) 14, 15, 240, 241
Cézanne, Paul 197
chatbots 150
chefs 92
Chennai Hoopers 182
chifres 47
chuteira 119, 191
chuva 54
ciclismo: acrobacias com pirotecnia 113; através de países 132; ciclismo de pista 242, 246;

ciclismo reclinado 143; circum-navegação 132; desenho com GPS 178; mountain bike 143; Tour de france 243; triciclos 159
ciclones 55
CIÊNCIA E TECNOLOGIA 146-73
Cillian O'Connor 188
círculos verticais 130, 138, 179
Circum-navegação: de bicicleta 132; de carro 132; de aeronave 132, 191; de balão 128; de transporte de superfície programado 132
circunferência da cintura 74
cisnes 116, 117
Climas extremos 54-55
clonagem 20
CLUBE DA AVENTURA 122-45
cobertores 118
cobras: ordenha 12; veneno 38; peso 38
coelhos 103; origami 117, 191; tatuagens 68
cogumelos 50
Coleções 78, 82–83, **102–03**, 180, 181, 193, 247 ver também memorabilia
colheres equilibradas no corpo 119
colônias: mamíferos 32; peixes 36
comandante de ônibus espacial 18
comedor de fogo 112
comer em menor tempo 23, 104, 118, 246, 247
comida: abstinência de alimentos sólidos 12; competições de comida 23; cultivo no espaço 14; comendo mais rápido 23, 104, 118, 246, 247; ver também entradas individuais do índice
computação quântica 156
Comrates Marathon 236
Conjunto de LEGO® 3D 90 consoles de videogame 14, 15, 100
Construções mais altas 19, 148-49
construções: apartamentos 149; em balanço 247; estruturas de cartas de baralho 110, 190; **Construções mais altas 19, 148-49**; estruturas religiosas 116, 148-149; monumentos 12, 13, 149
Controle de bola 108–09
Controle remoto 168-69
Copa Africana de Nações 238
Copa do Mundo da FIFA 238
Copa do Mundo de Beach Soccer da FIFA 238
Copa do Mundo de Críquete 240
Copa do Mundo de esqui alpino (FIS) 243
Copa do Mundo Feminina da FIFA 238
Copa Gordon Bennett 128
Copa Stanley 17, 222
Copa Sudirman 226
corações: origami 116; transplantes 78
Correndo pelo mundo 132-33
correntes: barbas 70; bigodes 70
corrida de montanha 236
corrida de stock car 228
Corrida em pista coberta 21, 23, 247; fazendo malabarismo com bola de futebol 108; robô quadrúpede 170

248

corrida: 1.500m 235; 2.000m 234; 5.000m 235, controlando bola de tênis 24; quicando bola de basquete 24; grande altitude 122; maratonas 236, 242; corrida de montanha 236; empurrando um carrinho de bebê 179; revezamentos 112, 234; arrancando 21, 23, 247; com obstáculo 234; ultramaratonas 236, 237; em chamas 112
corridas de 6 entradas no teste críquete 240
corridas de queijo 95
Corridas TT da Ilha de Man 228
cortadores de queijo 94
corujas 49
cospe-fogo 112
cosplay 23, 119
cotonetes 70
crânios: *Pliosaurus* 56; transplante de crânio e couro cabeludo 22
Cratera de Darvaza 138
crateras 52; crateras de metano 138
crateras de metano 138
Crayon Shin-chan 102
criobiose 56
Críquete 14, 15, **240–41**
cristais de neve 54
crocodilos 39
Cronologia: Construções mais altas 148-49
Cronologia: Humano na maior altitude 124-25
Cronologia: Jogador de futebol mais caro 220-21
Cronologia: Maiores animais 30-31
Cronologia: Pessoa mais alta 62-63
Cronologia: Pinturas mais caras 196-97
Cronologia: Resolução de cubo 3x3x3 84-85
cronômetros 153
croqué 224
crustáceos 43
cubo mágico 190; resolvido de olhos vendados 247; resolvido em queda livre 99; resolvido debaixo d'água 99; resolvido enquanto gira bambolês 99; speedcubing 84-85, 99
cubos mágicos rotativos *ver* cubo mágico
cuspe: peixes 36; sementes de melancia 18

D
dama 14
dança do baby shark 215
dança Kathak 246
dança: baby shark 215; dança Kathak 246; dragão dançante 247; maratonas 214
dardos 230; coleção de dardos 103
datalinks 156
Dave Walsh 120–21
de costas: arremessos de basquete 96; saltos mortais 96; malabarismo com bola de futebol 108
De Land's End a John o' Groats, nadando 134
de olhos vendados: montagem do sr. Cabeça de Batata 10; pegando brinquedos 177;

resolvendo cubo mágico 247
decoração de cupcakes 177
degraus: descidos por mola maluca 181; descidos em cadeira de rodas 104
dentes: animais 38; dentes de leite 74; humanos 74, *ver também* odontologia
Desafios de quebrar a cabeça 98–99
descalço: jornadas épicas 143; maratona na neve 142
desenho de GPS: de bicicleta 178; de caiaque 143
desenhos animados 214
desertos de sal 139
deslizamento de terra 52
Dia das bruxas 100-01
Dia GWR 24-25
Diamond League 234
Diana Armstrong 80–81
dinheiro: cédulas 88; moedas 88-89; falsificação 88; inflação 88; papel-moeda 88, *ver também* caro
dinossauros 30–31, 190; carnívoros 31; no espaço 16; pescoços 56
dinossauros 31
DJ RINOKA 186
DJs 186
doações de sangue 78
doações: sangue 78; cabelo 70
domínios de internet 16
dominós: empilhados 178; derrubados 178
dragões: escultura de balão 246, dança de dragão 247; origami 116
drones 168
duração de carreira: salva-vidas 164; jogadores de futebol 238

E
edifícios com estrutura em balanço 247
editoração 179; revistas sanfonadas 246
Einstein, Albert 247
El Capitan 138, 143
elétrico: animais 36; carros 25; balsas de hidrofólios 171; veículos para mobilidade 158; ferrovias 160; energia renovável 162; escovas de dente 119
elevadores 170
embaixadinhas 109
Emmy Awards 206
empilhamento: dominós 178; blocos Jenga 189; bolos galeses 247
empurrando carrinho de bebê 179
empurrando com a cabeça 204
enchentes 111
energia a vapor 160, 161
energia ciclônica acumulada (ECA) 55
Energia renovável 162-63
energia solar 163; aeronaves 158; balões de ar quente 128
enfeites: barba 70; Natal 102
envergaduras 35
equilíbrio de bola na lateral da cabeça 108
equilíbrio: colheres no corpo 119; nas mãos 114; ovos 246
erros: papel-moeda 88
erupções vulcânicas 52, 53

escalada 96
escalada no gelo 139
escalada: Campeonatos mundiais de escalada IFSC 243; escalada de velocidade 143, 242; escalada de rocha 96; escalada no gelo 139; escaladores paraplégicos 138, *ver também* escalada de montanha
escoadouro 166
escovas de dente 119
escultura de chocolate 119
escultura: esculturas de balão 119, 246; queijo 94; chocolate 119; ouro 10, 11; escultura de esqueleto 100
espaço: dinossauros 16; alimento cultivado 14; sobrevoo planetário 23; realeza 16; telescópios espaciais 154; voo espacial 125; caminhadas no espaço 125
espadas de fogo 112
espécies invasoras 48
espécies: anfíbios 40; aves 35; plantas 48
espetos de churrasco 70
espinhos, cactos 48
esponjas 14, 18
ESPORTES 218-45
Esportes aquáticos 232–33
Esportes com bola 224–25
Esportes de combate 230–31
Esportes de raquete 226-27
Esportes de resistência 236-37
Esportes nos EUA 222–23
esqueletos: morcegos 56; escultura 100
esqui aquático 66, 118, 232
esqui: alpino 243, aulas 246; polar 140, 141, 144-45; revezamentos 247; esqui sentado 140; salto de esqui 247
esquifes 232
estações de energia de corrente de marés 162
estações ferroviárias 160
esteiras 108
estrada Manali–Lé 142
estreito de Cook 135
estrela-do-mar 42
estrelas 154
estruturas com nós 170
estruturas religiosas 116
EUA, travessia de skate 132
Everest 126-27
exoplanetas 154
explosões nucleares 52
extremos de temperatura 19, 54

F
façanhas de memória 98, 178
falsificação 88
famílias: anfíbios 40; aves 34; **Feitos em família 178-79**; peixes 36; mamíferos 32; répteis 38; aniversários no mesmo dia 72; irmãos 72-73, 79; *ver também* casais casados; gêmeos, trigêmeos, quadrigêmeos, sétuplos
fatalidades: tempestades de granizo 54; lahars 17; quedas de raios 54

Fazendo filmes 210-11
fecaloma 56
fecundidade 40
Feitos em família 178-79
Feitos fantásticos 104-05
felicidade 247
ferrovia em espiral 160
Ferrovias 160-61
festa *momo* 247
Festival *Eurovision* 202
fidget spinners 180
FIFA 23 191
figurinistas 212, 213
filigrana 116, 117
filmes 208-13: filmes abandonados 210; animais estrelas de cinema 208; biografias 209; **Sucessos de bilheteria 208-09**; jogos de tabuleiro baseados em 17; bilheteria 22, 100, 191, 193, 195, 209, 212; imagens geradas por computador 16; títulos comuns 210; erros de continuidade 210; tecnologia 3D 21; versão do diretor 210; cachorros na tela do cinema 46; filmes de moda 212; diretoras 193, 208; direitos de filmes 210; cenários de filme 211; Globo de Ouro 208; filmes de terror 100; **Fazendo filmes 210-11**; filmes que aparecem em outros filmes 210; **Figurinos de cinema 212-13**; citados 208; refilmagens 210; cenas refeitas 210; sequências 17; palavrões 208; baseados em jogos de videogame 195; créditos de efeitos visuais 210; assistindo a 214; *ver também* Oscar filmes baseados em 195
filmes de moda 212
filmes de terror 100
Fisiculturismo 76–77
flexões 76; tandem (dupla) 115
floorball 224
flores 28-29; cactos 48; orquídeas 57; origami 116; filigrana 116
florestas, fossilizadas 56
focaccia 20
foguetes 146-47, 170; lançamentos 170; carros movidos a foguete 168
folhado vegano 246
footbag 66
Força abdominal 114-15
forcados 23
formas de vida 30
formigas 22
Fórmula 1 228, 229
Fórmula E 228
fósseis 48; florestas fossilizadas 56; mega fósseis 30
FPS (First Person Shooter) 200
framboesas 246
franquias de sci-fi para TV 206
Fungos 50-51
fungos salvadores 50
furacões 21
Futebol 21, 106, 219, **238-39; Controle de bola 108-09; Jogador de futebol mais caro 220-21**
futebol americano 17, 19, 222
futebol de lama 106
futebol freestyle 108, 109
puxada alta 114

G
galáxias 154, 155
galinhas 46; cantos do galo 18; voo 16
Game Boy Color 200
ganância animal 42
ganhos: atores e atrizes 214; turnês musicais 215, 216; jogares de tênis 227; YouTube 172, *ver também* prêmio em dinheiro
garrafas girando 111
garrafas: moedas dentro 45; reciclagem 45; virando 111
Gasparzinho, o fantasminha camarada 100
gatos: em scooters 44; gatos selvagens 33; pulando 44; ronronando 46
gelo, contato direto de corpo inteiro com 104
gêmeos siameses 72
gêmeos, trigêmeos, quadrigêmeos 66, 72–73; status de cidadania 78; gêmeos siameses 72; diferenças de altura 73; sobreviventes do Holocausto 66; prematuros 72; separados 72
genomas 40
gestação animal 40
ginástica 191, 242
girafas 116
giro (ginástica) 96
giro com cotovelo 204
giro de bambolê em chamas 24
giro de bastão em chamas 247
giros (ginástica) 96
giros: em carro após explosão 119; de bala de canhão 105
giros: tora de madeira em chamas 104; bala de canhão 105; bambolês em chamas 24; cajado de fogo 247; bambolês 24, 25, 182
Globo de Ouro 206, 208
Gogh, Vincent van 196, 197
Golden Joystick Awards 201
golfe 22, 242; placares 242
gols, futebol 191, 238, 239
gorillas 57
gosma 172
Grammy 202, 203
Grand Canyon 142
Grand Slam, tênis 226, 227
Grande Prêmio: Fórmula 1 10, 228, 229; motocicleta 228; taekwondo 230
Grande quiz do GWR, O 190–91
Grande, Ariana 214
granizo 54

H
habilidade com bola de basquete 24, 96
Habilidades superlativas 110-11
hambúrgueres 172, 247; Big-macs 191 hambúrgueres 247 hambúrgueres vegetarianos 172
handebol 224
Harlem Globetrotters 16
helicópteros: acrobacias 130; puxada alta em 114; resgate de 164
hera venenosa 57
hidroaviões 10
HISTÓRIA DO GWR 10-23; Primeira edição (1955) 10-11, 127; **Edição de estanho**

(1965) 12-13; Edição de porcelana (1975) 14-15; Edição de pérola (1985) 16-17; Edição de esmeralda (1995) 18-19; Edição de ouro (2005) 20-21; Edição de diamante (2015) 22-23
Hobbies radicais 96-97
Homem-aranha 215, 246
hóquei 222
hóquei no gelo 17, 222, 243
Hora da brincadeira! 180-81
Horologia 152-53
Humano na maior altitude 124-25
Hungry Hungry Hippos 181
hurling 224

I
iaques 47
icebergs 52
ÍCONE Barbie 192-93
ÍCONE Dave Walsh 120-21
ÍCONE Diana Armstrong 80-81
ÍCONE LeBron James 244-45
ÍCONE MrBeast 172-73
ÍCONE Preet Chandi 144-45
ÍCONE Robert Wadlow 26-27
ÍCONE Taylor Swift 216-17
ÍCONE Zeus 58-59
ictiossauro 30
idade: alpinistas 16, 126; animais em cativeiro 57; apresentadores de rádio 215; astrônomos 154; aves 14, 34, 35, 46; barco salva-vidas 164; campeões de dardo 243; campeões de judô 230; caminhantes 142; circum-navegadores 191; dentistas 66; desenvolvedores de videogame 184; djs femininas 186; editores 179; esquiadores aquáticos 66; esquiadores polares 141; fisiculturistas 76, 77; gamers 21; galáxias 155; gêmeos 72; gêmeos siameses 72; golfistas 22; **Senhores recordistas 66–67**; indicados ao BAFTA 247; indicados e vencedores do Oscar 208, 215; instrutores de ioga 115; irmãos 79; invertebrados 43; jogadores de basquete 222; jogadores de futebol 21, 238; jogadores de footbag 66; juízes 12; mamíferos 33; maquinistas 66; medalhistas de ouro dos X games 243; motociclistas 66; músicos 23; nadadores 134; ONG de bem-estar animal 46; pacientes odontológicos 78; paraquedistas 66; paraquedistas com wingsuit 104; patinadores artísticos 247; pianistas 66; pilotos 246; pilotos de corrida 10, 228, 229; pipas 86; pugilistas 231;

ÍNDICE

quadrigêmeos 72; queijo 94; remadores oceânicos 137; répteis 39; sobreviventes do holocausto 66; sétuplos 78; tenistas 17; torneios de tênis 227; vencedores do BRIT Awards 21; vencedores do Grammy 202; velocistas 23; wing walker 66
identidade, façanhas de 46, 98, 190
igrejas e catedrais 148–49
ilha Robben 143
ilhas vulcânicas 53
ilhas vulcânicas 53
ilusionismo 188
ímãs 156
imitador, pássaro 34
Índia, pedalando por 132
Indian Premier League 240
inflação 88
Influenciadores 198-99
insetos 2; planadores 57; velocidade 42; *ver também entradas individuais do índice*
insetos aquáticos 22
Inteligência artificial 150–51
interface cérebro-computador 151
Invertebrados 42-43
ioiôs 181
irmãos 72-73; idades combinadas 79; aniversários compartilhados 79; *ver também* gêmeos, trigêmeos, quadrigêmeos
Irmãos superlativos 72-73;
IRONMAN® 236

J
Jogador de futebol mais caro 220-21
Jogos 66, 177, **200-01**
jogos de plataforma 16
jogos de tabuleiro: xadrez com boxe 106; damas 14; filmes baseados em 17; Monopoly 118
jornadas épicas: descalço 143; em prancha de stand up paddle 133;
Proezas polares 140-41; bicicleta reclinada 143, skate 143, navio de brinquedo 183, *ver também* circum-navegação
Jovens Prodígios 182–89; judô 230; juízes 12

K
K'NEX 180, 171
kata 230
kendamas 25
Kickstarter 247
Kip-ups 204
KISS 79, 214
Klotski 98
Komboloi 118

L
lã 22
La Catrina 100
lacrosse 224
lagartos 39
lago Malawi 134
lahars 17
lampreia 37
lança 19
lanternas 246
lápis 102
laranjas 23

larvas 42
lasers: para-raios a 157; raio-X a 156
LeBron James 244-45
LEGO® 90-91; velocidade de montagem 90, 176, 191
leopardos 116
Liga dos campeões da CAF 238
limpadores de cachimbo 70
línguas: animal 40; humana 74
linhas de metrô 160
linhas ferroviárias 20
líquens 50
listas de desejos 183
livrarias 214
livros de receitas 92
livros: anuários do *Guinness World Records* 103; best-sellers 215; não ficção 215; editoras 179
lixeiras com rodas 158
lojas de anime 247
longevidade: anfíbios 40; cactos 49; campeões de damas 14; peixes 36, 37; cães-guia 18; monarcas 23, *ver também* idade
LOUCOS POR RECORDES 82-121
lua: estação de rádio amador 170; módulo lunar 170
luta livre 203; luta na lama 106
luta no molho 106
luzes de LED 158

M
macacos: meia 22, 103
macarrões de piscina 246
maçãs 20
machados 103; arremesso 104
Maiores animais 30-31
mais antigo: anfíbios 40; aves 34; moedas 88; invertebrados 42; pipas 86; animais terrestres 30; peixe ambulante 30; mamíferos 32; répteis 38
mais vendidos: álbuns 14; bonecas 192–93; consoles de jogos 14; plataforma 16; videogames 17, 190, 200, 201
malabarismo com bola e copo 25
malabarismo: pegadas 180; bolas de fogo 112; tochas em chamas 111; bolas de futebol 108; em um monociclo 110
Mamíferos 32-33, 57; *ver também entradas individuais do índice*
mãos 64, 74; equilíbrio sobre 114; unhas 80-81; adolescentes 26, 75
mapas, LEGO 90
maquete de avião 168, 169
máquinas de perfuração de túneis 166, 167, 171
Mar da Irlanda 136
maratona de mestre de quiz 119
Maratonas Barkley 242
maratonas de culinária 93
maratonas: quintal 236; Ultramaratona de Badwater 236; assando e cozinhando 93; descalço na neve 142; Maratona de Barkley 242; Comrades Marathon 236; dança 214; quicando bola de basquete 96; abraço coletivo 119;

Hardrock 100 237; polar 140; resolvendo cubo mágico 99; quiz master 119; correndo 236, 242; Spartathlon 236; ultramaratonas 140, 236, 237, 242; videogames 215; Western States 100 237
mariposas 42
Medalha por bravura da RNLI 165
medalhistas dos X Games 19, 185, 243
meias: em um pé 177; retiradas 46, 90; macacos 22, 103; penduradas no varal 45
mel 118
melancias: cuspir sementes 18; esmagadas com coxas 246
memorabilia: Ariana Grande 214; *Gasparzinho, o fantasminha camarada* 100; Elvis Presley 214; KISS 214, Ursinho Puff 191
MENA, parada musical 202
mergulho: Depressão Challenger 142; competitivo 232; mamíferos 32; mergulho livre 232; pássaros 34; paraquedismo 66; répteis 38
Mestres das peças 90–91
Michelin, restaurantes estrelados 92
minas 166
minas subterrâneas 166
Minecraft 190, 201
mirtilos 246
MLB 17, 222, 223
modelos 36; sessões fotográficas 214
modelos de carro 168, 179
modificações corporais 69, 79
módulo lunar 170
moedas 88–89; em garrafas 45; réplica 88
molas malucas 181
molho picante 247
monociclo, malabarismo em 110
monogamia 41
Monopoly® 110
montanhas: elevadores 170; altura 127; ascendente 52; *ver também* alpinismo
montanhas-russas 20
monumentos 12, 13, 149
morcegos: colônias 32; esqueletos 56; origami 117
mortais para trás: bicicleta 96; pogo-stick 25
mosaicos, abóboras de halloween 101
mosaicos: filigrana 117; abóbora 101
motociclismo 66, 143; Grande Prêmio 228; Isle of Man TT 228; saltos 104; monorroda 158
mountain bike 143
MrBeast 172-73
multirotores 168
Munro-bagging 236
museus: pipas 86; veículos malucos 159
Música 202-03
música country 217
música digital 21
músicos e bandas: BRIT Awards 21, 202; Festival Eurovision 202; figurinos 213; póstumo 10; atores coadjuvantes 12, 13
Grammy Awards 202, 203; altura 79

N
nado de peito 233
Nados extremos 134-35
Naemi e Alena Stump 185
narizes: comprimento 74; pregos inseridos no 246; túneis no septo nasal 79; assovio pelo 78
NASCAR 228
natação 134-35, 232, 233, 246; contracorrente 134; Canal da Mancha 142; no gelo 134, 140, 247; no oceano 143; em águas abertas 134
natação de águas abertas 134
natação freestyle 232, 233, 246
natação no gelo, 134, 140, 247
natação no mar 143
NATUREZA 28-59
navios da guarda costeira 164
navios de cruzeiro 171
navios *ver* barcos e navios
NBA 22, 222, 244
netball 224
neuroprostética 151
neve: artificial 210; meia maratona descalço 142; cristais 54; flocos de neve 54, 116
NFL 222
Nickelodeon, Kids' Choice Awards 214
No laboratório 156-57
nônuplos 72
Norte, mais ao: cacto 48; festival de música 214
notas em exames 150
Nova Zelândia, travessia 132
Numismática 88-89
nuvens de fumaça vulcânicas 52

O
objetos brilhantes 154
observação de pássaros 57
obstáculos 234
Ocean Explorers Grand Slam 136
Oceano Antártico 136
Oceano Atlântico 54, 128, 132, 136, 137
Oceano Índico 136
Oceano Pacífico 19, 128, 136
Oceans Seven 134, 135
odontologia: dentistas 66; moldes dentários 78
olhos: animais 32; globo ocular para fora 74; transplantes 78
Ollie e Harry Ferguson 183
ondas 242; artificiais 246; energia das ondas 162
ondas atmosféricas 52
One-Day International (ODI) 241
ONGs de bem-estar animal 46
orangotangos 57
ordens taxonômicas: anfíbios 40; aves 34; fungos 51; invertebrados 42; peixes 36; répteis 38 *ver também* espécies
organismos filtradores 30
organizações para salvar vidas 165
origami 116-17, 191
orquídeas 57
Oscar 208, 215; Melhor Ator 19; Melhor Filme 208; figurinos 213; póstumo 10; atores coadjuvantes 12, 13
ossos quebrados 14

ouro: barras 20; escultura 10, 11
ovos: equilíbrio 246; batedores 20; mamíferos ovíparos 57

P
paintball 246
países: felizes 247
palavrão 208
palavras cruzadas 98
pão 20
papagaios 44, 46
papel-moeda 88
Papel-moeda 88
parada de mão: salto de parada de mão 24; em prancha de stand up paddle 247; em skate 119
paradas musicais *ver* álbuns e álbuns mais vendidos; singles e singles mais vendidos
paraquedismo 66
paraquedistas 66
paredes de pedra solta 170
Participação em massa: dança baby shark 215; dança do dragão 215; vestidos como Albert Einstein 247; vestidos como Dolly Parton 214; vestidos como Homem-Aranha 246; flutuando com macarrões de piscina 246; ascensão em balão de ar quente 129; imagem humana de um símbolo do infinito 246; imagem humana de um órgão 78; quebra-cabeça humano 246; festa *momo* 247; ioga em prancha de stand-up paddle 114; paintball 246; pessoas com camisas havaianas 247; amistosos de pickleball 119; filigrana 117; aulas de esqui 246; amistosos de futebol 246; vampiros 100; casamentos 79; almofadas de barulho de pum 20; *ver também* públicos
parto: parto múltiplo 60–61, 72; prematuro 72
Parton, Dolly 214, 217
passadas de pé por cima da bola 108, 109
passadas seguidas sobre a bola 109
Pássaros 14, **34–35**
ver também entradas individuais do índice
pastoreio de patos 46
patentes militares 57, 190
patinação artística 247
Patinação inline 185
patinação no limbo 247
patinação: patinação artística 247; patinação no limbo 247; patinação de velocidade 242, *ver também* skate
pé de pato pala única 134
peão 180
peças de LEGO® 90–91;
peçonha e veneno: cefalópodes 42; peixes 36, fungos 50, salamandras 40; cobras 38; aranhas 56
peçonha *ver* veneno
pedras no rim 74
Peixes 30, **36-37**, 117; aquários 246; *ver também entradas individuais do índice*
pelos no bigode 79
penteado afro 70
performances de circo 14

pernas de pau 110, 118
pernas: insetos 42; comprimento 74
perucas 70
pés 26; pintando com 246; rotação 79; adolescentes 75, *ver também* meias
pescoços: animais 30; dinossauros 56; rotações com bambolê ao redor do 25; passes capturados 108
peso: aeronaves 130; aves 35; cobras 38; dinossauros 31; fantasias de filmes 212; focaccia 20; frutas e vegetais 16, 20, 101, 110, 246; fungos 50; granizo 54; insetos 42; moedas 89; pedras nos rins 74; peixes 36; répteis 38; satélites 171; sustentado no corpo 104; veículos autossuficientes 12
pesquisas astronômicas 154
Pessoa do Ano da *TIME* 217
Pessoa mais alta 62-63
pianistas 66
Picasso, Pablo 197
pickeball 119
pilotos 246
pimenta mais picante 104
pimentas, comer 104; Carolina reaper 104, *ver também* "Pepper X"
pinguins 34, 57, 190
pinípedes 32
Pinturas mais caras 196-97
Pioneiros 138–39
Pipas 86-87
pipas de folha 86
piquenique, ursinhos de pelúcia 19
pirâmides 148; pirâmide humana 246
pistas de Hot Wheels 179-181
pizzas 94, 190
plantas: cactos 48-49, *ver também* flores
plataforma de observação de chão de vidro 170
plataformas de observação 170
plataformas de petróleo 19
Pliosaurus 56
poços 166
pogo sticks: mortal para trás 25; saltos consecutivos 119
pole positions 228, 229
polo aquático 232
polos Norte e Sul: expedições 140; voos de balão de ar quente 138; esqui 140, 141, 144-45; ultramaratonas 140
pombos 116
pombos 34
porcos 46
porta-aviões 168
posição de espacate 24, 25
pôsteres 21
pranchas abdominais 115, 247
pranchas de equilíbrio 25
pratos de porco 247
Preet Chandi 144-45
pregos enfiados no nariz 246
Premiações: BAFTA 247; BRIT Awards 21, 202; Globo de Ouro 206, 208; Golden Joystick 201; Grammys 202, 203; Kids' Choice Awards

250

da Nickelodeon 214; Prêmios Laurence Olivier 247; Slime 172 ver também Oscar

Premier League 21, 191

prêmio em dinheiro: fisiculturismo 76; tênis 227

Prêmio Laurence Olivier 247

prêmios da música 21, 101, 202, 203, 216

prêmios para atores indígenas dos EUA 208

prendedor de cabelo 102

presépios 102

Presley, Elvis 214

Pringles, latas de 103

problemas de matemática 19

Proezas polares 140-41

profundidades: cefalópodes 43; esponjas 14; mergulho livre 232; minas 166; oceanos 142; peixes 37; poços 166; túneis rodoviários 166

programas de culinária 92

programas de entrevistas 206

provas de arrancada 228

públicos: futebol 219; performances de circo 14; vôlei 218–19, ver também participação em massa

pulando 96: fazendo embaixadinhas enquanto 108; saltando com as mãos 24

pular cela 45

pulverização de água 246

Q

quadriciclos 112

quadrinhos 215

quebra de coco 24

quebra-cabeça Ravensburger do GWR 118

quebra-cabeças 98, 103; Ravensburger do GWR; humano 246

quebra-cabeças: **Desafios de quebrar a cabeça 98-99**; palavras cruzadas 98; Klotski 98; problemas de matemática 19; jogos de videogame 17; cubo mágico 84-85, 99, 190, 247; sudoku 98

queda livre 99

Queijo 94–95

queijo fedorento 94

queimaduras de corpo inteiro 113

quelônios 38

R

rádio: apresentadores 215; estações de rádio 170

raios 54; para-raios a laser 157

Raios X 156

rali 228

Rali Dakar 228

Rali de Monte Carlo 228

rap 150

raquetebol 226

ratos 44

realeza: longevidade 23; no espaço 16

reciclagem, separação 176

recifes de coral 246

Recordes de arromba! 166–67

Recordes sub-16 176–77

Red Bull Air Race Championship 130

Red Bull BC One 204

rede de túneis para pedestres 166

rede neural artificial 150, 151

redes ferroviárias 160

redes: ferrovia 160; túnel 166

Regata Sydney-Hobart 136

regiões sísmicas ativas 52

relógio de quartzo 152

relógios atômicos 152

relógios de bolso 153

relógios de pulso 152, 153

relógios digitais 152

relógios: atômicos 152; de bolso 153; de pêndulo 152; de pulso 152, 153; digitais 152; faces de 152; precisão 152, 156; de quartzo 152

Rembrandt 196

remo: remada oceânica 136, 137; esquifes 232

Reno Air Races 131

Répteis 30, 38-39

répteis marinhos 30

Resgate marítimo 164-65

Resolução de cubo 3x3x3 84-85

restaurantes fast-food 92

restaurantes: projetos Kickstarter 247; com estrelas Michelin 92

revezamento: em chamas 112; corrida 112, 234; esqui 247

revistas sanfonadas 246

rinocerontes 116

RNA 56

Robert Wadlow 26-27, 62

robôs: batalha de rap 150; construção de muro de pedra 170; humanoide 171, quadrúpede 170; aspiradores robóticos 168; correndo 170

Rodas malucas 158–59

roupas com asas 104, 138, 142

roupas: camisas de futebol 102; camisas havaianas 247; camisetas 246; casa de figurinos 212; cosplay 23; **Figurinos de cinema 212–13** ver também calçados

rúgbi 224, 225

ruibarbo 16

S

de bolhas 179

salamandras 40

Salar de Uyuni 139

salto com vara 234

salto em distância 234

salto triplo 18

salto wakeBASE 139

salto: animais 44, 45; BASE jumping 139; com barra suspensa 96; cavalinho de pau 106; em distância 234; com moto 104; com uma mão 204; pogo stick 119; em uma rampa 168; em um esqui 247; por um bambolê 96, 118; triplo 18; com wingsuit 142

saltos com barra suspensa 96

saltos em rampa 168

salva-vidas 164

sanduíches 94

sapos 40, 57

satélites 156, 171

scooters: animais sobre 44

seguidores do TikTok 92, 198

seguidores no Instagram 198

seguidores no X 199

selos 247

selos de escotismo 247

Senhores recordistas 66-67

sequência de DNA 156

sequências de números binários 98

SERES HUMANOS: 60-61

Serie A 238

séries para TV 206

Sete Cumes 16, 122, 126

sétuplos 78

shows de música 202; mais ao norte 214; festivais 186

Simar Khurana 184

símbolo do infinito 246

simuladores 16

singles e paradas de singles 10, 23, 202, 216; estreia em 1º lugar 216; streaming 214

sinuca inglesa 243; break máximo 10, 11

sistemas especialistas (IA) 150

sítios arqueológicos 124

skate 97, 187, 190, 243; manobra 720 187; pelos EUA 132; cachorros 44; skate elétrico 143; parada de mãos 119; patinação inline 185

skates de dedo 177

snorkel 107

snorkeling no pântano 107

sobreviventes do Holocausto 66

sobrevoo de Plutão 23

socos 96

soletrar 98

Spartathlon 236

Spotify 203, 214

squash (esporte) 226

Squishmallows 82-83

sr. Cabeça de Batata 176, 180

stand-up paddle 96, 133; Canal da Mancha 136; parada de mãos 247; ioga em prancha de stand up paddle 114

Star Wars 22; personagens 98

streaming 203, 214

subaquático: pirâmide humana 246; resolução de cubo mágico rotativo 99; sessão de fotos de modelo 214; truques de mágica 190; transmissão ao vivo em vídeo 215; yoga 114

subida em escada 108

submarinos atômicos 10

Sucessos de bilheteria 208–09

sudoku 98

Super Bowl 17, 19

supernovas 154

surfe em vulcão 143

surfe: em vulcão 143; em chamas 112; windsurfe 232, 242

Swift, Taylor 216-17

T

T20 Internacional (T20I) (T20I) 240

tabuleiros ouija 100

tacos 24, 247

taekwondo 230

tamancos 23

Tamanho importa 64-65

Tâmisa 143

tanzanites 247

tapetes de Twister 22

tartarugas 38

Tatuagens 68-69, 79

tatuagens de rena 79

Taylor Swift 216–17

teclas de piano 190

telefones celulares 102

telescópios 154

televisão 206–07; BAFTAs 247; controles remotos 10, 11, 22; Emmy Awards 206; franquias de ficção científica 206; indicações ao Globo de Ouro 206; programas de bate-papo 206; programas de culinária 92; programas em alta demanda 207; sitcoms 206; adaptações de videogames 206

temperaturas frias 19

tempestades: ciclones 55; duração e distância percorrida 55; de granizo 54; tornados 21; nomeadas 54

tênis 17; cadeira de rodas 226; Grand Slam 226, 227

tênis 191

tênis de mesa 243

Terra dinâmica 52-53

terremotos 52; concertos musicais "sísmicos" 202

tetrápodes 57

Tetris 200

The Legend of Zelda 201

tijolos de casa 102

tirolesa 113

Titanic, LEGO® 90

títulos de Mr Olympia 76

títulos de Ms Olympia 76

tochas humanas 112, 113

Todos ao mar 136–37

tokamaks 156

tolerância ao calor 40

tolerância ao frio 40, 104

tora de madeira em chamas, girando 104

torneios de tênis 226, 227

Torre Eiffel 149; LEGO® 90

torres: altura 149; energia solar 163; K'NEX 180; LEGO® 90, 176

tosquia de ovelhas 22

Tour de France 243

trailers, LEGO® 91

transações no eBay 18

transferências: futebol 238

transplantes de órgãos: olhos 78; corações 78; rins 78; crânio e couro cabeludo 22

transplantes de rim 78

travessias de deserto 143

travessias oceânicas: balão 19, 128; caiaque 136; barco a remo 136, 137; velejando 132, 136; trens: bitola estreita 160; condutores 66; a vapor 160, 161

triciclos 159

tricô 24

tries, rúgbi 225

Troféu Selke 222

trolls 181

trufas 51

truques de mágica 188, 190

tsunamis 52

tsurus, origami 116

tubarões 31; dança baby shark 215

túneis de efluentes 166

Túneis de estrada 166

túneis ferroviários 166

túneis no corpo 79

túneis no septo nasal 79

túneis: de fogo 112; voados através 130; pedestres 166; ferroviários 166; rodoviários 166; de águas residuais 166

tuneladoras escudo 166

turbinas eólicas 162

turnês musicas 215, 216

TV 206–07

Twitch 199

U

UEFA Europe League 238

Ultramaratona Badwater 236

ultramaratona Hardrock 100 237

ultramaratona no quintal 236

ultramaratonas 140, 236, 237, 242

Ultra-Trail du Mont-Blanc 237

unhas 80-81

Ursinho Pooh 191

ursos de pelúcia 180; piquenique 19

US Hot 100 216

US Open 242

usinas 162

usinas de fontes renováveis 162

usinas geotérmicas 162

usinas hidrelétricas 162

usuários de cadeiras de rodas: atletismo 234; basquete 224; escadas, descendo 104; fisiculturistas 76; modelos 65; pull-ups 115; tênis 226; veículos, puxando 120

uvas 23

V

vacas 46; chifres 47

vacas 46; queijo de leite de vaca 94

vaga de baliza 25

varais 45

Variedades: Arte e entretenimento 214-15

Variedades: Ciência e tecnologia 170-71

Variedades: Clube da aventura 142-43

Variedades: Esportes 242-43

Variedades: Loucos por recordes 118-19

Variedades: Natureza 56-57

Variedade: Seres humanos 78-79

vassouras 100

veículos de mobilidade 158

veículos movidos a hidrogênio 171

veículos: alimentados a hidrogênio 171; com energia de pipa 86; de esteira 168; peso 12; puxada de veículo em cadeira de rodas 120, ver também carros

velas, acesas, na boca 112

velejando: Antártida 132; Mar da Irlanda 136; travessias oceânicas 132

velocidade: aeronaves 131; aves 34; carros 12, 150, 168, 228; escalada 143; 242; skate 242; peixes 36; barcos voadores 10; invertebrados 42; pipas 86; barco salva-vidas 164; mamíferos 32, 33; répteis 38; aspirador de pó robô 168; montanha russa 20; caramujos 18; voo espacial 125; corrida 21; natação 246; surfe em vulcão 143; windsurf 232

vendas em leilão: arte 150; cédulas 88; **Cronologia: Pinturas mais caras 196–97**; moedas 88; tênis 191

viajantes ferroviários 160

videogames 200–01: best-sellers 17, 190, 200, 201, 215; consoles 14, 15; desenvolvedores 184; filmes baseados em 195; FPS (First Person Shooter) 200; jogos de plataforma 16; jogos de PS5 215; jogos de corrida 215; jogos de quebra-cabeça 17; jogos de realidade virtual (VR) 215; maratonas 215; MMORPGs (Massively Multiplayer Online Role-Playing Games) 215; plataforma de conteúdo gerado pelo usuário 201; portados 17; séries de TV baseadas em 206; simuladores 16; speedruns 201; temáticos de LEGO®90.

vídeos de viagem 247

visitando: locais do jogo Monopoly® de Londres 118; países de bicicleta reclinada 143; restaurantes com estrelas Michelin 92; restaurantes fast-food 92

voleibol 218–19

voltas pelo braço com bola de futebol 108

voo planado: aeronave 130; anfíbios 41; insetos 57

voo subterrâneo de balão 138

voo: aves 34; grandes alturas 34, 124; insetos 42; mamíferos 32, ver também aviação; balões de ar quente

W

Wadlow, Robert 26–27, 62

wasabi 118

Western States 100 ultramaratona 237

Wimbledon (tênis) 227

windsurf 232, 242

wing walking 66

WNBA 222

wombats 57

X

xadrez com boxe 106

Y

yoga 114–15

YouTube 20: ganhos 172; assinantes 172, 191, 198

Z

ZONA DAS CRIANÇAS 174-93

zumbificação 50

BASTIDORES

Consultores

A cada ano, trabalhamos com dezenas de especialistas que conhecem intimamente seus assuntos de pesquisa. Autoridades que contribuíram para o GWR 2025 se destacam desde figurinos de filmes, IA e ferrovias até astronomia, numismática, cactos, fungos, gêmeos e gigantes. Veja a lista completa em **www.guinnessworldrecords.com/records/partners**.

Tom Beckerlegge é escritor premiado com livros traduzidos no mundo todo. É o principal consultor esportivo do *GWR*, atualizando centenas de recordes todos os anos e fazendo contato com várias federações para se manter a par das últimas notícias. Este ano descobriu o raquetebol, o voo de esqui e as jogadoras pioneiras da Copa do Mundo de Futebol Feminino de 1971.

Randall Cerveny é professor de Ciências Geográficas na Universidade Estadual do Arizona, EUA. Atua como relator de recordes extremos para a ONU e Organização Meteorológica Mundial, e é responsável pela pesquisa e verificação global de recordes climáticos. Contribui como editor na revista *Weatherwise* e é autor de artigos para jornais e livros, incluindo *Extreme Weather* (2024).

Hugh Ferguson é engenheiro civil e atuou como empreiteiro, consultor, jornalista e editor. Depois da graduação, trabalhou na indústria antes de ingressar na revista *New Civil Engineer*, que dirigiu entre 1976–1990. É autor (e coautor) de alguns livros, como *Constructionarium* (2016) e *The Consulting Engineers* (2020).

Kathryn Brown é especialista em arte moderna e contemporânea e em negociações. Autora de artigos e livros, incluindo *Women Readers in French Painting 1870–1890* (2012) e *Dialogues with Degas: Influence and Antagonism in Contemporary Art* (2023). É editora da série *Contextualizing Art Markets*, da Bloomsbury Academic, e professora associada de História da Arte na Universidade de Loughborough, RU.

Mike Chrimes aposentou-se como Diretor de Política e Informação de Engenharia no Instituto de Engenheiros Civis em 2014, depois de 37 anos. Bibliotecário por formação e cientista da informação, contribuiu com livros e artigos sobre história da Engenharia e serviços de informação. Venceu o American Society of Civil Engineers History e o Heritage Award e foi agraciado, em 2011, com um MBE pelos serviços de Engenharia.

David Fischer é consultor esportivo sênior do *GWR*. Escreveu para o *The New York Times* e a *Sports Illustrated for Kids*, e trabalhou na *Sports Illustrated*, no *The National Sports Daily* e na NBC Sports. Entre seus livros *estão Tom Brady: A Celebration of Greatness on the Gridiron* (2021), *The New York Yankees of the 1950s* (2019) e *The Super Bowl: The First Fifty Years of America's Greatest Game* (2015).

Yvette Cendes é professora assistente de Física na Universidade de Oregon, EUA, especializada em radioastronomia e sinais que variam ao longo do tempo, desde exoplanetas até buracos negros. Escreveu para publicações como a revista *Astronomy* e Scientific American, e é ativa no Reddit como /u/Andromeda321, onde seus comentários "astronomer here!" são lidos por milhões de pessoas no mundo.

Gareth Dennis é redator para a imprensa ferroviária e fala na TV e no rádio sobre Engenharia de Transporte, além do trabalho como engenheiro de projetos ferroviários. É palestrante de sistemas de transporte e apresenta o programa diário *Railnatter* no YouTube, além de membro fundador da Campaign for Level Boarding.

Stephen Follows é analista da indústria cinematográfica mundial e pesquisador de dados. Estuda a operação do setor do entretenimento e ajuda os cineastas a realizarem suas produções. Seu trabalho abrange igualdade de gênero, criatividade aplicada, inovações de IA e educação cinematográfica.

Para ajudar a investigar e verificar recordes, o GWR trabalha com clubes, instituições e federações. Alguns que ajudaram nesta edição estão abaixo. Para a lista completa, visite **www.guinnessworldrecords.com/records/partners**.

8000ers.com
Eberhard Jurgalski desenvolveu o sistema de "Elevation Equality", um método de classificação de cordilheiras e picos. Seu site se tornou a principal fonte de estatísticas de altitude para as cordilheiras do Himalaia e Caracórum.

American Numismatic Society
A ANS dedica-se ao estudo de moedas, medalhas e objetos relacionados de todas as culturas, do passado e do presente. Sua sede em Nova York possui a principal coleção e biblioteca de numismática dos EUA. Seus recursos são utilizados para apoiar a pesquisa e o ensino na área.

Antiquarian Horological Society
Criada 1953, incentivou o estudo dos assuntos relacionados à arte e à história da medição do tempo e a preservação dos modelos de relojoaria e artes afins. Seu jornal trimestral, livros e palestras públicas destinam-se a qualquer pessoa interessada na história do tempo.

CANNA UK National Giant Vegetables Championship
O anual Malvern Autumn Show, realizado em Worcestershire, RU, é o ápice do calendário dos competitivos produtores de frutas e vegetais em todo o país. O juiz principal de 2023 foi Sebastian Suski, que cultivara o pepino mais longo em 2022.

Council on Tall Buildings and Urban Habitat
Com sede em Chicago, Illinois, EUA, o CTBUH é a representação líder mundial para profissionais focados no projeto, na construção e na operação de arranha-céus e em cidades futuras.

Fungi Foundation
Essa organização global trabalha pelo reino Fungi, por seus habitantes e pelas pessoas que dependem dele. Estuda fungos para abordar sua diversidade, promover soluções inovadoras para problemas inesperados e educar sobre a existência e as aplicações responsáveis deles, assim como sugerir políticas públicas para sua conservação.

Gerontology Research Group
Estabelecido em 1990, a missão do GRG é retardar e, talvez, reverter o envelhecimento por meio do uso e compartilhamento de conhecimento científico. Mantém o maior banco de dados de supercentenários (pessoas com mais de 110 anos), gerenciado pelo consultor sênior de gerontologia do GWR, Robert Young.

Great Pumpkin Commonwealth
O GPC promove o cultivo de abóboras gigantes – entre outros produtos marcantes – estabelecendo padrões e regulamentos universais que garantem a qualidade da iguaria e uma competição justa.

International Ice Swimming Association
Fundada por Ram Barkai, a IISA foi criada em 2009 para formalizar a natação em águas geladas — abaixo do limite de 5°C. Definiu um conjunto de regras para permitir medidas máximas de segurança e regular a integridade da natação em termos de distância, tempo e condições. A IISA cobre uma série de encontros e competições de natação no gelo.

The IRONMAN® Group
Esse grupo é o maior operador de esportes de participação em massa do mundo. Anualmente, fornece a mais de 1mi de participantes os benefícios do esporte em eventos de triatlo, ciclismo, corrida e trilha.

The Kite Society of Great Britain
Fundada em 1979 e administrada por Jon e Gill Bloom, a sociedade tem mais de 3.500 membros em todo o mundo. Seu objetivo é promover a prática da pipa como um passatempo para todos. Organiza festivais pelo RU, trabalhando com organizações locais e publicando sua revista *The Kiteflier*.

Ocean Rowing Society International
A ORSI foi fundada em 1983 por Kenneth F. Crutchlow e Peter Bird, mais tarde acompanhados por Tom Lynch e Tatiana Rezvaya-Crutchlow. A organização documenta todas as tentativas de remar em oceanos e principais corpos d'água e classifica, verifica e julga as conquistas do remo oceânico.

Parrot Analytics
A Parrot Analytics é a empresa líder global em análise de demanda de conteúdo para TV multiplataforma. Rastreia mais de 1,5bi de expressões diárias de demanda em mais de 100 idiomas e 200 países.

Polar Expeditions Classification Scheme
O PECS é um sistema de classificação para viagens polares longas e não motorizadas supervisionado por um comitê de especialistas em expedições polares, gerenciado por Eric Philips. Regiões polares, modos de viagem, rotas e formas de ajuda são definidos, orientando os expedicionários a como classificar, promover e imortalizar suas viagens.

The Numbers
Trata-se do maior banco de dados da internet com informações de bilheteria de cinema e números de 50 mil filmes e 200 mil personalidades da indústria cinematográfica. Criado em 1997 por Bruce Nash e acessado por mais de 8mi de pessoas todo ano.

UK & International Timing Adjudication
A UK&ITA foi fundada em 2013, quando Straightliners Ltd e SPEE3D Ltd uniram-se para melhorar e promover a quebra de recordes de velocidade terrestre na Grã-Bretanha e na Europa. Garante que os concorrentes possam competir sob todas as regras.

World Cube Association
A WCA é responsável por coordenar as competições de quebra-cabeças mecânicos operados por grupos de peças torcidas, como o cubo mágico. Sua missão é realizar competições em mais países, com todos participando em condições justas e iguais.

World Jigsaw Puzzle Federation
Organização internacional dedicada a quebra-cabeças que supervisiona o Campeonato Mundial. Estabelece regras e regulamentos para as competições e se esforça para que sejam reconhecidas como esporte. Seu atual presidente é Alfonso Álvarez-Ossorio.

World Freestyle Football Association
Fundado no Canadá em 2017, é o órgão regulador global para o futebol freestyle. Organiza eventos icônicos, como o Campeonato Mundial de Futebol Freestyle, o Pulse Series e o Super Ball, além de eventos nacionais e regionais em mais de 100 países.

World Meteorological Organization (Organização Meteorológica Mundial)
Baseada em Genebra, CHE, essa agência da ONU é a autoridade global em clima, climatologia e hidrologia, tanto para fins científicos quanto para aconselhamento de políticas governamentais.

World Open Water Swimming Association
Criada em 2005, a WOWSA é um órgão internacional para natação de águas abertas. Oferece programas de sócio e certificação, assim como publicações e materiais on-line.

World Sailing Speed Record Council
O WSSRC foi reconhecido pela International Yacht Racing Union, (hoje Federação Internacional de Vela) em 1972. Seus especialistas vem da Austrália, da França, da Grã-Bretanha e dos EUA.

World Ultracycling Association
A WUCA é uma organização sem fins lucrativos dedicada a apoiar o ultraciclismo no mundo. Tem o maior repositório de registros de ciclismo para todos os tipos de bicicletas e certifica passeios bem-sucedidos para seus membros.

Giuliana Furci é fundadora e CEO da Fungi Foundation, além de associada da Universidade Havard, exploradora do National Geographic, Dama da Ordem da Estrela da Itália e vice-presidente do IUCN Fungal Conservation Committee. Entre seus trabalhos publicados está uma série de guias sobre reino Fungi chileno. É coautora do *1st State of the World's Fungi* (2018), que delimita o termo "funga" e a Proposta 3F (Fauna, Flora & Funga).

 **Nancy L. Segal** é professora de Psicologia e fundadora e diretora do Twin Studies Center na Universidade Estadual da Califórnia em Fullerton, EUA. Escreveu 9 livros sobre gêmeos, e *Born Together–Reared Apart* venceu o William James Book Award, da Associação Americana de Psicologia, em 2013. Seus títulos mais recentes são *Gay Fathers, Twin Sons* e *The Twin Children of the Holocaust* (ambos 2023).

 Matthew White é consultor de música, críquete e tênis do *GWR*. Entre 2009 e 2023, examinou mais de 600 mil registros publicados como verificador de fatos do anuário mais vendido do mundo. Depois do estágio, conseguiu seu emprego dos sonhos como membro da equipe que produziu as 4 edições finais do *Guinness Book of British Hit Singles & Albums*, e trabalhou em projetos para a EMI, Universal Music e Official UK Charts Company.

 **Wouter W. de Herder** é professor de Endocrinologia Oncológica no Erasmus MC/Erasmus University Rotterdam, Países Baixos. Seus interesses são tumores (neuro)endócrinos, distúrbios hipofisários e história da endocrinologia, em particular, a história da acromegalia e do gigantismo.

 **Karl P. N. Shuker** é doutor em Zoologia e Fisiologia Comparada pela Universidade de Birmingham, RU, membro científico da Sociedade Zoológica de Londres, membro da Real Sociedade Entomológica de Londres e membro do Society of Authors. Escreveu 25 livros e centenas de artigos sobre História Natural. Seu trabalho tem ênfase em animais anômalos, incluindo espécies novas, redescobertas e não reconhecidas.

 Sam Willis é um dos historiadores mais conhecidos do RU. Produziu mais de 10 séries de televisão para a BBC e o National Geographic, e escreveu mais de 15 livros, muitos centrados na história marítima e naval. Apresenta 2 podcasts de sucesso sobre história: *Histories of the Unexpected* e *The Mariner's Mirror Podcast*.

 **Jesse Kraft** é curador-assistente do American Numismatics na Sociedade Americana de Numismática, focada na história de moedas, símbolos, medalhas e papeis moeda. É membro do comitê editorial do *The Journal of Early American Numismatics* e tesoureiro do Comitê Internacional de Museus Monetários e Bancários.

 Eliza Strickland é editora sênior da *IEEE Spectrum*, revista e site para especialistas em tecnologia. Gerencia a cobertura de IA, com interesse especial na ética, no alinhamento e nos impactos sociais. Faz reportagens sobre ciência e tecnologia há mais de 20 anos e tem mestrado em Jornalismo pela Universidade Columbia.

 **Robert D. Young** é o principal consultor de gerontologia do GWR. Mantém listas das pessoas mais velhas do mundo para o Gerontology Research Group (GRG) desde 1999, e trabalhou para o Instituto Max Planck para Pesquisa Demográfica e o International Database on Longevity. Tornou-se diretor da Divisão de Banco de Dados de Pesquisa Supercentenária do GRG em 2015.

 **Park Nobel** é doutor em Biofísica e professor da Universidade da Califórnia, Califórnia, EUA. Aprimorou sua pesquisa sobre fluxo de íons e água para cloroplastos em Tóquio, JPN, e Londres, RU. A mudança para o estudo das camadas limites do ar em torno das partes rígidas das plantas o levou a se concentrar em agaves e cactos em todo o planeta. Seus livros seminais incluem *The Cactus Primer* (1986) e *Cacti: Biology and Uses* (2002).

 **Colin Stuart** é escritor e palestrante de Astronomia. Já vendeu mais de 400 mil livros no mundo. Também escreveu mais de 250 artigos para publicações como *New Scientist* e *The Wall Street Journal* e Agência Espacial Europeia. Em reconhecimento a seus esforços na popularização da astronomia, o asteroide 15347 Colinstuart foi nomeado em sua homenagem.

 **Cassidy Zachary** é uma historiadora da moda especializada no significado sociocultural do vestuário ao longo da história. Criadora e coapresentadora (ao lado de April Calahan) do premiado podcast *Dressed: The History of Fashion* e fundadora do famoso blog que virou conta no Instagram *The Art of Dress*, com mais de 300 mil seguidores.

Agradecemos também a...
Evan Ackerman; Museu Americano de História Natural (Nancy B. Simmons); American Society of Ichthyologists and Herpetologists (Prosanta Chakrabarty); Jeremy Angel; Aris Apollonatos; Mark Aston; Scott D. Banks; Serena Bassaler-Bielfeld; BCSA (Tom Evans); Eric Berger; Zach Blank; Nick Buckenham; Minette Butler; Classic Tetris World Championship (Vincent Clemente); CLDSA (Shoneé Cornelissen); Universidade do Estado do Colorado (Phil Klotzbach); Cornell Lab of Ornithology/eBird (John Fitzpatrick); Margaret F. Docker; Dundee Heritage Trust (Julie Cumming, Ashleigh Pink); Universidade de Durham (Chris Stokes); Pádraig Egan; Etches Collection (Ash Hall); Agência Espacial Europeia (Anne Daniels, Iris Nijman); Paul Frame; Friends of Ironwood Forest (Tom Hannagan); Fungi Foundation (Marios Levi); Taylor Geall; Gen Con (Peter Adkison, Stacia Kirby); Thomas Haigh; Bob Hoke; Aurélien Houard; Mark Hutchinson; ILDSA (Jacqueline McClelland); Jean Jeffries; JOIDES Resolution (Susan Q. Lang, Andrew McCaig, Maya Pincus); James Kempster; Karen Krizanovich; Emily Lakdawalla; Large Pelagics Research Center (Chi Hin Lam, Molly Lutcavage); Nick Letzkus; Adam Lindquist; LPSA (Adherbal de Oliveira); Kirstie Macleod; Scott Manley; Jonathan McDowell; Michael A. Morgan; Neil Morrison; NASA (D. C. Agle, James Anderson, Steve Garber, Brian C. Odom, Katherine Schauer, Joshua Schmidt, David Woods); National Motor Museum (Patrick Collins, Michelle Kirwan, Jon Murden); Museu de História Natural do Condado de Los Angeles (Christine Thacker); Museu de História Natural, Universidade de Oslo (Jørn Harald Hurum); NIST (Alexandra Boss, Andrew Ludlow); New Mexico Highlands University and *Journal of Herpetology* (Jesús A Rivas); NOAA (Monica Allen, Joe Cione); NZMSF (Philip Rush); NZOWSA (Simon Olliver); Lori Oschefski; Peter Lynn Kites (Craig Hansen); Royce Peterson; Robert Riener; Roller Coaster DataBase / *First Drop Magazine* (Justin Garvanovic); Royal Life Saving Society (Charlotte Knowles); RNLI (Laura Haslam, Emily Hazard); RSPCA (Tess Macpherson-Woods, Catherine Peerless); Elisabeth e Norbert Sarnes; Brian Schmidt; *Ships Monthly* (Nicholas Leach); SLAC National Accelerator Laboratory (Manuel Gnida, Travis Lange, Regina Matter); Stamford Museum and Nature Center (Chase Brownstein); *The Cactus and Succulent Journal* (Peter Breslin); Museu do Norte da Universidade do Alasca (Patrick Druckenmiller); Universidade de Bristol (Gareth Jones, Andre J. Rowe, Judyth Sassoon); University College London (Susan Evans); University of Göttingen (Stephan Getzin); Universidade de Illinois em Urbana-Champaign (Milton Tan); Universidade de Wisconsin-Madison (Chris Barncard, Shimon Kolkowitz, Kelly Tyrrell); Universidade de Wolverhampton (Mark O'Shea); Jenn Virskus; Tom Wagg; World Cube Association; World Freestyle Football Association (Jordi Mestre, Dan Wood); World Sport Stacking Association (Lisa Berman); Mike Wray; Wesley Yinn-Poole; e John Zacharias.

RESPOSTAS DO TESTE DOS DESAFIOS DE QUEBRAR A CABEÇA (p.98)
Bandeiras: Austrália, Brasil, Essuatíni (Suazilândia); **Personagens de Star Wars:** Watto, Yoda, BB-8; **Escudos de time de futebol:** Barcelona, Tottenham Hotspur, Juventus
O GRANDE QUIZ DO GWR (p.190-91)
1. a (foi pensado para invocar espíritos que evitam doenças) 2. c (até 1,2m) 3. b 4. b 5. b 6. b 7. a 8. c 9. a 10. a 11. b 12. a 13. c 14. b 15. b 16. a 17. c (o prato mais vendido do McDonald's são as batatas fritas) 18. c 19. c 20. a 21. c 22. b 23. b 24. c 25. A

253

BASTIDORES
Agradecimentos

SVP Publicação global
Nadine Causey

Editor-chefe
Craig Glenday

Gerente editorial
Adam Millward

Editores sênior
Tom Beckerlegge, Ben Hollingum

Editora júnior
Caitlin Hyem

Editor de layout
Rob Dimery

Revisão e verificação de fatos
Matthew White

Editores de fotografia
Alice Jessop, Abby Taylor

Diretora editorial e de produção
Jane Boatfield

Diretora de produção e distribuição
Patricia Magill

Gerente de produção e distribuição
Thomas McCurdy

Caçadores de talentos
Charlie Anderson, Hannah Prestidge

Designers
Paul Wylie-Deacon e Richard Page do 55design.co.uk

Designer de capa
Chris Labrooy

Índice
Marie Lorimer

Head de conteúdo patrocinado
Michael Whitty

Fotografia original
Brien Adams, Alberto Bernasconi, Ian Bowkett, Bob Croslin, James Ellerker, Santiago Garcés, Gabriel Gurrola, Krishnendu Halder, Paul Michael Hughes, Erik Isakson, Shinsuke Kamioka, John F. Martin, Kevin Scott Ramos

Arte original
Daniel Clarke, Julio Lacerda, The Maltings Partnership

Consultores de produção
Yannick Laag, Astrid Renders, Kevin Sarney, Maximilian Schonlau, Dennis Thon

Impressão e encadernação
Mohn Media Mohndruck GmbH, Gütersloh, Alemanha

Diretor global de marketing
Nicholas Brookes

Head de publicação e comunicação de marca (RU e internacional)
Amber-Georgina Maskell

Gerente de RP (RU e internacional)
Madalyn Bielfeld

Executiva de RP (RU e internacional)
Alina Polianskaya

Executiva de marketing (RU e internacional)
Nicole Dyer-Rainford

Gerente sênior de conteúdo (RU e internacional)
Eleonora Pilastro

Gerente sênior de RP (Américas)
Amanda Marcus

Executiva sênior de RP (Américas)
Kylie Galloway

Gerente de relacionamento com o cliente
Jody Ho

Diretor global de vendas
Joel Smith

Gerente sênior de contas
Mavis Sarfo

Gerente internacional de vendas
Aliona Ladus

Reprografia
Resmiye Kahraman e Louise Pinnock do BORN Group

EDIÇÃO BRASILEIRA
HarperCollins Brasil
Coordenação editorial Isabella Pacheco | Coletivo 141
Tradução André Sequeira, Diogo Ramos, Jana Bianchi, Rodrigo Austregésilo
Copidesque Angélica Andrade
Diagramação Julio Moreira | Equatorium Design

Os recordes existem para serem quebrados, e esse é um dos principais critérios para cada categoria do Guinness. Assim, se você encontrar um recorde que acredita ser capaz de bater, entre em contato conosco para fazer o requerimento. Sempre fale conosco antes de tentar quebrar um recorde.

Sustentabilidade
No Guinness World Records, continuamos a tocar nosso negócio da forma mais sustentável e ambientalmente consciente possível. Para firmar esse compromisso, todas as páginas deste livro foram impressas em papel reciclado, feito 100% de papel recolhido e polpa pós-consumo destinatada. Durante a produção, não utilizamos branqueamento com cloro. A iniciativa recebeu os certificados Blue Angel e EU Ecolabel.

Este livro é produzido na Steinbeis Papier, Alemanha, uma das fábricas de papel com maior eficiência energética e menor emissão da Europa e cujo foco reside em obter equilíbrio ecológico ao longo de todo o processo — da compra de papel recolhido para uso como matéria-prima à produção, operando num ciclo quase fechado de energia e água.

O GRW está comprometido em ser ético e responsável na escolha de fornecedores de papel e de tinta. Também trabalhamos para que nossa cadeia de colaboradores esteja de acordo com os mais altos padrões internacionais de produção sustentável e gerenciamento de energia. Para mais informações, entre em contato.

O GRW possui um sistema detalhado de verificação de recordes. No entanto, apesar de todo o empenho para garantir a precisão, o GRW não pode ser responsabilizado por erros contidos nesta obra. Recebemos de bom grado comentários de nossos leitores quanto a potenciais imprecisões.

O GRW usa o sistema métrico, com exceção de alguns dados sobre esportes. Quando uma data exata é fornecida, o câmbio de moedas diversas para dólares dos EUA é o que constava no dia em questão. Quando apenas o ano é informado, o câmbio é o do dia 31/dez daquele ano.

Recomendamos cuidado ao tentar quebrar ou estabelecer recordes. Os participantes assumem todos os riscos de qualquer tentativa. Depende inteiramente do GRW escolher incluir ou não no livro cada tentativa de bater recordes. Ser um recordista do GRW não garante que você aparecerá no Guinness World Records publicado. Impresso na Alemanha por Mohn Media Mohndruck GmbH, Carl-Bertelsmann-Straße 161M, 33311 Gütersloh, Alemanha, representante autorizada na União Europeia do Guinness World Records Limited.
www.mohnmedia.de

Dados Internacionais de Catalogação na Publicação (CIP)
(Câmara Brasileira do Livro, SP, Brasil)

Records, Guinness World
Guinness World Records 2025 / [Guinness World Records]. -- Rio de Janeiro : HarperKids, 2024.
Título original: Guinness World Records 2025 Vários tradutores
ISBN 978-65-5980-112-1
1. Almanaque 2. Curiosidades e maravilhas 3. Recordes mundiais
23-161745   CDD-036.9

Endereço registrado: Ground floor, The Rookery, 2 Dyott Street, Londres, WC1A 1DE

Presidente global
Alistair Richards

Administração
Alison Ozanne

Financeiro global:
Elizabeth Bishop, Jess Blake, Arianna Cracco, Lisa Gibbs, Kimberley Jones, Jacob Moss, Bhavik Patel, Ysanne Rogers

Parceria de negócios:
Sian Bhari, Lorenzo Di Sciullo, Thomas Jones, Maryana Lovell

e-Commerce:
Sara Kali, Athina Kontopoulou, Scott Shore

Jurídico global:
Mathew Alderson, Greyson Huang, Matthew Knight, Maria Popo, Jiayi Teng

TI e operação (global)
Rob Howe
Gerenciamento de projetos: Caroline Brouwer, Vivian Peter
Digital Technology e IT: Anita Casari, Mohamed Hanad Abukar, Oliver Hickie, Veronica Irons, Joshua Jinadu, Apon Majumder, Sohail Malik, Benjamin McLean, Ajoke Oritu, Cenk Selim, Gerry Sweeny, Roelien Viljoen, Alex Waldu
Serviço central de recordes: Mark McKinley
Suporte de conteúdo de recordes: Lewis Blakeman, Amelis Escalante, Clea Lime, Will Munford, Mariana Sinotti, Dave Wilson, Melissa Wooton
Equipe de curadoria de recordes: Nana Asante, Erin Branney, Megan Bruce, Dominic Heater, Esther Mann, Thomas Marshall, William Sinden

Povos e cultura global
Stephanie Lunn
Londres: Eleonora Angelova, Jackie Angus, Gurpreet Kaur, Monika Tilani
Américas: Jennifer Olson, Mariama Sesay
China: Crystal Xu, Nina Zhou
Japão: Emiko Yamamoto
EAU: Monisha Bimal

Marca e digital
Katie Forde

Estratégia de marketing e comunicações:
Jack Brockbank, Juliet Dawson, Lucy Hunter, Doug Male

TV e digital
Karen Gilchrist
Redes sociais: Josephine Boye, Dominic Punt, Dan Thorne
Conteúdo de site: Sanj Atwal, Vassiliki Bakogianni, Vicki Newman
Conteúdo e licenciamento: Michael Whitty
Produção de vídeo e design: Callum Dean, Rebecca Fisher, Jessica Hargrave, Orla Langton, Rikesh Mistry, Fran Morales, Matthew Musson, Joseph O'Neil, Catherine Pearce, Aaron Quinn, Emma Salt
Licenciamento de conteúdo: Kirsty Clark, Kathryn Hubbard, Kate Stevenson

Entretenimento GWR:
Alexia Argeros, Fiona Gruchy-Craven, Paul O'Neill, Alan Pixsley

Consultorias globais
Marco Frigatti
Geração de demandas globais: Angelique Begarin, Melissa Brown
Marketing global de produto: Catherine Blyth, Aled Mann, Rebecca Ward
Consultoria Américas: Carlos Martinez
Serviços de contas comerciais: Isabella Barbosa, Mackenzie Berry, Brittany Carpenter, Carolina Guanabara, Ralph Hannah, Kim Partrick, Michelle Santucci, Joana Weiss
Marketing comercial: Nicole Pando, Ana Rahlves
Gerenciamento de recordes: Raquel Assis, Lianett C. Fernandez, Maddison Kulish, Alba (Niky) Pauli, Callie Smith, Carlos Tapia Rojas

Consultoria de Pequim:
Charles Wharton
Licenciamento de conteúdo: Chloe Liu
Editorial: Angela Wu
Serviços de contas comerciais: Catherine Gao, Linda Li, Xiaona Liu, Tina Ran, Amelia Wang, Elaine Wang

Marketing comercial: Theresa Gao, Nicole Kang
Produção de eventos: Fay Jiang
Comunicação de marca: Echo Zhan, Yvonne Zhang
Gerenciamento de recordes: Vanessa Tao, Kaia Wang, Richard Xie, Alicia Zhao

Consultoria de Dubai
Talal Omar
Serviços de contas comerciais: Sara Abu-Saad, Khalaf Badi, Naser Batat, Danny Hickson, Mohammad Kiswani, Kamel Yassin
Marketing comercial: Shaddy Gaad
Marca e conteúdo de marketing: Mohamad Kaddoura, Alaa Omari
RP: Hassan Alibrahim
Gerenciamento de recordes: Reem Al Ghussain, Sarah Alkholb, Dina Charafeddine, Hani Gharamah, Karen Hamzeh

Consultoria de Londres
Sam Prosser
Serviços de contador comercial: Nick Adams, Monika Drobina, Sirali Gandhi, Shanaye Howe, Nick Hume, Spoorthy Prakash, Nikhil Shukla, Lucia Sinigagliesi, Nataliia Solovei
Marketing comercial: Amina Addow, William Baxter-Hughes
Gerenciamento de recordes: Muhammad Ahmed, Shreya Bahuguna, Andrew Fanning, Apekshita Kadam, Ted Li, Francesca Raggi

Consultoria de Tóquio
Kaoru Ishikawa
Serviços de contador comercial: Saif Alamannaei, Minami Ito, Takuro Maruyama, Yumiko Nakagawa, Nana Nguyen, Yuki Sakamoto, Wei Watanabe, Masamichi Yazaki
Marketing comercial: Momoko Cunneen, Hiroyuki Tanaka, Eri Yuhira
Produção de eventos: Yuki Uebo
Comunicação de marca: Kazami Kamioka, Masakazu Senda
Gerenciamento de recordes: Aki Makijima, Mai McMillan, Momoko Omori, Naomi-Emily Sakai, Lala Teranishi

---

© 2024 Guinness World Records Limited
Nenhuma parte deste livro pode ser reproduzida ou transmitida em qualquer forma ou meio, seja eletrônico, químico, mecânico ou fotográfico, nem utilizada em nenhum sistema de armazenamento ou banco de dados, sem a expressa licença ou autorização por escrito dos detentores dos direitos autorais.

Crédito de fotos

1 GWR, Alamy, Shutterstock, NASA, Blue Origin/Alamy; **1 (EUA)** Shutterstock, Alamy, Blue Origin/Alamy, GWR, NASA, World of Wonder Productions/Alamy, Paul Michael Hughes/GWR; **2** Shutterstock; **3** Shutterstock; **4** Shutterstock, Millennium House Australia, Alamy, Gary Null/NBCUniversal/Getty Images, Getty Images; **5** Shutterstock, "Damien Hirst and Science Ltd/DACS 2024", "Prudence Cuming Associates Ltd/Damien Hirst and Science Ltd/DACS/Artimage 2024", NPL, Todd Simpson/Western University; **6 (BRA)** Alamy, Getty Images, Shutterstock; **7 (BRA)** Getty Images, Shutterstock; **8 (BRA)** FIFA via Getty Images, Shutterstock, Getty Images, Alamy; **9 (BRA)** Renato Gaiga, Shutterstock; **10** U.S. Navy; **11** Getty Images, Shutterstock, Edd Thomas/HistoricTech.com, Alamy; **13** Richard Bradbury/GWR, Shutterstock, Alamy, Getty Images, NASA; **14** GWR, Shutterstock; **15** Alamy, Kodak, Getty Images, Shutterstock; **16** Nintendo, Getty Images; **17** Getty Images, Alamy, Dan Winans; **18** Alamy, Reuters, Getty Images, eBay, Shutterstock, NASA; **19** Jan Ove Moen/Equinor, Namco/Sony, Reuters, Alamy; **20** Jawed Karim/YouTube, Kerras Jeffery; **21** Shutterstock, Disney/Alamy; **22** Shutterstock, Paul Michael Hughes/GWR, Alamy, Robyn Crowther/Natural History Museum; **23** Shutterstock, Kevin Scott Ramos/GWR, Ranald Mackechnie/GWR; **24** Shutterstock, GWR; **25** Shutterstock, GWR; **26** GWR, Alamy, Getty Images; **27** Getty Images, Robert K. Graul for the Alton Telegraph. Cortesia de The Hayner Public Library District (Alton, Illinois); **28** Shutterstock; **29** Chien Lee Photography (photos. chienclee.com), Chris Thorogood, Shutterstock; **30** Shutterstock; **31** Shutterstock; **32** Shutterstock, Alamy, ZSSD/Minden/Naturepl.com; **33** Shutterstock; **34** Alamy, Shutterstock, L. Sullivan/USFWS; **35** Alamy, Getty Images, Shutterstock; **36** Shutterstock, Blue Planet Archive, Kim Taylor/Warren Photographic, Olin Feuerbacher/USFWS/Wiki, Naturepl.com, Getty Images; **37** Blue Planet Archive/Shedd AQ/Brenna Hernandez, Alamy, Great Lakes Fishery Commission, Alan Jamieson, Shutterstock; **38** Shutterstock, Alamy, Mokele/Wikimedia Commons, Daniel Crisman; **39** Shutterstock, Marineland Melanesia; **40** Queensland Department of Environment and Science, Alamy, Arne Hodalič/Wikimedia Commons, Shutterstock; **41** Alamy, Shutterstock; **42** Shutterstock, Nuytsia@Tas, Minden Pictures; **43** Shutterstock, Alamy; **44** Shutterstock, Alberto Bernasconi/GWR, Jeff Cohen; **45** Shutterstock, Paul Michael Hughes/GWR; **46** Shutterstock, RSPCA, Getty Images para Paramount Pictures, Bob Croslin/GWR, Joseph O'Neil/GWR; **47** Shutterstock, Daniel Berchtold/pomona.media, Kevin Scott Ramos/GWR, GWR; **48** Shutterstock, Pamla J. Eisenberg/Wiki, Giacomo Vallicelli, Alamy; **49** Shutterstock, Niksokol/Wiki, Alamy, Michael Wolf/Wiki; **50** Alamy, Shutterstock, Lisa Barlow, Lohit YT/ WWF-India; **51** Shutterstock, Alamy, Daniel Winkler; **52** Shutterstock, Getty Images, Alamy, Science Photo Library, Andrew Miller/Capture North Studios, NASA Earth Observatory; **53** Shutterstock, Getty Images, Alamy, Arctic Images; **54** Shutterstock, NWS Aberdeen, SD/Wiki, NOAA, Deanna Dent, Getty Images; **55** Alamy, Shutterstock; **56** Shutterstock, Dr. Stephan Getzin, Australian Reptile Park, The Etches Collection, Julia d'Oliveira; **57** RZSS, Alamy, Shutterstock; **58** Kevin Scott Ramos/GWR; **59** Jennifer Waters, GWR; **60** Shutterstock, Alberto Bernasconi/GWR; **61** Simon Ashton/dmg media Licensing; **62** Shutterstock, Daniel Clarke; **63** Shutterstock, Daniel Clarke; **64** Shutterstock, Ranald Mackechnie/GWR, GWR, Matthew Musson/GWR; **65** Shutterstock, Mustapha Azab/GWR, Paul Michael Hughes/GWR; **66** Shutterstock, Alamy, Ryan Schude/GWR; **67** Alamy, Shutterstock; **68** Shutterstock, Tom Jackson, Jon Enoch/GWR; **69** Shutterstock, Gabriel Gurrola/GWR; **70** Shutterstock, Bryan Nelson/Beard Equipe EUA; **71** Shutterstock, Alberto Bernasconi/GWR; **72** Shutterstock, Gemini Untwined, Newsteam SWNS, Getty Images; **73** Shutterstock, GWR; **74** Shutterstock, Marc Suarez/GWR; **75** Shutterstock, John F. Martin/GWR; **76** Getty Images, Alamy, Shutterstock; **77** Shutterstock, Ryan Schude/GWR; **78** Shutterstock, GWR, Images of Life por Ashli; **79** Shutterstock, Alamy; **80** Kevin Scott Ramos/GWR; **81** Kevin Scott Ramos/GWR; **82** Kevin Scott Ramos/GWR; **83** Kevin Scott Ramos/GWR; **84** Shutterstock, Getty Images; **85** Shutterstock; **86** Shutterstock, Alamy, Getty Images; **87** Shutterstock, Alamy; **88** National Museum of American History, Heritage Auctions, Getty Images, Shutterstock, Alamy, Classical Numismatic Group; **89** Jens Mohr/The Norwegian State Museums of History, Shutterstock; **90** Shutterstock, Alamy, LEGO®; **91** Mack Trucks; **92** Alamy, Getty Images, Shutterstock; **93** Shutterstock; **94** Shutterstock, Sarah Kaufmann; **95** Shutterstock, Getty Images, Alamy, Gloucester City Museums/Bridgeman; **96** Shutterstock, James Ellerker/GWR, James Ellerker/GWR; **97** Shutterstock, Shinsuke Kamioka/GWR, Shinsuke Kamioka/GWR; **98** Alamy, Shutterstock; **99** Shutterstock; **100** Shutterstock, Alamy; 101 Shutterstock; **102** Shutterstock; **103** Shutterstock, Paul Michael Hughes/GWR, Erik Isakson/GWR, Shutterstock; **104** Shutterstock, Oksana Kret; **105** Shutterstock, Paul Michael Hughes/GWR; **106** GWR, Shutterstock, Alamy; **107** Shutterstock, Alamy; **108** Shutterstock, Cris Burckauser, Marjan Radovic/Red Bull Content Pool, Mateusz Odrzygóźdz/WFFA; **109** Shutterstock, Paul Michael Hughes/GWR, WFFA; **110** Shutterstock, Alamy; **111** Penh Alicandro/Eckerd College, Shutterstock, Cheryl Clegg; **112** Shutterstock, Ben Thouard/Red Bull Content Pool, Dave Ledbitter; **113** Davide Canella, Richard Bradbury/GWR, Shutterstock; **114** Alamy, Shutterstock; **115** Santiago Garcés/GWR, Shutterstock; **116** Shutterstock; **117** Shutterstock; **118** Ian Bowkett/GWR, Shutterstock, Alicia Beaudoin; **119** Shutterstock, Paul Michael Hughes/GWR, Amaury Guichon, Erik Isakson/GWR, Brien Adams/GWR; **120** Paul Michael Hughes/GWR; **121** Caters News; **122** Ilaria Cariello, Shutterstock; **123** Ilaria Cariello, Shutterstock; **124** Maltings Partnership, Shutterstock; **125** Shutterstock, Maltings Partnership, Getty Images; **126** GWR, Shutterstock, Alamy, Abiral Rai; **127** Shutterstock, RealityMaps, Getty Images; **128** Shutterstock, Johnny Green, Studio Tomás Saraceno; **129** Shutterstock; **130** Shutterstock, Alamy, Crown Copyright, Ministério da Defesa, Garth Milan/Red Bull Content Pool, Andreas Schaad/Red Bull Content Pool, Eros Maggi/Red Bull Content Pool; **131** Keith Breazeal, Rich Beketa, Guy Clifton/Reno Gazette-Journal; **132** Shutterstock, Alamy; **133** Shutterstock; **134** Shutterstock, Simon Price/First Pix; **135** Shutterstock, Tim Kothlow; **136** Shutterstock, Getty Images; **137** Shutterstock, World's Toughest Row; **138** Shutterstock; **139** Shutterstock, Predrag Vučković/Red Bull Content Pool, Naim Chidiac/Red Bull Content Pool, Ian Avery-Leaf/Red Bull Content Pool, Mirja Geh/Red Bull Content Pool, Christian Pondella/Red Bull Content Pool; **140** Shutterstock, Alamy, Christopher P. Michel, Rhys Newsome, Jason South/The Age, Felipe Molina, Andrés Moncada; **141** Polheim Expedition; **142** Shutterstock, Alamy, Rouven Christ/Hylo Sports; **143** Shutterstock; **144** Alamy; **145** Shutterstock; **146** Shutterstock, Max Evans; **147** Shutterstock; **148** Shutterstock, artefacts-berlin.de; Material: German Archaeological Institute (essa imagem é uma "proposta de reconstrução" e foi feita em 2012), Turbosquid, Carola Schelle-Wolff, Getty Images; **149** Getty Images, Turbosquid, Shutterstock; **150** Shutterstock, Division of Rare and Manuscript Collections, Cornell University, Obvious, Gil Weinberg, Cruise, Waymo; **151** Noah Berger, Shutterstock, Division of Work and Industry, National Museum of American History, Smithsonian Institution; **152** Danjaq/Eon/UA/Shutterstock, SL Rasch, Shutterstock, NIST; **153** Shutterstock, Patek Philippe, National Maritime Museum, Greenwich, London; **154** Shutterstock, International Gemini Observatory/NOIRLab/NSF/AURA/J. da Silva/Spaceengine/M. Zamani, ESA/Hubble, M. Kornmesser, Koichi Itagaki, Dennis Normile, NASA, ESA, CSA, and STScI, ESA–D. Ducros, 2013, Northrop Grumman; **155** Shutterstock, NASA, ESA, CSA, M. Zamani (ESA/Webb), ALMA (ESO/NAOJ/NRAO), B. Saxton (NRAO/AUI/NSF), GWR; **156** Shutterstock, Erick Bravo, IODP JRSO, Gabriel Tagliaro & IODP, Alberto Gamazo/SLAC National Accelerator Laboratory, F4E QST, F4E; **157** Shutterstock, TRUMPF/Martin Stollberg, Aurélien Houard; **158** Shutterstock, ~P A EVANS, Alamy, Paul Michael Hughes/GWR; **159** Shutterstock, Krishnendu Halder/GWR; **160** Alamy, Ben Hollingum/GWR, Shutterstock; **161** David Jarvis/Wiki, Shutterstock; **162** Shutterstock, Alamy; **163** Shutterstock, Overview Collective, DEWA; **164** Shutterstock, RLSS RU, Sikorsky Historical Archives, RNLI, Alamy; **165** Shutterstock, RNLI; **166** Dddeco/Wikimedia Commons, Federal Office of Transport BAV/Wikimedia Commons, Alamy, Andersen Viel Bjerkeset/DACS 2024, Shutterstock; **167** Bouygues Construction, Herrenknecht AG, Shutterstock; **168** Shutterstock; **169** Shutterstock; **170** Shutterstock, Alamy, Michael Lyrenmann; **171** Shutterstock, Maxar Space Systems; **172** MrBeast, Nick Elwell, Feastables, Nickelodeon; **173** Mark Rober, Bryce France; **174** Shutterstock, Paul Michael Hughes/GWR; **175** Paul Michael Hughes/GWR; **176** Paul Michael Hughes/GWR, Shutterstock; **177** Paul Michael Hughes/GWR, Shutterstock; **178** Alamy, Shutterstock; **179** Shutterstock, Paul Michael Hughes/GWR; **180** Kevin Scott Ramos/GWR, "Basic Fun!/K'NEX UK Ltd", Paul Michael Hughes/GWR, Shutterstock, Alamy; **181** Kevin Scott Ramos/GWR, The Troll Hole Museum, Mattel, Shutterstock, Hasbro; **182** Shutterstock, GWR; **183** Shutterstock; **184** Shutterstock; **185** Shutterstock; **186** Shutterstock, Shinsuke Kamioka/GWR; **187** Shutterstock, Trew Photography; **188** Shutterstock, Paul Michael Hughes/GWR; **189** Shutterstock, Selina Metcalfe, Hallmark; **190** Courtesy Sotheby's, Alamy, Mojang Studios, Shutterstock; **191** Mojang Studios, Shutterstock; **192** Mattel; **193** Mattel, Springer Publishing, Ranald Mackechnie/GWR, Warner Bros./Alamy; **194-195** Alamy; **196** The Metropolitan Museum of Art, Shutterstock, The J. Paul Getty Museum, Los Angeles, Neue Galerie New York/Art Resource/Scala, Florence; **197** Sotheby's, Shutterstock, Alamy, Succession Picasso/DACS, London 2024, "The Willem de Kooning Foundation/Artists Rights Society (ARS), New York and DACS, London 2024", Alamy; **198** Getty Images, Alamy, Shutterstock; **199** Alamy, Shutterstock, Getty Images; **200** Shutterstock, David MacDonald/CTWC, Activision/Games Press; **201** Shutterstock, Roblox/Games Press, Nintendo/Games Press, Mojang Studios/Games Press, Larian Studios/Games Press; **202** Shutterstock, Getty Images; **203** Getty Images, Rimas, Shutterstock; **204** Shutterstock, Alamy, Romina Amato/Red Bull Content Pool, Little Shao/Red Bull Content Pool; **205** Shutterstock, Alamy, Getty Images; **206** Shutterstock, Netflix, Paramount+, FXP/Alamy, HBO/Alamy, Paramount/Alamy; **207** HBO/Alamy, StarPlus, Apple TV+, Showtime/Alamy, Shutterstock, BBC Studios, Netflix/Alamy, Lucasfilm/Disney, HBO, TOHO Animation, Marvel/Disney, Netflix, HBO; **208** Alamy, Shutterstock, Getty Images; **209** Alamy, Shutterstock; **210** Shutterstock, Marvel/Disney/Kobal/Shutterstock, United Artists/Alamy, DC Entertainment/Warner Bros./Alamy, Sony Pictures/Apple Originals/Alamy, Sony Pictures/Apple Originals; **211** Sara Tautuku Orme, Shutterstock; **212** Warner Bros./Shutterstock, MGM/Shutterstock, Disney/Shutterstock, Netflix/Shutterstock, Netflix/Alamy, Shutterstock; **213** Getty Images, Disney/Pixar/Alamy, Universal/Alamy, Paramount/Shutterstock, Paramount/Alamy, Universal/Shutterstock, Paramount/Shutterstock, Shutterstock; **214** Shutterstock; **215** Shutterstock, Heritage Auctions, Sony/Games Press; **216** Alamy, Shutterstock; **217** Alamy, TIME, Beth Garrabrant, Shutterstock; **218** Shutterstock, Terry Ratzlaff/New York Times/Redux/eyevine, Nebraska Athletic Communications Office; **219** Shutterstock, New Black Films ltd/Colour Artist Marina Amaral; **220** Getty Images, Inter Milan, Alamy, Shutterstock; **221** Getty Images, Shutterstock, Alamy; **222** Shutterstock, Getty Images, Alamy; **223** Shutterstock, Alamy; **224** Getty Images, Shutterstock, Sportsfile; **225** Shutterstock, Getty Images, Alamy; **226** Alamy, PSA World Tour, Shutterstock, GWR; **227** Alamy, Shutterstock; **228** Shutterstock, NHRA, Isle of Man TT, Alamy; **229** Getty Images, FIA, Paul Michael Hughes/GWR, Shutterstock; **230** Getty Images, World Karate Federation @wkf.net, Shutterstock; **231** Shutterstock, Getty Images, Alamy; **232** Getty Images, Kurt Wang, Shutterstock; **233** Shutterstock, Alamy, Getty Images; **234** Shutterstock, Alamy, IMAGO; **235** Alamy, Shutterstock; **236** Shutterstock, Howie Stern, Jacob Zocherman, iRunFar.com, Comrades Marathon Association; **237** Sportograf, Alexis Berg; **238** Getty Images, Shutterstock; **239** Getty Images, Alamy, Shutterstock; **240** Alamy, Getty Images, Shutterstock; **241** Shutterstock, Getty Images, Alamy; **242** Shutterstock, Getty Images; **243** Shutterstock, Alamy; **244** Getty Images, Alamy; **245** Alamy, Warner Bros./Alamy, Getty Images; **246** Shutterstock; **247** Shutterstock; **248** Shutterstock; **249** Shutterstock; **250** Shutterstock; **251** Shutterstock; **252** Shutterstock; **253** Shutterstock; **254** Shutterstock; **255** Shutterstock

Todos os esforços foram feitos para rastrear os detentores de copyright e obter a autorização de uso das imagens desta publicação. Aceitamos notificações de detentores de copyrights que tenham sido omitidos.

Agradecimentos

55Design (Hayley Wylie-Deacon, Tobias Wylie-Deacon, Rueben Wylie-Deacon, Linda Wylie, Vidette Burniston, Lewis Burniston, Paul Geldeart, Sue Geldeart, Jay Page, Ellice Page, Bruno, Zeus, Macy), Arizona Science Center (Sari Custer, Guy Labine, Matthew Schwartz), Atmosphere Inc (Sebastian Quinn e equipe), Banijay Group Italia & Mediaset (Gabriela Ventura, Silvia Martini e equipes), Susan Bender, Big Yellow Self Storage Liverpool (David Reason, Bev Rose), Linda Blyth, Lance Burnett, Cepac Ltd, City Museum (Kieran Burke, Maria Cassilly, Hue Eichelberger, Katy Enrique, Rick Erwin, Eric Gilbert, Joel Heckaman), Codex Solutions Ltd, Copenhagen GWR Museum (Phyllis Calloway, Henri Sokou), DataWorks Plus, Definition Group, Ezoic (Claire Johnson), FJT Logistics Ltd (Ray Harper), Grafit Display Hire Ltd (Paul Harrison, Antonia Johnston), GWR Kids (Pip Anderson, Clara Capgras, Juliet Capgras, Max Capgras, Georgia Grisdale, Samuel Holder, Isaac Holder, Frederick Lazell, Millicent Hume, Harriet Hume, Ellie Jones, Mylo Louw, Willow Sparkle Flower Marsh, Sydney Quince, Derrick Reynolds, Ivy Roelien, Adam Roelien, Michael Sarfo, Thea Simpson, Kaiden Testler Jagpal, Sapphire Testler Jagpal, Isabella Whitty, Clara Walker Knight, Suhana Tilani, Vesna Velkova Djurdjevic, Grace Wild, Sam Wild), Duncan Hart, Roger Hawkins, Matt Hillman, Hollywood GWR Museum (Nick Norman, Kirin Sundher, Raubi Sundher, Tej Sundher), IMG Media (Tim Ball) e ITV, Kidoodle (Brenda Bisner), Left Brain Games, Chris Lumb, Meta (Dan Biddle), Mintaka (Torquil Macneal, Tim Stuart), Mirage Entertainment (David Draves, Debra Draves), Mohn Media (Yannick Laag, Astrid Renders, Kevin Sarney, Maximilian Schonlau, Jeanette Sio, Dennis Thon), MSC Cruises (Mihaela Carlan, Andrea Correale, Biagio De Girolamo, Steve Leatham, Carlos Ponzetto, Thiago Lucio Santos Vieira), Orchard Wales e S4C (Jessie Lewis, Maisy Williams e equipe), Papercup (Luis, Idil), Parque de las Ciencias (Xavier A. Colon Rivera, Jorge Jorge, Katherine Otero), Robert Partis, Ping Leisure Communication Ltd (Claire Owen), Precision Proco, Prestige Design (Jackie Ginger), Production Box (Milad Khalil, Christy Semaany), Propworks (Emma Banwell, Dan Lee, Annie Lumby, Pauline McGrath, Flo Minchella, Charlie Stoddart, Jess Way, Rosie Young), RCSSD (Clara Clark, Kristen Gilmore, Sophie Williams, Dot Young), Ripley's Office (William Anthony, Tacita Barrera, John Corcoran, Todd Hougland, Jim Pattison Jr., Brian Relic, Clay Stewart), Devonte Roper, Science North (Marc Gareau, Kris Gurnsey, Ashley Larose, Chris Theriault, Pamela Therrien), Liz Smith, Snap Inc. (Lucy Luke), Stark RFID, Steinbeis Papier GmbH, The Production Suite (Jo Boase Zoe, Vaux-Thompson, Beverley Williams, Lorna Williamson), Tinizine (Luca Fiore), Julian Townsend, Sally Treibel, Uplause (Veli-Pekka Marin, Jussi Marin)

Juízes oficiais

Osman Alwaleed, Camila Borenstain, Thomas Bradford, Emma Brain, Joanne Brent, Sarah Casson, Hannah Choi, Marc Cote, Swapnil Dangarikar, Brittany Dunn, Kanzy El Defrawy, Michael Empric, Pete Fairbairn, Fumika Fujibuchi, John Garland, Şeyda Subaşı Gemici, Andrew Glass, Iris Hou, Monica Hu, Kazuyoshi Kirimura, Lena Kuhlmann, Maggie Luo, Mike Marcotte, Karen Mazarello, Chloe McCarthy, Rishi Nath, Mbali Nkosi, Hannah Ortman, Pravin Patel, Justin Patterson, Glenn Pollard, Susana Reyes, Alfredo Arista Rueda, Emi Saito, Paulina Sapinska, Carl Saville, Tomomi Sekioka, Tina Shi, Brian Sobel, Hanane Spiers, Richard Stenning, Sheila Mella Suárez, Natalia Ramirez Talero, Raafat Tawfik, Anouk De Timary, Aynee Toorabally, Sonia Ushirogochi, Lorenzo Veltri, Xiong Wen, Peter Yang, Jacob Yip

Abreviações

AFG	Afeganistão
ALB	Albânia
AND	Andorra
ARG	Argentina
ARM	Armênia
ASM	Samoa Americana
AUS	Austrália
AUT	Áustria
AZE	Azerbaijão
BEL	Bélgica
BGD	Bangladesh
BGR	Bulgária
BHR	Barein
BHS	Bahamas
BIH	Bósnia-Herzegóvina
BLR	Bielorrússia
BOL	Bolívia
BRA	Brasil
BRB	Barbados
CAN	Canadá
CHE	Suíça
CHL	Chile
CHN	China
CIV	Costa do Marfim
CMR	Camarões
COL	Colômbia
CPV	Cabo Verde
CRI	Costa Rica
CUB	Cuba
CZE	Tchéquia
DEU	Alemanha
DJI	Djibouti
DNK	Dinamarca
DOM	República Dominicana
DZA	Argélia
EAU	Emirados Árabes Unidos
ECU	Equador
EGY	Egito
ERI	Eritreia
ESP	Espanha
EST	Estônia
ETH	Etiópia
EUA	Estados Unidos da América
FIN	Finlândia
FJI	Fiji
FRA	França
GEO	Geórgia
GHA	Gana
GIN	Guiné
GRC	Grécia
GTM	Guatemala
GUY	Guiana
HND	Honduras
HRV	Croácia
HTI	Haiti
HUN	Hungria
IDN	Indonésia
IND	Índia
IRL	Irlanda
IRN	Irã
IRQ	Iraque
ISL	Islândia
ISR	Israel
ITA	Itália
JAM	Jamaica
JOR	Jordânia
JPN	Japão
KAZ	Cazaquistão
KEN	Quênia
KHM	Camboja
KOR	Coreia do Sul
KWT	Kuwait
LBN	Líbano
LKA	Sri Lanka
LTU	Lituânia
LVA	Letônia
MAR	Marrocos
MCO	Mônaco
MDA	Moldávia
MDG	Madagascar
MEX	México
MLI	Mali
MMR	Myanmar
MNE	Montenegro
MNG	Mongólia
MOZ	Moçambique
MRT	Mauritânia
MUS	Ilhas Maurício
MWI	Maláui
MYS	Malásia
NAM	Namíbia
NGA	Nigéria
NIC	Nicarágua
NLD	Países Baixos
NOR	Noruega
NPL	Nepal
NZ	Nova Zelândia
PAK	Paquistão
PER	Peru
PHL	Filipinas
PNG	Papua-Nova Guiné
POL	Polônia
PRI	Porto Rico
PRT	Portugal
PRY	Paraguai
QAT	Catar
ROM	Romênia
RU	Reino Unido
RUS	Rússia
SAU	Arábia Saudita
SDN	Sudão
SEN	Senegal
SGP	Cingapura
SHN	Santa Helena
SMR	San Marino
SOM	Somália
SRB	Sérvia
SSD	Sudão do Sul
SVK	Eslováquia
SVN	Eslovênia
SWE	Suécia
SWZ	Suazilândia
SYC	Seychelles
SYR	Síria
THA	Tailândia
TKM	Turcomenistão
TON	Tonga
TTO	Trinidad e Tobago
TUN	Tunísia
TUR	Turquia
TZA	Tanzânia
UGA	Uganda
UKR	Ucrânia
URY	Uruguai
UZB	Uzbequistão
VEN	Venezuela
VNM	Vietnã
VUT	Vanuatu
WSM	Samoa
YEM	Iêmen
ZAF	África do Sul
ZWE	Zimbábue